'소예언서'는 교계나 학계에서 그 중요성이 제대로 평가되지 못한 분야였다. 이 책은 그동안 소외되었던 이 분야의 연구 풍토를 쇄신할 것으로 기대된다. 저자는 소예언서 전체를 통전적이며 공시적인 관점에서 고찰하였으며, 오늘에 적용할 신학적 메시지를 선명하게 부각시켜 주었다. 이 책은 한국 교회 강단을 풍성하게 하고 구약 전체를 바르게 볼 수 있는 안목을 한층 향상시켜 줄 것이다.
_권혁승, 서울신대 구약학 교수

김창대 교수는 학문적 성과를 쉽게 설명해 내는 장점을 지닌 구약학자다. 그의 저서 「한 권으로 꿰뚫는 소예언서」는 소예언서 열두 권을 한 권의 책으로 이해하려는 최근 구약신학의 학문적 성과를 한국 독자들을 염두에 두고 평이하게 풀어내면서, 그동안 그리스도인들의 머릿속에서 그저 변두리에 머물던 소예언서가 구약의 핵심으로 진입할 수 있도록 도와주는 탁월한 입문서다. 목회자와 신학생은 물론 일반 그리스도인들도 읽어 볼 필요가 있는 책이기에 기쁜 마음으로 추천한다.
_김지찬, 총신대 구약학 교수

개혁주의 구약학자가 "소예언서 열두 권은 신학적 통일성이 관통하는 한 권의 책"이라는 전제 아래 21세기를 진단하고 목회 현장을 접목시킨 선구적인 책이다. 소예언서의 중앙이자 신학적 중심축인 미가 6:6-8을 중심으로 각 권의 구조와 내용을 분석하고 신학적 메시지를 설명할 뿐 아니라, 유대인의 전통에서는 왜 소예언서를 한 권의 책으로 간주하는지, 왜 순서가 호세아서부터 말라기서까지인지를 정직하게 씨름한 한국 초유의 쾌저(快著)다.
_김진섭, 백석대 부총장

한 권으로
꿰뚫는
소예언서

IVP(InterVarsity Press)는
캠퍼스와 세상 속의 하나님 나라 운동을 지향하는
IVF(InterVarsity Christian Fellowship)의 출판부로서
생각하는 그리스도인을 위한 문서 운동을 실천합니다.

한 권으로 꿰뚫는 소예언서

김창대 지음

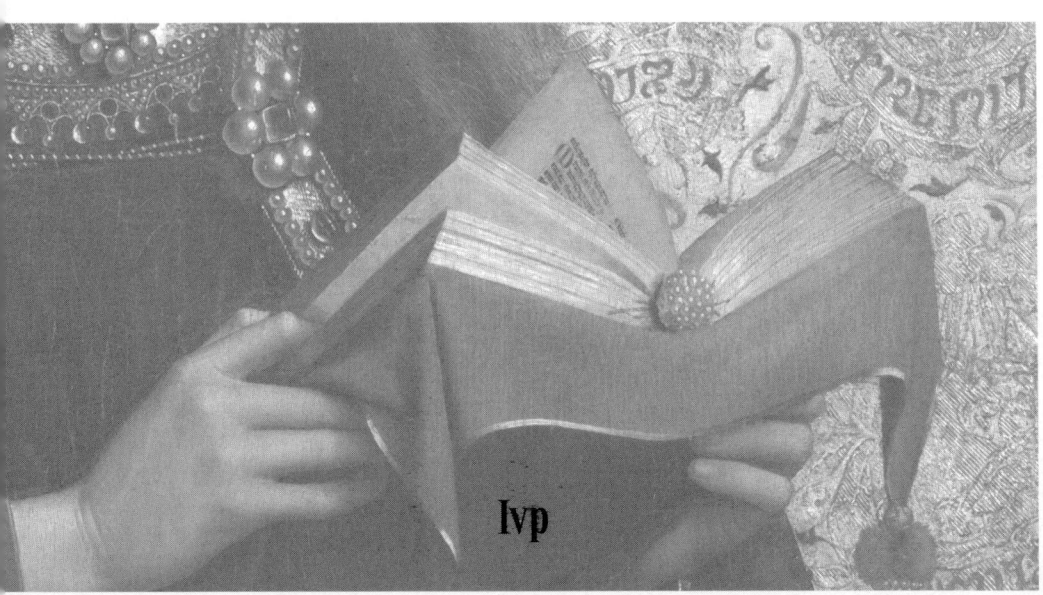

IVP

차례

머리말 _9
서론 _13

1장 • 소예언서 개관 _23
2장 • 호세아 _71
3장 • 요엘 _121
4장 • 아모스 _147
5장 • 오바댜 _195
6장 • 요나 _207
7장 • 미가 _223
8장 • 나훔 _257
9장 • 하박국 _271
10장 • 스바냐 _295
11장 • 학개 _321
12장 • 스가랴 _339
13장 • 말라기 _381

참고문헌 _411

머리말

 소예언서는 그 내용을 파악하기가 힘들다. 얼핏 보면 그 내용이 그 내용이고 '회개하라'는 주제만 계속 반복하는 듯하다. 하지만 소예언서를 분석해 보면 이만큼 잘 짜여진 책도 없다. 그런데 예언서를 가르치면서 소예언서 전체를 일관하여 읽도록 도와주는 심도 있는 책이 없다는 것을 발견했다. 특히 한국 학자가 소예언서에 관해 체계 있게 쓴 경우는 아주 드물었다. 이 책은 이 같이 열악한 환경에서 신학대학원 수업을 하려고 만든 강의안을 더욱 발전시킨 것이다. 이 책의 장점은 열두 권의 소예언서가 단순히 개별적으로 나열된 것이 아니라 나름대로 신학적인 통일성을 가지고 하나로 묶여 있는 책이라는 전제를 가지고 썼다는 점이다. 소예언서 열두 권은 따로따로 읽지 말고 앞 뒤 책과 함께 읽어 나가야 하며, 이렇게 읽을 때 소예언서의 메시지가 일관성을 가지게 되고 더욱 풍성해진다.
 오늘날 구약신학은 본문 배후에 있는 역사적 사건의 재구성보다는 최종 완성된 책이 정경적 문맥 속에서 지니는 신학적 메시지에 더 관심을 기울이는 추세다. 이 같은 패러다임 변화에 발맞추어 이 책은 한 권의 통일된 책이라는 관점에서 소예언서 메시지의 핵심이 무엇인지를 살피는 데 주안점을 두었다. 그렇다고 역사적 배경을 무시하는 것은 아니다. 역사적 배경에 대한 지식은 본문의 이해를 넓히고 저자의 의도를 밝혀 주는 데 여전히 중요한 역할을 한다. 하지만 이에 대한 관심은 이 책에서 상대적으로 약화되었고, 대신에 공시적(synchronic) 시각에서 본문이 의미하는 바에 더 많은 강조점을 두었다.

소예언서 각각을 설명할 때, 열두 권 전체의 통일성과 앞뒤 책들과의 관계를 의식하면서, 먼저 각 권의 구조를 분석했다. 구조 분석은 본문의 일관된 흐름을 드러낼 뿐만 아니라 각 권의 저자가 의도했던 수사적 강조점을 보여 주는 데 매우 유용하다. 이어서 세부 단락의 내용 전개를 요점 형식으로 전달하고, 필요한 경우 저자가 수사적 장치를 통해 의도한 바를 설명하려고 노력했다. 마지막으로는 각 권의 신학적 메시지가 무엇인지에 주목했다. 그런데 이처럼 기본적인 틀과 전체적인 흐름을 보여 주는 것만으로는 상세한 주해에 대한 아쉬움이 남는다. 그래서 본문을 어떻게 주해해야 하는지 구체적인 예를 보여 주기 위해 중요한 본문들은 좀더 심도 있게 다루었다. 특별히 소예언서의 앞과 뒤를 이루는 호세아서와 말라기서에서 중요한 단락을 선택해 세밀한 석의 작업을 시도했다. 이는 소예언서를 읽을 때 거시적인 차원과 함께 미시적인 차원에서 본문을 이해하도록 하기 위함이다. 또한 본문을 해설하며 중간 중간 소예언서의 메시지가 오늘날에는 어떻게 적용되는지 짤막한 설명을 덧붙였다.

이 책은 평신도와 신학생에서부터 목회자에 이르기까지 다양한 독자층을 염두에 두고 썼다. 아무쪼록 이 책을 통해 한국 교회가, 소예언서가 단지 대예언서의 언저리가 아니라 구약 성경의 핵심 부분들 가운데 하나임을 인식하게 되며 소예언서를 통해 오늘 우리에게 주시는 하나님의 말씀에 도전받게 되기를 간절히 바란다.

2012년 연구실에서
김창대

서론: 왜 소예언서를 읽어야 하는가?

많은 사람이 모세오경과 역사서를 읽을 때는 상대적으로 부담을 덜 느낀다. 주일학교에서 들었던 이야기들이 많고, 이야기라는 형식 자체도 흥미를 끌기 때문이다. 또 시편 같은 시가서는 과거 이스라엘 성도들의 고뇌와 체험이 묻어나와 쉽게 공감하며 몰입할 수 있다. 하지만 예언서, 그중에서도 특히 소예언서를 맞닥뜨리면, 그 내용이 그 내용인 것 같은 인상을 지울 수 없다. '하나님의 말씀으로 돌아오라'는 한 가지 주제만 줄기차게 반복한다는 느낌이다. 더군다나 미래의 예언은 신약 성경에서 예수 그리스도를 통해 성취되었다는 정도로 생각할 뿐 구체적으로 어떻게 성취됐으며, 그 의미가 무엇인지에 대해서는 잘 알지 못한다. 물론 교회에서 소예언서의 책들이 모두 외면받는 것은 아니다. 요나서 같은 경우는 강단에서 그나마 가끔씩은 선포되는 설교 본문이다. 그렇지만 요나서 설교도 종종 본문을 피상적으로 해석하고 적용하는 수준에 머문다. 요나서를 전체 소예언서의 문맥에서 읽어 내며 그 중심 의도를 규명하는 깊이 있는 해석을 찾기가 쉽지 않다. 소예언서에 대한 겉핥기식 해석은 어쩌면 오늘날 한국 교회 구약 해석의 전형적인 모습일지도 모른다. 성경에 대한 진지한 해석과 올바른 적용의 부재는 소예언서 해석에만 국한되지 않는다. 이런 현상은 구약 성경의 모든 부분에 대해서도 발견된다. 그러므로 나는 소예언서 해석에 대한 올바른 접근이 한국 교회의 강단을 풍성하게 할 뿐 아니라 구약 성경 전체를 바라보는 안목을 크게 향상시킬 것이라고 생각한다. 오늘날 한국 교회의 문제점 가운데 하나는 자의적인 성경 해석으로 말씀이 약화된 것이다. 그러므로 말씀의 심도 있는 연구와 치밀한 적용은 한국 교회의 정체 상태를 돌파할 수 있는 중요한 대안이다. 이렇게 볼 때, 소예언서 연구는 한국 교회를 말씀 중심으로 끌어올리는 수레바퀴의 중요한 톱니 역할을 할 수 있다.

내용적 측면에서 소예언서는 오늘날 우리가 귀 기울여야 할 중요한 메시지를 담고 있다. 특히, 소예언서를 한 권의 통일된 책으로 볼 때, 나는 거기서 소예언서를 읽어야 하는 이유를 다음과 같이 찾을 수 있다고 본다.

첫째, 소예언서의 메시지가 율법과 믿음의 상관관계를 제시하고, 믿음의 삶을 살 것을 강력하게 촉구하기 때문이다. 소예언서에서 믿음은 경외(말 3:16)와 성실(합 2:4), 겸손(습 2:3; 3:12) 등으로 나타난다. 보통 믿음은 하나님을 바라고 의지하는 것 정도로 이해된다. 하지만 소예언서의 통일된 문맥에서 믿음은 공의와 인애와 의를 실천하는 모습이다. 그렇다고 믿음을 공로를 쌓기 위한 행위를 요구하는 것으로 해석하는 것은 잘못이다. 하박국은 공의와 인애와 의를 성실의 관점에서 말한다. 그리고 바울은 믿음을 하박국의 성실에 대입하여 설명한다(롬 1:17). 소예언서에서 믿음은 무엇보다도 하나님의 은혜와 사랑(인애)을 절실하게 체험한 사람이 하나님의 사랑에 응답하여 하나님을 향한 사랑(인애)을 견지하는 모습이다. 이런 사랑은 외부적으로는 하나님의 뜻을 수행하려는 모습으로 나타나는데, 이것이 공의다. 믿음은 바로 이러한 인애와 공의로 함축된다. 물론 공의는 때로 율법적 행위와 동일시된다. 하지만 엄밀히 말해 그것은 율법적 행위를 뜻하지 않는다. 오히려 공의는 율법의 지향점이다. 공의는 하나님을 향한 인애의 또 다른 표현으로, 자신을 의지하지 않고 자연스럽게 하나님의 뜻을 행하는 외부적 행동을 가리킨다. 이런 점에서 공의와 인애는 동전의 양면과 같다. 이런 공의와 인애의 모습이 지속되는 상태가 바로 '의'다.

이와 같은 믿음의 이해는 오늘날 한국 교회에 새로운 반성을 촉구하는 기폭제가 된다. 그동안 한국 교회는 값싼 은혜에 안주하며 믿음을 하나님의 구원에 대한 지적 동의 정도로만 이해했던 것이 사실이다. 하지만 구원받는 믿음은 아브라함의 경우처럼 하나님의 약속의 은혜를 철저하게 마음속에 받아들이고(인애), 그것에 따라 실천하려는 태도(공의)를 동반한다. 이런 믿음은 자기를 의식하지 않기에 겉으로 드러난 자신의 행동을 공로로 간주하지 않는다. 말라기서는 미래의 공의와 인애의 삶은 하나님의 의의 치료를 통해 덧입혀질 것이라고 암시한다(말 4:2). 그래서 성도는 그리스도를 영접할 때 하나님께 치료를 받아 의에 속한 자라고 법정적으로 선포된다. 하지만 동시에 성도의 속사람은 날로 새로워져서 하나님의 은혜로 믿음의 열매인 공의와 인애를 계속 맺어 간다. 이 공의는 하나님의 은혜로 이루어지기에 공로로서 실천한다면 그 열매는 용두사미로 끝날 수밖에 없다(롬 9:3-32). 한편 믿음의 열매는 결국 하나님의 은혜지만 하나님은 그것들을 인간과의 합작품으로 여기시고 우리에게 그에 상응하는 복을 내리신다. 이 얼마나 놀라운 하나님의 은혜인가.

믿음이 공의와 인애의 열매와 연결된다는 신학은 소예언서의 핵심 사상이다. 이런 점에서 소예언서는 오늘날 믿음의 열매가 사라진 한국 교회에 신선한 도전을 준다. 어떤 사람은 한국 교회가 하나님을 향한 뜨거운 열심은 있지만 그것을 이웃과의 관계에서 행위로 드러내지 못한다고 지적한다. 하지만 소예언서는 하나님을 향한 진정한 인애를 가진 사람은 삶으로 공의를 드러내게 되어 있다고 말한다. 그러므로 한국 교회가 이웃을 소홀히 대하고 정의로운 사회를 이루는 데 인색한 것은 하나님의 공의와 인애를 깊이 체험하지 못했기 때문이다. 하나님을 향한 열심과 사랑은 있지만 행동으로 표현하는 일에 미숙하다는 주장은 모순이다. 물론 믿음의 정도에 따라 열매가 처음에는 작게 나타날 수 있고, 십자가상에서 구원받은 강도처럼 미처 열매를 드러내지 못할 수도 있다. 하지만 믿음의 열매인 공의와 인애는 성도의 삶에서 자라나게 되어 있다. 바울이 로마서 1장에서 믿음으로 믿음에 이른다고 한 말이 이 점을 잘 보여 준다(롬 1:17).

둘째, 우리가 소예언서를 읽어야 하는 이유는 예수 그리스도에 대한 강조 때문이다. 우리가 스스로의 힘으로 공의와 인애의 삶, 곧 의로운 믿음의 삶을 살 수 있는가? 이 물음 앞에서 분명한 점은 공의와 인애로 특징지어지는 믿음의 삶은 구약 성경에서나 신약 성경에서나 하나님의 은혜로 가능하다는 것이다. 구약 성경도 믿음을 위해 먼저 하나님의 은혜를 체험하라고 권면한다. 출애굽 사건은 하나님이 애굽을 공의로 징벌하시고 공의의 차원에서 이스라엘을 구원하신 사건이었다. 더 나아가 하나님은 이스라엘을 구원하셨을 뿐만 아니라 자녀로 삼기 위해 크신 은혜와 사랑(인애)을 베푸셨다. 그러므로 구약 성경은 이런 하나님의 인애에 반응해서 하나님을 사랑하라고 권면한다(신 6:5). 하나님의 공의와 인애를 깊이 체험한 사람만이 하나님과 이웃을 향해 공의와 인애를 실천할 수 있기 때문이다. 하지만 인간은 죄성 때문에 하나님이 원하시는 방식대로 공의와 인애의 삶을 살지 못한다. 이것은 이스라엘의 역사가 우리에게 교훈하는 바이기도 하다. 이런 상황에서 소예언서는 끝 부분에서 예수 그리스도의 사역을 전면에 부각시킨다. 미가서에서 시작된 예수 그리스도에 대한 예언은 스가랴서에서 절정을 이룬다. 특별히 스가랴서는 메시아의 고난을 예고함으로써(슥 11:13; 12:10; 13:7), 예수 그리스도의 고난이 자신의 죄 때문임을 인정하는 사람만이 하나님의 은혜로 하나님이 요구하시는 공의와 인애를(슥 7:9-10) 실천할 수 있음을 암시한다. 말라기서도 언약의 사자인 메시아를 통해 남은 자들이 종말에 하나님을 경외할 것을 내다본다.

따라서 소예언서는 진정한 믿음의 의로운 삶은 예수 그리스도로 말미암아 가능하다는 진리를 새롭게 보여 준다. 덧붙여서 이런 삶은 성령을 통해 구체적으로 실현되는데(슥 12:10), 신약 성경은 이 성령을 예수 그리스도께서 보내셨다고 선포한다. 예수 그리스도의 고난은 공의로운 심판인 동시에 종말에 남은 자를 구원하기 위한 하나님의 은혜(인애)의 발로였다. 성령은 성도들에게 이 의미를 깨닫게 하여 진정으로 하나님의 성품을 본받아 하나님을 사랑하고 공의를 행하도록 만들 것이다. 소예언서는 이처럼 구원에 이르는 믿음은 전적으로 예수 그리스도의 은혜와 성령의 사역임을 다시 한 번 일깨워 준다. 실로 예수 그리스도는 어제나 오늘이나 우리의 유일한 소망이다.

셋째, 소예언서를 읽어야 하는 이유는 성령의 사역에 대한 새로운 조명 때문이다. 오늘날 한국 교회는 성령의 사역을 강조한다. 하지만 한국 교회의 성령론은 은사주의와 기복주의, 그리고 치유 사역에 치중한다는 느낌을 준다. 이런 현상 때문에 세상은 교회를 곱지 않은 시선으로 바라본다. 하지만 소예언서 가운데 요엘서와 호세아서, 그리고 이와 짝을 이루는 스가랴서와 말라기서는 성령의 사역의 주된 초점이 공의와 인애의 열매를 맺게 하는 데 있음을 보여 준다. 성령은 우리를 공의와 인애의 자녀로 삼기 위해 주신 하나님의 선물이다(갈 5:22-26). 따라서 소예언서의 성령론은 오늘날 한쪽으로 경도된 우리의 신앙관을 바로잡는 균형추 역할을 한다.

미가는 당시 악을 행하는 지도자들 속에서도 홀로 공의와 인애를 지키는 예언자였다. 그는 그렇게 할 수 있었던 이유를 이렇게 말한다. "오직 나는 여호와의 영으로 말미암아 능력과 정의[공의]와 용기로 충만해져서 야곱의 허물과 이스라엘의 죄를 그들에게 보이리라"(미 3:8). 한마디로 성령 때문이었다. 더 나아가 종말의 남은 자는 하늘에서 내려오는 이슬로서 인생을 의지하지 않는 자다(미 5:7). 이 사실은 우리에게 큰 교훈으로 다가온다. 우리가 성령을 받는 목적이 무엇인가? 궁극적으로 하나님을 의지하기 위함이다. 진정한 성도는 하늘에서 내려오는 이슬 같은 존재이며 이 세상에 연연하지 않고 하나님만 바라본다. 결국 성령은 우리로 하여금 하나님을 바라보게 하고 공의와 인애와 의의 열매를 맺게 하는 분이다.

넷째, 소예언서는 형식이 아닌 마음의 변화가 하나님과 올바른 관계의 성립 요건임을 깨닫게 해준다. 기본적으로 하나님과 우리의 관계는 '헤세드'(חֶסֶד)로 규정된다. 즉 사랑의 관계다. 이 사랑의 기반 위에 섰을 때, 우리는 비로소 하나님과 외형적 관계를 맺을 수 있다. 사랑이라는 내면적 관계 없이 외형적 관계만 추구한다면 그것은 인격적 관계가 아니라 기계적 관계에 불과하다. 그럴 경우 외형적 의무만 다하면 하나님이 무조건 복을 주신다는 기복주의와 공로주의의 함정에 빠지게 된다. 하나님은 우리에게 복을 약속하신다. 하지만 이 복은 기계적 관계가 아닌 인격적 관계에서 온다. 그리고 그 인격적 관계 저변에는 하나님을 향한 뜨거운 사랑과 헌신, 감사와 섬김이 자리잡고 있다.

소예언서는 형식에 치우친 제사와 행위를 경멸한다(호 6:6; 암 5:22-24; 미 6:6-8). 나이 많은 권사님이 한 분 계셨다. 오랫동안 교회 주방에서 봉사하며 교회 일에 누구보다 앞장서서 섬기셨던 분이다. 그런데 어느 날 암 진단을 받게 되자 크게 낙담하여 '나처럼 교회 봉사를 많이 한 사람에게 어떻게 하나님이 그럴 수 있는가' 하며 푸념하셨다. 권사님의 낙담은 점점 커졌고, 그분은 급기야 하나님을 부정하고 세상을 떠나셨다. 이분을 정죄할 마음은 없지만 여기서 짚고 넘어가야 할 부분이 있다. 신앙이 외형적인 행위와 의무에 치중하고 하나님을 향한 내면적 사랑에 소홀하면 형식적 행위만 남게 되고, 또 그 행위에 상응하는 복을 받지 못하면 실망하게 된다는 교훈이다. 하나님과의 관계에서 외형적 행위에 치중할 때 우리의 신앙은 대가를 바라는 신앙으로 전락할 수밖에 없다. 하지만 하나님과의 내면적 관계에 초점을 맞춘 사람은 하나님의 사랑에 압도되어 자연스럽게 외형적으로도 의무를 다하게 된다. 이 때 비록 외형적으로 하나님으로부터 그에 상응하는 복을 받지 못한다 할지라도(물론 궁극적으로 복을 받겠지만), 그는 하박국처럼 다음과 같이 고백할 것이다. "비록 무화과나무가 무성하지 못하며 포도나무에 열매가 없으며 감람나무에 소출이 없으며 밭에 먹을 것이 없으며 우리에 양이 없으며 외양간에 소가 없을지라도 나는 여호와로 말미암아 즐거워하며 나의 구원의 하나님으로 말미암아 기뻐하리로다"(합

3:17-18).

한국 교회는 하나님께 대한 외형적 의무 중에서도 사회 정의보다는 교회 확장과 교회 봉사에 치중한다는 인상을 준다. 이런 봉사에서도 하나님과의 내면적 관계를 가꾸는 데 소홀하다면 남는 것은 형식주의뿐이다. 한국 교회 안에 벌어진 불미스런 일들의 상당수는 하나님과의 내면적 관계보다 외형에 치중하여 자신의 과업과 공로에 합당한 대접을 받으려는 몸부림에서 비롯한다. 내가 이 교회의 부흥에 얼마나 많은 역할을 했는데 왜 대우하지 않느냐는 일종의 기 싸움이다. 이것은 더 많은 이익과 파이를 뜯어내기 위해 교회 생활을 하는 악순환으로 이어진다. 미가 시대가 그러했다. "그들의 우두머리들은 뇌물을 위하여 재판하며 그들의 제사장은 삯을 위하여 교훈하며 그들의 선지자는 돈을 위하여 점을 치면서도 여호와를 의뢰하여 이르기를 여호와께서 우리 중에 계시지 아니하냐…하는도다"(미 3:11). 이런 상황에서 소예언서의 메시지는 외형보다 먼저 마음의 변화에 초점을 맞추라고 경고한다. 확실히 한국 교회는 이 경고를 귀담아들을 필요가 있다.

다섯째, 소예언서를 읽어야 하는 이유는 새로운 창조 질서에 대한 가르침 때문이다. 소예언서는 새 언약을 통해 새로운 창조 질서가 나올 것을 내다본다. 이제 새 언약은 예수 그리스도로 말미암아 도래했다. 이런 의미에서 오늘날 새 언약 속에서 사는 성도들은 새로운 창조 질서 속에서 사는 사람이라고 정의할 수 있다. 물론 새 하늘과 새 땅인 새로운 창조 질서는 종말에 완성될 것이다. 하지만 우리는 이미 그 새로운 창조 질서를 선취하며 살아간다. 바울은 새로운 창조 질서 속에서 사는 우리를 새로운 피조물이라고 말했다(고후 5:17). 이 구절에서 바울은 이전 것은 지나갔다고 선포한다. 여기서 이전 것은 기존의 창조 질

서까지 포함한다.[1]

이처럼 종말의 성도는 옛 창조 질서에 있지만 더 이상 기존 세계에 속하지 않은 사람이다. 이 진리는 오늘날 우리에게 시사하는 바가 크다. 새 언약의 성도는 이 세상에 발을 딛고 살지만 이 세상 질서에 속한 사람이 아니다. 즉, 이 세상의 명예와 재화, 쾌락과 근심 등에 지배받는 사람이 아닌 것이다. 그러므로 이 세상에 연연해서 자신을 옭아맨다면 그것은 성도의 올바른 자세가 아니다. 우리에게 올바른 삶은 이 세상에서 나그네처럼 사는 것이다. 소예언서는 새로운 창조 질서를 바라보고, 그것을 미리 선취하여 기쁨을 누리며 살아가라고 우리에게 교훈한다.

마지막으로, 소예언서는 우리에게 청지기 사명을 강조한다. 소예언서에서 하나님의 백성은 세상의 중심(microcosm)이다. 세상의 중심이었던 이스라엘이 심판받을 때 세상에는 더 이상 소망이 없었다. 때문에 이스라엘의 심판은 열국의 심판으로 이어졌고, 이어서 창조 질서의 전복(reversal)을 낳았다. 이 진리는 오늘날 우리에게도 그대로 적용된다. 하나님의 시각에서 그리스도인은 세상의 중심이다. 세상의 빛으로서 세상을 밝히고 세상을 선도하는 존재다. 만약 세상에서 그리스도인이 비난을 받는다면 더 이상 세상과 자연 세계에는 소망이 없다. 오늘날에는 많은 자연재해가 발생한다. 지진과 쓰나미 같은 자연재해를 두고 어떤 사람은 불신자들에게 내리시는 하나님의 징벌이라고 말한다. 하지만 소예언서의 메시지를 고려한다면, 그것은 오히려 믿는 사람들을 향한 하나님의 경고로 보아야 한다. 믿는 사람들이 제대로 살지 않을 때 자연은 더욱 신음하고 괴로워하기 때문이다. 성도의 구원은 자신만을

---

1) Ralph P. Martin, *2 Corinthians*, WBC 40 (Waco, Tex.: Word, 1986), 52.

위한 것이 아니라 이웃과 세상, 그리고 자연을 향한 청지기 사명을 수행한다는 의미를 내포한다. 이런 점에서 소예언서는 오늘을 사는 성도들에게 청지기 삶의 중요성을 그 어느 책보다 웅변적으로 교훈한다.

결론적으로, 소예언서의 메시지는 작금의 한국 교회 문제들에 대해 귀중한 해법들을 제공한다. 주지하는 바와 같이 소예언서는 구약 성경의 끝을 장식하면서 신약 성경을 준비하는 가교 역할을 한다. 그러기에 소예언서는 구약의 토대 위에서 신약의 성도들에게 올바른 삶의 방식들을 생생하게 제시한다. 아무쪼록 소예언서의 말씀이 한국 교회에 체화되어 하나님이 원하시는 공의와 인애가 이 땅에 실현되기를 간절히 바란다.

1장
소예언서 개관

소예언서 메시지의 핵심

소예언서의 신학적 주제를 한마디로 말하기란 쉬운 일이 아니다. 어떤 사람은 '돌아오라'라는 주제를 떠올릴 것이다. 하지만 나는 소예언서의 핵심은 미가 6:6-8에서 찾을 수 있다고 생각한다.[1]

그 이유는 뒤에 나올 논의를 보면 자연스럽게 알 수 있을 것이다. 미가 6:6-8은 당시 형식적인 제사종교로 치우친 실정을 질타하고, 하나님이 구하시는 것이 '공의'(מִשְׁפָּט, '미쉬파트')와 '인애'(חֶסֶד, '헤세드'), 그리고 하나님과 동행하는 삶임을 지적한다. 이러한 지적들을 구체적으로 분석해 보자.

여호와는 형식, 제사를 구하시지 않는다

미가 6:6-8의 의미를 알려면 시대적 상황을 이해해야 한다. 당시 사람들은 레위기 제사법에 따라 제사만 합당하게 드린다면 여호와에 대한 의무를 다했다고 생각했다. 그렇게 하기만 하면 여호와를 기쁘게 할 수 있다고 여겼던 것이다. 하지만 이는 착각이었다. 이런 착각의 주된 원인은 가나안 종교에 동화되는 종교 혼합주의 또는 종교 절충주의였다. 농경 문화에 속했던 가나안 문화에서 종교의 주된 관심은 바알(비의 신)에게 제사를 드려 농사에서 풍성한 수확을 얻는 일이었다. 그래서 자연히 제사가 핵심적 역할을 했다. 제사를 잘 드리기만 하면 바알이 기뻐하고 비를 내려 풍요로운 농사가 보장된다고 믿었던 것이다. 이런 점에서 가나안 종교에서 신과 인간의 관계는 기계적인 관계다. 기계적으로

---

1) 나중에 자세히 설명하겠지만, 미가서는 소예언서의 중심에 위치하면서 신학적으로 중심축(pivotal center)을 이룬다.

형식적인 제의를 행하면 바알에게 무조건 복을 받는다는 논리다. 이 같은 기계적 신앙관은 점차 가나안 땅에 사는 이스라엘 백성에게도 영향을 미쳤다. 그들도 제사를 중시하게 되자 하나님과의 인격적인 관계와 이웃에 대한 사랑은 신앙 밖으로 밀려났다. 하나님과 맺은 언약의 참된 의미를 망각한 것이다. 실제로 기독교 역사를 뒤돌아보면, 성경적 신앙과 자신의 환경과 경험을 섞어 적당히 절충하는 혼합주의가 항상 기독교를 위험에 빠지게 만들었다.

이스라엘의 신앙도 바로 이 혼합주의 때문에 왜곡되고 말았다. 원래 이스라엘의 신앙에서 하나님과의 관계는 기계적 관계가 아니라 인격적 순종의 관계다. 예레미야는 당시 유다가 이런 본질을 얼마나 크게 훼손했는지를 폭로한 예언자였다. 그는 예레미야 7장과 26장의 성전 설교를 통해, 하나님과의 인격적 관계와 도덕적 삶을 무시한 채 기계적인 제의 행위로 종교적 의무를 다했다고 생각하는 지도자들과 거짓 예언자들의 위선을 강하게 질타했다.

미가는 제사종교에 열중한 사람들의 말을 다음과 같이 인용한다. "내가 무엇을 가지고 여호와 앞에 나아가며 높으신 하나님께 경배할까 내가 번제물로 일 년 된 송아지를 가지고 그 앞에 나아갈까 여호와께서 천천의 숫양이나 만만의 강물 같은 기름을 기뻐하실까 내 허물을 위하여 내 맏아들을, 내 영혼의 죄로 말미암아 내 몸의 열매를 드릴까" (미 6:6-7). 이런 상황에서 미가는 여호와께서 구하시는 것은 '제사'라는 형식에 있지 않다고 강조했다. 오늘날에도 이런 오류는 우리 주위에서 심심치 않게 발견된다. 우리도 교회 예배에 참석만 하면 신앙의 본질과 상관없이 기계적으로 복을 받을 수 있다고 생각하지 않는가? 미가는 여호와께서 구하시는 것을 세 가지로 요약하여 설명한다. 즉 공의를 행하고, 인애(사랑, 인자)를 행하며, 겸손히 여호와와 동행하는 것이다. 이 각각의 의미를 구체적으로 생각해 보자.

여호와께서 구하시는 것
공의를 행하는 것

'공의'는 히브리어로 '미쉬파트'(מִשְׁפָּט)다. 이 말의 의미는 나중에 자세히 논의하겠지만, 간단히 말하면 '외형적으로 하나님의 뜻을 따르며 행동하는 일체의 모습'이다(참고 창 18:19; 26:5). 일반적으로 공의는 율법을 행하는 형태로 나타나기 때문에 보통 율법과 등치된다. 하지만 엄밀히 말해 공의는 율법이 아니라 율법이 지향하는 목표다(마 23:23). 궁극적으로 공의는 하나님을 향한 깊은 사랑을 기초로 자신을 의식하지 않고, 자발적으로 하나님의 뜻을 수행하는 외부적 모습을 뜻한다. 즉 하나님을 향한 사랑이 외부로 드러난 모습이며 단순한 율법 행위 그 이상을 의미한다. 미가는 언약 관계에서 여호와께서 구하시는 것이 제사라는 형식에 있지 않고 공의의 차원에서 율법을 지키며 살아가는 것이라고 역설했다. 미가의 고향은 모레셋이었는데(미 1:1), 예루살렘에서 남서쪽으로 약 36킬로미터 떨어진 가난한 시골 마을이었다. 미가는 거기서 부유한 유다 지도자들이 가난한 자들을 학대하고 폭압하는 광경을 목격했다. 그리고 그런 현실을 향해 여호와께서 구하시는 것이 공의라고 질타했다. 즉, 공의의 차원에서 하나님의 뜻을 실천할 것을 강조했던 것이다. 여기서 공의는 하나님을 향한 것과 이웃을 향한 것으로 나눌 수 있다.

인애를 사랑하는 것

'인자'라는 단어는 히브리어로 '헤세드'(חסד)다. 이것은 하나님과 인간의 언약 관계를 결속하는 보이지 않는 끈을 뜻한다. 외형적으로 계명을 지키는 모습인 공의가 언약 관계의 외적 측면이라면, 헤세드는 그 언약 관계의 내적 실재다. 사실 모든 관계는 헤세드가 없으면 유지될 수 없다. 헤세드가 없는 관계는 껍데기에 불과하다. 헤세드는 남편과 아내, 아버지와 아들, 주인과 종, 친구들과의 관계에도 적용된다(창 20:13; 24:49; 47:29; 삼하 16:17). 부부 간의 관계를 예로 들어보자. 부부 관계를 유지하기 위해서는 서로 마음으로부터 흘러나오는 헤세드가 있어야 한다. 남편의 헤세드와 아내의 헤세드는 무엇인가? 남편의 헤세드는 사랑, 돌봄, 희생이며, 아내의 헤세드는 마음에서 우러나오는 사랑, 존경, 섬김이라고 할 수 있다. 결국 헤세드는 두 사람이 진정한 관계를 유지하도록 해주는 마음의 끈, 즉 헌신(commitment)과 사랑이라고 정의할 수 있다.

그렇다면 하나님과 인간의 언약 관계를 유지하는 데 필요한 헤세드는 무엇인가? 우리는 이것을 하나님 편에서의 헤세드와 인간 편에서의 헤세드로 구분할 수 있다. 성경은 언약 관계에서 하나님이 보여 주시는 헤세드를 인자, 은총, 은혜, 자비로 표현한다. 반면 인간 편에서의 헤세드는 하나님을 향한 마음에서 우러나오는 사랑, 충성, 충정, 감사라고 말할 수 있다. 개역개정판은 이 단어를 '인자'로 번역했다. 하지만 히브리어 원문의 의미를 더욱 정확하게 살린다면 그 의미는 인간 편에서 마음으로부터 우러나오는 충실한 사랑 또는 충성이다. 이런 맥락에서 스튜어트(Stuart)는 그의 주석에서 호세아 6:6의 헤세드를 충성(loyalty)으로 번역했다.[2]

하나님이 우리에게 요구하시는 것은 하나님의 계명을 지키면서 동시에 진정한 사랑의 마음으로 관계를 맺는 자세다. 우리의 신앙생활도 하나님의 계명대로 살지만 진정한 마음에서 우러나는 사랑, 충정, 감사가 부재하지 않은지 돌아볼 필요가 있다.

바벨론에서 돌아온 포로 후기 유다 공동체는 예레미야의 경고를 뼈저리게 실감하고 회개했다(참고. 렘 7:4-12). 그래서 더 이상 제사에 치중하지 않고 율법을 강조하는 삶을 살려고 몸부림쳤다. 같은 맥락에서 신구약 중간기에는 민간 차원에서 율법을 중시하는 풍조가 강하게 일어났다. 하지만 율법에 대한 이 같은 강조는 시간이 지나면서 율법주의로 화석화되었다(마 20:1-16; 23:23). 결국 생명력 없는 율법주의로 전락하고 만 것이다. 이 율법주의는 결국 하나님으로부터 오는 대가만을 바라는 신앙이 된다. 이것은 또 다른 형식주의이며 하나님과의 관계를 기계적인 관계로 다시 전락시키는 행태다. 마태복음 20장에 나오는 예수님의 포도원 비유는 기계적인 관계에서 대가를 바라는 바리새인들을 향한 질타였다. 이 비유에서 포도원에 먼저 온 자는 바리새인들을 가리킨다. 예수님은 이들을 일한 대가만을 생각하는 자들이라고 질책하며, 이들보다 나중에 온 자가 먼저 될 것이라고 말씀하셨다. 왜 나중에 온 자가 먼저 되는가? 나중에 온 자들은 마지막에 자신들을 불러준 포도원 주인의 은혜에 감사해서 일했기 때문이다. 그들은 대가보다는 헤세드의 정신을 가지고 주인을 섬겼던 것이다. 신약 성경의 다른 곳에서도 예수님은 바리새인들이 기계적 신앙관을 가지고 하나님과의 관계에서 헤세드인 사랑을 저버렸다고 비난했다.

---

2) Douglas Stuart, *Hosea-Jonah*, WBC 31 (Waco, Tex.: Word Books, 1987), 98.

화 있을진저! 너희 바리새인이여, 너희가 박하와 운향과 모든 채소의 십일조는 드리되 공의와 하나님께 대한 사랑은 버리는도다. (눅 11:42)

겸손하게 하나님과 동행하는 것

이 말은 하나님의 뜻을 항상 물으며 살아가는 모습을 가리킨다. 나중에 미가서 내용 분석에서 자세히 설명하겠지만 '겸손하게 동행한다'는 표현은 실제 히브리어 원문을 보면 그 뜻이 분명치 않다. 하지만 간단하게 정리한다면 신중하게 행하기 위해 하나님께 계속적으로 묻는 행위라고 요약할 수 있다.[3]

이는 하나님이 우리에게 요구하시는 것이 모든 일상 속에서 끊임없이 하나님께 물으며 교제하는 일임을 강하게 보여 주는 대목이다. 계속하여 하나님께 묻는 행위는 매 순간마다 하나님이 원하시는 공의와 인애를 실천하기 위함이기도 하다. 이 때 하나님이 원하시는 공의와 인애는 우리의 잣대가 아니라 하나님의 기준으로 정의되어야 한다. 그러기에 우리는 하나님과 동행하며 물어야 한다. 이러한 물음이 있을 때 하나님의 방식대로 공의와 인애를 실천할 수 있는 능력이 생긴다. 하나님과 동행하며 끊임없이 공의와 인애를 행할 때, 그 사람은 하나님과 올바른 관계에 서게 된다. 이러한 상태가 바로 '의'(צְדָקָה, '체다카')이다.

전체적으로 소예언서는 이와 같은 공의와 인애, 의에 초점을 맞추고 독자들을 설득한다. 여기서 의는 공의와 인애를 포함하는 더 큰 범주이기에 때때로 성경은 공의와 의, 또는 단독으로 의라는 말을 사용한다. 흥미롭게도 소예언서의 처음과 끝에 위치한 호세아서와 말라기서

---

[3] Bruce Waltke, "Micah", in *The Minor Prophets*, vol. 2, ed. Thomas Edward McComiskey (Grand Rapids, Mich.: Baker, 1993), 734.

는 공의와 의의 열매를 강조하며, 중간에 위치한 미가서 역시 공의와 의를 언급한다(호 14:8; 미 7:9; 말 4:2-3).

소예언서의 개요[4]

소예언서의 배열 순서

소예언서라는 말을 처음 사용한 사람은 성 아우구스티누스였다. 하지만 이보다 앞서 '소예언서'를 책 한 권으로 묶어 '열두 예언자'라고 부른 경우가 있다. 바로 벤시락의 집회서 49장 10절이다. 이 집회서(지혜서에 속함)는 주전 2세기경에 저작된 외경으로, 적어도 주전 2세기에 열두 소예언서가 하나의 묶음으로 불렸다는 방증이다.[5] 성경 사본에서도 열두 소예언서는 하나의 두루마리에 기록되었다.

소예언서들의 배열 순서 또한 무작위적이라기보다는 어떤 의미 있는 기준에 따라 의도적으로 이루어져 있음을 알 수 있다. 하지만 소예언서의 형성과 그 배열 기준은 학자들 사이에 뜨거운 논쟁의 대상이다.[6] 배열의 기준에 대해서는 다음과 같은 견해들이 있다.

---

4) 소예언서 개요에서 소예언서의 통일성에 관한 부분은 상당 부분 내 논문을 그대로 반영했다. 참고 김창대, "소예언서의 통일성 관점에서 호 14:4와 말 4:2의 치료 (רפא)에 대한 고찰", 「성경과 신학」 제56권 (2010), 283-312.

5) 소예언서를 하나의 묶음으로 보는 증거들에 대해 논의하려면 다음 책을 보라. James D. Nogalski & Marvin A Sweeney (eds), *Reading and Hearing the Book of the Twelve* (Atlanta, Georgia: SBL, 2002), viii-ix.

6) 소예언서의 형성에 대해 자세하게 논의하려면 다음 책을 보라. Paul L. Redditt, "The Formation of the Book of the Twelve: A Review of Research", in *Thematic Threads in the Book of the Twelve*, ed. Paul L. Redditt and Aaron Schart (New York: de Gruyter, 2003), 1-26.

첫째, 연대순으로 배열되었다는 주장이다. 실제로 소예언서를 보면 대략 주전 8세기경 책인 호세아서로 시작해서 5세기 포로 후기의 책인 말라기서로 끝난다. 하지만 엄밀하게 연대적 순서를 따르는 것도 아니다. 한글 성경이 따르는 히브리어 마소라 사본의 순서를 보면 요나서가 오바댜서 뒤에 놓여 있다. 하지만 요나가 여로보암 2세 때의 예언자라면 요나서는 예루살렘 멸망 시기에 기록된 오바댜서보다 앞에 위치해야 한다. 또한 요엘서의 위치도 문제가 된다.[7]

둘째, 노갈스키(Nogalski)는 소예언서들이 어떤 책 끝 부분에 나타나는 중요한 낱말이나 어구(catchword)가 그 다음 책에 다시 등장하는 방식으로 연결되어 있다고 주장했다.[8] 예를 들어 요엘서 다음에 아모스서가 나오는 이유는 요엘 3:16에 기록된 "시온에서 부르짖고"라는 말이 다시 아모스 1:2에 등장하기 때문이다. 이와 비슷하게 하박국 2:20과 스바냐 1:7에 나오는 '잠잠하다'라는 말도 연결 낱말 역할을 한다고 볼 수 있다.[9]

하지만 이런 견해에도 문제가 없는 것은 아니다. 요엘서는 마지막으로 에돔의 멸망을 언급하기 때문에(욜 3:19), 에돔의 멸망을 언급하는 오바댜서가 바로 뒤에 위치하는 것이 더 자연스러울 수도 있다. 실제로 주전 2세기 경 히브리어 구약 성경을 최초로 헬라어로 번역한 70인역(LXX)은 요엘서 다음에 오바댜서를 배치한다. 연결 낱말을 배열 기준으로 삼는다면, 또 다른 방식으로 소예언서 순서가 정해질 수도 있기에

---

7) 요엘서의 시기에 대해서는 '3장. 요엘'에서 자세히 논의하겠다.
8) Nogalski는 소예언서 배열이 연결 어구(catchword) 외에도 인용(quotation), 인유(allusion), 모티프, 뼈대를 이루는 틀(framing device)에 따라 통일적으로 이루어졌다고 주장한다. 참고. James D. Nogalski, "Intertextuality and the Twelve", in *Forming Prophetic Literature*, 103.

이 같은 주장은 신중을 기해야 한다. 또한 연결 낱말은 단지 우연히 나온 것일 수도 있어 의도적 배열의 충분한 증거가 될 수 없다.[10] 게다가 서로 연결되어 있는 책들 가운데는 연결 낱말로 설명될 수 없는 경우도 있다. 예를 들어 마소라 사본에서는 요나서 다음에 미가서가 나오는데, 이 책들 사이에서는 연결 낱말을 찾기가 쉽지 않다.[11]

앞서 언급했듯이 소예언서 순서는 사본마다 약간씩 다르다. 마소라 사본에서는 개역개정판에서 볼 수 있듯이 요엘서가 호세아서 다음에 나온다.[12] 하지만 70인역은 호세아서, 아모스서, 미가서, 요엘서, 오바댜서, 요나서, 나훔서, 하박국서, 스바냐서, 학개서, 스가랴서, 말라기서의 순으로 되어 있다. 한편 주전 2세기와 1세기 사이에 기록된 쿰란 사본 가운데 하나인 4QXII[a]에서는 요나서가 소예언서 끝에 등장한

---

9) Schart는 소예언서 안에서 발견될 수 있는 중요한 연결 어구들을 다음과 같이 제시한다. 호 14:2과 욜 2:12; 욜 3:16과 암 1:2; 암 9:12과 옵 19절; 옵 1절과 요나서; 욘 4:2과 미 7:18-19과 나 1:2-3; 나 1:1과 합 1:1(מָשָׂא, '맛사'); 합 2:20과 습 1:7. Aaron Schart, "The Redactional History of the Twelve Prophets: Problems and Models", in *Reading and Hearing the Book of the Twelve*, 35.
한편 Nogalski는 연결 어구들을 다음과 같이 제시했다. 호 14:5-10과 욜 1:1-12; 암 9:1-15과 옵 1-10; 옵 15-21과 욘 1:1-7; 욘 11-14, 15b과 욘 1:1-8; 욘 2:2-10과 미 1:1-7; 미 7:8-20과 나 1:1-18; 나 3:1-19과 합 1:1-17; 합 3:1-19과 습 1:1-18; 습 3:18-20과 학 1:1-6; 학 2:20-23과 슥 1:1-11; 슥 8:9-23과 말 1:1-14. James Nogalski, *Literary Precursors to the Book of the Twelve* (BZAW 217; Berlin: de Gruyter, 1993), 20-57.
10) Redditt, "The Formation of the Book of the Twelve: A Review of Research", 13.
11) 물론 요나서 마지막에 나오는 죄를 용서하시는 하나님의 사랑이 미가서 마지막에도 등장한다(욘 4:2; 미 7:18). 하지만 이를 연결 낱말로 규정하기란 쉽지 않다.
12) 유다 지역에서 발굴한 와디 무라바아트 사본(주전 2세기경)과 헬라어로 기록한 나할 헤버 사본(Nahal Hever Greek Manuscript, 주전 1세기 중반)은 모두 마소라 사본의 소예언서 순서를 따른다.

다.[13] 이렇게 해서 사본학적으로 소예언서의 순서는 크게 세 가지로 나뉜다.[14]

많은 학자들이 한글 성경에 반영된 마소라 사본의 소예언서 순서가 원본의 순서라는 데 동의하는 것처럼 보인다.[15] 그 이유를 살펴보자. 마소라 사본과 70인역의 소예언서 사본은 연대기 순서를 반영하지 않는다. 하지만 70인역은 마소라 사본보다는 연대기 순서를 좀더 반영하려는 흔적을 보인다. 또한 70인역은 공통 표제를 가진 책들을 함께 묶으려는 의도를 지니고 있다(호세아서와 아모스서, 미가서는 비슷한 표제로 시작한다). 이런 점은 오히려 70인역의 소예언서 순서가 마소라 사본의 순서보다 후대의 것이라는 방증이 될 수 있다.[16] 70인역의 순서가 더 논리적이며 마소라 사본의 순서가 비교적 난해하기 때문에 난해한 것을

---

13) B. A. Jones는 원래 소예언서의 순서를 따지자면 요나서가 맨 뒤라고 주장한다. B. A. Jones, *The Formation of the Book of the Twelve*, SBLDS 149 (Atlanta, Georgia: Scholars, 1995), 7.

14) Barry A. Jones는 고대에는 소예언서의 순서가 고정되지 않았기 때문에 다양하게 해석되었다고 주장한다. Barry A. Jones, "The Book of the Twelve as a Witness to Ancient Biblical Interpretation", in *Reading and Hearing the Book of the Twelve*, 65-74.

15) Aaron Schart, "Reconstructing the Redactional History of the Twelve Propehts", 37.

16) 이와 다른 견해로 Marvin A. Sweeney는 70인역의 소예언서 순서가 원래 순서(적어도 포로 후기 초기)이고 마소라 사본의 순서는 후기 페르시아 시대에 나온 후대 산물이라고 주장한다. 그 근거로 Sweeney는 마소라 사본의 배열은 성전을 이스라엘과 열국의 관점에서 처음부터 제시하는데, 이는 페르시아 시대의 성전신학을 반영한 것이라고 본다. 또한 그는 요엘서의 끝과 오바댜서의 처음이 더 자연스럽게 연결되기 때문이라고도 말한다. 하지만 요엘서는 마소라 사본에서 보듯 아모스서의 처음과도 잘 어울린다. Marvin A. Sweeney, *The Twelve Prophets*, 2 vols. (Berit Olam; Collegeville Min.: Liturgical Press, 2000), 1:xxxii-xxxvii.

후대에 논리적으로 쉽게 이해할 수 있는 순서로 다시 배열했다고 볼 수 있기 때문이다.[17] 하지만 이 또한 충분한 근거라고 단언할 수 있는 것은 아니다. 결론적으로 마소라 사본과 70인역은 각각의 신학적인 관점에서 나름대로 소예언서를 배열했다고 말하는 것이 최선일 듯하다.[18] 마소라 사본과 70인역이 신학적으로 서로 차이를 보이는 이유는, 배열 순서를 정할 때 그 당시 서로 다른 상황(팔레스타인 상황과 애굽 상황)을 반영하려고 노력했기 때문일 것이다.

　소예언서가 정경에 포함되면서 소예언서의 배열도 해석의 귀중한 열쇠가 된다. 그 배열 순서도 신학적 작업의 일환이기 때문이다. 예를 들어 마소라 사본의 경우, 요엘서를 아모스서 앞에 배치시킴으로써 아모스서에 나타난 이스라엘을 향한 심판을 요엘서에 언급된 열국의 심판과 같은 차원에서 이해하도록 독자들을 유도한다.[19] 반면 70인역의 경우, 먼저 호세아서와 아모스서, 미가서를 나란히 배열하여 이스라엘과 유다에 내릴 하나님의 심판의 말씀을 선포한 뒤에 요엘서, 오바댜서, 요나서, 나훔서 등을 통해 열국을 향한 심판을 선포함으로써 심판

---

17) 실로 마소라 사본의 순서는 외형상 70인역의 순서보다 난해하다. 그 단적인 예가 요나서와 나훔서의 위치다. 70인역은 요나서 다음에 같은 주제를 다루는 나훔서를 위치시켰다. 같은 맥락에서 Burkard M. Zapff는 마소라 사본이 더 난해하다는 이유를 들어 마소라 사본의 순서가 원본이라고 주장한다. Burkard M. Zapff, "The Perspective on the Nations in the Book of Micah as a 'Systematization' of the Nations' Role in Joel, Jonah and Nahum?: Reflections on a Context-Oriented Exegesis in the Book of the Twelve", in *Thematic Threads in the Book of the Twelve*, 295.

18) Marvin Sweeney, "Sequence and Interpretation in the Book of the Twelve", in *Reading and Hearing the Book of the Twelve*, 62.

19) Marvin A. Sweeney, "The Place and Function of Joel in the Book of the Twelve", in *Thematic Threads in the Book of the Twelve*, 148.

의 정도와 범위가 점점 우주적으로 확대됨을 부각시키려는 의도가 있다고 해석할 수 있다.[20]

또, 마빈 스위니(Marvin Sweeney)의 주장처럼 요엘서에서 선포되는 열국의 심판은 특정한 나라를 염두에 두지 않는 일반적인 심판이다. 70인역은 요엘서를 맨 앞에 두고 그 뒤에 오바댜서, 요나서, 나훔서가 따르도록 하는데 여기서 요엘서는 포괄적인 언어로 열국의 심판을 먼저 말함으로써 따라오는 책들의 표제 역할(programmatic role)을 한다.[21]

반면, 마소라 사본에서는 요나서가 미가서 앞에 나온다. 미가는 앗수르가 예루살렘을 침략할 것이라고 말한다(미 3:12). 따라서 요나서가 미가서 앞에 나온 이유는 미가서에 기술된 앗수르의 침공 전에 요나를 통해 니느웨의 회개를 촉구하기 위함이라고 말할 수 있다.[22] 또한 나중에 살펴보겠지만, 소예언서를 동심원 구조로 볼 때, 요나서와 나훔서가 서로 짝을 이루도록 하기 위해 요나서를 미가서 앞에 배치했다고 볼 수도 있다.

소예언서의 구조

앞서 주장했듯이, 1990년대 초반부터 소예언서 연구에서는 열두 권의 소예언서가 단순히 짧은 책들을 모은 선집(anthology)이 아니라 통일된 하나의 책으로 읽히도록 배열되었다는 주장이 힘을 얻기 시작했다.[23] 그래서 열두 권의 소예언서를 하나의 책으로 읽으려는 시도들이 눈에

---

20) 하지만 아모스서와 미가서에도 열국에 대한 관심이 나오기 때문에 엄밀히 말해 이런 도식은 약간 수정되어야 한다.
21) Marvin Sweeney, "Sequence and Interpretation in the Book of the Twelve", in *Reading and Hearing the Book of the Twelve*, 59.
22) 같은 책, 60.

띄게 증가했다. 이런 흐름과 맞물려 소예언서의 배열 구조에 대한 관심도 함께 나타났다. 이에 대한 학자들의 견해를 소개하면 다음과 같다.

폴 하우스의 구조

먼저 소예언서의 통일적 구조에 관한 폴 하우스(Paul R. House)의 주장을 살펴보자. 그는 열두 권의 소예언서가 이사야서와 예레미야서, 에스겔서와 짝을 이룬다고 보았다.[24] 그래서 소예언서의 흐름이 넓은 의미에서 경고-심판-회복이라는 주제로 구성됐다고 주장한다.[25]

경고: 언약 파기에 대한 비판. 언약 파기는 호세아서, 요엘서, 아모스서, 오바댜서, 요나서, 미가서에서 주로 다루어진다. 이런 점에서 호세아서부터 미가서까지는 백성들의 언약 파기를 비판한 이사야 초반부와 비슷하다. 물론 앞에 배치된 이 여섯 소예언서도 하나님이 종말에 땅을 회복하실 것이라는 소망을 언급한다. 하지만 호세아서부터 미가서까지는 언약 파기로 말미암아 하나님이 자신의 백성을 비난하고 경고하시는 것이 주된 내용이다.

심판: 여호와의 날. 그 다음에 나오는 나훔서와 하박국서, 스바냐서는 "죄에 대한 묘사와 함께 심판에 대한 위협을 넘어 다가올 여호와의 날에 대해 구체적인 예언"을 한다.[26] 폴 하우스에 따르면, 이 책들은 하

---

23) Richard L. Schultz, "The Ties that Bind: Intertextuality, the Identification of Verbal Parallels, and Reading Strategies in the Book of the Twelve", in *Thematic Threads in the Book of the Twelve*, 27.

24) Edgar W. Conrad도 이와 비슷한 주장을 한다. Edgar W. Conrad, "Forming the Twelve and Forming Canon", in *Thematic Threads in the Book of the Twelve*, 102.

25) Paul R. House, *The Unity of the Twelve* (Sheffield: Sheffield Academic Press, 1990).

나님의 심판을 선언한 예레미야서를 연상시킨다.

회복. 마지막으로 학개서와 스가랴서, 말라기서는, 에스겔서가 남은 자들 가운데 거하시는 하나님의 임재에 근거하여 심판을 넘어 밝은 미래를 전망하듯이, 영광스러운 하나님 나라를 그린다는 것이 폴 하우스의 견해다.

평가. 열두 소예언서를 대예언서들과 연결시켜 이해하고 성경의 통일성을 부각시키려 한다는 점은 높이 평가할 부분이다. 하지만 너무나 단순한 도식이라 인위적이라는 인상을 지울 수 없다. 예를 들어 예레미야서의 경우도 언약 파기를 지적했고, 심판뿐만 아니라 미래에 다가올 하나님의 왕국을 새 언약으로 표현했기 때문이다. 소예언서를 한 권의 책이라는 관점에서 주제를 따라 일관된 배열 구조를 찾으려는 시도는 좋지만, 그 구조를 너무 단순한 직선 구조로 보았다는 단점이 있다. 무엇보다 호세아서의 주제가 말라기서에 반복되어 소예언서가 전체적으로 인클루지오(inclusio)를 이룬다는 사실을 간과한다.[27]

크리스텐센의 구조

크리스텐센(Duane L. Christensen)은 나훔서와 하박국서가 다음과 같이 동심원 구조를 이룬다고 주장한다.[28]

---

26) Paul R. House, *Old Testament Theology* (Downers Grove, Ill.: IVP Academic, 1998), 622. 「구약신학」(CLC).
27) '인클루지오' 라는 수사 기법은 책이나 단락의 서두와 말미에 동일한 내용을 반복하는 것을 말한다. 일종의 수미쌍괄식이다.
28) Duane A. Christensen, "The Book of Nahum: A History of Interpretation", in *Forming Prophetic Literature: Essays on Isaiah and the Twelve in Honor of John D. W. Watts*, JSOTSup. 235, ed. James W. Watts and Paul R. House (Sheffield: Sheffield Academic Press, 1996), 193.

A. 나훔 1장: 신현의 노래(Hymn of Theophany)

　　　B. 나훔 2-3장: 니느웨에 대한 조롱

　　　　C. 하박국 1:1-2:5; '하나님이 과연 정의로운가?'라는 신정론의 문제

　　　B'. 하박국 2:6-20; '사악한 자'(바벨론)에 대한 조롱

　　A'. 하박국 3장: 신현의 노래

더 나아가 크리스텐센은 소예언서 전체를 다음과 같이 분석했다.[29]

　　A. 호세아서, 요엘서, 아모스서+오바댜서

　　　B. 요나서+미가서

　　　B'. 나훔서+하박국서

　　A'. 스바냐서+학개서, 스가랴서, 말라기서

위 구조는 폴 하우스의 구조보다 좀더 진전된 것이다. 하지만 크리스텐센은 논리적으로 왜 이런 구조가 나왔는지는 설명하지 않는다.

소예언서의 수사적 구조

나는 소예언서가 다음과 같은 동심원 구조를 이룬다고 생각한다.

　　A. 호세아서: 언약 위반과 하나님의 사랑

　　　B. 요엘서: 포로의 귀환과 하나님의 성전인 시온에서 열국의 심판

　　　　C. 아모스서: 여호와의 날, 언약의 저주(5:11-12), 하나님의 공의, 남

---

29) Christensen, "The Book of Nahum", 194.

　　　　　은 자 사상
　　　　D. 오바댜서: 에돔에 대한 심판—하나님은 공의의 하나님
　　　　　E. 요나서: 니느웨에 관한 말씀
　　　　　　F. 미가서: 성전에서 하나님의 통치 실현, 메시아, 남은 자
　　　　　　　의 죄 용서, 언약 성취
　　　　　E'. 나훔서: 니느웨에 관한 말씀
　　　　D'. 하박국서: 유다와 바벨론에 대한 심판—공의의 하나님.
　　　C'. 스바냐서: 여호와의 날, 언약의 저주(1:13), 하나님의 공의(3:5),
　　　　남은 자 사상
　　B'. 학개서와 스가랴서: 포로에서 귀환한 공동체의 성전 재건, 시온에서
　　　　열국의 심판
　A'. 말라기서: 언약 회복과 하나님의 사랑

　위 구조를 보면 배열을 통해 드러난 소예언서의 핵심은 미가서임을 알 수 있다. 일반적으로 동심원 구조에서 핵심은 그 구조의 중심을 이루는 부분이기 때문이다.[30]

　미가서는 소예언서의 모든 주제를 골고루 포함하면서 진정으로 여호와께서 원하시는 것이 무엇인지를 강조한다. 한마디로 공의와 인애와 의의 열매를 맺는 것이다(미 6:6-8). 그렇다면 어떤 사람이 공의와 인애와 의의 열매를 맺을 수 있는가? 미가서는 미래의 소망이 하나님의 자비로 말미암는 죄의 청산에 있음을 명시한다(미 7:18-20). 그래서 남

---

30) David Noel Freedman, "Preface", in *Chiasmus in Antiquity: Structures, Analyses, Exegesis*, ed. John W. Welch (Hildesheim, Ger.: Gerstenberg Verlag, 1981), 7.

은 자는 죄를 용서하는 하나님의 은혜를 통해 공의와 인애와 의의 삶을 살 수 있다고 암시한다. 미가서 앞에 위치한 요나서는 미래의 남은 자들에게 요나처럼 대적들을 과도하게 의식하며 두려워할 필요가 없음을 교훈한다.[31] 나훔서가 보여 주듯이 하나님은 자신을 대적하는 자들의 죄를 간과하시는 분이 아니기 때문이다. 이어서 하박국서는 대적들이 승리하고 성공했다 하여 그 앞에서 절망하고 하나님의 공의를 의심하는 태도는 잘못이라고 가르친다. 이렇게 요나서부터 하박국서까지를 연결해서 읽을 때, 그리스도인 앞에는 크게 보아 세 가지 장애물이 있음을 깨달을 수 있다. 첫째, 요나서에서 볼 수 있듯이 외면적으로는 대적에 대한 과도한 의식, 둘째, 미가서에 암시하듯이 내면적으로는 자신 안에 있는 죄의 문제, 그리고 마지막으로 하박국서에서 볼 수 있듯이 하나님을 향한 의심이다.

소예언서의 구조에서 처음과 마지막에 위치한 호세아서와 말라기서는 중요한 신학적 평행을 이룬다. 호세아서는 하나님의 사랑을 배우자와의 관계로 설명하는데, 마찬가지로 말라기서도 하나님의 사랑을 배우자의 불륜의 관점에서 언급한다.[32] 호세아서에서 제시되는 아버지와 아들들의 관계(호 11:1; 14:3)는 말라기서에서도 재연된다(말 1:6, "내가 아버지일진대 나를 공경함이 어디 있느냐?"). 또한 호세아 14:4을 보면, 종

---

31) 여기에 대한 자세한 주장은 다음 글을 참고하라. Joseph A. Everson, "The Canonical Location of Habakkuk", in *Thematic Threads in the Book of the Twelve*, 165-174.

32) John D. W. Watts, "A Frame for the Book of the Twelve: Hosea 1-3 and Malachi", in *Reading and Hearing the Book of the Twelve*, 209-217. Sweeney는 말 2:10-16을 고멜의 이혼에 대한 평가로 이해할 수 있다고 주장한다. Sweeney, *The Twelve Prophets*, 2:713-714.

말에 하나님의 치료를 받은 하나님의 백성이 온전히 서게 되리라고 말하는데, 비슷하게 말라기 4:2도 종말에 있을 하나님의 치료를 언급한다. 이런 점에서 호세아서와 말라기서는 '치료'라는 낱말을 통해 전체적으로 소예언서를 인클루지오 구조로 만든다.

요엘서는 종말의 시온이 그 초점이다(욜 3:17-18). 이 점은 요엘서와 짝을 이루는 학개서와 스가랴서에서 제시되는 성전에 대한 관심과 평행을 이룬다. 또한 요엘서와 학개서, 그리고 스가랴서는 공통적으로 '하나님의 영'(רוח, '루아흐')을 언급한다.[33]

요엘 3장에서 열국의 심판은 스가랴 14장에 나오는 열국과의 싸움을 연상시킨다. 스가랴 14:8에 예루살렘에서 생수가 나오는 것처럼 요엘 3:18에서도 여호와의 성전에서 샘이 흘러나온다. 그리고 요엘서처럼 스가랴 7장도 금식과 애통을 언급한다(욜 2:12-15; 슥 7:1-7). 스가랴서는 예언자를 통해 전해진 하나님의 말씀에 순종하지 않는다면 금식과 애통은 무의미하다는 사실을 강조함으로써, 요엘서의 금식과 애통 주제를 더욱 발전시킨다. 요엘 3:17은 예루살렘 안에 "다시는 이방 사람이 그 가운데로 통행하지 못하리로다"라고 말하는데, 마찬가지로 스가랴 14:21(참고 9:8)도 비슷한 말을 한다.

아모스서와 스바냐서의 공통점은 하나님의 공의를 강조한다는 것이다. 그밖에도 '사로잡힘을 돌이킨다'(שוב שבות, '슈브 쉐부트')라는 특정 어구가 아모스서와 스바냐서에 반복해서 나타난다(암 9:14; 습 2:7; 3:20).[34] 또한 두 책에서 창조 질서의 파괴가 두드러지게 등장한다. 신명기 28:30은 언약의 저주로, "집을 건축하였으나 거기에 거주하지 못

---

33) 소예언서 중에 하나님의 영을 언급하는 책으로는 요엘서와 학개서, 스가랴서 외에 소예언서의 중심에 있는 미가서(미 2:7; 3:8)가 있다.

할 것이요, 포도원을 심었으나 네가 그 열매를 따지 못할 것이며"라고 선언한다. 이와 같은 언약의 저주가 아모스 5:11-12에서 나타나는데, 비슷하게 스바냐 1:13에서도 동일한 어구를 발견할 수 있다.

오바댜서는 '여호와의 날'이라는 주제와 관련하여 그날을 '제비 뽑던 날' '형제의 날' '고난의 날'로 묘사한다(옵 11-14). 마찬가지로 오바댜서와 짝을 이루는 하박국서도 여호와의 날을 '환난 날'로 그린다(합 3:16). 오바댜서와 하박국서는 여호와의 날을 예루살렘이 바벨론에게 함락된 사건과 긴밀하게 연결시킨다는 공통점을 지닌다. 오바댜서의 주된 강조점은 공의의 하나님이다. 마찬가지로 하바국서에서도 공의의 하나님이라는 주제가 두드러지게 나타난다. 사용하는 어휘도 하박국서와 오바댜서는 서로 많은 유사점을 지니고 있다. 하박국 2:8에 나오는, 여러 나라를 노략하고 강포를 행한 바벨론에 대한 묘사는 오바댜서에 나오는 예루살렘을 노략하고 불의를 행한 에돔의 묘사와 매우 비슷하다(참고 옵 10-11절). 또한 하박국 2:9은 바벨론이 "높은 데 깃들이려 하며"라고 진술하는데, 이 표현은 오바댜 3절이 에돔을 "바위 틈에 거주하며 높은 곳에 사는 자"로 비유한 말과 비슷하다. 더 나아가 하박국 3:5은 종말에 임할 하나님의 출현을 불덩이로 비유하는데, 이는 오바댜 18절과 비슷하다. 이 외에도 오바댜서와 하박국서는 모두 하나님의 공의가 시온에서 이루어질 것을 언급한다(참고 합 2:20; 옵 17, 21절).

요나서와 나훔서의 경우, 니느웨를 향해 주어진 하나님의 말씀을 주제로 삼았다는 사실 외에도, 두 책이 모두 의문문으로 끝난다는 공통점이 있다. 또한 열두 소예언서들 가운데서 유독 요나서와 나훔서에는

---

34) '포로에서 돌아온다'라는 표현은 아모스서와 스바냐서 외에도 호세아서와 요엘서에 한 번씩 등장한다(호 6:11; 욜 3:1).

'여호와의 날' 주제가 잘 드러나지 않는다.[35]

어떻게 통일된 구조를 가질 수 있었는가?
소예언서가 하나의 일관된 책으로 통일성을 지닌다고 할 때, 역사적으로 어떻게 그런 통일된 구조가 형성되었는지에 대한 의견도 분분하다. 첫째로, 이런 통일성은 후대 편집자들(redactors)이 만든 것이라는 주장이다.[36] 둘째로, 예레미아스(Jörg Jeremias)의 주장처럼 소예언서의 통일성은 소예언서 저자들이 서로에게 영향을 받았기 때문이라는 주장이다.[37] 셋째로, 소예언서 저자들은 비록 시기적으로 차이가 있지만 같은 예언자 전통 속에 있었기에 이전 예언자들의 글에 익숙하여 자연스럽게 통일성을 지니게 되었다는 주장이다.

한편 나는 소예언서의 통일성이 후대의 인위적인 편집의 산물이라기보다는 예언자들이 제각기 익숙한 예언자 전통 속에서 비슷한 낱말과 어구들을 사용한 결과이고, 더 나아가 성령의 영감으로 그 내용이 일관된 흐름을 가지게 되었다고 생각한다.

---

35) David L. Petersen, "A Book of the Twelve?" in *Reading and Hearing the Book of the Twelve*, 9.
36) 이에 대한 대표적인 학자로는 Nogalski, Redditt, Schart 등이 있다.
37) Jörg Jeremias, "Die Anfänge des Dodekapropheton: Hosea und Amos", in *Hosea und Amos: Studien zu den Anängen des Dodekapropheton* (FAT 13; Tübingen: Mohr, 1996), 34-54. 또한 다음 글을 보라. 그는 여기서 아모스서는 호세아서의 영향을 크게 받았다고 주장한다. 물론 아모서의 구전은 호세아서보다 먼저이지만 책으로 나오는 것은 호세아서가 먼저이기 때문에 책으로서 아모스서는 먼저 존재했던 호세아서의 영향을 받았다는 논리를 편다. Jörg Jeremias, "The Interrelationship between Amos and Hosea", in *Forming Prophetic Literature*, 171-186.

소예언서의 개략적 내용과 연대기

소예언서의 시기와 연대 문제는 학자들마다 의견이 다르다. 여기서는 보수적인 입장에서 소예언서의 연대들을 정리했다. 호세아(주전 745년경)는 서두에 밝혔듯이 북이스라엘의 왕 여로보암 2세 때 활동한 예언자다. 세 자녀를 두었으며, 특히 아내 고멜은 자신의 정부를 찾아 호세아를 떠난 간음녀였다. 하지만 하나님은 호세아에게 다시 그녀를 데려오라고 지시하신다. 이 행위는 영적으로 간음한 백성에 대한 하나님의 사랑과 신실함을 상징적으로 보여 준다. 이렇게 호세아서는 하나님의 사랑과 하나님을 향한 인간의 충성이 그 핵심 주제다.

어떤 학자는 요엘서와 오바댜서의 저작 시기를 주전 9세기로 추정하기도 하지만 이 문제는 여전히 논란의 대상이다. 치즈홀름(Robert Chisholm)은 요엘서는 포로기 초인 주전 6세기 후반, 오바댜서는 포로기인 주전 6세기경으로 그 저작 시기를 추정한다.[38] 하지만 나는 본문의 내적 증거를 통해 요엘서의 저작 시기를 포로기 이전으로 추정할 수 있다고 생각한다.

시기적으로 미가서보다 후대인 요엘서와 오바댜서가 미가서 앞에 배치된 것은 이 두 책의 주제가 아모스서와 비슷하기 때문이다. 요엘 3:16은 아모스 1:2과 비슷하고, 에돔을 비난하는 오바댜서는 아모스 9:12과 비슷하다.[39] 또한 이 두 책은 '여호와의 날'을 선포한다는 공통점이 있다. 이런 이유들로 요엘서와 오바댜서가 각각 아모스서 앞뒤에 위치해 있다. 요엘서는 여호와의 날을 대비해 마음을 찢고 하나님께 돌아오라고 강권한다(욜 2:12).

---

38) 치즈홀름, 「예언서개론」, 강성열 옮김 (고양: 크리스챤다이제스트, 2006), 503.
39) 같은 책, 504.

오바댜서는 예루살렘이 공격을 당할 때 에돔이 방관한 사실을 질타한다. 예루살렘이 공격을 당한 경우는 역사적으로 총 네 번 있었다.

- 주전 926년 시삭의 공격(왕상 14:25)
- 블레셋과 아라비아(아랍)의 공격(대하 21:16-17)
- 이스라엘 왕 요아스가 유다 왕 아마샤를 공격(왕하 14:8-14)
- 느부갓네살 왕에 의해 멸망당한 예루살렘(왕하 25:8-9)

아마도 오바댜서는 느부갓네살 왕에게 예루살렘이 멸망당할 때에 에돔이 방관하고 오히려 예루살렘을 약탈한 사건을 배경으로 쓰인 듯하다.[40] 오바댜서는 구약 성경의 예언서 가운데 가장 짧은 책이다. 마지막 날(여호와의 날) 하나님의 백성이 시온에 거할 때 사랑 없는 태도를 보인 에돔이 보응의 심판을 받게 될 것이라고 역설한다.

아모스는 주전 750년경에 북이스라엘에서 활약했던 유다 예언자로, 부유층들이 가난한 사람들을 착취하며 호의호식하는 모습을 통렬히 비난했다. 심지어 그는 여호와의 심판의 날이 이방인뿐만 아니라 하나님의 백성에게도 동일하게 임하게 될 것을 예언했다(암 5:18).

요나는 주전 8세기 초 여로보암 2세 치하에서 북왕국이 번성했을 때 사역한 예언자다(왕하 14:25). 그는 앗수르의 성읍 니느웨에 하나님의 말씀을 전하라는 명령을 거부하고 니느웨를 용서하려는 하나님의

---

40) Marvin A. Sweeney는 왕상 18:4의 "오바댜가 선지자 백 명을 가지고"라는 말에 근거하여 오바댜가 엘리야 시대인 주전 9세기 사람이라고 주장한다. Marvin A. Sweeney, "Sequence and Interpretation in the Book of the Twelve", in *Reading and Hearing the Book of the Twelve*, 53.

긍휼하심에 이의를 제기했다.

미가(주전 725년)는 유다의 예언자로, 여호와 신앙에 무관심한 상류층 사람들을 비난하고, 여호와께서 구하시는 것이 무엇인지를 환기시켰다.

나훔(주전 663-612년)은 니느웨 사람들에게 회개하라고 촉구했다. 주전 663년에 애굽의 더베가 약탈당한 것처럼 니느웨도 같은 운명에 처할 것이라고 경고했다(나 3:8-10). 나훔의 경고를 무시한 니느웨는 결국 주전 612년에 바벨론에게 함락되고 만다.

스바냐는 요시야(주전 640-609년) 개혁 시대에 활동했던 예언자다. 그가 묘사한 당시 상황, 즉 외국 관습과 바알 숭배, 암몬의 밀곰 신 숭배와 앗수르의 일월성신 숭배 등은 요시야의 개혁 때 다시 언급된다. 여호와의 심판의 날이 하나님을 떠난 백성들에게 임할 것이라고 경고했다.

하박국(주전 615-598년)은 하나님의 정의에 의문을 제기했던 예언자다. 그는 하나님께 두 가지 질문을 던졌다. 첫 번째로, "왜 유다 백성들의 악을 그냥 바라만 보십니까?"라고 질문했다. 이에 하나님은 바벨론을 통해 그들의 죄를 징벌할 것이라고 대답하신다(합 1:6). 이 때 하박국은 "왜 하나님은 유다보다 악한 바벨론을 사용하여 심판하십니까?"라고 두 번째 질문을 했다. 그러자 하나님은 잠잠히 기다리라고 말씀하시면서 의인은 믿음으로 산다는 진리를 가르쳐 주신다(합 2:4). 이어서 하나님은 유다를 핍박하는 바벨론도 멸망하게 될 것이라고 알려 주신다.

학개와 스가랴, 말라기는 모두 포로 후기 예언자들이다. 이 가운데 말라기(주전 433-425년)는 구약의 마지막 예언자다.[41] 그는 에스라와 느헤미야의 경우처럼 백성들에게 회개를 촉구했다. 그리고 마지막 날에 의로운 해가 떠올라 치료하는 광선을 비추고(말 4:2), 아버지의 마음이 자녀에게로, 그리고 자녀들의 마음이 아버지에게로 돌아올 것을 예언했다(말 4:6). 말라기서는 서두와 말미에 '아버지'라는 낱말이 등장함으로써 인클루지오를 형성한다(말 1:6; 4:6).

소예언서 독서 전략

앞서 언급했듯이 소예언서는 의도적으로 배열되었으며, 동심원 구조로 되어 있다. 한 두루마리 안에 기록되어 있다는 사실은 소예언서가 통일된 한 권의 책으로 읽히도록 의도되었다는 주장에 더욱 무게를 실어 준다. 한 권의 책으로 의도된 소예언서를 읽을 때 우리의 독서 전략에도 변화가 필요하다. 소예언서가 최종적으로 포로 후기 공동체의 신학적 의도에 따라 한 권의 책으로 배열되었다는 점을 고려한다면, 소예언서 안에 있는 책들의 의도를 각각 파악하는 동시에 포로 후기 공동체의 시각에서도 함께 읽어야 하기 때문이다.[42]

전체적으로 소예언서는 앗수르의 등장과 맞물려서 하나님이 이스라엘의 하나님일 뿐 아니라 열국의 하나님이라는 사실에 주목한다(암 1-2장; 호 11-13장; 미 7장; 습 2:5-15). 이와 관련해서 먼저 앗수르에 의한 북이스라엘의 멸망은 남유다 멸망의 예표라고 제시한다. 이어서 포로

---

41) 치즈홀름, 「예언서개론」, 503.
42) John D. W. Watts는 소예언서는 주전 8세기 상황이 아니라 포로 후기인 주전 5세기 상황을 염두에 두고 읽어야 한다고 주장하는데, 이는 너무 지나친 주장이다. Watts의 견해는 다분히 소예언서가 주전 5세기 편집자의 손에 의해 통일성을 갖췄다는 가정에서 출발하는 것 같다. John D. W. Watts, "A Frame for the Book of the Twelve: Hosea 1-3 and Malachi", in *Reading and Hearing the Book of the Twelve*, 213.

생활에서 귀환한 포로 후기 공동체에게 종말에 하나님이 앗수르로 대표되는 종말의 대적을 어떻게 물리치고 자신의 백성을 보호하실 것인지를 보여 준다. 따라서 독자들은 이 같은 거시적 흐름을 주시할 필요가 있다.

소예언서의 구조를 보면, 언약과 관련한 하나님의 사랑으로 시작해서 사랑으로 끝나는 인클루지오를 이룬다. 더욱이 그 어휘와 주제 면에서도 서로 많은 공통점이 있다.[43] 따라서 소예언서를 읽는 독자들은 각각의 책 내용만을 생각할 것이 아니라 주위 책들과 어떤 연관이 있는지를 고려해야 한다. 또한 각각의 책은 동심원 구조 속에서 서로 짝을 이루는 책들이 있기 때문에 짝을 이루는 부분과 함께 연계해서 읽을 필요가 있다. 또한 소예언서의 배열 구조에서 미가서가 핵심이기 때문에 미가서가 강조한 공의와 인애, 의의 사상(미 6:6-8)이 소예언서의 서두에서 말미까지 어떻게 발전해 가는지를 추적해 읽는다면 소예언서의 신학적 메시지를 더욱 풍부하게 맛볼 수 있을 것이다.

소예언서의 일관된 주제들

콜린스(T. Collins)는 소예언서의 주제들은 언약과 선택, 성실과 불성실, 비옥함과 황폐함, 돌아오라, 하나님의 정의, 하나님의 자비, 하나님의

---

43) 소예언서의 통일성을 부인하는 대표적인 학자는 ben Zvi이다. Ehud ben Zvi, "Twelve Prophetic Books or 'The Twelve': A Few Preliminary Considerations", in *Forming Prophetic Literature: Essays on Isaiah and the Twelve in Honor of John D. W. Watts* (ed. James W. Watts and Paul R. House; JOTSup. 234; Sheffield: Sheffield Academic Press, 1996), 125-156.

왕권, 성전, 대적자 열국(the nations as enemies)과 협력자 열국(the nations as allies)이라고 주장했다.[44] 나는 소예언서의 주제들은 일관된 흐름을 지니고 있으며, 이는 하나의 주제적 네트워크(thematic network)를 이루어 하나님 나라의 특성을 포괄적으로 보여 준다고 생각한다.

하나님 나라는 거룩한 나라다. 구약 성경에서 '거룩'을 형용사로 쓰는 명사는 거룩한 백성, 거룩한 땅, 거룩한 시간과 같이 백성과 영토, 시간이다. 또한 나라의 핵심은 통치라는 점에서 주권을 빼놓을 수 없다.[45] 그러므로 하나님 나라의 구성 요소는 주권과 백성, 영토와 시간이다. 소예언서의 주제들은 모두 이와 같은 차원에서 하나님 나라의 회복을 지향한다. 이 회복은 메시아를 통해 성취될 것이기 때문에 궁극적으로 종말에 메시아의 주도로 이루어질 하나님 나라를 내다본다. 이 때 메시아는 하나님의 주권을 가시적으로 드러낼 것이며 하나님 나라를 대적하는 열국은 굴복될 것이다.

종말에 메시아는 새 언약을 체결할 것이고 이 새 언약을 통해 거룩한 백성이 나올 것이다. 이런 맥락에서 소예언서의 예언자들은 하나님의 주권을 인정하는 언약 백성의 수혜자가 되려면 하나님께로 돌아와야 한다고 백성들에게 촉구했다. 이 촉구에 응답하는 자가 남은 자다. 종말에 하나님의 백성으로 남은 자는 새 언약 속에서 하나님의 영을 받아 공의와 인애, 의의 열매를 맺게 될 것이다.

종말에 메시아를 통해 체결된 새 언약은 새 예루살렘을 출현시킨다

---

44) T. Collins, *The Mantle of Elijah: The Redactional Criticism of the Prophetical Books* (The Biblical Seminar 20; Sheffield: JSOT Press, 1993), 65.
45) Bruce K. Waltke, *An Old Testament Theology* (Grand Rapids, Mich.: Zondervan, 2007), 51.

(참고. 슥 14장). 새 예루살렘은 새로운 창조 질서의 중심지로 그려진다. 이런 점에서 새 하늘과 새 땅이 새 예루살렘과 함께 출현할 것이다(사 65:17-18). 이 새로운 창조 질서는 노아 언약의 창조 질서와 달리 결코 무너지지 않을 것이다. 이 새로운 창조 질서는 하나님의 계획대로 풍요와 다산의 축복을 가져다줄 것이다. 이렇게 해서 소예언서는 창조세계의 변형, 즉 하나님 나라의 거룩한 영토를 자연스럽게 제시한다.

끝으로 시간의 관점에서 소예언서는 하나님 나라의 성취를 말한다. 이를 잘 보여 주는 용어가 '여호와의 날'이다. 하나님의 나라는 시간도 거룩해야 한다. 이런 점에서 소예언서는 하나님 나라의 완성을, 시간을 나타내는 '날'로 표현한다. 여호와의 날은 역사 안에서 점진적으로 이루어졌다. 무엇보다도, 그날은 대적들을 멸하는 날이다. 하지만 최종적으로 여호와의 날은 시간의 차원에서 하나님 나라를 완성하는 사건의 날이 될 것이다.[46] 결론적으로 소예언서의 주제들은 종말에 완성될 하나님 나라와 관련해서 해석해야 한다. 그렇다면 이제 구체적으로 소예언서의 주제들이 무엇인지 살펴보자.

돌아오라(return)

호세아서의 절정을 이루는 14장은 하나님께로 '돌아오라'는 메시지와 함께 '슈브'(שוב)라는 단어를 자주 사용한다.[47] 이와 비슷하게 말라기서도 포로 후기 공동체에 하나님께 돌아오라고 촉구한다(말 3:7). 이렇게

---

46) 시간의 차원에서 하나님 나라를 완성하는 여호와의 날의 개념에 대해서는, Samuel Terrien, *The Elusive Presence: Toward a New Biblical Theology* (New York: Harper & Row, 1978), 390-405.

47) Gordon McConville, *Exploring the Old Testament*, vol. 4, The Prophets (London: SPCK, 2002), 143.

해서 소예언서는 큰 그림에서 인클루지오를 이룬다. 그리고 열두 소예언서의 핵심 위치에 있는 미가서에도 '돌아오라'라는 주제가 7장에 나타난다(미 7:17). 따라서 '돌아오라'라는 주제는 소예언서들을 하나의 일관된 책으로 묶는 주요 주제다.[48]

소예언서 전반부에서 돌아오라는 촉구는 주로 금식하고 자신의 죄를 고백하는 데 초점을 맞춘다(욜 2:13, "마음을 찢고 너희 하나님 여호와께로 돌아올지어다"; 욘 3:5; 미 7:9, 17). 하지만 후반부로 들어서면 하나님이 주시는 특정한 사명(성전 건축 또는 십일조)을 외형적으로 수행하는 행위가 돌아오는 자의 모습으로 강조된다(학 2:17; 말 3:7-8).[49] 예를 들어 학개서는 돌아오는 것을 성전 건축과 연결시킨다. 이 점은 학개서와 비슷한 시기에 기록된 스가랴서도 마찬가지다(슥 1:2-3, 16; 4:9-10; 9:12). 한편 말라기서는 돌아오는 모습을 십일조를 내는 일과 연계시킨다. 이로써 소예언서 전체는 하나님께 진정으로 돌아오는 모습은 마음뿐만 아니라 행동으로 그 열매를 드러내는 것이라고 교훈한다.

하나님의 신정론

호세아서는 '하나님이 과연 정의로운 분인가' 하는 신정론 문제를 다룬다(참고. 호 9:7-8; 12:8). 호세아 당시 북이스라엘 예언자들은 이방 나라가 이스라엘을 침략할 것이라는 예언 앞에서 그것은 부당하다며 하나님의 공의에 의심을 품고 원망했다.[50]

---

48) Paul R. House, "Endings as New Beginnings: Returning to the Lord, the Day of the Lord, and Renewal in the Book of the Twelve", in *Thematic Threads in the Book of the Twelve*, 337.
49) Paul R. House, "Endings as New Beginnings", 334.

마찬가지로 말라기 2:17에서도 포로 후기 공동체는 "정의의 하나님이 어디 계시냐"며 의문을 제기했다. 이런 점에서 소예언서는 '과연 하나님이 정의롭고 공의로운 분이신가' 하는 문제에 의도적으로 초점을 맞춘다. 특히 두드러진 책들은 아모스서와 요나서, 오바댜서와 나훔서, 하박국서 등이다.[50] 공의로운 하나님에 대한 소예언서의 관심은 어느 정도 포로 후기 공동체의 현실을 반영하는 것 같다.[51] 전체적으로 소예언서는 하나님의 나라가 아직 완전히 도래하지 않은 모순된 상황 속에서 의문을 제기하는 공동체에 하나님의 공의를 믿고 신앙을 지키라고 촉구한다.

'하나님이 과연 공의로운 분인가'라는 신정론의 문제 앞에서 스바냐서는 하나님의 공의는 의심할 수 없는 사실임을 다음과 같이 역설한다. "그 가운데에 계시는 여호와는 의로우사 불의를 행하지 아니하시고 아침마다 빠짐없이 자기의 공의를 비추시거늘 불의한 자는 수치를 알지 못하는도다"(습 3:5).[53]

---

50) Laurie J. Braaten, "God Sows: Hosea's Land Theme in the Book of the Twelve", in *Thematic Threads in the Book of the Twelve*, 118.
51) 요나서 같은 경우는 '정의로운 하나님이 어떻게 니느웨의 죄를 간과하고 용서하실 수 있는가'에 초점을 맞춘다. James L. Crenshaw, "Theodicy in the Book of the Twelve", in *Thematic Threads in the Book of the Twelve*, 188.
52) 그렇다고 열두 소예언서가 공의의 하나님의 관점을 부각시키기 위해 후대 편집자들이 그 내용을 편집했다는 뜻은 아니다.
53) 소예언서에서 하나님의 공의에 대한 문제를 살펴보려면, James L. Crenshaw, "Theodicy in the Book of the Twelve", in *Thematic Threads in the Book of the Twelve*, 175-191.

하나님의 말씀을 들으라

소예언서는 포로 후기 공동체의 관점에서 예언자들이 선포하는 말씀에 순종할 것을 강조한다. 말씀에 대한 순종은 소예언서 초반부터 제시되며(호 4:1; 5:1), 요엘 1:2과 아모스 3:1, 7에 연이어 나타난다. 특히 아모스서는 언약 저주의 결과로 '여호와의 말씀이 사라지게 될 것'이라고 선언한다(참고. 겔 7:26). "주 여호와의 말씀이니라 보라 날이 이를지라 내가 기근을 땅에 보내리니 양식이 없어 주림이 아니며 물이 없어 갈함이 아니요 여호와의 말씀을 듣지 못한 기갈이라"(암 8:11).

하나님의 말씀에 순종해야 한다는 주제는 소예언서의 중심을 이루는 미가서에서 두드러지게 부각된다(참고. 미 1:2; 3:1; 6:1). 하나님의 말씀을 들어야 한다는 충고는 소예언서 말미로 가면서 예언자가 선포하는 말씀에 청종하라는 촉구로 변한다. 그래서 소예언서 말미에 위치한 학개서는 포로 후기에 유다에 남은 백성들이 예언자를 통해 주신 여호와의 말씀을 청종했다고 말한다(1:12). 예언자의 말씀에 대한 강조는 스가랴 7장에서 그 정점에 이른다. 말라기서도 하나님의 말씀을 온전히 듣고 순종하는 문제를 큰 화두로 삼는다. "이는 너희가 말하기를 하나님을 섬기는 것이 헛되니 만군의 여호와 앞에서 그 명령을 지키며 슬프게 행하는 것이 무엇이 유익하리요"(말 3:14). 말라기서는 하나님의 말씀의 또 다른 표현인 "모세에게 명령한 법 곧 율례와 법도를 기억하라"(말 4:4)라고 권고하며 끝맺는다.

지혜 모티프

예언자가 선포하는 말씀에 순종하는 일은 여호와를 경외하는 지혜와 깊은 관련이 있다. 경외라는 말은 지혜문학의 주요 주제 가운데 하나인데, 소예언서 신학에서는 이런 지혜의 요소들이 중요한 위치를 차지한다. 예를 들어 호세아서는 맨 마지막에 지혜 모티프를 언급하는데(호 14:9), 말라기서도 '여호와 경외'라는 지혜 요소를 부각시킨다(말 3:16). 또한 학개서도 여호와를 경외함으로써 지혜로운 삶을 살 것을 강조한다(참고. 학 1:12).

호세아서는 '경외'라는 말을 자제하지만, 7:11에서 에브라임이 지혜가 없다고 직접적으로 언급한다(참고. 호 14:9).[54] 여기서 지혜는 우선적으로 선악을 분별하는 데 그 목적이 있다. 지혜는 선악을 분별하여 선을 추구하는 상태로 나아가는데 이런 상태가 바로 의다. 그래서 호세아서는 지혜를 의와 연결시킨다(14:9). 호세아서 2:19은 새 언약을 하나님이 공의와 인애와 의로 자신의 백성과 결혼하시는 모습으로 묘사한다. 더 나아가 2:23은 미래의 새 언약에서 하나님은 새로운 백성들을 '뿌리실 것'(זרע, '자라')이라고 말한다. 이런 진술들은 하나님이 미래에 공의와 인애와 의의 씨를 뿌려 백성들을 의의 사람으로 만드실 것이며 미래에 백성들은 하나님의 의를 통해 의의 열매를 맺을 것임을 보여 준다. 과거에 이스라엘은 제대로 의의 열매를 맺지 못했지만(호 10:12), 종말에는 백성들이 의의 열매를 맺는 자들로 변화될 것이다. 그런데 호세아는 이 외의 열매인 공의와 인애의 삶을 지속적으로 실천하기 위해서는 지혜를 가지고 선악을 분별할 필요가 있다고 역설한다.

아모스서와 미가서도 의의 중요성을 강조하는데, 이 책들이 제시하는 의도 호세아서와 같이 지혜를 가지고 선악을 분별하여 올바른 선인 공의와 인애를 실천하는 상태를 가리킨다(암 1:12). 그래서 미가 6:6-8

---

54) 일반적으로 학자들은 호세아서는 예레미야서와 밀접한 관련이 있다고 주장한다. 흥미롭게도, 예레미야서도 지혜에 관한 전통을 언급한다(참고. 렘 8장).

은 하나님이 원하시는 선을 공의와 인애와 의(겸손히 동행함)로 요약한다. 미가는 6:8에 이어 6:9에서 "지혜는 주의 이름을 경외함"이라고 명시적으로 선언함으로써 공의와 인애와 의를 삶의 지혜와 결부시킨다. 이처럼 의는 하나님의 시각에서 선악을 분별하여, 하나님을 전적으로 신뢰하면서 공의와 인애, 겸손의 열매를 맺는 것이다. 소예언서는 이 같은 의의 상태를 또한 지혜로 본다. 그래서 호세아 14:9은 지혜로운 자를 의인과 등치시키고, 의인은 그 열매로 여호와의 도를 행한다고 말한다.

창조세계의 파괴와 변형

소예언서는 인간의 죄 때문에 땅과 창조세계가 신음하고 파괴된다는 사실을 일관되게 증거한다. 소예언서에서 '땅'은 중요한 주제 가운데 하나다. 땅이라는 주제는 호세아서와 말라기서의 주제이며, 미가서에서도 중요한 위치를 차지한다(미 2:10).[55] 인간과 땅(자연)은 하나님 나라를 이루는 핵심 요소로서 상호적인 관계에 있다. 구체적인 예로 호세아서는 북이스라엘의 죄로 자연의 소산물이 영향을 받게 되었다고 말한다(참고. 호 2:9-13; 4:3). 마찬가지로 말라기 3:11도 이런 인간의 죄와 자연의 황폐함의 상관관계를 언급한다. 요엘 1:6-7과 2:3-11, 아모스 4:9과 5:11, 미가 6:15과 하박국 3:17, 스바냐 1:3, 13과 학개 2:17에도 비슷한 모티프들이 등장한다. 자연의 파괴는 종종 메뚜기 재앙으로 나타난다. 메뚜기에 대한 언급은 소예언서에서 자주 발견되는 모티프

---

55) Laurie J. Braaten, "God Sows: Hosea's Land Theme in the Book of the Twelve", in *Thematic Threads in the Book of the Twelve* (ed. Paul L. Redditt and Aaron Schart: New York: de Gruyter, 2003), 104-132.

다(욜 1:4; 암 4:9; 나 3:15-17; 말 3:11).

창조세계의 파괴는 신명기 28:30-42에 명시된 언약의 저주들 가운데 하나다. 따라서 종말에 일어날 언약 회복은 언약 갱신과 더불어 창조세계의 회복을 가져올 것이다. 호세아 14:6-7은 회복의 표징으로 자연 소산물이 풍성해질 것이라고 말한다(욜 3:18; 암 9:13-14; 학 2:15-19; 슥 8:11-12).[56] 특히 호세아 2:22은 새 언약을 통해 기름과 포도주와 곡식이 응답한다고 말하는데, 비슷한 표현이 요엘서의 종말에 일어난 성령 부음 사건 문맥에 다시 등장한다(욜 2:19). 이렇게 자연의 회복과 종말의 성령 부음은 긴밀히 연결된다. 아모스서도 종말에 다윗의 장막이 회복되고 다윗 언약이 갱신될 때 산들이 포도주를 흘릴 것이라고 말하면서 새로운 차원의 자연 회복을 말한다(암 9:13).

언약 갱신

호세아서는 처음에 깨어진 결혼 관계를 통해 하나님과 백성 간의 언약 파기를 다룬다. 그리고 마지막 부분에서는 하나님이 긍휼로 백성을 고치고 새로운 언약 관계를 맺으실 것이라는 힌트를 준다(호 14:4-8). 마찬가지로 소예언서 말미에 위치한 말라기서도 결혼에 대한 언급과 함께(말 2장), 종말에 언약의 사자를 통해 새로운 언약 관계가 이루어질 것을 예언한다(말 3:1, 17). 흥미롭게도 말라기 4:2은 호세아서를 반영하듯 하나님이 언약의 사자를 통해 언약을 갱신할 때 자신의 백성을 치료하실 것이라고 말한다(참고 호 14:4).

미래에 하나님이 새 언약을 맺으실 것이라는 예언은 호세아 2:18-

---

56) James D. Nogalski, "Recurring Themes in the Book of the Twelve: Creating Points of Contact for a Theological Reading", *Interpretation* 61 (2007), 128-130.

23에 명시되어 있다. 여기서 새 언약은 모세 언약을 완성하는 언약으로 제시된다. 요엘서는 새 언약을 통해 어린 자녀로부터 노인에 이르기까지 모두가 하나님의 영을 받아 새롭게 변할 것이라고 예언한다(욜 2:28-30). 새 언약은 인간을 새롭게 창조한다는 점에서 단순한 언약 갱신 이상이다. 이전 언약을 완성하면서 동시에 새로운 차원을 동반하기에 미래의 새 언약은 기존 언약과 연속성을 가지면서도 비연속성을 가지고 있다.

아모스 9장은 미래의 언약 갱신을 다윗 언약의 성취라는 관점에서 바라본다(암 9:11). 반면 스바냐서는 미래의 하나님 언약의 핵심은 바벨탑 사건을 역전시켜 열국의 입술을 깨끗하게 하고 모든 사람이 온전히 하나님을 섬기도록 하는 데 있다고 말함으로써 미래의 새 언약이 아브라함 언약의 성취임을 암시한다(습 3:9-11). 이상의 관찰을 통해 미래의 새 언약은 아브라함 언약, 모세 언약, 그리고 다윗 언약을 온전히 성취하는 언약임을 알 수 있다. 더 나아가 회복된 창조 질서의 풍성함을 동반한다는 점에서(참고. 암 9:13; 말 3:11), 새 언약은 노아 언약(창조 언약)의 회복과 성취이기도 하다.

하나님의 영

앞서 설명한 바와 같이, 새 언약은 인간을 새롭게 창조하는 언약이다. 특히 하나님의 영이라는 말은 요엘서와 학개서, 스가랴서에 집중적으로 나타난다(욜 2:28; 학 2:5; 슥 4:6). 이런 의미에서 소예언서 전체 구조에서 요엘서가 학개서 및 스가랴서와 짝을 이룬다는 주장은 더욱 신빙성을 얻는다.

스가랴서는 스룹바벨에게 임한 하나님의 영으로 성전 건축이 이루어질 것을 예언한다(슥 1:17; 4:6). 이사야서나 예레미야서, 에스겔서도 종말의 새 언약에서 하나님의 영이 백성들에게 부어질 것을 예언했다(사 59:21; 겔 36:26). 새 언약에서 하나님의 영의 역할은 백성들로 의의 열매를 맺도록 하는 것이다(참고. 사 44:1-4; 사 61:1-3). 그러므로 종말에 언약 백성이 맺는 열매는 하나님의 영과 밀접한 관련이 있다. 소예언서는 하나님의 영을 상대적으로 적게 언급하지만, 종말에 이루어질 백성들의 열매를 위한 하나님의 영의 역할이 있음을 간접적으로 증거한다(참고. 호 4:12; 미 3:8).

시온과 성전

호세아서는 시온을 염두에 두고 북이스라엘의 우상 제단을 강도 높게 비판했다. 이어서 요엘서는 종말이 오면 하나님이 시온에 임하실 것을 역설했다(욜 3:17). 아모스서도 첫머리를 시온이라는 말로 시작하여 시온에 초점을 맞추었다. 시온에서 사자같이 부르짖는 하나님의 모습을 암시하고(암 1:2), 끝머리에 다윗의 무너진 천막을 언급하여 시온 모티프를 다시 제시한다. 그 뒤로 시온과 성전 주제는 잠시 무대 뒤로 사라졌다가 미가서에서 다시 두드러지게 등장한다.

> 이러므로 너희로 말미암아 시온은 갈아엎은 밭이 되고 예루살렘은 무더기가 되고 성전의 산은 수풀의 높은 곳이 되리라. (미 3:12)

미가 4장은 종말이 오면 시온이 변화되고 세상의 중심이 될 것이라고 예언한다. 시온과 성전 주제는 다시 스바냐 3:9-20에서 더욱 발전된다. 이 단락에서 여호와는 시온에서 왕으로 계시며 거기서 열국을 포함한 모든 백성의 교만을 치료하실 것이라고 말한다.[57] 시온과 성전은 다시 학개서와 스가랴서에 두드러지게 나타난다. 시온과 예루살렘을 언급하는 스가랴 8:3은 스바냐 3장을 연상시킨다. 마지막으로, 말라기서는 시온을 명시적으로 언급하지는 않지만 성전 제사장들의 불성실을 꾸짖으며 성전에 대한 관심을 보여 준다. 이처럼 시온과 성전 주제는 호세아서와 말라기서에서는 암시적으로 나타나고, 요엘서, 아모스서, 미가서, 학개서와 스가랴서, 스바냐서에서는 두드러지게 나타난다는 특징이 있다.

성전에 대한 소예언서의 관심은 '열국에 대한 심판'이라는 주제에서도 엿볼 수 있다. 소예언서 가운데 열국의 심판을 예언한 책은 오바댜서, 나훔서, 하박국서, 스바냐서다. 여기서 열국은 예루살렘 성전을 공격하고 파괴하거나, 예루살렘이 공격당할 때 방관하고 오히려 약탈하는 존재로 그려진다. 하지만 요나서는 예외다. 요나서에서 니느웨는 하나님께 용서를 받는 대상이다. 요나서의 시대적 배경은 주전 8세기로, 앗수르가 예루살렘을 공격하기 전이다. 그래서 앗수르는 하나님께 용서받을 기회를 얻을 수 있었다. 하지만 나훔서에서 앗수르는 이미 예루살렘을 짓밟았고, 열국을 미혹하는 죄를 지었기 때문에 더 이상 하나님의 용서를 받지 못했다. 물론 소예언서 전체의 관점에서 보면 열국의 심판은 나중에 열국의 구원으로 이어진다. 그러나 열국 가운데 하나님께 심판받는 나라들은 성전을 노략하고 성전의 거룩을 훼손했다는 공통점이 있다. 이는 신약 성경에서 성전으로 오신 예수님을 부인하면 더 이상 죄를 사함 받을 수 없는 것과 같은 맥락이다.

---

57) Aaron Schart, "Reconstructing the Redactional History of the Twelve Prophets", in *Reading and Hearing the Book of the Twelve*, 39.

마지막으로 소예언서에서 시온과 성전이라는 주제는 종말에 이루어지는 하나님 나라의 중심이다. 유다의 죄로 예루살렘이 파괴됐지만 종말에 시온은 다시 세상의 중심으로 우뚝 서고, 열국을 포함하여 하나님의 백성을 구원하는 자리로 변화될 것이다. 그리고 이곳에서 하나님의 백성은 더 이상 죄를 짓지 않을 것이다. 스가랴 14장이 보여 주듯이 종말의 시온은 새로운 창조 질서를 동반한다(슥 14:8). 소예언서의 시온과 관련된 종말 프로그램은 이사야 65장과 비슷하다. 이사야 65장도 새 하늘과 새 땅에 이어서 새 예루살렘을 바라보고 있다(사 65:17). 학개서의 성전 재건은 열국이 하나님을 인정하는 미래를 내다보며 진행된다. 그리고 스가랴서도 우주적 어휘를 사용해 성전 건립의 당위성을 강조하며, 성전을 대적하는 열국은 반드시 패배할 것이라고 주장한다.[58] 종말의 성전은 이스라엘만을 위한 것이 아니라 열국 전체를 위한 것이다.

여호와의 날과 남은 자

'여호와의 날'은 소예언서 전체를 관통하는 주제다.[59] 예언자들 중 여호와의 날이라는 말을 누가 먼저 사용했는가는 학자들 간에 뜨거운 논쟁의 대상이다. 요엘서를 이른 시기의 저작으로 본다면 요엘이라고 말할 수 있지만, 요엘서의 저작 시기 문제는 학자들의 합의가 잘 이루어지지 않는다(보수주의 학자들도 마찬가지다). 요엘서를 제외하면 아마도 아모스서가 최초로 '여호와의 날'이라는 표현을 사용한 것 같다. 마르텐

---

58) Sweeney, "Sequence and Interpretation in the Book of the Twelve", 61.
59) James D. Nogalski, "The Day(s) of YHWH in the Book of the Twelve", in *Thematic Threads in the Book of the Twelve*, 192.

스(Elmer A. Martens)는 아모스서가 이 말의 뜻을 설명하지 않기 때문에 "그의 청중들이 이것을 이미 알고 있었다고 단정해야 할 것이다"라고 말한다(참고. 암 5:18).[60]

'여호와의 날'이라는 문구는 성경에 모두 열여섯 번 나온다. 하지만 그와 같은 의미를 지닌 비슷한 표현들은 많다(사 13:6-9; 34:8; 렘 46:10; 겔 7:7; 30:2-3; 습 1:7-8). 폰 라트(Gerhard von Rad)는 여호와의 날이라는 말은 예언자들의 종말론적 비전 속에서 주로 나타난다고 주장한다.[61] 그에 따르면, 이날에 하나님은 직접 대적들을 물리치기 위해 싸우신다. 이 때 천체가 떨고 하늘이 말리며 땅이 진동하고 황폐해지는 자연의 변혁이 일어날 것이다(참고. 사 34:4). 또한 이날은 대적들에게 공포를 가져다준다(참고. 렘 46:5하). 여호와의 날의 도래는 이스라엘뿐만 아니라 온 창조세계에 영향을 미치는 사건이다. 하지만 다른 한편으로 폰 라트는 여호와의 날은 과거에 이미 시작되었다고 지적한다(참고. 겔 13:5). 그래서 그는 여호와의 날이 하나님이 과거에 이스라엘 백성들을 구원하기 위해 대적들과 싸우셨던 여호와의 전쟁 모티프에서 유래했다고 주장한다. 실제로 이사야서는 여호와의 날을, 과거에 여호와께서 이스라엘을 위해 미디안을 물리치셨던 날과 비교한다(사 9:4; 10:26-27; 28:21). 하지만 여호와의 날이 시간적으로 하나님의 나라를 완성하는 사건이므로, 그 기원은 시간의 측면에서 하나님 나라의 완성을 추구한 안식년 그리고 희년에까지 거슬러 올라갈 수 있다.

이제 소예언서 각 권에 나타난 여호와의 날 주제를 좀더 자세히 살

---

60) 엘머 마르텐스, 「하나님의 계획」, 김의원 옮김 (서울: 아가페문화사, 1990), 174.
61) Gerhard von Rad, *Old Testament Theology*, vol. 2, trans. D. M. G. Stalker (San francisco: Harper & Row, 1965), 119-125.

펴보자.

여호와의 날은 요엘서와 아모스서, 오바댜서의 주된 관심사다.[62] 반면에 요나서와 나훔서에는 여호와의 날 주제가 등장하지 않는다. 다음으로 하박국서와 스바냐서, 스가랴서에서 여호와의 날 주제가 다시 전면에 부상한다. 요엘서에서 여호와의 날은 먼저 이스라엘뿐 아니라 이방인을 향한 하나님의 심판의 날로 제시된다(욜 1:5; 2:6). 하지만 또한 여호와의 날은 하나님의 백성이 하나님의 영을 받아 새롭게 변화되는 날이다(욜 2:28-32). 이어서 요엘 3장은 여호와의 날에 여호사밧 골짜기에서 하나님이 열국을 심판하실 것이라고 예언한다. 이처럼 여호와의 날은 여러 종말론적 사건들이 일어나는 날이다. 요컨대, 여호와의 날은 종말에 하나님이 시온을 건립하시고 백성들이 변화되며 창조 질서가 갱신되는 사건들이 연속적으로 이루어지는 날이다.

요엘서는 당시 백성들에게 여호와의 날을 피하고 남은 자가 되기 위해 마음을 찢고 돌아오라고 촉구했다(욜 2:12). 그렇게 해서 돌아오면 하나님도 뜻을 돌이키실 것이라고 말한다(욜 2:14). 하지만 요엘 2:32을 보면 남은 자는 또한 여호와께 택함받고 부름받은 자이므로, 종말에 이루어질 구원은 전적으로 하나님의 주권적 은혜에 달려 있다. 구원은 전적으로 하나님의 주권에 속한다고 강조하는 동시에 인간의 책임을 촉구하는 이중 구조다.

아모스서도 비슷하게 여호와의 날이 임하기 전에 선악을 분별하여 선을 추구하라고 재촉한다. 그렇게 하면 여호와께서 긍휼히 여기실 것이라고 말한다(암 5:14-15). 그러나 또한 한편으로는 종말에 남은 자가

---

62) Rolf Rendtorff, "How to Read the Book of the Twelve as a Theological Unity", in *Reading and Hearing the Book of the Twelve*, 77.

되는 것은 전적으로 여호와의 주권적 은혜에 달려 있다고 말한다(암 9:12). 마찬가지로 오바댜 15절도 '여호와께서 만국을 벌할 날'을 언급하면서 하나님의 주권으로 시온에 피할 자가 나올 것이라고 내다본다(옵 17절).

아모스서와 짝을 이루는 스바냐서에 다시 여호와의 날 주제가 나타나는 것은 전혀 놀라운 일이 아니다. 스바냐서도 아모스서처럼 여호와의 날이 임하기 전 겸손하게 공의를 구하라고 촉구한다. 그렇게 되면 혹시 "여호와의 분노의 날"에 숨김을 얻을 수 있을 것이다(습 2:3).[63] 한편 스바냐서도 요엘서와 아모스서처럼 종말에 이루어질 구원은 전적으로 하나님의 은혜에 근거한다고 강조한다(습 3:9-12). 이것은 종말에 시온에서 여호와의 날을 피하고 여호와의 이름을 부르는 자가 있을 것이라는 요엘서의 예언을 연상시킨다(욜 2:32).

여호와의 날 주제는 다시 스가랴 9장부터 14장에 두드러지게 나타나고 말라기서에서 다시 강조된다["보라 여호와의 크고 두려운 날이 이르기 전에"(말 4:5)]. 호세아 1장에서 이스르엘의 날로 표현된 여호와의 날은 말라기서 마지막 장에 다시 언급되어 전체적으로 소예언서를 인클루지오 구조로 만든다(호 1:11; 말4:5).[64] 말라기서는 여호와의 날의 심판을 피하고 남은 자들의 특성을, 요엘서와 스바냐서처럼 "여호와의 이름을 존중히 여기는 자"라고 표현한다(말 3:16).[65]

---

63) 이런 점에서 요엘서의 돌아오라는 권면이 아모스서와 스바냐서로 넘어가면서 좀 더 구체적으로 선을 구하고 공의를 구하는 모습으로 발전하고 있음을 알 수 있다.
64) 다른 각도에서 Rendtorff는 말 3:2의 "그가 임하시는 날을 누가 능히 당하며"라는 말은 욜 2:11의 "여호와의 날이 크고 심히 두렵도다. 당할 자가 누구이랴"라는 말을 연상시켜, 소예언서가 인클루지오를 형성한다고 주장한다. Rolf Rendtorff, "How to Read the Book of the Twelve as a Theological Unity", 85.

여호와의 자비(인애)

'하나님의 자비하심'도 소예언서에 일관되게 나타나는 주제 가운데 하나다. 호세아서는 하나님의 사랑과 긍휼을 처음 언급했고(호 14:3), 이어서 요엘 2:13은 출애굽기 34:6-7을 인용하며 하나님이 자비롭고 은혜로우며 노하기를 더디하신다는 점을 상기시킨다. 요나서(4:2)와 미가서(7:18-20), 그리고 나훔서(1:2-3)도 비슷하게 출애굽기 34장을 인용하면서 하나님의 자비하심을 부각시킨다.[66] 하나님의 자비하심은 백성들이 다시 기회를 얻을 수 있는 근거다. 이 하나님의 자비는 하나님의 공의와 상충하는 것은 아니다. 나훔서는 하나님이 자비로우신 분이지만 죄를 계속해서 지을 때는 공의로 심판하시는 분임을 보여 준다.

하박국서는 하나님의 긍휼과 자비가 상충하지 않는다는 사실을 그 어느 책보다도 잘 드러낸다. 하박국 2:5-20은 하나님의 공의로 시작된 바벨론의 심판이 열국에까지 이르게 된다고 말한다. 하지만 여기서 하나님의 공의의 심판은 궁극적으로 자신의 백성을 온전히 구원하기 위한 긍휼의 표현이다. 이 점을 깨달은 하박국은 공의의 심판 앞에서 하나님의 긍휼과 구원을 찬양한다(합 3:2, 13). 하나님의 공의는 하나님의 인애를 구현하기 위한 토대이고, 하나님의 인애는 하나님의 공의를 공고하게 하는 기초다. 바꾸어 말하면 하나님의 인애는 하나님의 공의 이면에 있는 하나님의 마음이다. 이런 의미에서 하나님의 공의와 인애(자비)는 동전의 양면과 같다.

---

65) 같은 책.
66) James L. Crenshaw, "Theodicy in the Book of the Twelve", 189-190.

소예언서의 시대적 배경

소예언서 서두에 나오는 호세아와 아모스가 활동한 시기는 대략 주전 750년 경 남유다의 웃시야 왕과 북이스라엘의 여로보암 2세 시대로부터 시작한다. 주전 800년에서 750년 사이의 국제 정세는 남유다와 북이스라엘에게 매우 유리했다. 이 기간에 남유다와 북이스라엘은 각각 웃시야와 여로보암 2세 밑에서 번영을 구가했다. 그 당시 아람 세력은 약화됐고 신흥 세력인 앗수르는 자국의 북쪽 국경과 동쪽 국경을 압박하는 우라르투 왕국에 신경을 쓰느라 가나안 땅을 간섭할 겨를이 없었다. 앗수르가 이런 상황에 있을 때 하나님이 요나에게 니느웨로 가서 하나님의 심판을 전하라고 명령하셨기 때문에, 니느웨가 요나의 말을 듣고 순순히 회개했다고 설명할 수 있다.

북이스라엘은 이 시기에 경제적으로 크게 번성했다. 그러나 그런 번성은 신앙의 부흥으로 연결되지 못하고 오히려 타락을 부추겼다(참고. 왕하 14:23-24). 경제적 번영은 화려한 외래 문화의 수입과 함께 종교적 혼합주의를 촉발했다. 북이스라엘은 여로보암 2세 이후 급격하게 쇠퇴의 길로 들어서 멸망할 때까지 30년 사이에 왕이 여섯 명이나 나오는 정치적 혼란을 겪었다. 그중 세 명은 통치 기간이 2년 미만이었고, 네 명은 암살을 당했다.

여로보암 2세 시대 이후 북이스라엘은 본격적으로 앗수르와 마찰을 빚기 시작했다. 주전 745년 티글랏 빌레셀 3세(성경에서 '불'이라고 지칭한다. 참고 왕하 15:19)가 출현함으로써 앗수르는 고대 근동의 맹주로 역사 무대에 본격적으로 등장했다. 티글랏 빌레셀 3세의 재위 기간은 주전 745-727년이었다. 티글랏 빌레셀 3세는 주전 738년에 서쪽으로 원정길을 떠났고, 이 때 하맛을 함락시켰다. 이 일은 아람과 팔레스타인의 평화가 깨질 것을 알리는 신호탄이었다. 결국 아람의 르신과 북이스라엘의 므나헴은 앗수르에 조공을 바치는 처지로 전락했다(왕하 15:19-20). 이 때 북이스라엘에서 므나헴의 아들 브가야를 살해하고 왕위에 오른 베가는 무모한 반 앗수르 정책을 추진했다(왕하 15:23-25). 그는 왕위에 오르기 전부터 요단 강 동쪽 길리앗에서 독자적으로 세력을 구축하며 힘을 키웠던 인물이다. 사실상 그의 통치는 므나헴과 브가야가 왕위에 올랐던 시기부터 시작됐다(주전 752년). 아마도 아람과 접경하는 지역에서 통치를 시작했을 것으로 추정된다. 북이스라엘 왕 브가야를 살해하고 단독으로 왕위에 오른 베가는 먼저 아람과 우호정책을 펼쳤다. 아람 왕 르신과 함께 반 앗수르 연합세력을 구축하기 위한 방책이었다. 베가는 르신과 손을 잡고 당시 유다 왕인 아하스에게 앗수르에 반하는 연합세력에 동조할 것을 강요했다. 이 요구를 아하스가 거절하자 베가는 르신과 연합해 유다를 침공했다(참고. 왕하 16:5, 대하 28:5-7). 이 전쟁에서 베가는 유다에서 용사 12만 명을 죽이기까지 했다(대하 28:6).

이런 상황에서 유다 왕 아하스가 앗수르에 도움을 청하자 주전 733년에 앗수르는 아람을 굴복시키고 이스라엘을 침공했다. 앗수르는 일부 사람들을 포로로 잡아가고 자신에게 호의를 베푸는 호세아(예언자와는 다른 인물)를 북이스라엘 왕으로 세웠다. 이 사건을 계기로 유다는 앗수르의 내정 간섭을 받게 되었고, 종교적으로도 앗수르 문화를 받아들여 타락의 길로 치닫게 됐다(왕하 16:7-8).

호세아와 아모스, 미가는 그 활동 시기는 다르지만 모두 주전 750년 이후에 사역한 예언자들이었다. 대체로 연대를 따지면, 아모스, 호세아, 그리고 미가 순이라고 할 수 있다. 호세아와 아모스가 주로 북이스라엘을 대상으로 예언했다면, 미가는 남유다를 중심으로 예언 활동을 펼쳤다. 호세아는 호세아서 서두에서 "내가 이스르엘의 피를 예후의 집에 갚으며"라는 말로 시작한다(호 1:4). 여기서 예후의 집은 여로보암 2세가 속한 예후 왕조를 뜻하기에, 이는 여로보암 2세의 아들 스가랴가 살룸에게 살해되어 예후 왕조가 무너지게 될 것임을 암시한다(주전 752년). 이어서 살룸은 다시 므나헴의 쿠데타로 인해 실각하게 된다(주전 752년).

주전 750년 이후는 상업의 발달로 상업 자본이 유입되면서 부자와 가난한 자 사이에 양극화가 심화된 시대였다. 부자들은 가난한 자들의 땅을 사들여 그들을 소작농으로 전락시켰다. 소규모 땅을 가진 지주들의 몰락은 장로 계급의 출현을 막았다. 때문에 성문에서 이루어지는 재판은 부자 엘리트의 입김에 좌우된 행정관에 의해 집행되어 공의가 이루어지지 않았다. 이런 상황에서 아모스는 '공의의 부재'를 강하게 질타했다(암 5:12). 그리고 미가는 밭들을 탐하는 부자들을 강도 높게 비판했다(미 2:1-3). 더 나아가 미가는 사마리아와 유다가 앗수르에게 멸망당할 것이라고 예언했다(미 3:12). 이후 북이스라엘은 정말로 주전 722년에 앗수르의 살만에셀 5세에게 멸망당했지만, 유다는 주전 701년 앗수르의 산헤립이 침공했을 때 극적으로 구원을 받았다. 하나님이 회개하는 유다를 위해 뜻을 돌리셨기 때문이다(렘 26:18-19). 여기서 우리는 예언의 특성을 엿볼 수 있다. 즉, 하나님의 예언은 숙명론적인 것이 아니라는 점이다.

이렇게 기회를 얻은 유다는 다시 타락하여 주전 586년, 결국 바벨론에게 멸망당했다. 유다가 바벨론(정확히 말해 신바벨론 왕국)에게 멸망당하기 전까지의 국제 정세를 살펴보면, 당시 유다는 신흥세력인 바벨론과 앗수르, 그리고 애굽 세력 사이에 힘없이 끼어 있는 형국이었다. 앗수르는 아슈르바니팔 왕이 죽자(주전 627년) 국운이 크게 쇠퇴했다. 설상가상으로 주전 626년에는 나보폴라사르가 바벨론을 새롭게 일으켜 앗수르를 압박하기 시작했다. 이런 시대를 배경으로 기록된 책이 나훔서와 하박국서, 스바냐서다.

신바벨론은 주전 612년, 앗수르의 수도 니느웨를 점령했다. 이후 앗수르는 후퇴를 거듭하다 애굽에 도움을 청했지만 애굽은 이미 바벨론의 상대가 될 수 없었다. 나보폴라사르 왕의 뒤를 이은 느부갓네살 왕은 주전 605년에 갈그미쉬 전투에서 애굽과 앗수르의 연합 세력을 무찌르고 서부 팔레스타인을 장악했다. 이 때 느부갓네살은 예루살렘에서 일부 사람들을 포로로 잡아갔는데(바벨론의 1차 공격), 다니엘과 그의 세 친구도 포함됐다(단 1:1). 이제 유다는 느부갓네살의 지배를 피할 수 없었다. 그러나 주전 601년, 어리석게도 유다 왕 여호야김은 느부갓네살에 대해 반기를 들었고(왕하 24:1), 느부갓네살은 주전 597년에 예루살렘을 다시 공격했다(바벨론의 2차 공격). 느부갓네살이 공격하기 3개월 전은 여호야김이 갑자기 죽어 아들인 여호야긴이 왕위에 있던 때였다. 느부갓네살은 예루살렘을 함락시키고 여호야긴과 함께 지도층 인사들을 바벨론으로 끌고 갔다. 이것이 2차 포로였다. 느부갓네살은 여호야긴의 삼촌 시드기야를 대신 왕위에 세웠다. 하지만 시드기야도 나중에 반란을 일으키자 느부갓네살은 다시 예루살렘에 올라와 예루살렘 성과 성전을 파괴하고 사람들을 포로로 잡아갔다(바벨론의 3차 공격, 주전 586년). 이 때 예루살렘이 멸망하는 모습을 방관하고 기뻐한 에돔에 대해 하나님은 오바댜를 통해 그 죄를 책망하셨다.

결국 얼마 못 가서 바벨론도 고대 근동의 맹주 자리를 페르시아에 넘겨줘야 했다. 바벨론을 함락시킨 페르시아 고레스 왕은 바벨론에 포로로 잡혀 온 유다 사람들을 귀환시켰다(주전 539년). 주전 536년에는 스룹바벨이 일부 유대인들과 함께 예루살렘으로 돌아와 성전을 재건하기 시작했지만 주위 민족의 방해로 중단됐다. 이 때 주전 520년, 학개와 스가랴가 나타나 성전을 건축하라고 촉구했고, 그 결과 주전 516년에 마침내 성전 재건이 완성되었다. 이어서 주전 458년에 에스라가, 주전 445년에 느헤미야가 예루살렘에 도착해 종교개혁을 단행했다. 하지만 이들의 개혁은 실패로 돌아갔으며 여전히 잡혼이 성행하고 종교는 계속 타락해 갔다. 이런 배경에서 소예언서의 마지막 책인 말라기서가 기록됐다.

2장
호세아

시대적 배경

호세아는 주전 750년 이후에 활약한 예언자다. 앞서 언급한 대로, 이때는 상업의 발달로 많은 부유층 지도자들이 출현한 시기였다. 하지만 부자들은 자신의 부를 통해 가난한 자들을 압제했고, 설상가상으로 우상을 숭배하며 하나님을 믿는 신앙에서 멀어졌다. 호세아 4:11의 "음행과 묵은 포도주와 새 포도주"라는 말은 이들이 풍요의 종교인 바알 종교에 빠졌다는 것을 뜻한다. 바알은 농사에 중요한 비를 내리는 신이었다. 바알 종교는 비가 오기 위해서는 바알이 자신과 짝을 이루는 여신 아스다롯과 성행위를 해야 한다고 믿었다(참고. 삿 2:13). 성행위를 통해 나오는 바알의 타액과 땀 등이 비가 된다고 생각했기 때문이다. 그래서 성창 제도를 만들어 거룩한 창기인 여 사제가 남자들과 성행위를 하도록 했다. 그렇게 되면 그것을 본 바알이 자극을 받아 아스다롯과 성행위를 한다는 발상이었다. 따라서 바알 종교는 매우 음란한 종교였고, 호세아는 이런 음란을 북이스라엘이 따랐다고 말한다. 이외에도 정치적으로 북이스라엘은 하나님보다 애굽을 의지했다(호 7:11). 또한 도덕적으로도 강포를 행하여 공의에서 멀어져 있었다(호 4:2).

그래서 호세아는 당시 북이스라엘의 죄악상을 폭로하고 하나님을 진정으로 알 것을 촉구했다(호 6:6). 하지만 북이스라엘의 지도자들은 이런 호세아의 메시지에 귀를 기울이는 대신 하나님의 정의에 의문을 제기했다. "에브라임이 말하기를 나는 실로 부자라 내가 재물을 얻었는데 내가 수고한 모든 것 중에서 죄라 할 만한 불의를 내게서 찾아 낼 자 없으리라"(호 12:8)라는 말은 당시 부자들의 정서를 잘 대변한다. 죄악에 빠져 있던 부자들은 자신들의 부가 하나님의 축복의 증거라고 착각했다. 오늘날 그리스도인들도 수단과 방법을 가리지 않고 부를 얻은 후에, 그것을 자신들을 향한 하나님의 축복으로 생각하지 않는가?

이런 상황에서 호세아는 하나님을 씨 뿌리는 분으로 묘사하고 미래에는 하나님이 새 언약을 체결하고 씨를 뿌려 새로운 백성을 만드셔서, 그들이 공의와 인애와 의의 열매를 맺게 될 것이라고 예언한다(호 2:18-23; 참고. 14:4-8). 호세아는 특별히 인애의 열매를 강조한다. 여기서 인애는 하나님의 사랑을 체험하여 자신도 하나님을 진정으로 사랑하고 따르려는 충성의 모습이다(호 6:6).

구조와 내용 분석

일반적으로 많은 학자들은 호세아서가 일정한 구조를 지니지 않았다고 본다.[1] 하지만 주제에 따라 대별해 보면 호세아서는 두 부분으로 나눌 수 있는데, 전반부는 1-3장이고 후반부는 4-14장이다. 전반부 끝인 3장은 종말에 이스라엘 백성이 하나님께 돌아올 것임을 강조한다(호 3:5). 후반부 끝인 14장도 이 '돌아온다'라는 주제를 부각시킨다(호 14:1). 이렇게 해서 호세아서는 '돌아온다'는 주제로 인클루지오를 이룬다. 호세아 1:6에서 긍휼이라는 히브리어 '라함'(רחם)을 사용했는데, 호세아 14:3에도 동일한 단어인 '긍휼'이 나타난다. 이를 통해 더 이상 긍휼을 얻지 못했던 이스라엘이 종말에 하나님의 은혜로 긍휼을 얻을 것이라는 신학을 보여 준다.[2]

호세아서는 대략 다음과 같은 구조를 보인다.

---

1) 치즈홀름, 「예언서개론」, 505.
2) Laurie J. Braaten, "God Sows: Hosea's Land Theme", 123.

A. 이스라엘의 배교와 미래의 소망: 돌아올 것임(3:5, 1-3장)

　　　　B. 이스라엘의 죄악: 인애의 열매가 없을 것임(6:6, 4-7장)

　　　　B'. 이스라엘의 심판: 헛된 열매(찔레와 가시)를 맺을 것임(8:7; 9:6; 10:8)(8-10장)

　　A'. 이스라엘의 배교와 미래의 소망: 돌아오면 열매를 맺을 것임(14:1-8)(11-14장)

이 구조를 보면 '열매'와 '돌아온다'라는 주제가 호세아서의 기본 틀을 이루고 있음을 알 수 있다.

소예언서 전체의 구조라는 측면에서 살펴보면, 호세아서의 '돌아온다'라는 주제는 말라기서에 다시 등장한다. 그리고 호세아 2:10-15의 농산물 수확 이미지는 말라기 3:10-11에 다시 나타난다. 이렇게 해서 소예언서는 전체적으로 인클루지오를 이룬다. 이런 농산물 수확 이미지는 소예언서의 중요한 곳에서 반복하여 나타난다(합 3:17; 학 2:17, 19; 슥 8:12; 말 3:10-11).[3]

이제 앞에서 제시한 구조에 따라 호세아서 본문을 좀더 자세히 살펴보자.

1-3장

이 단락의 주제는 우상숭배와 간음으로 물든 이스라엘을 향한 하나님의 사랑이다. 하나님이 호세아에게 고멜과 결혼하라고 명령하시고 나중에 고멜을 다시 받아들이라고 말씀하심으로써 1-3장은 전체적으로

---

3) Nogalski, "Intertextuality and the Twelve", in *Forming Prophetic Literature*, 114.

인클루지오를 형성한다. 1장에 등장하는 남편이 호세아라면 2장(히브리어 성경의 2장은 개역개정판 1:10-2:23에 해당함)의 남편은 하나님이다. 그리고 3장에서는 다시 예언자가 남편으로 등장한다. 호세아 2장(히브리어 성경)은 1:1-9에서 언급한 자녀들의 이름을 이용하여 하나님의 심판과 구원을 선포한다는 특징이 있다.[4]

부부 관계에서 제일 중요한 것은 마음에서 우러나는 사랑이다. 1-3장은 하나님과 이스라엘을 부부 관계로 묘사하며, 이스라엘이 마음에 하나님을 향한 사랑, 즉 헤세드를 잃어버린 것을 꾸짖으며 심판의 말씀을 전한다. 하지만 하나님의 말씀은 심판으로 끝나지 않는다. 종말에 하나님은 새 언약을 세워 자기 백성과의 관계를 새롭게 하실 것이다(2:18-23). 이 때 하나님은 고침받은 백성에게 "진실함으로…장가들" 게 될 것이다(호 2:20). 이 같은 '마음'에 대한 강조는 호세아서에 반복해서 나타난다(참고. 4:11; 10:2). 한편 호세아 1-3장은 하나님을 남편의 이미지로 묘사할 뿐만 아니라 씨를 뿌리는 농부의 이미지로도 묘사한다. 그래서 종말에 하나님이 농부처럼 인애와 공의와 의의 씨를 뿌려 백성들을 인애와 공의와 의의 열매를 맺는 나무로 만드실 것을 암시한다(호 2:19, 23).

1장

호세아는 하나님으로부터 음란한 여인과 결혼하라는 명령을 받는다(1:2). 그런데 어떻게 하나님이 십계명 가운데 제7계명을 위반한 간음한 여인과 결혼하라고 말하실 수 있는가? 어떤 이는 고멜과 결혼하라

---

[4] James D. Nogalski, "The Day(s) of YHWH in the Book of the Twelve", in *Thematic Threads in the Book of the Twelve*, 197.

는 말은, 우상숭배로 영적 간음을 범한 여인과 결혼하라는 뜻일 것이라고 주장한다. 즉 간음이라는 말이 우상숭배에 대한 상징적 표현이라는 해석이다. 하지만 우상숭배도 똑같이 십계명 중 제1계명과 제2계명이 금지한 죄다. 또 어떤 사람들은 음란한 여자와 결혼하라는 명령은, 예언자의 꿈이었거나 환상이었을 것이라고 주장한다. 또 1장과 3장에 등장하는 여인이 서로 다른 사람이라는 주장도 있다.[5] 그러나 이런 주장들은 문맥으로 보아 받아들이기 어렵다. 3장에서 고멜은 실제로 간음을 범한 여인으로 나오기 때문이다.

폴 하우스는 음란한 여인이라는 표현이 고멜이 결혼 전에 이미 불륜을 저지른 여자임을 보여 주는 것이라고 생각한다. 그는 여호수아 24:2과 출애굽기 32-34장을 언급하며 이스라엘이 애굽을 떠나기 전부터 죄를 지었으므로 이와 비교되는 고멜도 마찬가지로 결혼 전부터 음행을 저질렀을 것이라고 추측한다.[6] 이에 반해 치즈홀름은 음란한 여인이라는 말이 "고멜이 호세아와 결혼하던 당시의 상태를 묘사하기보다는 고멜이 어떠한 사람(불성실한 아내)이 될지를 예견하는 것일 가능성이 더 높다"고 주장한다.[7] 나는 치즈홀름의 주장이 더 설득력이 있다고 생각한다. 하지만 치즈홀름의 주장에도 보충할 부분이 있다. 그는 고멜이 미래에 음란한 행동을 할 여자라고 말하며, 결혼할 당시에는 음란하지 않았다는 암시를 준다. 하지만 고멜은 호세아와 결혼할 당시에도 이미 음란한 기질이 있는 여자로 충분히 볼 수 있다. 그래서 고멜이 비록 음란한 행동을 하지는 않았지만 음란한 성향을 지닌 여인이었고,

---

5) George Fohrer, *Introduction to the Old Testament*, 421
6) 치즈홀름, 「예언서개론」, 506.
7) Paul R. House, "The Character of God in the Book of the Twelve", in *Reading and Hearing the Book of the Twelve* (Atlanta, Georgia: SBL, 2002), 130.

하나님은 자신과 이스라엘의 관계를 실질적으로 예표하기 위해, 호세아에게 음란한 여인과 결혼하라고 명령하셨다고 보는 편이 가장 적절해 보인다.[8]

결국 호세아는 음란한 기질이 있는 여자와 결혼했고, 나중에 그녀가 불륜을 저질러 하나님의 마음을 간접적으로 체험하게 되었다. 호세아는 세 자녀를 낳았는데, 각각 특별한 의미를 지닌 그들의 이름은 이스르엘(이스르엘의 피를 예후의 집에 갚겠다)과 로루하마(다시는 이스라엘 족속을 긍휼히 여겨 그 죄를 사하지 않을 것이다), 로암미(너희는 내 백성이 아니다)였다.

하나님은 고멜에게서 난 호세아의 첫째 아들의 이름을 이스르엘이라 짓도록 명령하고, "이스르엘의 피를 예후의 집에 갚겠다"고 말씀하신다(1:4). 이스르엘은 본래 북이스라엘의 평지 지역으로, 아합 왕이 나봇으로부터 빼앗은 포도원과 그곳에 세운 그의 별궁이 있던 곳이다(왕상 21장). 이곳에서 예후는 아합의 아들 요람과 아합의 부인 이세벨을 죽이고 이스라엘의 왕이 되었다(왕하 9장). 이스르엘의 피를 갚는다는 말은 예후가 이스르엘에서 흘린 피에 대해 징벌하겠다는 의미처럼 들리지만, 히브리어(פקד על, '파카드 알')에는 그런 강조점이 없다.[9] 이는 예후 왕조도 이스라엘에서의 피흘림으로 막을 내린 오므리(아합의 아버지) 왕조의 운명과 같이 피흘림으로 끝날 것이라는 의미다.

---

8) 호 1:2에 나오는 음란한 아내에 대한 자세한 논의는 다음 책을 보라. Duane A. Garrett, *Hosea, Joel*, NIVAC 19A (Nashville, Tennessee: Broadman & Holman, 1997), 44-48.

9) Thomas Edward McComiskey, "Prophetic Irony in Hosea 1.4: A Study of the Collocation פקד על and Its Implications for the Fall of Jehu's Dynasty", *JSOT* 58 (1993), 93-101.

이스라엘과 예후에 대한 언급은 엘리야와 엘리사의 이야기를 연상시킨다(왕상 19:16-17; 왕하 9장).[10] 열왕기는 하나님이 엘리야와 엘리사를 통해 예후를 세우고 예후가 이스라엘에서 아합의 집을 멸하도록 하셨음을 기록하고 있다. 특별히 엘리야는 말라기서 마지막에 분명하게 언급된다(말 4:5). 이로써 예언자 엘리야도 소예언서의 틀(frame)을 이루는 요소가 된다.[11] 이 같은 틀에서 소예언서를 바라본다면, 소예언서의 핵심 메시지 가운데 하나는 예언자들의 전통 위에서 선포되는 하나님의 말씀에 순종하라는 촉구임을 알 수 있다. 나중에 자세히 논의하겠지만, 예언자들이 선포한 말씀에 대한 강조는 소예언서에서 자주 반복된다(참고. 슥 7-8장).

하지만 '이스라엘의 날'은 단순히 심판으로 끝나지 않고 다시 소망의 날이 될 것이다. "유다 자손과 이스라엘 자손이 함께 모여 한 우두머리를 세우고 그 땅에서부터 올라오리니 이스라엘의 날이 클 것임이로다"(호 1:11). 이스라엘이라는 말은 '하나님이 씨를 뿌리신다'는 뜻이다. 그래서 2:21-23은 미래의 회복과 소망은 전적으로 하나님이 새로 뿌리신 씨의 결과로 이루어질 것이라고 말한다.[12] 이런 씨 뿌림을 위해 하나님은 먼저 과거에 뿌렸던 것을 거두어 들이실 것이다. [4:3은 하나님이 뿌리셨던 피조물들이 쇠잔할 것이라고 말하는데, 여기서 '쇠잔하다'로 번역된 히브리어 '아사프'(אסף)는 '거두다'라는 뜻을 가지고 있다.] 하나님의 심판은 하나님이 이전에 뿌렸던 것을 거두어가시는 방식으로 진행될 것이

---

10) Laurie, J. Braaten, "God Sows: Hosea's Land Theme", 107.
11) 같은 책.
12) 예레미야의 새 언약도 새로운 이스라엘을 땅에 심는다는 이미지를 사용한다. 따라서 예레미야의 새 언약 메시지는 호세아서의 영향을 크게 받았음을 알 수 있다(참고. 렘 31장).

며(참고 호 6:11; 8:10) 하나님의 미래의 구원행위는 다시 하나님이 자신의 뜻을 뿌리시는 것이 된다.[13]

원래 이스라엘은 하나님의 씨 뿌림을 통해 창조된 백성이었고, 하나님은 그들이 그 씨에 걸맞게 열매 맺기를 바라셨다. 하지만 하나님의 씨로 태어난 이스라엘은 하나님이 원하시는 열매를 맺지 못하고, 오히려 우상을 숭배했다. 더 나아가 호세아는 오히려 그들이 마치 하나님인 양 스스로 자신들이 만든 씨를 뿌렸기에 허망한 열매를 거둘 것이라고 책망했다. 다시 말해 그들이 바람을 심었기에 광풍을 거둘 것이라고 선언했다(호 8:7). 호세아를 통해 들리는 "공의를 심고 인애를 거두라"는 외침은 백성들을 향한 하나님의 안타까운 심정을 잘 드러낸다(호 10:12-13).

과거 이스라엘이 하나님의 '씨 뿌림'을 통해 탄생되었다는 사실은 예레미야 2:1-3에도 잘 나타난다. 호세아서에서 하나님은 당신이 원하시는 열매를 맺지 못하는 이스라엘의 땅을 가시와 찔레로 덮을 것이라고 경고하신다(호 9:6; 10:8). 이는 하나님의 씨를 통해 창조된 백성이 그 씨에 합당한 열매를 맺지 못하므로 하나님이 그들을 심판하신다는 말씀이다. 하지만 미래에 하나님은 다시 자신의 전적인 주권으로 새로운 씨를 뿌려 새로운 백성을 만드시고, 그 새로운 백성으로 하여금 당신이 원하시는 열매를 맺게 하실 것이다. 이것이 호세아서의 종말론적 희망의 핵심이다.

---

13) Laurie J. Braaten, "God Sows: Hosea's Land Theme", 113.

2장

2:3은 만약 이스라엘이 언약을 어긴다면 그녀의 옷을 벗길 것이라고 말한다. 이는 다시 언약 이전 상태로 돌아가게 될 것이라는 경고다(참고. 겔 16장). 하지만 2장의 절정 부분은 하나님이 미래에 새 언약을 맺으실 것이라는 내용이다(호 2:16-23). 호세아 2:16-23의 구조를 살펴보겠다.

    A. 미래에 이루어질 여호와와 이스라엘의 새로운 언약 관계(2:16-17)
        B. 창조 질서와의 언약과 땅의 평화(2:18)
            C. 여호와의 의와 공의와 인애를 알게 될 것임(2:19-20)
        B'. 창조 질서의 새로운 변화(2:21-22)
    A'. 미래에 이루어질 여호와와 이스라엘의 새로운 언약 관계(2:23)

이 같은 구조를 보면 미래에 이루어질 새 언약의 핵심은 여호와를 친밀하게 아는 것이다. 2:16-23에서 의미론적 초점(semantic focus)은 결혼이라는 유비를 통해 제시되는 미래의 회복과 새 언약 체결이다.

2:16을 개역개정판은 "그 날에 네가 나를 내 남편(אִישׁ, '이쉬')이라 일컫고 다시는 내 바알이라 일컫지 아니하리라"라고 번역한다. 여기서 '바알'은 히브리어로, 바알 신의 이름도 되고 남편이라는 뜻도 지닌다. 저자는 언어적 기교를 사용해 미래의 회복이 우상숭배와 상관없는 이상적인 모습이 될 것임을 강조한다. 미래에는 종교적 혼합주의를 연상시키는 바알이라는 말을 더 이상 입에 담지 않게 될 것이다.[14] '이쉬'라

---

14) Thomas McComiskey, "Hosea", in *The Minor Prophets*, vol. 1, ed. Thomas Edward McComiskey (Grand Rapids, Mich.: Baker, 1992), 44.

는 말과 '바알'이라는 말은 남편을 뜻할 때도 어감에 차이가 있다. 전자는 '여자의 상대역이면서 파트너로서의 남편'을 가리키는 반면, 후자는 '여자를 소유하는 자로서 남편의 법적 권리'를 강조한다.[15] 이런 의미에서 미래에는 하나님과 백성의 관계가 단순한 법적 관계를 넘어 인격적으로 친밀한 관계가 될 것이다. 새 언약은 결혼 관계에 대한 법적 준수가 아니라 남편과 아내로서 나누는 긴밀한 사랑의 관계가 될 것이다.[16]

2:17은 '그리고'를 뜻하는 와우계속법의 접속사 '와우'(१)로 시작한다. 이 와우계속법의 '와우'는 보통 앞의 상황에 대한 논리적인 결과나 후에 일어나는 상황을 도입하는 접속사이지만, 여기서는 앞의 상황을 부연 설명하는 설명적 상황을 이끄는 접속사 역할을 한다.[17] 그래서 미래에 하나님의 백성이 어떻게 하나님을 남편으로 부를 수 있는지 설명하기 위해 사용되었다. 이런 구문론적 특징을 고려하여 해석하면, 이 구절은 '이스라엘 백성이 진정으로 하나님을 남편으로 부르게 될 것인데, 그 이유는 하나님이 저희 입에서 우상의 이름을 제거하실 것이기 때문이다'라는 의미다.

2:18은 여호와께서 미래에 자연 세계와도 언약을 맺으신다고 말한다. 들짐승과 언약을 맺는다는 말은 일차적으로 사나운 짐승들이 인간에게 더 이상 해가 되지 않을 것이라는 의미다(호 2:12).[18] 하지만 4:3에

---

15) James L. Mays, *Hosea*, OTL (London: SCM, 1969), 48.
16) 같은 책. 이와 관련해서 Mays는 다음과 같이 주석한다. "이 관계는 신부인 이스라엘이 신랑인 여호와를 법적인 약속에 의해 구속되는 단순한 남편뿐만 아니라 자신을 사랑하는 남자로 여기고 기꺼이 자신의 모든 것을 주는 충만하고 순전한 관계를 가리킨다."
17) Bruce K. Waltke and M. O'Connor, *An Introduction to Biblical Hebrew Syntax*(Winona Lake, Ind.: Eisenbrauns, 1990), 525.
18) McComiskey, "Hosea", 44.

서 들짐승이 인간의 죄악으로 쇠잔해지고 있다고 말하므로, 들짐승과 언약을 맺는다는 말은 하나님의 혜택이 인간뿐만 아니라 동물에게도 미친다는 것을 보여 준다. 자연 세계와 맺는 언약은 땅에 평화를 가져온다. 이런 이미지는 "이 땅에서 활과 칼을 꺾어 전쟁을 없이하고 그들로 평안히 눕게 하리라"는 말씀과 잘 어울린다. 이 같은 그림을 종합하면, 새 언약 관계를 통한 미래의 회복은 하나님의 심판을 역전시켜 자연 세계와 인간 세계에 평화를 가져다준다는 사실을 보여 준다. 이것은 거꾸로 미래에 있을 인간의 회복은 자연에도 큰 혜택이 된다는 점을 깨닫게 해준다. 역사 안에서 인간의 구원이 자연 세계의 질서를 공고하게 하는 셈이다. 이 대목에서 우리는 인간의 역사와 창조세계가 상호의존적 관계(mutual relationship)임을 알 수 있다.[19]

2:19에서 동사 '아라쉬'(אָרַשׂ, 결혼하다)는 피엘형으로 되어 있다. 피엘형은 보통 작위적(factitive) 용법으로 쓰이며 '…을 하도록 만들다'라는 의미를 지닌다.[20] 하지만 피엘형이 결과적(resultative) 용법으로 쓰이는 경우 '…을 어떤 결과에 이르게 한다'는 의미도 될 수 있다. 여기서는 문맥상 결과적 용법이 더 무게를 얻는다. 그래서 2:19 서두는 "내가 너와 영원히 결혼하는 결과에 이르게 될 것이다"라고 해석할 수 있다.[21] 영원히 결혼하도록 만드는 것과 영원히 결혼하는 결과에 이른다는 것은 뉘앙스가 다르다. 영원히 결혼하도록 만든다는 것은 하나님의 일방

---

19) 역사와 자연의 상호의존 관계는 아담이 범죄하여 자연이 엉겅퀴를 내는 것과 인간이 죄를 지어 노아 홍수 사건이 일어난 것에서도 찾아볼 수 있다.
20) Waltke and O'Connor, *An Introduction to Biblical Hebrew Syntax*, 400-409.
21) 이스라엘 사람들에게 약혼이라는 의미는 현대적 의미의 약혼이 아니다. 그것은 결혼하겠다고 최종적으로 표현하는 것이기에 결혼과 같은 성격이다 (참고. 신 20:7; 22:23-24; 삼하 3:14). Thomas McComiskey, "Hosea", 45.

적인 의지로 결혼한다는 어감을 준다. 하지만 영원히 결혼하는 결과에 이른다는 것은 결혼 회복이 하나님의 주도권으로 이루어지는 동시에 하나님의 주도적 행위에 대해 백성들이 화답한다는 뜻을 포함한다.

    2:19-20은 동일한 형태(וְאֵרַשְׂתִּיךְ, '붸에라스티크', 내가 너와 결혼할 것이다)가 세 번 반복되어 한 단락으로 읽도록 독자들을 유도한다. 19a절의 "내가 너로 하여금 나와 영원히 결혼하는 결과에 이르게 할 것이다"라는 말은, 19절 하반절과 20절에 다시 구체적으로 부연 설명된다. 그래서 19절 하반절은 영원히 결혼한다는 것을 "공의(의)와 정의(공의)와 은총(인애)과 긍휼히 여김으로" 결혼하는 모습이라고 말한다.[22] 여기서 의와 공의와 인애는 누구의 의와 공의와 인애인가? 본문은 하나님인지 백성인지 말하지 않는다. 하지만 하나님 자신이 의와 공의와 인애와 긍휼로 다시 새로운 관계를 맺으실 것이라고 해석하는 편이 문맥상 잘 어울린다. 2:20은 다시 의와 공의와 인애와 긍휼로 결혼하는 모습을 '성실'(אֱמוּנָה, '에무나')로 결혼하는 것이라고 부연한다. 그러므로 성실은 의와 공의와 인애를 함축적으로 표현하는 어휘다.

    2:19-20은 다음과 같은 구조로 되어 있다.

    A. 여호와께서 백성과 영원히 결혼하실 것임(19a절)
      B. 의와 공의와 인애와 긍휼함으로 결혼함(19b절)
      B'. 다시 말해서 성실함으로 결혼한다는 것임(20a절)
    A'. 그 결과 백성이 여호와를 영원히 알 것임(20b절)

---

22) 같은 책.

20b절은 하나님이 성실함으로 결혼하시기 때문에 백성이 여호와를 알게 된다고 말한다. 그렇다면 백성이 안다는 것은 무슨 의미인가? 이 물음과 관련해서 호세아서의 영향을 가장 많이 받은 예레미야서에서 그 힌트를 찾을 수 있다. 예레미야 9:24은 "나 여호와는 사랑(인애)과 정의(공의)와 공의(의)를 땅에 행하는 자인 줄 깨닫는(아는) 것이라"라고 말한다. 여기서 깨닫는다(안다)는 말의 의미는 여호와의 인애와 공의와 의를 본받아 그런 의와 공의와 인애를 행하는 모습이다(렘 22:15-16). 예레미야도 호세아처럼 미래의 새 언약을 말하기 때문에 예레미야서에서 말하는 '안다'(ידע, '야다')의 의미는 호세아 2:20의 '안다'를 이해하는 데 혜안과 통찰을 제공한다. 결국 호세아 2:20에서 백성들이 여호와를 알게 된다는 것은 여호와의 의와 공의와 인애를 본받아 의와 공의와 인애를 실천하는 자가 된다는 의미다.[23] 호세아는 10:12과 12:6에서 의와 인애, 그리고 공의를 행할 것을 반복해서 요구했다. 이런 주위 문맥(intratextuality)을 고려하면, 백성들이 미래에 회복될 때 여호와를 안다는 것은 공의와 인애와 의로 장가드는 여호와의 성품을 닮아 자신들도 의와 공의와 인애를 행하는 것을 뜻한다.

다른 한편 2:23은 미래의 새 언약을 하나님이 새로운 씨를 뿌리시는 것으로 이해한다. 2:23에서 "내가 나를 위하여 그를 이 땅에 심고"라고 할 때 '심는다'에 해당하는 히브리어는 정확히 말하면 '씨를 뿌리다'(זרע)로, 이는 새로운 씨를 뿌려 하나님이 그들과 영원한 언약을 맺

---

23) 한편 호 6:6에서는 하나님을 아는 지식이 인애와 평행을 이룬다. 아마도 호세아서는 의와 인애, 공의 가운데 인애를 더욱 강조하는 듯하다. 인애는 하나님과 맺는 언약 관계에서 마음으로 우러나오는 사랑(충절)을 뜻하기에, 하나님과 백성의 관계를 결혼 관계로 이해한 호세아가 인애에 더욱 초점을 맞춘다고 말할 수 있을 것이다.

으신다는 뜻이다. 그래서 미래에 백성들은 하나님이 뿌리신 새로운 씨에 걸맞은 열매를 맺을 것을 암시한다. 여기서 열매는 2:19에서 언급한 공의와 인애와 의의 열매다.

새 언약 관계에서 하늘은 땅에 응답하고 땅은 곡식과 포도주와 기름에 응답한다고 말한다(호 2:21-22). 유사한 표현이 종말에 성령이 임한다고 예언한 요엘 2장의 문맥에서 다시 등장한다.

> 그 때에 여호와께서 자기의 땅을 극진히 사랑하시어 그의 백성을 불쌍히 여기실 것이라 여호와께서 그들에게 응답하여 이르시기를 내가 너희에게 곡식과 새 포도주와 기름을 주리니. (욜 2:18-19)

호세아서에 나타난 미래의 새 언약은 요엘서에서 다시 언급되는데, 요엘서는 호세아서가 말하는 새로운 씨를 통한 새 백성의 출현이 하나님의 영으로 이루어진다는 사실을 보여 준다.[24] 호세아서의 새 언약은 사람들이 하나님의 성품을 닮아 마음에서 나오는 공의와 인애, 의의 열매를 맺을 것이라고 내다본다. 그런데 요엘서는 이런 열매맺음의 변화가 구체적으로 성령을 통해 이루어진다고 제시하는 것이다.

호세아 2:22의 기름과 곡식과 포도주가 응한다는 묘사는 자연도 풍성한 열매를 맺게 될 것이라는 뜻이다. 여기에 언급된 자연의 회복은 말라기 3:11에도 간접적으로 등장한다. 이렇게 해서 소예언서 전체의 구성은 미래에 있을 자연의 변화라는 주제가 서두와 말미에 등장하는 인클루지오를 이룬다. 이는 자연의 풍성함은 인간이 하나님이 원하시

---

24) James D. Nogalski, "The Day(s) of YHWH in the Book of the Twelve", 198.

는 열매를 맺을 때 비로소 가능하다는 신학이다. 소예언서에서 자연 질서를 파괴하거나 회복하는 것은 열매 맺는 인간의 삶과 매우 밀접한 관련이 있다. 여기서 인간의 책임이 얼마나 막중한지를 엿볼 수 있다.

호세아 2:19은 하나님이 자신의 의로 새로운 관계를 맺으실 것이라고 말한다. 따라서 미래에 백성이 맺을 의의 열매는 백성들의 노력의 결과가 아닌 전적인 하나님의 은혜다.[25] 그것은 하나님의 주권적 씨 뿌림을 통해 얻어지는 은혜의 산물인 것이다. 따라서 성도의 열매는 자신의 공로가 될 수 없다. 종말에 나타날 백성의 의가 인간의 공로가 아니라 하나님의 선물이라는 시각은 미가서와 말라기서에도 잘 드러난다 (미 7:9; 말 4:2).

호세아 2:16-23은 오늘날 상황에서 시사하는 바가 크다. 새 언약을 통한 구원은 그 목적이 단순히 구원이 아니라 하나님이 새롭게 뿌리신 씨에 합당한 열매를 맺도록 하는 데 있음을 보여 주기 때문이다. 이런 점에서 호세아서는 하나님의 구원과 그에 따른 삶을 이분법적으로 말하지 않는다. 조직신학적 용어를 빌리면, 하나님의 칭의는 성화와 불가분한 관계에 있다. 그렇다고 칭의와 성화를 동일선상에 놓고, 성화 없는 칭의는 있을 수 없다며 인간 행위를 강조하는 로마 가톨릭의 주장에 동조하는 것은 아니다. 호세아서에서 구원(칭의)과 열매 맺는 삶(성화)은 어디까지나 하나님의 주권으로 베풀어지는 은혜다. 하나님의 칭의를 받았다면 그 속에서 성화의 삶은 시간이 흐르면서 열매로 드러날 것이다. 더 나아가 인간의 열매 맺는 삶은 자연의 풍성함으로 이어지며 창조세계의 회복을 가져다줄 것이다. 따라서 구원받은 사람은 자연 세

---

25) Garrett, *Hosea, Joel*, 94.

계에 대해서도 새로운 인식을 가져야 한다. 황폐한 자연 앞에서 자신의 구원만 생각하고 안주하는 태도는 결코 바람직하지 않다.

인간의 구원, 열매 맺는 삶, 창조세계의 회복은 새 언약이 지향하는 목표다. 그렇다면 왜 이렇게 세 가지가 맞물려 연결되는가? 하나님 나라의 회복은 인간의 회복과 함께 하나님 나라의 영토인 자연의 회복도 포함하기 때문이다. 하나님 나라는 이처럼 온 우주적인 성격을 지닌다. 따라서 새 언약 속에서 사는 우리는 새 언약이 갖는 이 같은 함의를 기억하며, 온 세상에 하나님 나라가 세워지도록 기도하고 삶 속에서 하나님이 원하시는 열매가 맺히도록 그분을 의지하며 살아가야 할 것이다.

3장

3:1에서 하나님은 호세아에게 음녀가 된 여인을 다시 사랑하라고 명령하신다. 앞서 언급했듯이, 여기서 음녀가 된 여인이 누구인가에 대해서는 논란이 많다.[26] 하지만 본문의 흐름을 보면 고멜이라는 주장이 가장 신빙성이 있다. 2절에서 호세아가 돈을 주고 그녀를 사 오는 것을 보면 호세아는 고멜과 이혼했음을 알 수 있다. 이렇게 해서 1-3장은 고멜에 대한 언급으로 시작해서 고멜로 끝나는 인클루지오를 형성한다. 3장의 주제는 하나님이 자신의 새 언약에 따라 간음한 백성들을 강권적인 은혜로 돌아오게 하실 것이라는 내용이다(3:5). 여호와께로 돌아온다는 것은 호세아서의 핵심 주제다. 이 점은 다음 4-14장의 구조에서 더욱 분명해진다. 호세아서 결론부인 14장은 '돌아오라'는 말로 시작한다(호 14:1). 흥미롭게도 소예언서의 마지막 책인 말라기서 끝 단락도 '돌아

---

26) 치즈홀름, 「예언서개론」, 521.

오라'는 말로 시작한다(말 3:7).

4-14장: 부패한 백성들을 향한 하나님의 사랑

호세아 4-14장은 1-3장의 '돌아오다'라는 주제를 더욱 발전시킨다. 하지만 여기서 돌아온다는 것은 그저 형식적인 돌이킴이 아니다. 하나님이 원하시는 '돌아옴'은 하나님의 치료를 받기 위해 진정으로 회개하는, 마음의 돌이킴이다(5:13; 7:1; 11:3; 14:1-4). 호세아 6:1-4에서 당시 음란한 백성들은 하나님께 돌아오기만 하면 하나님이 자신들을 무조건 치료해 줄 것이라고 착각했다. 이에 호세아는 형식적인 돌아옴으로는 치료받을 수 없다고 선언한다. 더욱이 호세아는 하나님의 치료는 공의와 인애와 의의 열매를 맺는 데 그 목적이 있다고 강조한다. 이 점은 호세아 14장에서 더욱 분명해진다. 호세아 14:1, 8은 돌아오는 자는 열매를 맺게 된다고 말한다. 여기서 열매는 호세아서의 문맥에서 공의와 인애와 의다(참고 10:12). 그렇다면 인간은 어떻게 진정으로 하나님께 돌아올 수 있는가? 이런 질문에 대해 호세아는 인간의 진실한 회개와 하나님의 치료를 언급한다(호 14:1, 4).

많은 학자들이 4-14장은 1-3장과 달리 단락 구조를 정하기가 매우 어렵다고 말한다.[27] 하지만 4-14장 구조는 3중 구조다.

I. 제사장과 정치 지도자에 대한 책망(4-7장)
  A. 제사장에 대한 책망(4장)
    B. 백성과 지도자들에 대한 책망(5:1-14): 앗수르를 의지함(5:13)

---

27) Charles H. Silva, "The Literary Structure of Hosea 4-8", *Bibliotheca Sacra* 164 (2007), 291.

C. 언약을 위반한 백성들(5:15-6:7)

A'. 종교적 죄악(6:8-11)

　　B'. 백성과 지도자들의 죄악(7:1-16): 여호와께 돌아오지 않음(7:10), 애굽과 앗수르를 의지함

II. 죄악의 결과: 미래의 포로생활(8-10장)

A. 언약 위반으로 포로로 잡혀갈 것임(8장): 바람을 심고 광풍을 거뒀음 (8:7)

　　B. 앗수르에 포로로 잡혀갈 것임(9:1-9): 찔레와 가시, 기브아 시대

　　B'. 앗수르에 포로로 잡혀갈 것임(9:10-10:10): 찔레와 가시, 기브아 시대

A'. 이스라엘의 왕이 멸절될 것임(10:11-15): 의를 심고 인애를 거두라 (10:12)

III. 이스라엘의 죄악과 미래의 소망(11-14장)

A. 이스라엘이 돌아오지 않음(11:1-7)

　　B. 하나님이 뜻을 돌이키시므로 이스라엘이 포로에서 돌아올 것임 (11:8-11)

　　　C. 이스라엘의 죄악(11:12-12:14): **인애와 공의를 행치 않음**

　　　　D. 이스라엘의 패망(13:1-13): **교만하여 하나님을 잊음**(13:6)

　　B'. 하나님이 사망에 대해 정한 뜻을 돌이키시지 않고 구원하실 것임 (13:14)

　　　C'. 이스라엘의 죄악(13:15-16): **하나님을 배반함**

A'. 진실로 돌아오면 여호와의 치료로 열매를 맺을 것임(14장)

이 구조에서 볼 수 있듯이 호세아 4-10장은 죄의 원인으로서 지도자의 책임이 크다는 것을 지적하고 죄로 인한 언약 파기로 북이스라엘이 앗수르에 포로로 잡혀가게 될 것을 말한다. 이어서 11-14장은 미래에 하나님이 돌아오게 하고 치료하여 다시 열매를 맺게 할 것이라고 말한다(호 14:4-8).

4:6은 이스라엘이 언약 파기자임을 명시한다. 이런 언약 파기는 후반부에도 반복해서 등장한다(12:9; 13:4). 이렇게 해서 4-14장은 언약이라는 주제를 통해 전체적으로 인클루지오를 이룬다. 4-14장에서는 지식(알다, 깨닫다)이라는 말이 자주 반복된다(호 4:1, 14; 5:4; 6:1-3, 6; 8:2-3; 9:7; 11:1-3; 13:4; 14:9).[28] 언약과 지식의 상관관계는 2:18-20에서 뚜렷이 나타난다. 이런 점에서 언약을 맺는 진정한 목적은 하나님을 올바로 알고 깨닫게 하는 것임을 알 수 있다. 앞에서 지적한 대로 '안다'는 말은 기본적으로 하나님의 품성을 닮는다는 뜻이다(렘 23:16)[29]

이스라엘은 하나님을 올바로 알지 못해 언약을 파기했다. 언약을 파기하는 일은 우상숭배 같은 영적 간음과 이방 나라를 의지하는 외형적 모습으로 나타난다(참고. 호 4:12; 8:8-10). 근본적으로 언약 파기는 하나님을 진정으로 알지 못한 데서 기인한다. 하나님을 안다는 것은 호세아서에서 인애와 밀접한 관련이 있다(호 6:6). 여기서 인애는 하나님을 향한 절대적인 충성을 뜻한다. 하나님을 안다면 하나님의 인애의 속

---

28) Richard D. Patterson, "Portraits from a Prophet's Portfolio: Hosea 4", *Bibliotheca Sacra* 165(2008): 305.

29) 예레미야서는 호세아서의 영향을 가장 많이 받았다. 그래서 거꾸로 예레미야서는 호세아서를 해석하는 데 의미론적 실마리를 많이 제공한다. 참고. Jeremiah Unterman, *From Repentance to Redemption: Jeremiah's Thought in Transition*, JSOTSup. 54 (Sheffield: Sheffield Academic Press, 1987), 166.

성을 본받아 하나님께 마음으로 충성하며 하나님의 뜻을 행하는 열매를 맺을 것이다(호 14:8). 스튜어트는 호세아서에서 언약의 두 가지 기본 요소가 바로 하나님을 아는 것과 인애라고 지적하면서, 인애로 번역한 히브리어 '헤세드'를 '충성'으로 번역할 것을 제안한다.[30] 결국 하나님을 아는 것은 인애(마음으로 충성)를 동반하며, 더 나아가 공의와 의의 열매를 창출한다.

흥미롭게도 4-14장은 세 개 단락이 모두 '여호와께로 돌아오라'는 모티프를 언급하거나 암시하며 끝난다. 이렇게 해서 호세아 4-14장은 여호와께로 돌아오라고 촉구하는 데 초점을 맞춘다.

4-14장의 또 다른 주제는 신정론이다. 당시 이스라엘은 죄 없는 자신들을 하나님이 왜 징벌하시는지 의문을 제기했다. "에브라임이 말하기를 나는 실로 부자라 내가 재물을 얻었는데 내가 수고한 모든 것 중에서 죄라 할 만한 불의를 내게서 찾아 낼 자 없으리라"(호 12:8). 부를 축적하고 인간적인 방법으로 안전을 확보하는 모습을 하나님의 복으로 착각한 것이다. 신정론의 문제 제기는 북이스라엘의 타락한 예언자들에게도 마찬가지로 발견된다(호 9:8). 이들은 심판을 선고하는 하나님의 처사를 못마땅하게 여겼다. 이런 모습을 보고 호세아는 진정으로 지혜로운 자는 무엇이 참된 정의인지 깨달을 것이라고 역설한다(호 14:9). 흥미롭게도 신정론 문제는 소예언서 말미의 말라기서에도 등장한다(말 2:17). 이렇게 해서 소예언서는 신정론의 관점에서 인클루지오 구조를 이룬다.

---

30) Douglas Stuart, *Hosea-Jonah*, WBC 31, 110.

4-7장

4-7장은 내용상 세 부분으로 나뉜다. 즉 4:1-5:14, 5:15-6:7, 그리고 6:8-7:16이다. 4-7장은 백성들의 우상숭배와 지도자들의 정치적 우상숭배(앗수르 의지)를 책망하고 그 원인으로서 그들에게 하나님을 향한 인애가 없음을 지적한다(5:15-6:7). 따라서 4-7장의 핵심 주제는 인애를 알아서 하나님을 진정으로 사랑하라는 것이다(호 6:6).

4:1-5:14. 4-5장은 다음과 같은 수사적 구조를 이룬다.

A. 인간의 죄로 인한 창조 질서에 대한 심판(4:1-3)
  B. 불의한 제사장들에 대한 질책(4:4-10)
    C. 음란한 마음 (רוּחַ זְנוּנִים, '루아흐 제누님', 음란의 영)(4:11-14): 깨닫지 못함
    D. 소와 양 모티프(4:15-19): 이스라엘은 완강함
  B'. 불의한 백성과 지도자들에 대한 질책(5:1-2)
    C'. 음란한 마음(5:3-4): 여호와를 알지 못함
    D'. 소와 양 모티프(5:5-7): 이스라엘의 교만
A'. 여호와의 날에 이스라엘과 유다 땅을 심판함(5:8-14)

이 단락은 넓은 의미의 동심원 구조를 이루면서 크게는 4:1-19과 5:1-14의 두 부분으로 나뉜다.[31] 4:1과 5:1은 둘 다 '들으라'라는 명령어로 시작한다. 호세아 4-14장에서는 이 같은 명령어가 단락의 시작을 알리는 문법적 신호다. 이런 문법적 응집성(grammatical cohesion)은 북

---

31) Charles H. Silva, "The Literary Structure of Hosea 4-8", 293.

이스라엘에게 하나님의 말씀을 절대적으로 순종하고 돌아와야 함을 절박하게 호소하는 효과가 있다.

4장 서두에서 호세아는 언약을 위반한 책임을 먼저 제사장에게 돌린다(4:4-10). 이어서 5장은 왕족에게 그 책임을 묻는다(5:1). 4:1은 언약을 위반한 증거로 그들에게 '진실'(אֱמֶת, '에메트'), '인애', 그리고 하나님을 '아는 것'(דַּעַת, '다아트')이 없다는 것을 제시한다. 이 말은 호세아 2:19-20을 연상시킨다. 이 구절도 하나님을 아는 것을 성실 또는 '믿음'(אֱמוּנָה)과 밀접히 연결시킨다. 하나님을 안다는 것은 호세아서에서 믿음과 동일어다.[32] 또 하나님을 알 때, 그 결과는 무엇보다도 하나님을 향한 인애, 또는 사랑으로 나타난다. 그래서 6:6에서는 이 인애가 직접적으로 하나님을 아는 것과 평행을 이룬다. 요약하여 말하면, 하나님을 안다는 것은 하나님의 성품인 인애를 닮아서 그에 합당한 외형적 삶인 공의를 행하여 의에 이르는 총체적인 모습이다.

4:8에서 호세아는 언어 유희를 사용한다. 히브리어 원문에는 제사장들이 "나의 백성의 죄를 먹는다"라고 되어 있다. 이 때 죄는 히브리어로 '하타트'(חַטָּאת)인데, 속죄 제물을 가리킬 수도 있고 일반적인 죄를 가리킬 수도 있다. 호세아는 일부러 두 의미를 동시에 암시하면서, 제사장들이 이익을 얻기 위해 속죄 제물을 먹었고 일반 사람들은 죄를 그치지 않고 계속 저질렀다는 점을 부각시킨다.[33]

4:10은 제사장들이 가나안 종교의 성창 제도를 받아들여 행음했음을 보여 준다.[34] 이 제도를 받아들인 북이스라엘은 행음뿐 아니라 독한

---

32) 같은 책, 295.
33) Stuart, *Hosea-Jonah*, 79.
34) Charles H. Silva, "The Literary Structure of Hosea 4-8", 296.

술을 마시고 점술을 행해 이방 신들에게 묻고 희생제사를 드렸다.[35] 4:11-14에서 "음행과 묵은 포도주와 새 포도주"라는 표현은 이스라엘이 관여했던 가나안 종교 의식을 가리키는 말이다. 앞서 말한 대로, 풍요의 신 바알과 아세라 여신의 은총을 얻기 위해 가나안 족속은 성창제도를 세워, '거룩한' 창기들의 성관계를 용인한다. 창기들의 성관계에 자극을 받은 바알이 땅에 풍요를 내린다고 믿었기 때문이다. 4:15의 벧아웬은 우상숭배가 이루어지는 벧엘을 경멸해 일컫는 말이다(참고 10:5). 벧엘은 '하나님의 집'이라는 뜻인데 반해 벧아웬은 '속임의 집'이라는 뜻이다. 이렇게 해서 4장은 가나안 종교의 우상숭배를 답습한 이스라엘 신앙의 왜곡을 질타한다.

4:11-14과 또 이 구절과 짝을 이루는 5:3-4의 핵심어는 '음란의 영'(4:12; 5:4)이다. 여기서 음란은 하나님을 진정으로 알고 행동하는 것과 반대되는 마음가짐과 행동을 뜻한다. 종교적 우상숭배뿐만 아니라 하나님을 기계적으로 의지한다든지, 하나님을 섬기면서 정치적으로는 다른 것(앗수르, 5:13)을 의지할 때 하나님은 그것을 음란으로 여기신다. 더 나아가서 '깨닫다'(בין, '빈', 4:14) '알다'(5:4)라는 단어에 함축된 것과 같이 총체적으로 여호와를 알고 그분의 성품을 닮지 않을 때, 모든 행위들이 음란으로 귀결됨을 보여 준다.

4:11-14과 5:3-4에서 주목할 말은 '영'이다. 개역개정판에서는 '음란한 마음'(4:12; 5:4)으로 번역했지만 히브리어 원문은 문자 그대로 '음란한 영'이다. 영이라는 단어를 사용해 호세아는 이스라엘의 언약 위반이 근본적으로 잘못된 영이 마음속에 있기 때문임을 보여 준다. 그

---

35) 치즈홀름,「예언서개론」, 527.

래서 미래의 회복을 위해서는 새로운 영이 필요함을 암시한다. 물론 호세아서에 새로운 영에 대한 언급은 없다. 하지만 소예언서를 하나의 책으로 읽을 때, 호세아서 바로 뒤에 오는 요엘서는 종말에 하나님의 성령을 통해 음란의 영에 사로잡혔던 사람들이 변화될 것이라는 전망을 제시한다(욜 2:28-32).

5:1-7은 종교 지도자들뿐만 아니라 왕족들이 하나님을 배반했기에 심판이 임할 것이라고 말한다. 특히 5:7은 이스라엘의 종교 절기인 월삭의 축제(민 10:10)가 파괴의 날이 될 것이라고 선언한다.

5:8-14은 여호와의 날 주제를 구체적으로 다룬다. 5:8-9은 여호와의 날(벌하는 날)이 전쟁과 같이 갑작스럽게 임한다고 말한다. 8절에 '나팔을 분다'라는 말은 전쟁 용어로서 하나님이 직접 싸우는 용사로 이스라엘에게 임하신다는 암시다.[36] 5:10은 유다도 이 심판을 피할 수 없다고 말한다. 그날에 유다와 이스라엘이 앗수르와 맺는 정치 동맹은 효과가 없을 것이다(5:13). 13절의 야렙 왕은 아마도 티글랏 빌레셀 3세를 가리키는 듯하다(참고. 호 10:6).[37] 5:8-14의 소단락 끝에서 여호와의 날은, 하나님이 사자와 같이 심판하시는 날로 묘사된다. 이 같은 여호와의 날의 특징은 요엘 3장과 아모스 1장에서 재연되어 그 의미가 더욱 확장된다.

요약하면 4-5장은 사람들이 음란의 영에 사로잡혀 모세 언약에서 요구했던 삶의 열매(공의, 인애, 의)보다는 세상의 물질적인 열매를 추구하였음을 적나라하게 보여 준다. 이들은 세상의 물질적 풍요를 누리기 위해 우상을 섬겼고, 정치적 안전을 얻기 위해 앗수르를 의지했다. 그

---

36) Laurie J. Braaten, "God Sows: Hosea's Land Theme", 114-115.
37) Charles H. Silva, "The Literary Structure of Hosea 4-8", 299.

결과 하나님은 젊은 사자와 같은 용사로 나타나 그들을 심판하실 것이다. 우리는 여기서 하나님이 원하시는 영적 열매를 맺지 못할 때 세상적인 부의 열매는 결국 공허한 신기루가 될 것이라는 교훈을 얻는다.

5:15-6:7. 이 단락은 4-7장의 중심축(pivotal center)을 이룬다. 이 단락의 구조는 다음과 같다.

A. 백성들의 이중적인 모습(5:15-6:2)
　　B. 백성들의 외침: 여호와를 알자, 빛과 비의 모티프(6:3)
　　B'. 하나님의 변론: 여호와를 알라, 빛과 이슬의 모티프(6:4-6)
A'. 백성들이 언약을 어김(6:7)

6:1-3은 호세아의 권면이 아니라 죄를 지은 이스라엘 백성들이 죄를 짓고 형식적으로 회개할 때 상투적으로 하는 말이었다.[38] "오라 우리가 여호와께로 돌아가자 여호와께서 우리를 찢으셨으나 도로 낫게 하실 것이요 우리를 치셨으나 싸매어 주실 것임이라"(6:1). 이렇게 고백하는 이스라엘은 하나님의 은혜로 치료를 받으면 곧바로 다시 우상숭배로 돌아갔다. 그래서 6:4에서 하나님은 호세아를 통해 그들의 인애(충성)가 "아침 구름이나 쉬 없어지는 이슬 같도다"라고 개탄하셨다. 신실하게 언약 관계를 지키지 못하는 이스라엘에 대한 책망이었다. 그래서 호세아는 인애를 실천하고 하나님을 알 것을 강조했다(호 6:6). 하지만 이스라엘은 도피성으로 지정된 길르앗 라못과 세겜에서 살인까

---

38) David A. Hubbard, *Hosea: An Introduction and Commentary* (Downers Grove, Ill.: InteVarsity, 1989), 126. 반면 6:1-3이 미래에 구원받은 백성들의 진정한 회개를 의미한다고 주장하는 학자들도 있다. Stuart, Hosea-Jonah, 107.

지 저질렀다(6:8; 수 20:7-8). 한편 6:7의 '아담'은 인명이 아니라 지명이다(수 3:16).

6:8-7:16. 6:8은 접속사 없는 문장으로 시작한다(asyndeton). 이와 같이 접속사 없이 시작하는 문장은 새로운 단락의 시작을 알리는 신호다(참고 호 10:1). 이 단락의 구조는 다음과 같다.

  A. 돌이키시려는 여호와와 배교하는 백성들의 대조(6:8-11)
    B. 치료하시려는 여호와와 백성들의 죄악상(7:1-2)
      C. 왕이 오만한 자를 의지함(7:3-7)
      C'. 이스라엘이 애굽을 의지함(7:8-12)
    B'. 구속하시려는 여호와와 백성들의 죄악상(7:13-14)
  A' 연단시키시는 여호와와 돌아오지 않는 백성들의 대조(7:15-16)

이 구조를 보면 이 단락은 구원하시는 여호와의 모습과 백성들의 죄악상을 대조시켜, 심판의 당위성을 부각시킨다.[39] 실바(Silva)는 7:3-7이 절묘하게 동심원 구조를 이룬다고 제시한다.[40]

  a. '왕'(3절)
    b. '그들은 다'(4절)
      c. '화덕 같다'(4절)
        d. '달궈진'(4절)
          e. '날'(5절)

---

39) Charles H. Silva, "The Literary Structure of Hosea 4-8", 305.
40) 같은 책, 304.

    f. 왕이 오만한 자와 악수함(מָשַׁךְ)(5절)
     e'. '밤'(6절)
      d'. '불이 일어남'(6절)
       c'. '화덕 같다'(6절)
      b'. '그들이 다'(7절)
    a'. '왕들'(7절)

7:1-2은 이스라엘이 십계명에서 금한 도둑질을 행해 언약을 위반했다고 말한다. 7:3 이하는 다시 정치 지도자들에 대한 심판을 다룬다. 7:3-7은 이스라엘의 왕들이 여호와를 의지하기보다 오만한 자들을 기쁘게 하고 신뢰한다고 지적한다. 7:8-12은 에브라임이 애굽과 앗수르와 동맹했지만 결국엔 멸망할 것을 말한다. 전체적으로 이 단락은 '돌아오다'(שׁוּב, '슈브')라는 말이 서두(6:11)와 말미(7:16)에 나타나 인클루지오를 이룬다. 이 단락은 하나님을 향한 인애를 저버린 사람은 결국 세상적인 수단을 의지한다는 교훈을 준다.

결론적으로 1-3장의 끝 부분은 미래에 이스라엘이 하나님께로 돌아온다고 말하는 반면, 4-7장의 끝 부분은 현재의 이스라엘이 하나님께로 돌아오지 않는다는 말로 끝맺는다. 인간은 스스로 돌아올 수 없다. 그래서 하나님은 그들을 돌이켜서 치료하기 위해 역사하시지만, 그 같은 은혜도 인간이 계속 돌아오기를 거부한다면 소용이 없다. 그럼에도 호세아는 종말에는 하나님이 어느 정도 강권하여 자신의 백성을 돌아오게 하고 치료하실 것이라고 내다본다(14:4).

8-10장

8-10장 단락은 다시 8:1-9:9과 9:10-10:15로 나뉜다.[41] 이 단락은 4-7장에서 언약 파기로 인애의 열매를 맺지 못한 이스라엘이 결국 광풍의 열매를 거두고(8:7), 찔레와 가시로 뒤덮일 것이라는 아이러니를 보여 준다(9:6; 10:8). 이 열매와 가시는 앗수르에 포로로 잡혀갈 것을 상징하는 은유다.

8:1-9:9. 8:1-9:9은 다음과 같은 동심원 구조를 이룬다.

A. 언약 파기로 여호와의 날에 하나님의 심판이 임할 것임(8:1-3)
  B. 정치적·종교적 죄악(8:4-6)
    C. 바람을 심고 거두는 자들을 하나님이 거두실 것임(8:7-10)
  B'. 정치적·종교적 죄악(8:11-14)
A'. 언약 파기로 여호와의 날에 포로로 잡혀가게 될 것임(9:1-9)

이 구조는 이 단락의 초점이 영적 열매를 맺지 못하는 이스라엘을 꾸짖는 데 있음을 보여 준다. 앞의 4-7장이 이스라엘을 하나님을 향한 인애의 열매를 맺지 못한 모습으로 그렸다면, 여기서는 하나님의 자리를 대신하여 스스로 바람이라는 씨를 뿌렸기에 광풍을 거두는 모습으로 묘사한다(8:7).

이 구조에서 핵심은 8:7-10인데, 여기서 '심는다'와 '거둔다'라는 말이 중심을 이룬다. 8:7에서 '거둔다'(קצר, '카차르')가 나오고 마지막 8:10에서 비슷한 음가와 의미를 지닌 '모은다'(קבץ, '카바츠')라는 단어

---

41) Laurie J. Braaten, "God Sows: Hosea's Land Theme", 116.

가 나와 인클루지오를 이룬다.[42] 8:10의 '모은다'는 긍정적 의미로 해석하기보다 4:3에서 사용한 '아사프'(אסף, 모으다)처럼 '거두어 간다'는 부정적 의미로 해석하는 것이 문맥상 더 적절하다.[43]

하나님은 처음 언약을 통해 씨를 뿌려 이스라엘 백성을 창조하셨고, 그들이 하나님의 씨에 합당한 의와 공의와 인애를 열매로 맺기를 바라셨다. 하지만 그들은 오히려 하나님의 자리에 올라서서 자신들이 원하는 음란을 심고 음란의 열매를 맺었다. 그래서 호세아서는 그들이 음란을 심고 거두는 모습을 바람을 심는 모습에 비유하고, 그 결과로 무서운 광풍을 거두게 될 것을 예언한다(호 8:7). 더 나아가 이 문맥은 이스르엘의 하나님(뿌리시는 하나님)이 사악한 이스라엘을 다시 거두어 감으로써 심판하실 것임을 수사학적으로 강조하고 있다. 즉 신약 성경처럼 추수하여 거두는 행위를 심판하는 행위의 이미지로 표현하는 것이다.

이렇게 함으로써 종말의 구원은 하나님이 백성들의 마음에 다시 새로운 씨를 뿌리심으로써 이루어질 것을 암시한다. 새롭게 뿌려질 씨는 새 언약의 관점에서 볼 때, 음란의 영과 대비되는 성령의 역사가 될 것이다. 불의한 이스라엘이 뿌렸던 바람(루아흐)은 '영'으로 번역할 수 있다(8:7). 미래에 하나님은 그들의 공허한 바람 대신 자신의 영(바람)을 뿌려 백성을 새롭게 하실 것이다. 이런 사상은 새 언약을 구체적으로 언급하는 다른 본문에도 명시적으로 드러난다(겔 36:26; 욜 2:29:32).[44] 흥미롭게도 8장과 평행을 이루는 10장에서는 바람을 심고 광풍을 거두

---

42) קבץ는 미 4:12에서 추수한다는 의미로 사용된다.
43) Laurie J. Braaten, "God Sows: Hosea's Land Theme", 117.
44) Laurie J. Braaten은 욜 2:28-31의 영을 부어 준다는 말은, 호세아서에서 불의한 이스라엘이 바람을 심는다는 이미지를 역전시키는 것이라고 주장한다. Laurie J. Braaten, "God Sows: Hosea's Land Theme", 128.

는 대신에 의를 심고 인애를 거두라고 호소한다(호 10:12). 이것은 종말에 하나님의 영으로 뿌려지는 씨는 의가 될 것이며, 그로 말미암아 인애의 열매가 맺히게 될 것을 암시한다. 이 구절에서 인애는 공의와 인애, 의를 함축적으로 대표하는 용어다. 8:11은 영적인 열매를 맺지 못할 때 인간은 영적으로 그리고 정치적으로 배교하게 된다는 진리를 보여 준다.

9:1-9은 그 결과로 이스라엘이 포로로 잡혀가게 될 것을 선언한다. 9:3에서 호세아는 "애굽(이스라엘이 한때 종살이 했던 곳)과 앗수르(장차 사로잡혀 가게 될 곳)를 똑같이 언급함으로써 상징과 현실을 뒤섞는다."[45] 9:7-8에서 엿볼 수 있듯이, 당시 거짓 예언자들은 이스라엘이 이방에게 멸망당할 것이라는 예언을 못마땅하게 여겼다.[46] 그들은 '과연 그런 하나님이 정의로울 수 있는가'라며 불평했다. 신정론 문제는 소예언서 전체를 관통하는 중요한 주제이기도 하다(말 2:17; 3:14). 호세아가 볼 때 거짓 예언자들이 하나님의 공의를 이해하지 못한 것은 그들에게 선과 악을 분별하는 지혜가 없기 때문이다(호 14:9). 지혜가 없으면 사람은 하나님의 공의를 보지 못하므로 원망할 수밖에 없다. 이런 맥락에서 야고보는 시련을 만나면 하나님의 공의를 의심하지 말고 먼저 지혜를 구하라고 촉구했다(약 1:2-5).

9:10-10:15. 이 단락에는 특히 식물 이미지(botanical imagery)가 두드러지게 나타난다.[47] 이 단락에서 호세아는 이스라엘이 하나님이 원하시는 열매를 맺지 못하고 오히려 다른 헛된 열매를 맺었다고 질타한다.

---

45) 치즈홀름, 「예언서개론」, 540.
46) Laurie J. Braaten, "God Sows: Hosea's Land Theme", 118.
47) 같은 책.

이 단락의 구조는 다음과 같다.

   A. 좋은 열매였던 이스라엘을 하나님이 버리실 것임(9:10-17): 그들이 열매를 맺지 못함(9:16)

     B. 두 마음을 품은 결과로 앗수르에 포로로 잡혀갈 것임(10:1-6)

     B'. 두 가지 죄(정치와 종교에서의)로 말미암아 포로로 잡혀갈 것임(10:7-10): 찔레와 가시가 나옴(10:8)

   A'. 거짓 열매를 맺는 이스라엘을 하나님이 멸하실 것임(10:11-15)

9:10은 하나님이 이스라엘과 광야에서 언약을 맺으실 때, 그들을 좋은 열매를 맺는 자로 보셨다고 말한다. 하지만 그런 그들이 하나님에 대한 불순종으로 땅에서 쫓겨나게 될 것이라고 선언한다. 9:15의 '쫓겨나다'라는 뜻을 지닌 히브리어 동사는 '가라쉬'(גרשׁ)로, 에덴에서 아담을 쫓아낼 때도, 창세기 4:14에서 하나님께 쫓겨나는 가인을 묘사할 때도 사용된 단어다. 또한 9:17의 떠도는 자가 된다는 말은 창세기 4:12, 14에 나오는 유리하는 가인을 떠올리게 한다.[48]

이스라엘을 가인에 비유하는 것은 시사하는 바가 크다. 가인은 아벨과 달리 하나님을 향한 사랑과 믿음의 동기보다 풍부한 소출을 바라는 동기에서 형식적으로 제사를 드렸다(히 11:4). 마찬가지로 이스라엘의 배교도 하나님이 원하시는 열매인 인애와 믿음, 의와 공의보다 물질적 풍요를 바라고 형식적인 예배를 드린 데 그 원인이 있었음을 일깨워 준다.

---

48) 치즈홀름「예언서개론」, 542.

10장은 다시 이스라엘이 우상 숭배로 인해 심판을 받을 것이라고 선언한다. 그 결과 제단 위에 가시와 찔레가 자라나게 될 것이다(10:8). 이는 영적 열매를 잊어버리고 세상적인 물질의 열매를 추구하면 그 종국이 비참할 것임을 가시와 찔레라는 식물의 이미지를 통해 보여 준다. 이것은 창세기 3:18에 나오는, 아담이 범죄하여 일어난 결과와 동일하다. 호세아가 의도적으로 창세기 3장을 끌어와 대비한 것인지는 분명치 않다. 하지만 뒤에 나오는 "거짓 열매를 먹었나니"(10:13)라는 말은 어느 정도 선악과 사건을 다룬 창세기 3장의 패턴을 따른다.[49] 이런 패턴을 따라 호세아가 이스라엘을 제2의 아담으로 창조된 존재로 보았고 이스라엘이 배교할 때 과거 아담이 겪었던 심판이 이스라엘에게도 임할 것임을 내다보았다고 말할 수도 있다. 이스라엘이 제2의 아담이라는 신학적 주제는, 이스라엘의 배교로 자연이 신음한다는 진술에서 더욱 힘을 얻는다(호 4:1-3). 왜냐하면 창세기 3장은 아담의 범죄로 자연 질서가 파괴되었음을 말하기 때문이다.

10:11-15은 거짓 열매를 맺는 이스라엘을 하나님이 멸하실 것이라는 내용이다. 10:11은 이전과 사뭇 다른 분위기에서, 이스라엘을 곡식 떠는 소에 비유하고 하나님이 소가 된 이스라엘에게 망을 씌워 단련시키실 것이라고 말한다. 원래 모세 율법은 "곡식 떠는 소에게 망을 씌우지 말지니라"(신 25:4)라고 규정한다. 하지만 하나님은 이스라엘에게 '멸망'이라는 고통을 주어서 그들을 단련시키겠다는 강한 의지를 보이신다. 12절은 이스라엘이 여전히 거짓 열매를 맺고 있기 때문에 '체다카'(의)와 '헤세드'(인애)를 위해 묵은 땅을 기경하라고 촉구한다

---

49) 로버트 치즈홀름, 「구약원어성경 주석에서 강해까지」, 류근상 옮김 (고양: 크리스챤출판사, 2003), 70.

(10:12a). 이스라엘은 그동안 악을 위해 밭 갈고, 거짓 열매를 거뒀다(10:13). 원래 씨를 뿌리는 분은 하나님이지만 이스라엘은 마치 하나님을 대신한 듯 자신들이 원하는 씨로 악을 뿌리고 거짓 열매를 거뒀던 것이다. 그 결과로 하나님이 기경하기 원하시던 땅(마음 밭)은 황폐하고 열매를 맺지 못하는 상태로 변했다. 하지만 이런 상황은 미래에 역전될 것이다. 하나님이 의를 비처럼 내려 그들 속에 있는 의의 씨앗을 싹트게 하고 열매 맺게 하실 것이기 때문이다(10:12b). 이렇게 해서 9:10-10:15은 '열매'라는 말로 시작해 '열매'라는 말로 끝맺는다. 호세아서 마지막 장인 14장도 말미에 열매를 언급한다. 이런 점에서 호세아서에서 열매는 매우 중요한 모티프다.

11-14장

11장 서두는 어휘의 측면에서 14장과 많은 유사점이 있다. 그래서 11-14장은 전체적으로 인클루지오를 이룬다. 8-10장이 열매 없는 이스라엘의 삶에 초점을 맞추었다면, 11-14장은 열매를 맺지 않은 이스라엘을 질타하면서도(12:6) 하나님이 강권적으로 자신의 백성을 돌아오게 하여 열매를 맺게 하신다는 점을 강조한다. 물론 여기에도 인간의 응답이 필요하다. 하지만 하나님의 주권적 역사로 종말에는 백성들이 진정으로 돌아오게 하실 것이고 하나님은 그 백성들을 치료하여 열매를 맺게 하실 것이다(14:8).

11-14장에서는 출애굽이 주요 모티프로 등장한다. 11장 서두는 출애굽의 구원을 명확하게 언급하고, 12:13도 모세를 통한 출애굽 사건을 상기시킨다. 14장에 나오는 미래의 소망은 11장 서두에 등장하는 출애굽과 관련된 어휘(아들과 고아, 사랑과 긍휼 등)를 사용한다. 이는 미

래의 소망이 제2의 출애굽이 될 것이라는 암시다. 2:16-23에서 하나님과 백성이 맺는 새로운 관계가 과거 출애굽 때 맺었던 모세 언약의 성취임을 밝혔듯이, 14장은 미래의 언약이 제2의 출애굽을 통해 모세 언약을 완성하는 언약임을 보여 준다.

11-12장. 11:1-7은 하나님이 이스라엘을 하나님의 아들로 삼으신 출애굽 사건에 대한 언급으로 시작한다.[50] 이전에는 하나님과 백성의 관계가 남편과 아내로 묘사되었으나, 이제는 아버지와 아들이라는 좀 더 강력한 혈연 관계로 묘사된다. 미래에 하나님과 백성의 관계는 남편과 아내 관계를 넘어 아버지와 아들의 관계가 될 것이다.[51] 비슷하게 호세아 14장에 언급된 미래의 회복도 하나님이 고아를 받아들여 아버지와 아들의 관계를 맺으시는 것으로 나타난다(호 14:3). 11:5은 언어적 기교를 사용하여 이스라엘이 하나님께로 돌아오지 않을 때, 결국 애굽과 앗수르로 돌아가게 될 것이라고 말한다.[52] 이런 언어적 유희는 11-14장의 특징 가운데 하나다. 호세아는 14:4, 8에서 하나님이 진노를 돌이키시는 행위인 '슈브'(돌이키다)와 발음이 유사한 '슈르'(שׁוּר, 돌아보다)를 대응시킨다.

11:12-12:14은 하나의 단락을 이루며,[53] 그 구조는 다음과 같다.[54]

A. 이스라엘의 거짓됨(11:12-12:1)

---

50) Laurie J. Braaten, "God Sows: Hosea's Land Theme", 121.
51) 실로 렘 3:32은 미래의 새 언약에서 하나님과 백성 관계가 남편과 아내 관계 이상이 될 것임을 간접적으로 암시한다.
52) Laurie J. Braaten, "God Sows: Hosea's Land Theme", 121.
53) Stuart, *Hosea-Jonah*, 187. 여기서 Stuart는 단락을 11:12-13:1로 정했다.
54) 같은 책, 188에서는 단락을 약간 다르게 나눴다.

B. 과거에 거짓된 야곱에게 행하신 하나님의 은총(12:2-5)
　　　C. 돌아오라: 인애와 공의를 지키라(12:6)
　　　　D. 이스라엘은 스스로 불의하지 않다고 함(12:7-8)
　　　C'. 미래에 하나님이 돌아오게 하실 것임(12:9-10)
　A'. 이스라엘의 거짓됨(12:11)
　　B'. 과거에 불의한 이스라엘에게 행하신 하나님의 은총: 이스라엘은 하나님을 섬기지 않았음(12:12-14)

이 단락은 이스라엘의 죄악이 선악을 분별하지 못하고 오히려 자신들이 옳다고 주장하는 데 있음을 지적한다. 호세아서에서 '돌아옴'은 하나님의 기준에 따라 선악을 분별하고 선을 구하고 행하는 삶을 의미한다. 이런 삶은 자연스럽게 공의와 인애라는 열매를 맺는다. 하지만 12:6은 이스라엘이 공의와 인애를 행하지 않았다고 선언한다.

12:12에 언급되는 야곱이 에서를 피해 도망간 사건은 이스라엘이 장차 본토를 떠나 이방에서 어려움을 당할 것을 예기케 하는 복선이다(12:12).[55] 이처럼 12:1-14은 전체적으로 야곱의 부정적인 행적을 들어 이스라엘의 잘못을 지적한다. 이스라엘의 조상이었던 야곱을 부정적으로 언급함으로써 이스라엘이 태생적으로 죄악 가운데 있는 백성임을 암시한다. 하지만 동시에, 하나님이 나중에 야곱에게 복을 주시고 그를 믿음의 조상으로 삼으셨듯이 이스라엘도 종말에는 은혜로 말미암아 회복될 것이다.

13장. 13장은 이스라엘의 심판을 선고하면서 새로운 내용을 덧붙인

---

55) 치즈홀름, 「예언서개론」, 549.

다. 구체적으로 13:6은 이스라엘이 패망한 원인이 교만한 마음에 있다고 말한다. 교만한 마음은 호세아가 줄기차게 외쳤던 인애와 반대되는 개념이다. 하나님을 알고 사랑하고 충성하는 삶(6:6)을 가로막는 가장 큰 장애물이 교만한 마음이다. 4-5장에서는 이것을 음란한 마음(영)으로 표현했다(4:12; 5:4). 그렇다고 종말에 소망이 없는 것은 아니다. 13:14에서 하나님은 사망을 향하여 "뉘우침(חֹם, '노함')이 내 눈앞에서 숨으리라"라고 말씀하신다. 앞서 11:8에서 하나님은 이스라엘을 향한 진노의 마음을 돌이킨다고 하시며, 자신이 긍휼(נִחוּמָי, '네후맘')이 불붙듯 한다고 말씀하셨다. 그런데 13:14은 '네후맘'과 동일한 어근(חֹם, '나함')의 단어를 사용하여 사망에 대해 정한 뜻을 돌이키시지 않을 것이라고 말한다. 사망에 대해 정한 뜻을 돌이키지 않는다는 말은 이스라엘을 위해 사망을 멀리하겠다는 결심을 철회(후회)하지 않고 이스라엘을 구원하시겠다는 의지의 표현이다.[56]

14장. 14장은 이스라엘이 다시 돌아오게 되는 근거가 하나님의 은혜임을 확언한다. 하나님은 미래에 그들의 악한 본성을 치료하여 그들을 온전한 하나님의 자녀로 만드실 것이다(11:3; 14:3). 6장과 7장에 언급된 치료할 수 없었던 이스라엘의 죄가 종말에는 하나님의 강권적인 은혜로 치료를 받을 것이며, 하나님과 백성 사이에는 영원한 언약 관계(아버지와 아들 관계)가 성립될 것이다. '치료한다'는 주제는 말라기서에도 나타난다(말 4:2). 아버지와 아들 관계(11:1; 14:3)도 말라기서에서

---

56) Laurie J. Braaten, "God Sows: Hosea's Land Theme in the Book of the Twelve", 122. 이와 반대로 Chisholm은 이것을 다음과 같이 이해했다. "긍휼이 내 눈 앞에서 숨을 것이다. 이것은 분명 하나님이 자기 백성을 향해 심판을 실행하시면서 긍휼을 나타내지 않으실 것임을 의미한다." 치즈홀름, 「예언서개론」, 553.

다시 언급된다(말 1:6, "내가 아버지일진대 나를 공경함이 어디 있느냐"). 이렇게 해서 호세아서는 말라기서와 평행을 이룬다.

14:1은 "이스라엘아"라는 감탄조로 시작한다. 이 같은 감탄조는 호세아서에서 새로운 단락을 알리는 신호다(참고. 호 5:1).[57] 어떤 사람들은 호세아 14장을 1-8절과 에필로그인 9절로 나눈다.[58] 이에 반해 맥코미스키(Thomas McComiskey)는 14장 전체를 하나의 단락으로 본다.[59] 나는 맥코미스키의 주장에 동의하며 호세아 14장 전체를 다음과 같은 구조로 제시할 수 있다고 본다.

   A. 죄로 넘어진(כשל) 자들아 돌아오라(1-3절)

     B. 분노를 돌이키신(שוב) 하나님이 패역(משבה)을 치료하실 것임(4절)

       C. 이슬 같은 하나님: 이스라엘은 자라나는 식물(5-7절)

    B'. 응답하신 하나님이 돌아보실 것임(שוב)(8b절)

      C'. 푸른 잣나무 같은 하나님: 이스라엘이 열매를 맺음(8c절)

   A'. 의인과 악인의 대조: 악인은 넘어질(כשל) 것임(9절)

이 구조에서 볼 수 있듯이 14:4-8은 패널 구조(B-C-B'-C')를 이룬다. 패널 구조라는 수사적 장치는 평행을 이루는 앞의 평행구가 뒤에 나오

---

57) Ernst R. Wendland, *The Discourse Analysis of Hebrew Prophetic Literature: Determining the Larger Textual Units of Hosea and Joel*, Millen Biblical Press Series 40 (Lewiston, N.Y.: Edwin Mellen, 1995), 41-43.

58) Silva, "Literary Structure of Hosea 9-14", 451-453. Douglas Stuart, *Hosea-Jonah*, WBC 31 (Waco, Tex.: Word, 1987), 210.

59) Thomas McComiskey, "Hosea", in *The Minor Prophets: An Exegetical and Expository Commentary*, vol. 1, ed. Thomas Edward McComiskey (Grand Rapids, Mich.: Baker, 1992), 228.

는 평행구 때문에 더욱 발전(progression)되는 효과를 지닌다.⁶⁰⁾ 그래서 4절에 나온 하나님의 '치료'(רָפָא, '라파')라는 말의 의미는 4-8절에서 더욱 발전한다. 호세아서에서 동사 '라파'는 총 다섯 번 등장하는데(5:13; 6:1; 7:1; 11:3; 14:4), 호세아서 전체 문맥에서 볼 때 14:4의 치료는 일차적으로 이스라엘의 죄를 치료하는 것이고, 치료의 목적은 궁극적으로 다시 사랑의 관계를 맺게 하는 언약의 회복이다.⁶¹⁾

4절의 치료 결과는 5-7절에서 식물의 번성 이미지로 나타난다. 5-7절은 레바논이라는 단어를 세 번 반복해 자체적으로 의미론적 일관성을 보여 준다. 5절은 하나님을 이슬로 비유하고, 식물로 묘사된 이스라엘의 성장 원천이 하나님임을 보여 준다. 하나님이 주시는 비(이슬)를 통해 새로운 이스라엘이 뿌리를 내리고 가지를 내며 열매를 맺는다는 설명이다. 식물의 번성 이미지는 단순히 이스라엘의 경제적인 번영을 그리기 위한 수사적 장치는 아니다.⁶²⁾ 볼프(Wolff)는 14:5의 "레바논 백향목 같이 뿌리가 박힐 것이라"라는 문구를 이스라엘이 영원히 지속되는 나라가 될 것을 암시하는 표현으로 보았다.⁶³⁾ 즉, 치료의 효과로 이스라엘이 영원한 나라가 될 것이라는 주장이다. 하지만 '이슬과 비'라는 모티프는 그 이상의 신학적 의미를 지닌다.

우리가 주목해 볼 구절은 호세아 10:12이다. 이 구절도 마찬가지로

---

60) Bruce K. Waltke, *An Old Testament Theology: An Exegetical, Canonical, and Thematic Approach* (Grand Rapids, Mich.: Zondervan, 2007), 119.
61) Hans Walter Wolff, *Hosea*, trans. Gary Stansell (Philadelphia: Fortress, 1974), 238.
62) Silva는 호 14:5-7이 이스라엘의 번영을 바알이 아니라 여호와임을 강조하기 위해 레바논을 세 번 반복한다고 주장한다. Silva, "Literary Structure of Hosea 9-14", 451.
63) Wolff, *Hosea*, 236.

식물 이미지를 사용하여, 하나님이 백성들에게 공의를 심고 인애를 거두라고 하시며 "공의를 비처럼 너희에게 내리시리라"라고 말한다. 그래서 백성들이 나중에 의의 모습으로 자라날 것임을 암시한다. 이런 내용을 고려하면 14:5-7의 식물 이미지는 단순히 이스라엘의 지속적 번영을 의미하기보다, 비를 맞은 식물이 자라서 열매를 맺듯이 이스라엘도 자라서 의의 열매를 맺을 것이라는 점을 암시한다. 이런 암시는 5-7절과 평행을 이루는 8b절에서 더욱 분명해진다. 8b절은 5-7절보다 더 발전되어 하나님이 직접 푸른 잣나무가 되신다고 선언한다. 그리고 그 나무를 통해 종말에 이스라엘이 열매를 맺을 것이라고 말한다. 여기서 사용하는 '열매'는 14:2에서 입술(찬양)의 열매를 언급할 때 등장한 낱말이기도 하다. 이런 반복을 통해 우리는 14:8의 열매가 의미하는 것이 하나님과 맺는 올바른 관계와 관련된다는 점을 볼 수 있다.

그러므로 14:4-8에 나오는 식물 이미지는, 하나님이 종말에 치료를 통해 새로운 이스라엘을 만들고 또 그들이 뿌리를 내리게 해서 하나님이 원하시는 열매를 맺게 한다는 데 그 목적이 있다. 다시 말해 2:16-23과 비교해 보면 14:4-8의 치료 모티프는 하나님이 죄를 용서함으로써 새로운 씨(공의와 인애와 의)를 뿌려 자신의 백성을 새롭게 창조하시고, 그 씨에 합당한 공의와 인애와 의의 열매를 맺도록 하신다는 데 그 강조점이 있는 것이다.[64] 또한 7:1은 치료 대상인 이스라엘의 죄악이 한마디로 공의에서 벗어난 행동이라고 지적한다. 이런 점에서 14:4의 치료는 하나님의 백성이 다시 의와 공의와 인애를 회복한다는 차원에서 이해할 수 있다. 더 나아가 10:12-13에서 볼 수 있듯이, 하나님은 백

---

64) 사 5장은 하나님이 씨를 뿌려 자라게 한 포도나무에서 공의와 의의 열매를 맺고 싶어 하셨다는 것을 강력하게 보여 준다.

성들에게 의의 씨앗에 합당한 인애(공의와 인애와 의를 함축적으로 표현한 말)의 열매를 촉구하셨다. 이런 점에서 14:4-8에서 회복된 식물 이미지로 묘사된 이스라엘이 맺는 열매는 공의와 인애와 의임이 분명하다.

14:8은 이스라엘이 돌아온다면(שׁוב, 1절) 하나님이 그들을 돌보신다(שׁור)고 하여 언어적 유희를 보여 준다. '돌본다'라는 단어는 13:7에서 원래 사자가 먹잇감을 지켜보듯 하나님이 이스라엘을 심판하시는 모습을 묘사하기 위해 사용한 낱말이다. 그런데 여기서는 미래에 이스라엘의 운명이 역전될 것을 극적으로 보여 주는 언어적 기교의 일환으로 사용되었다. 이런 이미지의 역전은 호세아서에 자주 나타난다. 예를 들어 13:3에서 부정적 의미로 사용된 이슬은 14:5에서 긍정적인 의미로 사용된다. 5:14에서 사자는 심판하는 여호와의 모습인데, 그 사자가 11:10에서는 이스라엘을 보호하는 자의 이미지로 등장한다. 또한 7:11에서 비둘기는 지혜 없는 에브라임의 모습을 가리키지만, 11:11에서는 포로에서 구원받는 모습을 묘사하는 데 사용된다.

14:9의 내용은 지혜의 정수다. 한마디로 지혜는 하나님의 도를 깨닫는 것(בין)과 아는 것(ידע)에 있다. 하나님의 말씀을 알아 하나님과 교제하면서 하나님의 도를 실행하는 지혜로운 자가 바로 '의인'(צדיק, '차디크')이다. 그래서 의는 지혜와 평행을 이룬다. 결국 호세아서가 말하는 지혜는 선악을 분별하고 하나님의 성품을 알아 순간순간 공의와 인애와 의의 열매를 맺는 모습으로 나타난다.

끝으로 호세아 14:1-9과 말라기 3:7-4:6은 다음과 같이 평행을 이룬다.[65] 이런 사실은 독자들에게 호세아서와 말라기서를 서로 비교하며 읽어야 한다는 힌트를 제공한다.

호 14:1-9	말 3:7-4:6
돌아오라(שוב)(1절)	돌아오라(שוב)(3:7)
열매(פרי)(2, 8절)	열매(פרי)(3:11)
고아(יתום)와 아버지(3절)	아들(בן)과 아버지(3:17)
긍휼(רחם)(3절)	긍휼(חמל)(3:17)
치료(רפא)(4절)	치료(מרפא)(4:2)
뿌리(שרש)(5절)	뿌리(שרש)(4:1)
포도나무(גפן)(7절)	포도나무(גפן)(3:11)
기념(זכר)(7절)	기념(זכרון)(3:16)
의인(צדיק)(9절)	의인(צדיק)(3:18)
악인(פשע)(9절)	악인(רשע)(3:18)
여호와의 길(9절)	모세의 율법(4:4)

    말라기 4:2에 언급되는 치료의 의미도 호세아 14:1-9의 치료와 연결된다. 앞서 지적한 대로 호세아 14:4의 치료는 죄 사함을 통해 종말에 백성을 공의와 인애, 의의 열매를 맺는 새로운 나무가 되도록 하기 위해 씨를 뿌린다는 의미다. 이 같은 신학적 주제는 말라기 4:2의 하나님을 경외하는 자들을 치료하는 대목에서 또 다시 엿볼 수 있는데, 이러한 치료는 악인에 대한 하나님의 심판과 극명한 대조를 이룬다. 말라기 4:1-3에서 악인은 불살라져 가지와 뿌리가 남지 못하는 식물로 비유된다. 이러한 비유는 반대로 여호와를 경외하는 의인은 뿌리를 내리고 가지를 내며, 더 나아가 열매를 맺게 될 것이라는 추론을 가능케 한다. 말라기 4:1-3의 종말에 있을 치료는 의의 빛을 언급함으로써 그 빛을 받은 사람이 의의 열매를 맺게 된다는 의미를 함축한다.[66] 이로써

---

65) 김창대, "소예언서의 통일성 관점에서 호 14:4과 말 4:2의 치료(רפא)에 대한 고찰", 「성경과 신학」 제56권 (2010), 302.

말라기서도 호세아서처럼 의인과 악인을 구분하면서 의인의 열매를 강조한다.[67]

신학적 주제

언약

호세아서의 메시지는 특별히 모세 언약이 그 근간을 이룬다. 호세아는 모세 언약을 기초로 하나님의 축복과 저주를 선포한다. 하나님은 이스라엘이 언약 관계를 지키기를 바랐지만 이스라엘이 언약을 어겼기 때문에 심판할 것이라고 말씀하신다(6:7; 8:1). 하지만 모세 언약이 파기되는 상황에서 하나님은 새로운 언약을 맺을 것이라고 호세아를 통해 예언하신다(호 2:18-23). 새 언약이라는 말은 나오지 않지만, 호세아 2장은 새로운 결혼 이미지를 사용해 새로운 언약 관계를 제시한다. 이 새 언약은 예레미야서의 새 언약과 마찬가지로 새로운 창조 질서를 동반하는 것으로 묘사된다. 하나님은 동물들과 새로운 언약을 맺으시고 백성들을 새로 심으실 것이다(호 2:22). 새 언약을 통해 새로운 피조물이 나오고 새로운 창조가 이루어질 것이다. 새 언약은 예수 그리스도를

---

66) Stuart는 말라기서에서 여호와의 날에 행할 치료는 의를 동반할 것이라고 이해한다. Douglas Stuart, "Malachi", in *The Minor Prophets: An Exegetical & Expository Commentary*, vol. 3, ed. Thomas Edward McComiskey (Grand Rapids, Mich.: Baker, 1998), p.1338. 비슷하게 Rex Mason은 말라기서의 신학은 종말에 하나님의 백성을 '의의 왕국'으로 세우는 데 있다고 주장한다. Rex Mason, "Theology of Malachi", *NIDOTTE* 3: 929.

67) 말라기서의 신학적 주제 가운데 하나는 의인과 악인을 구분하는 하나님의 심판이다. Ronald W. Pierce, "A Thematic Development of the Haggai/Zechariah/Malchi Corpus", *JETS* 27 (1984): 410.

통해 도래했으며, 그래서 신약 성경은 성도들을 새로운 피조물이라고 부른다. 이런 점에서 신약 시대의 성도는 이미 새 언약 속에서 새로운 창조 질서를 선취하며 사는 존재다. 이 새 하늘과 새 땅으로 대변되는 새로운 창조 질서는 예수님이 다시 오실 때 온전히 성취될 것이다.

결혼 관계와 인애

호세아서는 하나님과 우리의 언약 관계를 결혼 관계로 묘사한다. 이 이미지는 신약 성경에서도 계속 발견된다. 특별히 호세아 1-3장은 결혼 관계의 이미지를 두드러지게 부각시킨다. 우상숭배를 배우자의 불륜에 비유하는 것은 이후에도 호세아서를 통해 계속 나타난다(6:10; 7:4; 9:1). 결혼 관계에서 중요한 것은 부부의 외형적 관계가 아닌 마음의 끈이다. 이 마음의 끈이 바로 인애, 즉 헤세드다. 인간의 헤세드는 하나님의 헤세드를 본받아 실천하는 마음의 태도다. 이스라엘의 죄는 바로 이 헤세드를 저버린 일이다(호 4:1; 6:4, 6). 그래서 하나님은 이스라엘에 헤세드가 없다고 강하게 책망하신다. 아모스서의 초점이 공의라면, 호세아서는 헤세드가 키워드다. 헤세드는 다른 말로 하나님과 연결된 마음의 끈이기 때문에 호세아서의 문맥에서는 충성으로 번역할 수 있다. 결국 호세아서가 결혼 이미지로 하나님과 인간의 관계를 비유하는 이유는 진정한 결혼이 사랑을 전제하듯이 하나님과 진정한 관계를 맺기 위해서는 하나님을 향한 마음에서 우러나오는 충성이 있어야 한다는 사실을 강조하기 위함이다.

심판과 구원

결혼 관계로 비유된 언약을 기초로 호세아는 하나님의 심판과 구원을 선포한다. 이스라엘의 불순종을 한마디로 규정하면 우상숭배다. 여기에는 지도자들, 즉 제사장(4:6; 5:1; 6:9; 10:5)과 예언자(4:5), 정치 지도자들(5:1, 10; 7:3-7; 9:15)의 책임이 컸다. 이런 맥락에서 호세아는 이스라엘 백성이 "지식이 없으므로" 망할 것이라고 예언한다(4:6). 하나님에 대한 지식이 없기 때문에 이스라엘은 하나님을 신뢰하기보다 외교 수단을 통해 문제를 해결하려 했다(7:8-10; 8:9). 이렇게 볼 때 하나님을 의지하지 않고 인간적 수단을 의지하는 모든 행동이 넓은 의미에서 우상숭배다.

호세아는 이스라엘이 의지하는 대상들이 나중에 다른 세력에게 약탈당할 것이라고 예언한다(13:15). 그리고 결국엔 이스라엘이 앗수르에 포로로 잡혀갈 것이라고 내다보았다(10:6). 호세아서는 우상숭배로 말미암은 하나님의 심판을 이스라엘을 다시 광야로 데려가는 모습으로 그린다(2:14 이하). 하지만 여기서 다시 소망이 생긴다. 광야는 하나님이 자신의 백성을 새롭게 창조하시는 장소이기 때문이다(참고. 호 11:8-9). 하나님은 이스라엘을 심판하신 후에 제2의 출애굽 은혜를 베푸셔서 그들을 치유하실 것이다(14:1-9). 그런데 이런 하나님의 구원은 인간의 회개를 전제로 한다(12:6). 하지만 '인간이 진정으로 회개한다는 것이 가능한가? 회개가 계속 유효할 수 있는가?' 하는 문제가 발생한다. 이에 대한 답으로 호세아는 하나님이 종말에 자신의 백성들을 직접 고치실 것이라고 선포한다. 이는 전적인 하나님의 용서와 함께 구원이 이루어질 것이라는 뜻이다(14:3). 이런 점에서 하나님의 죄 용서를 통한 고침은 인간의 회개를 앞선다. 이 같은 진리는 미가 7:18에 더욱 두드러지게 나타난다. 호세아서는 돌아오라고 말하며 인간의 책임을 촉구하면서도 동시에 하나님의 주권적 은혜로 인간이 돌아올 수 있다는 사상을 내포한다.

하나님의 구원은 기본적으로 자신의 백성을 향한 사랑의 결과다 (11:8-9). 호세아 1장에서 선언된 하나님의 심판은 하나님의 사랑으로 다시 역전될 것이다(참고. 2:22-23). 결국 하나님의 구원은 인간의 공로 때문이 아니라 전적으로 하나님의 은혜 때문이다. 그렇게 회복된 하나님과 그 백성과의 언약 관계(결혼 관계)는 영원할 것이다(2:19). 언약의 최종 목적은 샬롬을 구현하는 것이다(참고. 2:18; 사 54:10). 호세아는 이 언약 관계에서 다윗 계열 메시아의 역할이 있음을 간접적으로 시사한다(1:11; 3:5).

새 언약과 창조세계의 회복

앞서 말했듯이 호세아서가 제시하는 새 언약(2:18-23)은 이스라엘의 회복에 국한되지 않는다. 그것은 창조세계의 회복까지 포함한다. 이런 점에서 역사 안에서 이루어지는 구원도 창조세계의 구원을 포함한다.

2:18은 새 언약의 날에 하나님이 짐승들과도 언약을 맺으실 것이라고 말한다. 여기서 열거되는 짐승의 목록은 4:3의 짐승 목록과 함께 창세기 1장을 연상시킨다. 또 2:23에는 '심는다'라는 말이 나오는데, 이 말은 예레미야서의 하나님의 창조 사역과 밀접한 연관이 있다(참고. 렘 31:27-30)

호세아 4:1-3은 모세 언약이 파기되어 땅이 슬퍼한다고 말하며 인간의 죄로 말미암아 땅이 저주 아래 놓이게 된 상태를 보여 준다. 호세아 4:3은 스바냐 1:2-3과 유사한데,[68] 이 후자의 구절에서 스바냐서는 쇠잔한 땅을 하나님이 불로 심판하실 것이라고 덧붙인다(습 3:8). 이런 점을 고려하면, 호세아 4:3에서 이스라엘의 죄로 말미암아 저주를 받는 땅은 단지 이스라엘 영토가 아니라 온 세계를 의미한다고 이해할 수 있다. 이는 아담이 범죄해 온 땅이 저주를 받고 마침내 홍수로 창조 질서가 무너지는 것과 유사하다. (이런 점에서 이스라엘은 제2의 아담이고 그들이 거했던 가나안 땅은 제2의 에덴이었다고 말할 수 있다.)

위의 내용들을 종합하면, 호세아 2장에서 하나님이 짐승들과 언약을 맺으신다는 것은 확실히 새로운 창조를 함의한다. 2:18의 "이 땅에서 활과 칼을 꺾어 전쟁을 없이하고"라는 말은 구약 성경에서 이스라엘 땅에만 한정되지 않고 온 세상에 적용되는 표현이다(참고. 시 46:9; 사 2:4; 9:5). 이런 점에서 보스마(Bosma)는 이스라엘 땅은 "여호와께서 열국을 향한 이스라엘의 증거를 통해 온 세상에 대한 통치를 회복하시는 교두보" 역할을 한다고 주장했다.[69]

요약하면 호세아 2:16-23에 언급되는 새 언약은 땅의 회복을 포함한다. 그리고 땅의 회복은 이스라엘 땅에만 국한되지 않고 온 창조세계와 관련이 있다. 이와 같은 새 언약과 창조의 관계는 예레미야서에도 분명하게 드러난다.

호세아서에서 하나님을 아는 것

하나님을 아는 것은 호세아서의 중요한 신학적 주제다. 그러면 하나님을 아는 것은 무엇을 의미하는가? 호세아서에서 하나님을 아는 것은

---

68) Bosma는 호 4:3과 습 1:2-3이 유사하다고 지적한다. 이렇게 해서 호 4:3의 땅은 이스라엘에 한정된 땅이 아니라 온 세상을 가리키는 것이라고 본다. Carl J. Bosma, "Creation in Jeopardy: A Warning to Priests (Hosea 4:-3)", *Calvin Theological Journal* 34 (1999): 106.

69) Bosma, "Creation in Jeopardy: A Warning to Priests(Hosea 4:1-3)", 107.

'인애'와 평행을 이룬다(4:1; 6:6). 앞서 지적했듯이 호세아서에서 헤세드는 하나님을 향한 마음으로부터 나오는 사랑, 충성을 뜻한다. 헤세드와 하나님을 아는 것의 관련성은 6:6에서 다시 확인된다. 더 나아가 호세아서에서 하나님을 아는 것은 율법을 행하는 것과도 밀접한 관련이 있다(8:1-2). 하나님을 아는 것의 반대 개념은 하나님을 잊는 것, 즉 교만이다(13:6). 그것은 음란한 마음(4:11; 5:4), 두 마음을 품는 것으로 묘사된다(10:2).

호세아서를 전체적으로 보면, 하나님을 아는 것은 결국 하나님의 성품을 닮는 것이다. 하나님은 미래에 새 언약을 통해 자신의 백성에게 '의와 공의, 인애와 긍휼함으로' 장가들 것이라고 말씀하신다(2:19). 그 결과로 백성들은 여호와를 알게 될 것이다. 이는 여호와를 안다는 것이 단순히 지식의 소유가 아니라, 결혼과 같은 친밀한 관계를 통해 그분의 공의와 인애와 의를 체험하고 본받는 것임을 보여 준다. 구약 성경에서 안다는 것은 항상 실천과 연결된다(시 9:10). 실제로 호세아는 이스라엘 백성들에게 여호와의 성품인 '인애와 공의'를 실천하라고 직접적으로 권면했다(12:6). 창세기에서 여호와를 아는 것은 율법을 행하는 것과 동일시된다. 하지만 율법을 행한다는 것도 창세기 18:19과 26:5을 비교해 보면 공의와 인애와 의의 상태에 이르는 것을 목표로 한다.[70] 결국 하나님을 안다는 것은 하나님의 성실한 성품, 즉 공의와 인애와 의를 닮아서 실천하는 삶이다.

---

70) 이런 점에서 율법의 최종 지향점은 단순히 행위로 어떤 의무를 수행하는 것이 아니라 하나님을 닮는 데 있음을 알 수 있다.

공의와 인애와 의

호세아서는 백성들에게 의(קְדָצָה, '체다카')를 심으라고 촉구한다(10:12). 그 이유는 백성들이 하나님의 자리에 서서 하나님이 원하시는 의 대신에 악을 뿌려서 거짓 열매를 맺고 있었기 때문이다(8:11). 여기서 의는 하나님과 올바른 관계를 맺으며 행하는 일체의 모습을 가리킨다. 당시 이스라엘 백성의 문제는 불의함이었다("네가 불의함으로 말미암아 엎드러졌느니라", 14:1). 그래서 호세아는 먼저 의의 잣대로 자신의 불의함을 돌아보고 철저하게 회개하라고 촉구한다. 그런데 누가 그런 의의 잣대를 깨달을 수 있는가? 호세아는 의의 기준을 아는 것이 지혜와 관련이 있다고 말한다(14:9). 지혜를 통해 하나님과 동행하는 가운데 의를 알게 되고 자신의 불의함을 깨달을 수 있다는 것이다.

지혜를 통해 의를 알게 되면, 다시 그에 합당한 공의와 인애와 의의 열매를 맺을 수 있다. 인애는 앞에서 언급한 것처럼 하나님을 알고, 하나님과 마음의 끈으로 결속하여 충성을 다하는 모습이다. 이와 같은 인애가 있을 때 이어서 나타나는 행동이 공의(미쉬파트)다. 공의는 하나님에 대한 사랑과 충성이 외부적으로 나타나 하나님의 뜻을 의식하지 않고 대가 없이 자발적으로 실천하는 모습이다.

이상의 내용을 잘 요약한 구절이 호세아 12:6이다. "그런즉 너의 하나님께로 돌아와서 인애와 정의(공의)를 지키며 항상 너의 하나님을 바랄지니라." 여기서 바란다는 말은 하나님과의 올바른 관계를 기술한 것이다. 하나님을 바라는 것은 의의 궁극적인 모습이다. 결국 의는 하나님과 관계를 회복하는 시작점인 동시에 종착점이다. 의의 상태에 있는 사람은 공의와 인애를 행하고, 하나님을 계속 바라는 의의 모습을 견지하게 된다. 이런 점에서 의는 공의와 인애를 아우르는 용어다.

3장
요엘

시대적 배경

요엘서의 시대적 배경은 정확히 알 수 없다. 저작 시기에 대한 견해도 크게 바벨론 포로(주전 586년) 이전으로 보는 입장과 포로 이후로 보는 입장으로 나뉜다. 포로 이후로 보는 입장은 3장에서 하나님이 심판하실 대적들(블레셋, 애굽, 에돔, 헬라, 스바) 중에 헬라가 언급된 점을 근거로 요엘서의 저작 시기를 헬라가 활동했던 포로 후기라고 주장한다(3:6). 반면에 포로 이전으로 보는 입장은 성전 제사를 암시하는 구절을 근거로 성전이 파괴되기 전인 포로 이전이라고 주장한다(1:9, 14). 포로 이전으로 보는 학자들은, 앗수르 문헌에 헬라가 주전 8세기 초에 가나안 지역에서 무역 활동을 했다는 기록이 있기에, 헬라를 언급했다고 해서 포로 후기 시대를 반영하는 것은 아니라고 반박한다.[1] 이들은 오히려 헬라에 대한 언급이 포로 이전설을 뒷받침하는 증거라고 본다.

포로 이전설을 주장하는 사람들은 유다가 포로에서 돌아올 것이라는 3:1의 표현을 주전 586년 바벨론에 포로로 잡혀간 사건이 아니라 앗수르가 간헐적으로 유다를 침공했을 때 일부를 포로로 잡아간 사실을 지칭하는 것으로 해석한다. 또한 그것이 설령 주전 586년에 바벨론에 포로로 끌려간 사건을 지칭한 것일지라도, 예언의 특성상 요엘이 포

---

[1] 헬라는 주전 1200년 이전까지 거슬러 올라간다. 또한 페니키아인은 이미 헬라와 교류하며 주전 10세기 경에 알파벳을 전수하기까지 했다. 그리고 주전 810년 전후에 아프리카에 카르타고 식민지를 건설했다. 이런 역사적 정황을 볼 때, 이스라엘도 충분히 페니키아인을 통해 헬라를 알았다고 추측할 수 있다. Walter Kaiser는 요엘서를 주전 9세기 작품으로 본다. Walter C. Kaiser, *A History of Israel: From the Bronze Age Through the Jewish Wars* (Nashville, Tennessee: Broadman & Holman, 1998), 336-337.

로기 이전에 예언한 것이라고 해석한다. 포로 이전설을 주장하는 사람들 중에 어떤 이들은, 유다의 적으로 앗수르와 바벨론이 나오지 않는다는 점에 착안해서, 요엘서의 시대적 배경이 앗수르가 지중해 연안에서 패권을 장악하기 전일 것이라고 추정하기도 한다. 더 나아가 어떤 이들은, 왕 대신 장로나 제사장(1:2, 13; 2:16)을 언급하는 점을 고려할 때, 요엘서의 저작 시기가 왕의 역할이 매우 미약했던 주전 9세기 요아스 시대(왕하 11-12장)까지도 거슬러 올라갈 수 있다고 주장한다.

요엘서의 저작 시기를 정하는 문제는 그리 간단하지 않다. 이른 시기를 주장하는 사람들은 요엘서의 주제들이 다른 예언서에 나타난다는 점을 근거로 든다. 실제로 요엘서에서 제시되는 주제들은 구약 성경 여러 곳에 반복적으로 나타난다. 열국이 여호와와 싸움을 벌이는 사건(3:9-17)은 에스겔 38-39장과 스가랴 12:1-5에 다시 나타난다. 또한 여호와의 전에서 샘이 흘러나올 것이라는 예언(3:18) 에스겔 47:1-12과 스가랴 14:3-8에 반복된다. 하지만 이런 반복이 요엘서가 이른 시대의 저작이고 후대 저자들이 요엘서의 내용을 모방했다는 확실한 증거가 될 수는 없다.

나는 요엘서가 적어도 바벨론에 포로로 잡혀가기 전의 상황을 반영한다고 생각한다. 요엘 1:14에 언급된 여호와의 전은 적어도 성전이 파괴되기 전의 상황을 가리키는 것 같다. 사본학적으로 70인역은 미가서 다음에 요엘서, 오바댜서, 요나서의 순으로 소예언서를 배치했다. 미가서는 주전 722년에 북이스라엘이 멸망할 것을 예언하면서 후에 있을 유다의 멸망을 예고했고, 오바댜서는 실제로 예루살렘이 바벨론에 멸망당할 때 에돔의 방관과 약탈을 꾸짖는 내용을 담고 있다. 이런 점에서 요엘서가 미가서와 오바댜서 중간에 위치한 것은 요엘서의 배경이 적어도 예루살렘이 멸망하기 전의 상황임을 암시하는 것이라고 볼 수 있다.[2] 분명한 것은, 요엘서가 본문에서 언급한 것처럼 나라를 황폐하게 했던 심각한 메뚜기 재앙이라는 역사적 사실을 근거로 미래에 있을 궁극적인 여호와의 날을 선포한다는 점이다.[3]

구조

요엘서는 크게 두 개의 단락(1:1-2:17과 2:18-3:21)으로 나뉘며, 1장에서 파괴된 자연 질서가 3:18-20에서 회복되면서 전체적으로 인클루지오를 이룬다.[4] 요엘서의 구조는 다음과 같다.[5]

I. 전반부(1:1-2:17)
  표제. 1:1
  A. 메뚜기 재앙으로 예표되는 이방 나라의 침입(1:2-9)

---

2) 이에 대한 자세한 논의는 다음 글을 참고하라. Marvin A. Sweeney, "The Place and Function of Joel in the Book of the Twelve", in *Thematic Threads in the Book of the Twelve*, ed. Paul L Redditt and Aaron Schart (New York: Walter de Gruyter, 2003), 133-154. J. D. Nogalski는 마소라 사본에서 제시되는 열두 소예언서의 순서가 원래의 순서라고 주장하는 반면에, Sweeney는 70인역의 순서가 원래의 순서라고 주장한다.
3) Daniel J. Treier, "The Fulfillment of Joel 2:28-32: A Multi:e-Lens Approach", *JETS* 40 (1997): 14.
4) Wolff, *Joel and Amos*, 83.
5) 한편 Sweeney는 2:18에서 새로운 단락이 시작되는 것으로 보지 않고 2:15에서 시작된다고 보았다. 자세한 그의 주장을 보기 위해서는 다음 글을 참고하라. Marvin A. Sweeney, "The Place and Function of Joel in the Book of the Twelve", in *Thematic Threads in the Book of the Twelve*, 140-142.

B. 땅이 황무해짐(1:10-12)[6]

    C. 금식하고 애통하라(1:13-20)

A'. 여호와의 날에 있을 강한 군대의 침입(2:1-9)

   B'. 땅과 하늘의 창조 질서가 흔들림(2:10-11)

    C'. 금식하고 애통하라(2:12-17): 마음을 찢고 돌아오라(2:13)

II. 후반부(2:18-3:21)

A. 하나님이 열국 가운데서 자신의 백성을 구원하실 것임(2:18-20)

  B. 땅이 즐거워할 것임(2:21-22)

    C. 시온에서 남은 자가 받을 축복(2:23-32): 여호와의 영이 부어질 것임

    D. 열국의 심판(3:1-15)

    C'. 시온에서 남은 자가 받을 축복(3:16-17): 예루살렘이 거룩해질 것임

  B'. 땅의 축복과 변화(3:18-19)

A'. 구원받은 하나님의 백성이 영원할 것임(3:20-21)

이상의 구조를 볼 때 요엘서의 전반부는 마음의 변화에, 후반부는 열국이 심판을 받고 성령이 부어지고 시온이 변화된다는 내용에 그 초점을 맞춘다. 특별히 마음의 변화와 성령의 부으심은 호세아서의 주제와도 잘 연결된다. 호세아서는 백성이 공의와 인애와 의의 열매를 맺지

---

[6] Elias D. Mallon은 이 단락이 정교하게 짜인 소리 패턴(sound pattern)을 지녔다고 지적한다. Elias D. Mallon, "A Sylistic Analysis of Joel 1: 10-12", *Catholic Biblical Quarterly* 45 (1983): 537-548.

못한 이유를 마음의 교만과 음란의 영 때문이라고 말했다(호 4:11-12). 호세아서는 그런 마음을 '갈라진 마음'(호 10:2), '교만한 마음'(호 13:6)이라고 불렀다. 이런 맥락에서 요엘서는 전반부의 마지막 부분에서 "너희는 옷을 찢지 말고 마음을 찢고 너희 하나님 여호와께로 돌아올지어다"(욜 2:13)라고 권면함으로써, 마음과 관련해서 호세아서의 내용을 주제적으로 더욱 발전시킨다.[7] 그리고 호세아서는 사람들이 열매를 맺지 못하는 원인으로 음란의 영을 언급했는데(호 4:12), 요엘서는 음란의 영 대신에 하나님의 영이 부어질 것을 내다본다(욜 2:29-32).

노갈스키는 "이런 일이 있었느냐?"(욜 1:2)라는 물음의 '이런 일'이 호세아 14장에 제시된 회개와 구원의 약속을 가리킨다고 주장한다.[8] 그의 말에 모두 동의할 수는 없지만, 호세아서와 요엘서가 주제 면에서 긴밀하게 연관되는 것은 분명하다. 예를 들어, 요엘 2:19의 "여호와께서 그들에게 응답하여 이르시기를 내가 너희에게 곡식과 새 포도주와 기름을 주리니"라는 말은 호세아 2:21-22을 연상시킨다. 이는 호세아 2장에 나오는 새 언약이 요엘 2장에 언급된 종말의 영이 부어짐으로써 이루어질 것이라는 암시다.

한편 요엘서는 호세아서와 달리 열국이 심판을 받고 시온이 새롭게 변화될 것이라는 점을 부각시킨다. 시온에 대한 관심은 아모스서에도 등장하는데(암 9:11), 요엘서와 짝을 이루는 학개서와 스가랴서에서도 성전(시온)은 주된 관심사로 나타난다.

---

7) 나중에 논의되겠지만, 욜 2:19은 호 2:23을 인용했고, 욜 4:16, 18은 암 1:2; 9:14을 인용했다. James D. Nogalski, "The Days of YHWH in the Book of the Twelve", in *Thematic Threads in the Book of the Twelve*, 201.

8) James D. Nogalski, *Redactional Processes in the Book of the Twelve* (BZAW 218: Berlin: de Gruyter, 1993), 15-17.

특별히 요엘서와 스가랴서의 유비점에 주목할 필요가 있다. 요엘 3장의 열국 심판은 스가랴 12장에 나오는 열국과의 싸움을 연상시킨다. 또한 스가랴 14:8의 예루살렘에서 생수가 나온다는 표현은 요엘 3:18의 여호와의 전에서 샘이 흘러나온다는 말을 상기시킨다. 요엘서는 여호와의 날을 명시적으로 언급하고(욜 1:14) 여호와의 날을 통해 종말에 새로운 시온이 출현할 것을 예언하는데, 이는 스가랴서도 마찬가지다.

요엘서처럼, 스가랴 7장도 금식과 애통하는 문제를 다룬다. 하지만 스가랴서는 예언자를 통해 전해진 하나님의 말씀에 순종하지 않는다면 금식과 애통은 결국 무의미한 것이라고 말함으로써, 요엘서의 금식과 애통이라는 주제를 더욱 발전시킨다. 요엘 3:17은 "다시는 이방 사람이 그 가운데로[예루살렘 안에] 통행하지 못하리로다"라고 말하는데, 마찬가지로 스가랴 14:21(9:8)도 동일한 표현을 사용한다. 또한 요엘 2:18의 "그 때에 여호와께서 자기의 땅을 극진히 사랑하시어 그의 백성을 불쌍히 여기실 것이라"라는 표현은, 스가랴 1:14의 "예루살렘을 위하여 시온을 위하여 크게 질투하며"라는 표현과 매우 비슷하다.[9] 요엘 2:18은 여호와의 날에 일어날 구원 사건을 다루는데, 스가랴 1:14은 그 미래의 구원을 포로 후기 공동체가 회개한다면(참고. 슥 1:6) 당장에라도 일어날 수 있는 일로 제시한다. 따라서 여호와의 날의 성취가 미래에 고정된 사건이 아니라 현재에도 실현될 수 있는 역동적 사건임을 보여 준다. 이처럼 요엘서와 스가랴서의 빈번한 유비점들은 요엘서에 제시된 구원이 스가랴서에 언급된 메시아의 사역을 통해 완성될 것

---

9) James D. Nogalski, "Recurring Themes in the Book of the Twelve: Creating Points of Contact for a Theological Reading", *Interpretation* 61 (2007): 125-136 중 126.

이라는 사실을 독자들에게 일깨워 준다.

근접 문맥을 볼 때, 요엘 3장은 뒤에 나오는 아모스 1장과 문학적으로 평행을 이룬다.[10] 요엘 3:16의 여호와가 사자처럼 부르짖는다는 말은 아모스 1:2d의 시온에서 사자처럼 포효하는 하나님의 모습과 연결된다. 또한 요엘 3장에서 다루어진 열국에 대한 심판은 아모스 1-2장에 그려진 열국에 대한 심판으로 더욱 발전된다.

한편 요엘서는 메뚜기 재앙을 통해 하나님의 심판을 언급하는데, 하나님의 심판을 메뚜기 재앙과 연결시키는 것은 아모스 4:9, 나훔 3:16, 하박국 1:9, 말라기 3:11에도 나타난다.[11] 그래서 전체 소예언서가 메뚜기 재앙 모티프를 통해 인클루지오를 이룬다.

내용 분석

전반부(1:1-2:17)

1:1-20

1:4은 메뚜기 재앙에 관한 이야기로, 메뚜기 재앙은 다가올 하나님의 심판을 예표한다(1:6; 2:2). 요엘은 메뚜기로 인해 포도나무와 무화과나무가 시들었다고 말한다(1:7, 10, 12). 여기서 포도나무는 이스라엘을 상징하는데(참고. 사 5:1-7; 렘 2:21; 겔 15:1-8), 시들어 버린 포도나무와 무화과나무는 북쪽 군대(바벨론)에 의해 유다와 예루살렘이 파괴될 것을 상징한다.[12] 또한 시들어 버린 포도나무와 무화과나무는 이스라

---

10) 치즈홀름, 「예언서개론」, 556.
11) Nogalski, "Intertextuality and the Twelve", in *Forming Prophetic Literature*, 103.

이 가나안 땅이라는 제2의 에덴 동산에서 더 이상 축복을 누리지 못하리라는 것을 보여 주는 이미지다. 호세아서는 이스라엘을 제2의 아담으로, 가나안 땅을 제2의 에덴 동산으로 제시했다(호 4:3; 참고 9:6). 요엘서는 그런 에덴 동산이 이스라엘의 죄악으로 인해 황폐해질 것을 예견하는 동시에, 종말에 시온이 변화되어 새로운 하나님의 임재의 장소로 회복될 것을 내다본다(3:18).

요엘서의 자연 재앙은 호세아서처럼 인간이 공의와 인애와 의의 열매를 맺지 못할 때 자연도 영향 받는다는 사실을 다시금 일깨워준다(참고 호 4:1-3). 자연 질서는 원래 공의와 인애와 의의 원리로 창조되었다(참고 시 36:5-6). 따라서 인간이 공의와 인애와 의의 열매를 맺지 못할 때, 창조 질서가 황폐해지는 것은 당연한 일이다.

더욱이 요엘서의 메뚜기 재앙과 시들어 버린 포도나무는 모세 언약의 저주이기도 했다(참고 신 28:38-42). 그래서 이 재앙들은 모세 언약이 파기되어 이스라엘이 가나안 땅에서 쫓겨날 것을 보여 주는 기능을 한다. 모세 언약의 파기는 그와 관련된 다윗 언약, 아브라함 언약, 더 나아가서 노아 언약의 파기로 이어진다. 모세 언약의 파기로 하나님의 백성이 사라진다면, 다윗 언약과 아브라함 언약도 더 이상 의미가 없기 때문이다. 열국을 위한 복의 근원으로 아브라함을 부르신 아브라함 언약이 파기되면 더 이상 열국에도 소망이 없어 세상은 죄로 뒤덮일 것이기에, 노아 언약으로 유지된 창조 질서도 흔들릴 수밖에 없다. 그래서 모세 언약이 파기되는 상황에서 예레미야는 노아 언약의 창조 질서가 흔들리는 광경을 환상으로 볼 수 있었다(렘 4:23-26). 노아 언약이 파

---

12) Duane A. Garrett, *Hosea, Joel*, NAC (Nashville, Tenn.: Broadman & Holman, 1997), 302.

기된다는 사상은 메뚜기 재앙으로 자연과 동식물이 영향을 받는다는 진술에서 더욱 지지를 얻는다.

재앙 앞에서 제사장은 슬퍼할 것이다(1:9, 13). 다가올 재앙 앞에서 우리의 의무는 기도하는 것이다(1:14-15). 특별히 15절에 나오는 '멸망'의 히브리어 '쇼드'(שׁד)는 전능자인 '샤다이'(שׁדי)와 비슷한 발음이다. "이러한 핵심 용어들의 음성학적 유사성은 상황의 절박함을 강조하고 하나님의 모습을 재판관으로 제시한다."[13]

메뚜기 재앙으로 야기된 식물 재앙은 다시 동물들에게 영향을 미치고(1:18), 급기야 땅이 불타는 모습으로 발전한다. "여호와여 내가 주께 부르짖으오니 불이 목장의 풀을 살랐고 불꽃이 들의 모든 나무를 살랐음이니이다"(1:19). 이는 확실히 노아 언약의 창조 질서가 전복되는 것을 의미한다. 창세기 9장에서 하나님은 노아와 언약을 맺으시고 더 이상 세상을 물로 심판하지 않겠다고 약속하셨다. 하지만 여전히 불로 심판할 수 있는 여지는 남기셨다.[14] 그러므로 미래의 심판은 불로 이루어질 것이다(벧후 3:12). 요엘 2:30에서는 불이 이스라엘에 국한되지만, 종말에 성령이 부어질 때는 우주적인 불로 나타난다. 이런 점에서 종말의 성령 강림은 기존의 창조 질서가 무너지고 새로운 창조 질서가 시작됨을 예고하는 사건이다. 이사야는 이 새로운 창조 질서를 새 하늘과 새 땅으로 이해했다(사 65:17).[15] 우주적 차원에서의 질서의 변화는 요

---

13) 치즈홀름, 「예언서개론」, 559.
14) 베드로는 종말에 창조 질서가 불로 녹아 없어질 것을 내다보았다(벧후 3:10-12).
15) 새 하늘과 새 땅은 종말에 온전히 이루어진다. 하지만 그 새로운 질서는 예수 그리스도의 새 언약과 성령 강림을 통해 이미 시작되었다고 말할 수 있다. 그래서 신약성경에서 그리스도는 이미 새로운 질서가 도래한 상태에서의 새로운 피조물로 그려진다(고후 5:17).

엘서 여러 곳에서 관찰된다(2:10-11; 3:15).

2:1-11

이 단락은 여호와의 날 심판에 초점을 맞춘다. 1장의 메뚜기 재앙은 이 단락에서 종말에 파멸을 가져다주는 두려운 군대로 변한다(2:2, 11). 여호와의 날은 유례없는 우주적 변혁을 가져올 것이다(2:10-11, 31). 하지만 이 군대의 정체가 정확히 무엇인지는 학자들 사이에도 많은 논란이 있다.[16] 이 군대가 단순히 메뚜기 재앙의 반복이라는 견해에서부터, 인간 군대, 묵시적 피조물이라는 견해까지 다양하다. 2:20에 언급된 북쪽 군대는 단순히 인간 군대라는 인상을 주지만, 궁극적으로 종말에 일어날 하나님의 심판을 예표한다. 종말에 이 군대가 출현하면, 우주적 질서의 동요가 일어날 것이다(2:10, 31; 3:15).

이스라엘 땅에서 시작된 재앙이 왜 나중에 우주적 재앙으로 발전하는가? 그것은 이스라엘이 온 우주를 대변하는 소우주(microcosm)이기 때문이다. 세상의 중심으로서 이스라엘의 위상은 에스겔서에도 나타난다(겔 5:5; 38:12). 세상의 소우주인 이스라엘이 실패하면 더 이상 열국과 땅에 희망이 없기에, 우주적 질서의 파괴로 이어지는 것이다. 이것은 그리스도인들에게 매우 중요한 교훈이다. 오늘날 교회는 이 세상의 중심이며 유일한 희망이다. 따라서 그리스도인들이 세상의 빛과 소금의 역할을 하지 못하면 이 세상에는 소망이 없다.

이상의 내용을 정리하면, 1장이 여호와의 날이 이스라엘 땅에 국한되어 어떤 영향을 미칠지에 초점을 맞춘 반면에, 2:1-11은 여호와의 날

---

16) 치즈홀름, 「예언서개론」, 560.

이 우주적인 날로서 자연과 열국에 영향을 주는 사건임을 드러낸다(2:6, "그 앞에서 백성들이 질리고 무리의 낯빛이 하얘졌도다").

2:12-17

이 단락의 핵심은 공동체에 회개를 촉구하는 것이다. "너희는 옷을 찢지 말고 마음을 찢고 너희 하나님 여호와께로 돌아올지어다"(2:13). 진정한 마음을 가지고 여호와께 돌아오라는 촉구는 호세아 10장과 14장의 내용을 연상시키며,[17] '돌아와서 회개하라'는 말은 말라기서에 재연된다(말 3:7).

여호와의 날 심판 앞에서 백성들에게 선택권이 없는 것은 아니다. 따라서 2:12은 심판이 임하기 전에 진정으로 마음을 돌이켜 여호와께 돌아올 것을 촉구한다. 그렇게 되면 여호와께서도 마음을 돌이켜 재앙을 멈추실 것이다(2:14). 이런 점에서 요엘서는 구원과 관련하여 인간의 책임을 강조하는 것처럼 보인다. 하지만 후반부는 구원을 받는 것이 인간의 의지가 아니라 하나님의 주권적 은혜 때문이라고 말한다. 그래서 2:32은 "남은 자 중에 나 여호와의 부름을 받을 자가 있을 것임이니라"라고 말함으로써, 하나님이 자신의 주권으로 백성을 택하여 부르시기 때문에 구원받는다는 진리를 보여 준다. 호세아 14:1-4은 백성들에게 여호와가 긍휼하시니 돌아오라고 촉구했다. 하지만 인간이 결심한다고 해서 돌아올 수 있는 것은 아니다. 그래서 호세아 14:5은, 여호와께서 백성의 반역을 고치실 것이라고 말함으로써, 하나님의 강권적인 은혜로 백성이 돌아오게 될 것을 암시한다.

---

17) Laurie, J. Braaten, "God Sows: Hosea's Land Theme in the Book of the Twelve", 127.

마찬가지로 요엘 2:12-17도 백성들에게 여호와의 인자하심을 근거로 돌아올 것을 촉구하는 동시에, 그것이 전적으로 하나님의 주권적 은혜로 이루어질 것이라고 내다본다. 더욱이 3:1의 "사로잡힌 자를 돌아오게 할 그 때에"라는 표현은 돌아오기 전에 포로생활이라는 고난이 있으리라는 것을 전제한다. 따라서 요엘서는 백성들의 회개로 미래의 심판이 철회될 것이라고 보지 않는다. 다시 말해 재앙이 있기 전에 백성들이 온전히 회개하지 않을 것이라고 예상한다. 그렇다면 왜 굳이 재앙이 있기 전에 마음으로 회개할 것을 촉구하는가? 결국 회개의 촉구는, 장차 심판이라는 고난을 통과할 때 하나님이 주권적으로 베푸시는 구원의 은총에 올바로 반응하도록 하기 위한 것이다.

극심한 환난을 통과한 후에 하나님의 은혜로 돌아온다는 것은 소예언서의 중심 사상 중 하나다. 이 사상은 이사야서에서도 발견된다(참고 사 1:9). 물론 환난을 경험한다고 해서 모든 사람이 회개하는 것은 아니다. 이 점은 이사야가 잘 지적한다. 환난을 통과하고 진정으로 회개하는 자의 모습을 이사야는 하나님의 말씀에 두려워 떠는 자로 정의했다. "나 여호와가 말하노라 내 손이 이 모든 것을 지었으므로 그들이 생겼느니라. 무릇 마음이 가난하고 심령에 통회하며 내 말을 듣고 떠는 자 그 사람은 내가 돌보려니와"(사 66:2). 그래서 극심한 환난을 통과하여 구원받는 사람은 자신이 보잘 것 없는 존재임을 깨닫고 겸손히 하나님의 사랑을 받아들인다. 그리고 그 사랑에 응답하여 하나님을 사랑하고 하나님의 뜻을 행하기 위해 두려워 떤다.

후반부(2:18-3:21)

언약 갱신의 약속(2:18-27)

여호와께 돌아오면 상황은 뒤바뀔 것이다(2:18). 2:18의 히브리어 원문에는 "그때에"라는 표현이 없다. 하지만 2:18의 서두는 문법적으로 와우계속법 미완료형이기에, 미래에 있을 하나님의 독단적인 행동을 의미할 수 있다.[18] 그러므로 미래의 시점을 나타내는 "그때"라는 접속사를 충분히 사용할 수 있다. 요엘서는 그때에 구체적으로 하나님이 이스라엘을 공격하는 이방 나라들을 물리치실 것이라고 말한다(2:20). 또한 하나님의 은혜(2:23)와 물질적 축복(2:25)이 회복되어 이스라엘이 더 이상 수치를 당하지 않을 것이다(2:27). 여호와께서 그들의 하나님이 되시는 언약 갱신도 이루어질 것이다(2:27). 그래서 2:18-27은 미래에 있을 하나님의 축복을 물질적 축복의 관점에서 제시한다. 흥미롭게도 이 단락의 내용은 1:2-20의 내용을 반전시킨다.[19]

1:2-20	2:21-27
장로들은 이 일을 후대에 고할 것임(2-3절)	사람들이 영영히 수치를 당하지 않을 것임(26-27절)
네 가지 메뚜기 재앙(4절)	네 가지 메뚜기 재앙의 피해를 갚아줌(25절)
포도주와 기름이 떨어짐(5, 10절)	포도주와 기름이 회복됨(24b절)
곡식이 없어짐(10-11, 17절)	곡식이 가득해짐(24a절)
땅이 시들어 버림(12, 17절)	비가 내림(23절)
포도나무와 무화과나무가 열매를 맺지 못함(12, 19b절)	포도나무와 무화과나무가 열매를 맺음(22b절)
동물들이 굶어 죽어 감(18, 20절)	동물들이 먹을 것을 얻음(22a절)
땅이 불에 탐(19-20절)	땅이 두려워하지 않음(21절)

이어서 2:28-32은 하나님의 영적 축복을 말한다.[20] 호세아서에서 논의한 바와 같이, 요엘 2:18-19은 호세아 2:21-22의 새 언약과 어휘적으로 평행을 이룬다. 그러므로 요엘 2:18 이후에 나오는 종말의 구원은 새 언약의 관점에서 이해되어야 하며, 그렇게 하면 새 언약이 물질적 축복과 함께 영적 축복을 가져다주는 언약임을 알 수 있다. 그리고 무엇보다 영적인 축복은, 2:28-32에서 볼 수 있듯이, 성령의 부으심을 통해 이루어진다.

성령의 부으심(2:28-32)

그 후에 성령이 모든 민족의 남종과 여종에게 부어질 것이다(29절). 2:28의 히브리어 본문은 "이후에"(אַחֲרֵי־כֵן, '아하레이 켄')로 시작한다. 하지만 이 접속사는 2:18-27에 제시된 물질적 축복 이후에 일어날 상황을 가리키는 것이 아니다. 이는 예언자들이 종종 사용하는 표현으로, 단순히 미래에 일어날 일을 말하기 위한 도입부다. 그러므로 2:28은 단순히 미래에 하나님의 계획 속에서 성취될 것을 말하는 것이지, 2:18-27의 물질적 축복 다음에 일어날 상황을 말하는 것이 아니다.[21] 즉, 미래에 새 언약의 축복이 임할 때, 물질적인 축복과 성령이라는 영적 축복이 동반되리라는 것을 말한다.

2:28-29은 성령이 "만민"에게 부어질 것이라고 말한다. 만민에 해당하는 히브리어 '콜 바사르'(כָּל־בָּשָׂר)는 '모든 육체'라는 뜻인데, 여기서

---

18) 와우계속법 미완료형은 완료의 의미를 지니며, 이는 미래의 독단적인 행동을 나타내는 시제로 사용될 수 있다.
19) Garrett, *Joel*, 303.
20) Treier, "The Fulfillment of Joel 2:28-32", 15.
21) T. J. Finley, *Joel, Amos, Obadiah* (Chicago: Moody, 1990), 71.

모든 육체가 누구를 가리키는가 하는 문제가 발생한다. 이방인을 포함한 모든 사람을 가리키는가? 아니면 모든 이스라엘 사람을 가리키는가? 많은 학자들은 요엘이 이스라엘만을 지칭했을 것이라고 추정한다.[22] 월터 카이저(Walter C. Kaiser)는, 성령이 모든 육체에 부어지는 현상은 민수기 11:29에서 모세가 이스라엘에 일어나길 바랐던 일이기에, 여기서 모든 육체는 이스라엘만을 가리킨다고 주장한다.[23] 물론 '모든 육체'가 우선적으로 이스라엘을 그 대상으로 하지만 전적으로 이방인을 배제하는 것은 아니다. 요엘서는 이방인도 이스라엘이라는 범주에 들어온다면 성령을 받을 수 있음을 암시한다.[24]

사도행전 2:14-21에서 베드로는 요엘서를 인용하여 모든 육체에 성령이 부어지는 것을 다시 언급한다. 여기서 베드로가 말한 모든 육체는 여전히 이스라엘의 경계를 벗어나지 못했다.[25] 하지만 사도행전의 전개를 보면 성령이 이방인에게도 부어졌기 때문에, 모든 육체가 이스라엘의 경계를 넘어서 모든 사람을 가리킨다는 것을 알 수 있다(참고 행 8, 10장). '모든 육체'가 요엘이나 베드로에게는 이스라엘을 우선적으로 가리켰지만, 계시의 유기적 진전 속에서 이스라엘을 넘어 모든 사람으로 확대되었던 것이다. 이런 현상은 해석학적으로 '더 풍성한 의미'(*sensus plenior*)라 불린다. 즉, 계시의 진전 속에서 그 내용이 더 풍성해

---

22) Raymond Dillard, "Joel", in *The Minor Prophets: An Exegetical and Expository Commentary*, vol. 1, ed. Thomas Edward McComiskey (Grand Rapids, Mich.: Baker, 1992), 295.

23) Walter C. Kaiser, Jr., *Toward Old Testament Theology* (Grand Rapids, Mich.: Zondervan, 1978), 190. 「구약성경신학」(생명의말씀사).

24) Treier, "The Fulfillment of Joel 2:28-32", 16.

25) F. F. Bruce, *The Book of the Acts*, NICNT (Grand Rapids, Mich.: Eerdmans, 1988), 61.

진 것이다.[26]

2:30-31은 성령의 부으심으로 우주적 심판이 초래될 것을 말한다. 이 때 하늘에 다양한 징조가 일어날 것이다. 성령의 부으심은 종말이 시작되었음을 알리는 신호다(2:31). 이 때 하늘과 땅에 일어날 이적들은 출애굽 사건의 이미지라고 말할 수도 있고, 전쟁 이미지라고 이해할 수도 있다.[27] 사도행전은 요엘서의 성령 부으심이 오순절 성령 강림으로 성취되었다고 선언한다.

하지만 요엘서의 예언과 신약 성경의 성취에 대해서는 세 가지 견해가 있다. 첫째, 세대주의적 견해로, 이 견해를 따르는 사람들은 베드로가 오순절 성령 강림을 요엘서의 사건에 비교한 것은 문자적 성취라기보다 유추 또는 수사적 장치의 일환이라고 본다.[28] 그래서 요엘서의 성령 부으심이 그리스도의 재림 후 천년왕국 때 민족적 이스라엘에게서 다시 성취될 것이라고 주장한다. 둘째는 오순절 성령 강림을 요엘서의 예언을 완전히 성취한 것으로 보는 견해로, 이 견해를 지지하는 사람들은 교회가 민족적 이스라엘을 대신하여 요엘서의 예언을 성취했다고 주장한다. 그리고 요엘 2장의 하늘과 땅의 이적을 일종의 묵시적 이미지로 치부한다. 셋째는 오순절 사건이 요엘서의 예언을 성취하는 시작이지만 요엘서의 예언을 완전히 성취한 것으로는 보지 않는 견해

---

26) 계시의 유기적 진전은 계시의 진화론적 발전과 다른 개념이다. 후자가 계시가 시대마다 단절되어 전혀 새로운 의미로 발전했음을 말한다면, 전자는 원래 계시의 뜻이 시간이 흐르면서 더욱더 인간의 눈에 온전한 모습으로 드러나는 것을 말한다. Geerhardus Vos, *Biblical Theology: Old and New Testaments* (Grand Rapids, Mich.: Eerdmans, 1948), 7-8. 「성경신학」(크리스챤다이제스트).
27) Treier, "The Fulfillment of Joel 2:28-32", 16.
28) A. C. Gaebelein, *The Acts of the Apostle* (New York: Our Hope, 1912), 53.

로, 이 견해를 지지하는 사람들은 요엘서 예언의 온전한 성취는 미래에 예수님의 재림 때 이루어질 것이라고 본다. 그리고 예수님 재림 때 실질적으로 하늘과 땅의 이적이 동반될 것이라고 주장한다.

대부분 무천년설을 주장하는 개혁주의 학자들은 마지막 견해에 동의하는 것 같다. 한편 트레이어(Treier)는 요엘서의 예언이 일차적으로 교회를 위해 오순절 성령 강림으로 성취되었지만, 예수 그리스도의 재림 이후 천년왕국이 세워질 때 민족적 이스라엘에게 최종적으로 성취될 개연성이 있다고 주장한다.[29] 이 주장은 세대주의와 역사적 전천년설의 절충이라고 말할 수 있다.[30]

어쨌든 2:32은 성령을 받은 사람들이 시온으로 피하고 여호와의 이름을 부를 것이라고 말한다. 시온으로 피한다는 말은 아직 시온이 완성되지 않았다는 방증이다. 성령이 부어질 때 시온으로 피한다는 말은 여전히 시온을 대적하는 자들의 위협이 있음을 상정하기 때문이다. 그러므로 대적들이 사라지고 시온이 완성되는 것은 미래의 일이다. 따라서 성령 강림 사건은 종말의 시작을 알리는 신호탄이지 종말의 완성을 뜻하는 것이 아니다. 그렇다면 시온이 완성되지 않은 상황에서 사람이 피

---

29) Treier, "The Fulfillment of Joel 2:28-32", 25-26.
30) 천년왕국설은 천년왕국을 기준으로 예수 그리스도의 재림이 언제냐에 따라 전천년설, 후천년설, 무천년설로 나뉜다. 전천년설은 예수 그리스도의 재림이 천년왕국 전에, 후천년설은 천년왕국 후에 온다는 견해다. 그리고 무천년설은 문자적인 천년왕국은 없으며 신약 시대를 천년왕국으로 보고 예수 그리스도의 재림 때 온 세상이 끝난다는 견해다. 전천년설은 다시 세대주의적 전천년설과 역사적 전천년설로 나뉜다. 세대주의적 전천년설은 교회와 이스라엘을 구분하고, 이스라엘을 향한 예수 그리스도의 초림이 실패했기 때문에 재림 때 천년왕국을 통해 이스라엘 왕국을 건설할 것이라고 주장한다. 이에 반해 역사적 전천년설은 교회를 영적 이스라엘로 보고 예수 그리스도의 재림 때 교회와 함께 천년왕국의 통치가 이루어질 것이라고 주장한다.

할 수 있는 시온은 무엇일까? 여기서 시온에 대한 새로운 이해가 필요하다. 종말에 시온이 완성되기 전에 성도가 경험하는 시온은 하나님의 성령이 머무시는 곳이다. 따라서 이 임시적인 시온은 건물이나 지역이 아니라 성령을 받은 사람을 가리킨다. 같은 맥락에서 이사야서도 종말에 새 예루살렘이 나타나기까지 성령을 받은 사람들이 시온이라는 사상을 보여 준다(사 62:1-5). 마찬가지로 바울도 성도를 직접적으로 시온인 성전이라고 불렀다(고후 6:16).

2:32은 일종의 동심원 구조를 이루고 있다.

  A. 여호와의 이름을 부르는 자가 구원을 받을 것임
    B. 시온과 예루살렘에 피한 자
    B'. 남은 자
  A'. 여호와의 부름을 받을 자가 있을 것임

이 구조는 남은 자가 여호와의 이름을 부르게 되는 이유가 하나님이 그들을 부르셨기 때문임을 보여 준다. 하나님이 성령을 부어 주고 부르셨기에 그들은 여호와의 이름을 부르는 남은 자가 된다.[31] 이는 종말의 구원이 하나님의 주도로 이루어진다는 점을 잘 보여 주는 대목이다. 여호와의 이름을 부른다는 것은 단순히 지식적으로 하나님을 알고 그 이름을 부른다는 의미가 아니다. 요엘서와 짝을 이루는 스가랴 13:9에 따르면, 그것은 환난을 통과하면서 하나님을 전적으로 의지하

---

31) Rolf Rendtorff, "How to Read the Book of the Twelve as a Theological Unity", in *Reading and Hearing the Book of the Twelve* (ed. James D. Nogalski & Marvin A. Sweeney; Atlanta, Georgia: SBL, 2000), 79.

는 모습이다.[32] 베드로는 사도행전 2장에서 요엘서의 성령 부으심을 인용하면서 예수님이 주가 되어 그분을 주로 부르는 자가 구원을 얻을 것이라고 설교했다. 그는 요엘 2장에서 말하는 "여호와의 이름을 부르는 자"를 예수 그리스도를 주라 부르는 자로 정의하고, 성령이 임한 사람만이 예수 그리스도를 주라 부를 수 있음을 가르쳤다. 당시에 예수를 주라 부른다는 것은 엄청난 결단이었다. 이 대목에서 우리는 여호와의 이름을 부른다는 것이 우리의 이성을 넘는 하나님의 초월적 은혜임을 다시 한 번 깨달을 수 있다.

3장

이 단락은 미래에 포로로 잡혀간 자들이 예루살렘에 돌아오는 장면으로 시작한다(3:1). 이 단락에서 요엘은 포로생활이라는 유다의 심판이 끝나면, 열국에 대한 심판이 있을 것이라고 말한다. 구체적으로 종말에 열국은 여호사밧 골짜기에 와서 이스라엘을 침략할 것이다(3:2, 12). 여호사밧에 대한 언급은 역대하 20장에서 여호사밧이 열국과의 싸움(암몬, 모압, 에돔)에서 승리한 것을 연상시킨다. 하나님은 여호사밧 골짜기에서 자신의 백성을 대적했던 열국을 심판하실 것이다. 요엘 3:4-6에 언급된 침략하는 이방 나라들은 모두 예루살렘이 멸망한 후에 유다의 부를 약탈하고 피난민들을 종으로 팔아넘긴 유다의 주변 국가들(두로, 시돈, 블레셋)이다.[33] 그러므로 종말에 있을 열국에 대한 하나님의 심판에는 이처럼 공의를 행하지 않은 열국을 하나님이 벌하신다는 의미가 담겨 있다.

---

32) Duane A. Garrett, *Hosea, Joel*, 375.
33) 치즈홀름, 「예언서개론」, 568.

여호사밧 골짜기에서의 심판은 우주적 심판이 될 것이다(3:12-15). 하지만 이 때 여호와의 백성은 시온에 안전하게 거할 것이다(3:16). 이상의 관찰을 통해, 요엘서가 종말의 구원 프로그램을 다음과 같은 순서로 제시하고 있음을 알 수 있다. 즉, 하나님의 백성인 유다의 심판, 이어서 열국에 대한 하나님의 심판, 그리고 시온의 회복과 남은 자가 시온에 거하는 사건이다. 이 때, 시온의 회복은 새로운 창조 질서를 동반할 것이다.

3:18은 종말의 시온을 에덴 동산 모티프로 그린다("여호와의 전에서 샘이 흘러나와", 3:18; 참고. 시 46편). 이런 시온의 모습은 기존 창조 질서의 지형으로는 설명될 수 없기에 새로운 창조 질서를 전제한다. 이처럼 요엘 3장은 성령의 부으심으로 인해 새로운 시온과 새로운 창조 질서가 탄생할 것을 내다본다. 이런 점에서, 오순절 성령 강림을 체험한 신약 시대의 성도는 영적으로 이미 새로운 창조 질서에 들어가 그것을 누리는 자다(고후 5:17).

3:17에서 "이방 사람이 그[시온] 가운데로 통행하지 못하리로다"라는 말은 열국이 다시 침략해도 승리하지 못할 것이라는 의미다. 따라서 이 구절은 시온의 백성과 이방인이 분리될 것을 뜻하기보다 미래에 시온이 더 이상 열국의 위협을 받지 않는 안전한 곳이 될 것이라는 점을 수사적으로 드러낸다. 또한 시온이 이방인에 의해 오염되지 않을 것이기 때문에, 시온의 거룩이 영원할 것이라는 사실을 간접적으로 부각시킨다.

신학적 메시지

여호와의 날

요엘서는 하나님의 주권, 거룩, 자비를 강조한다. 요엘서의 메뚜기 재앙은 이스라엘이 회개하지 않으면 장차 여호와의 날이 임하여 더 큰 재앙이 닥칠 것이라는 경고였다. 결국 요엘서는 여호와의 날이 피할 수 없는 사건이 될 것이라고 말하고, 여호와의 날이라는 환난을 통과하면서 여호와의 이름을 부르는 남은 자가 나타날 것을 보여 준다(2:12-18, 32). 이 때 하나님은 남은 자에게 물질적인 축복을 주시고(2:19-25), 수치를 당하지 않게 하실 것이며(27절), 성령을 부어 주실 것이다(29절). 이 여호와의 날에 하나님은 열국을 심판하실 것이다(3장). 더 나아가 요엘서는 여호와의 날이 임하면 최종적으로 시온이 회복되고, 그곳에 남은 자가 거하고, 새로운 창조 질서가 나타날 것이라고 말한다(3:18).

이상의 내용을 종합하면, 여호와의 날은 유다를 심판하고 열국을 심판한 다음, 시온을 회복하고, 남은 자에게 성령을 부어 주어 복을 주고, 새로운 창조 질서를 탄생시키는 날이다. 이처럼 요엘서에서 여호와의 날은 여러 가지 사건의 집합체,[34] 즉 여러 사건을 아우르는 총체적인 표현이다.[35] 요엘서에서 사용되는 '여호와의 날'(2:11)이라는 표현은 스바냐서와 말라기서에도 다시 나타난다(습 1:14-15; 3:19-20; 말 3:23).[36]

---

34) Rolf Rendtorff, "How to Read the Book of the Twelve as a Theological Unity", in *Reading and Hearing the Book of the Twelve*, 80.

35) James D. Nogalski, "Recurring Themes in the Book of the Twelve: Creating Points of Contact for a Theological Reading", *Interpretation* 61 (2007): 125.

돌아오라

요엘 2:12-14은 호세아 14:1-2과 같이 돌아올 것을 촉구한다. 요엘 2:13은 마음을 찢고 돌아오라고 말하는데, 이 '마음'은 호세아서에서도 중요한 단어다(호 7:14; 10:2). 호세아서는 백성이 하나님이 원하시는 인애의 열매를 맺지 못하는 원인을 마음의 문제로 이해했다. 이런 점에서 요엘서는 호세아서와 밀접한 관련이 있다.[37] 그래서 요엘서는 회복이라는 당면 과제 앞에서 우선적으로 마음으로 돌아와야 함을 지적한다.

요엘 2:18은 미래에 사람들이 돌아오는 것은 전적으로 하나님의 긍휼에 기인한 것임을 강조한다. 이 점은 호세아서도 마찬가지다.[38] 호세아 14장도 결국 하나님의 긍휼로 인해 백성이 돌아와서 고침을 받을 것이라고 말한다(호 14:4). '돌아오다'라는 주제는 아모스 4:6-11에 다시 등장한다. 따라서 요엘서는 뒤에 나오는 아모스서와도 밀접한 연관이 있다.[39]

요엘서는 돌아오는 행위가 외형적 변화보다 마음의 변화로 이루어져야 한다고 강조한다. 물론 돌아온다는 의미가 구체적으로 무엇인지는 밝히지 않는다. 하지만 호세아서와 연결하여 읽으면, 그 목적이 하나님의 성품인 공의와 인애와 의를 닮아 그런 열매를 맺는 삶을 살기 위한 것임을 알 수 있다.

---

36) James D. Nogalski, "The Day(s) of YHWH in the Book of the Twelve", in *Thematic Threads*, 203.
37) Aaron Schart, "The First Section of the Book of the Twelve Prophets: Hosea-Joel-Amos", *Interpretation* 61 (2007): 142.
38) Aaron Schart, "Hosea-Joel-Amos", 143.
39) Aaron Schart, "Hosea-Joel-Amos", 144.

성령

앞서 말한 대로 요엘서의 성령은 호세아서의 새 언약 성취와 밀접한 관련이 있다. 호세아 2:21-22은 새 언약 성취의 증거로 '하나님은 하늘에 응답하고 하늘은 땅에 응답하고 땅은 곡식과 포도주와 기름에 응답할 것'이라고 말한다. 요엘서도 종말에 성령이 부어지는 사건(욜 2:29)을 묘사하기 위해 호세아서와 비슷하게 말한다. "여호와께서 그들에게 응답하여 이르시기를 내가 너희에게 곡식과 새 포도주와 기름을 주리니"(욜 2:19). 그래서 요엘서는 성령 강림 사건을 새 언약의 성취라는 관점에서 바라본다.

그렇다면 새 언약에서 성령의 역할은 무엇인가? 호세아서는 백성들이 공의와 인애와 의의 열매를 맺지 못하는 이유로 음란한 마음을 지목했다(호 4:12; 5:4). 개역개정판에 "음란한 마음"으로 번역된 히브리어 원문은 '음란의 영'이다. 이런 호세아서의 문맥에서 볼 때, 요엘서에서 성령이 임하는 목적은 사람들에게서 음란의 영을 퇴치하고 그들로 하여금 온전히 공의와 인애와 의의 열매를 맺도록 하기 위함이다. 이 점은 오늘날 교회에 시사하는 바가 크다. 오늘날 성령 운동은 은사주의와 기복주의, 그리고 치유 사역에 치우친 경향이 있다. 하지만 소예언서가 강조하듯, 성령의 주된 역할은 성도가 공의와 인애와 의의 열매를 맺도록 하는 데 있다.

4장
아모스

시대적 배경

아모스는 여로보암 2세(주전 793-753년)와 웃시야(주전 792-740년) 시대에 물질적으로 큰 번영을 누렸던 북이스라엘에서 활동한 예언자였다. 북이스라엘과 남유다는 정복 활동을 통해 영토를 넓혀 나갔기 때문에, 다윗과 솔로몬 시대의 영토를 대부분 회복했을 뿐만 아니라 이스라엘의 경계를 넘어 여러 곳을 자국의 식민지로 만들었다. 이런 상황에서 상업의 발달로 무역이 활발해지고, 상업 도로를 지나는 상인들에게 통행세를 징수하면서 상업 자본이 축적되어 자연스럽게 부유층 지배계급이 등장했다. 하지만 부유층 지도자들은 탐욕으로 인해 점차 공의로부터 멀어지기 시작했다. 이런 배경에서 아모스는 사마리아의 특권층인 부자들을 질타하고 공의를 강조한다. 그렇다고 아모스가 사회적 정의에만 관심을 가진 것은 아니다. 그는 호세아와 마찬가지로 종교적 타락도 책망한다(참고 6:4-7).

아모스의 사역은 장차 있을 앗수르의 침략이라는 어두운 그림자를 염두에 두고 시작됐다(3:11; 5:3, 27; 6:7-14; 7:9, 17; 9:4). 북이스라엘에서 활동했던 아모스는 유다의 드고아 지역 출신인데, 드고아는 베들레헴에서 남쪽으로 약 8킬로미터 떨어진 소읍이었다. 아모스는 여기서 양을 치며 사회적 하류층으로 살던 목자였다(1:1; 7:14).

앞서 언급한 것처럼 아모스가 활동하던 시대는 공물과 상업 도로의 지배권으로 부가 축적되면서 이스라엘 사회에 경제적 불평등이 초래된 시기였다(5:11, "너희가 힘없는 자를 밟고 그에게서 밀의 부당한 세를 거두었은즉 너희가 비록 다듬은 돌로 집을 건축하였으나 거기 거주하지 못할 것이요 아름다운 포도원을 가꾸었으나 그 포도주를 마시지 못하리라"; 참고 6:4). 하지만 계층 간의 경제적 불균형은 왕정 제도의 등장으로 인해 이미 시작된 현상이기도 했다.[1] 고고학적 발굴을 보면, 왕정 시대가 시작되면서 계급에 따라 집의 규모가 달라지기 시작했음을 알 수 있다. 보통 왕들은 수입원을 조달하기 위해 그리고 신하들에게 땅을 하사하기 위해 토지를 매입했다. 이것은 이스라엘 농민들에게 큰 위협이 아닐 수 없었다. 게다가 아모스 시대에 상업의 발달로 출현한 부유층 지도자들은 가난한 자들의 밭을 탐하고 매입하기 시작했다.[2] 그들은 상업 교류를 위해 자신들이 매입한 땅에 상업작물로 포도나무와 올리브를 재배했다.[3]

아모스 시대의 두드러진 특징은 도시가 급속히 늘어났다는 점이다.[4] 부유층은 외부 침략으로부터의 방어를 목적으로 성읍을 세우고, 성읍 주위에 성곽을 쌓아 군사 보호라는 명목으로 지방 농민들로부터 세금을 거두었다. 이는 일종의 군세였다. 고고학 자료들은 세금을 강요한 부유층이 가난한 자들을 착취하면서 얼마나 호사스런 생활을 했는지 잘 보여 준다(암 6:1-8).[5] 이와 같은 세금 징수로 많은 부채를 떠안게 된 농민들은 결국 소작농으로 전락하면서 비참한 삶을 살았고, 반대로 부유층의 삶은 더욱 사치스러워졌다. 아모스 3:15은 당시의 이런 상황을 잘 말해 준다. "겨울 궁과 여름 궁을 치리니 상아 궁들이 파괴되며 큰 궁들이 무너지리라 여호와의 말씀이니라."[6] 여기서 궁은 왕이 사는

---

1) John Bimson, "Old Testament History and Sociology", in *Interpreting the Old Testament: A Guide for Exegesis*, ed. Craig C. Broyles (Grand Rapids, Mich.: Baker Academic, 2002), 148.
2) John Bimson, "Old Testament History and Sociology", 149.
3) Norman K. Gottwald, *Tribes of Jahweh*, 285-292.
4) D. N. Premnath, "Amos and Hosea: Sociohistorical Background and Prophetic Critique", *Word & World* 28 (2008): 126.
5) John Bimson, "Old Testament History and Sociology", 150.

거처가 아니라 상아로 치장한 부유층의 대저택을 가리킨다.[7]

사법제도에도 변화가 일어났다.[8] 원래 이스라엘의 재판은 성문에서 장로들이 주관했다. 장로의 신분은 땅을 소유한 지주였지만, 토지가 소수 엘리트 부유층에게 집중되자 지주로서의 장로 계급이 사라졌다. 자연히 재판 결과는 행정력과 재력과 군사력을 장악한 소수 엘리트 부유층에 의해 좌우되었다. 소수 엘리트들과 결탁된 재판 관리들은 엘리트들에게 유리하게 법을 개정했다.[9] 이런 상황에서 지방 농민들이 성문에서 재판하는 관리들을 원망하는 것은 당연한 결과였다. 아모스는 재판 관리들이 정직히 말하는 자를 오히려 싫어하고 가난한 자들에게 부당한 판결을 내렸다고 고발했다(암 5:10).

한편 아모스 1:1은 아모스 시대에 지진이 있었음을 언급한다. 고고학적 발굴을 보면, 아모스가 사역한 기간으로 추정되는 시기(주전 767-753년)에 하솔 지역에 지진이 있었다는 증거를 발견할 수 있다.[10]

---

6) 이사야서에서도 비슷한 말을 발견하게 된다. "가옥에 가옥을 이으며 전토에 전토를 더하여 빈틈이 없도록 하고"(사 5:8).
7) Billy K. Smith and Frank S. Page, *Amos, Obadiah, Jonah*, NAC (Nashville, Tenn.: Broadman & Holman, 1995), 83.
8) D. N. Premnath, "Amos and Hosea: Sociohistorical Background and Prophetic Critique", *Word & World* 28 (2008): 125-132 중 131.
9) John Bimson, "Old Testament History and Sociology", 151. 이사야서도 이러한 폐해를 지적한다. "불의한 법령을 만들며 불의한 말을 기록하며 가난한 자를 불공평하게 판결하여 가난한 내 백성의 권리를 박탈하며 과부에게 토색하고 고아의 것을 약탈하는 자는 화 있을진저"(사 10:1-2).
10) 치즈홀름, 「예언서개론」, 570.

구조와 특징

아모스서는 다음과 같이 동심원 구조로 되어 있다.[11]

   A. 열국과 유다와 이스라엘에 대한 심판(1-2장)
      B. 언약을 위반한 이스라엘(3장)
         C. 부자들에 대한 비판(4장)
            D. 애가와 장례식: 공의와 의를 행하라(5장)
         C'. 부자들에 대한 비판(6장)
      B'. 언약의 저주(7-8장)
   A'. 열국과 유다의 심판과 구원(9장)

이상의 구조를 볼 때, 아모스서의 핵심은 5장에서 말하는 바와 같이 공의와 의를 행하라는 촉구에 있다. 아모스 3, 4, 5장은 서두에 "이 말(씀)을 들으라"라는 말로 시작한다. 그리고 6:1-14은 재앙 신탁의 형식("화 있을진저")을 취한다. 4장은 사마리아의 산을 언급하며 시작하는데, 4장과 짝을 이루는 6장도 사마리아의 산을 언급하며 시작한다.

아모스 1-2장은 하나님이 열국을 심판하실 것을 말하고, 이어서 유다와 이스라엘이 심판을 받을 것이라고 말한다. 많은 학자들은 열국에 대한 심판으로 시작하는 것을 아모스서의 중요한 특징으로 지적한다.[12] 그렇다고 이 순서가 열국 심판 다음에 유다와 이스라엘의 심판이 나온

---

11) 아모스서의 구조를 찾는 문제는 과거 중요한 이슈 중 하나였다. 참고. Adri van der Wal, "The Structure of Amos", *JSOT* 26 (1983): 107-113.
12) Smith and Page, *Amos, Obadiah, Jonah*, NAC, 45.

다는 의미는 아니다. 요엘서의 예언대로, 열국에 대한 심판이 있기 전에 유다에 대한 심판이 있을 것이다. 그럼에도 1-2장이 열국에 대한 심판을 먼저 언급한 것은 유다와 이스라엘에 대한 심판이 열국에 대한 심판과 같은 차원에서의 공의의 심판임을 드러내기 위한 저자의 의도다. 1-2장은 하나님이 열국을 불로 심판하실 것을 말함으로써 요엘 3장의 열국 심판이라는 주제를 계승한다.

1-2장과 짝을 이루는 9장은 1-2장의 내용을 더욱 발전시켜 하나님이 불로 열국을 심판하고 기존 창조 질서를 무너뜨리실 것을 암시한다(1:4, 7, 12; 9:5-7). 이 때 다윗의 무너진 장막인 시온(예루살렘)이 세워지고 유다는 세상의 중심으로 우뚝 서게 될 것이다(9:11-15). 9:13은 "산들은 단 포도주를 흘리며 작은 산들은 녹으리라"라고 말함으로써, 시온의 회복과 함께 종말에 새로운 창조 질서가 출현할 것을 예언한다. 요엘 3장이 종말에 시온의 회복과 함께 새로운 창조 질서가 출현할 것을 예언했는데, 아모스 9장도 열국에 대한 심판 이후에 다윗의 무너진 장막인 시온이 회복되고 새로운 창조 질서가 나올 것을 내다본다.

정리하면, 아모스서는 요엘 3장과 같이 유다의 심판 다음에 열국의 심판, 이어서 시온의 회복과 남은 자의 출현, 그리고 마지막으로 새로운 창조 질서가 세워지는 것을 보여 준다. 그러면서 유다와 열국의 심판이 공의와 의를 행하지 않았기 때문임을 부각함으로써, 요엘 3장이 말하는 유다와 열국 심판의 이유를 더욱 분명하게 제시한다.

한편 요엘서는 백성이 재앙 전에 돌아올 수 있는 가능성을 어느 정도 열어 놓았지만(욜 2:13), 아모스서는 백성들이 돌아오지 않았음을 처음부터 지적한다(4:6, 8-11). 물론 중간에 선을 사랑하고 공의를 세우라고 거듭 촉구하지만(5:15a), 백성이 돌아올 가능성에 대해서는 매우 회의적이다. 결국 8:11은 하나님의 심판으로 백성들이 하나님의 말씀을 전혀 듣지 못할 것이라고 선언하고 그들이 포로생활이라는 환난을 당할 것을 예고한다. 그렇다고 전혀 희망이 없는 것은 아니다. 환난을 통과한 후에 진정으로 회개한 남은 자가 나타날 것을 예고하기 때문이다 (암 5:15b; 9:12). 미래에 시온에 거하는 남은 자는 환난을 경험하면서 공의와 의를 체득하고 실행하게 될 것이다(암 5장).

아모스서와 짝을 이루는 스바냐서도 공의를 강조하고 창조 질서의 변화와 남은 자를 언급한다는 점에서 아모스서와 긴밀한 연관성을 보인다.

내용 분석

열국 심판 신탁(1-2장)

열국에 대한 심판은 아람, 블레셋, 두로, 에돔, 암몬, 모압, 유다, 이스라엘로 전개된다. 심판은 먼 이방 민족에서 가까운 이웃나라들(에돔, 암몬, 모압)로, 그리고 마침내 유다와 이스라엘에 임한다.[13]

열국에 대한 심판을 먼저 언급한 이유는 유다와 이스라엘의 죄가 열국의 죄와 다르지 않다는 것을 보여 주기 위함이다. 이는 열국이 심판을 받는 이유가 그들이 창조 질서의 원리인 공의와 의를 행하지 않았기 때문인 것처럼, 유다와 이스라엘도 공의와 의를 행하지 않았기 때문에 심판을 받는다는 논리를 보여 준다. 시편은 창조 질서의 원리를 하나님의 성품인 공의와 의로 이해한다(시 33:5; 36:6; 89:14; 105:7).

---

13) Smith and Page, *Amos, Obadiah, Jonah*, 44.

같은 맥락에서 예레미야서도 8-9장에서 공의와 인애와 의를 창조 질서의 원리로 설명한다(렘 8:7; 9:24). 열국과 유다와 이스라엘은 동일하게 공의와 의를 행하지 않았기 때문에 심판을 받는다. 그래서 아모스서는 중심부에서 미래의 구원을 위해 다시 공의와 의를 촉구한다(5:15, 24).

열국에 대한 하나님의 심판을 다루는 아모스 1-2장은 "불을 보내리니"라는 문구를 빈번하게 사용한다(1:4, 7, 12; 2:2, 5). 불로 인한 심판은 이제 노아 언약의 위반으로 하나님이 열국뿐 아니라 창조 질서까지도 불로 심판하실 것이라는 암시다(참고. 사 24:6; 벧후 3:7).[14] 1-2장과 평행을 이루는 9장은 이 점을 더욱 명확히 드러냄으로써, 불로 열국과 창조 질서가 무너질 것을 예고한다(9:5-6; 참고. 7:4). 하지만 9장은 1-2장의 심판을 넘어 종말에 하나님이 기존 창조 질서를 무너뜨리고 새로운 창조 질서를 창조하심으로써 자연 세계가 새롭게 변화될 것을 보여준다(9:14). 그래서 아모스 1-2장과 9장은 요엘 3장에서 제시된 열국의 심판과 새로운 창조 질서라는 주제를 계속 언급하면서, 요엘 3장의 내용을 더욱 발전시켜 기존의 창조 질서가 어떻게 전복되는지 상세히 묘사한다.

존 바튼(John Barton)은 아모스 1:3-2:3이 자연법(natural law)을 통해 하나님이 열국을 심판하시는 모습이라고 이해하고, 그 뒤에 나오는 이스라엘의 심판(2:6-16) 원인도 언약보다는 자연법을 위반했기 때문이라고 주장한다.[15] 하지만 그는 자연법과 모세 언약에 계시된 율법을 너무 이분법적으로 분리시켰다. 자연법에서 전제하는 공의와 의는 자생

---

14) 치즈홀름, 「예언서개론」, 577.
15) John Barton, *Understanding Old Testament Ethics: Approches and Explorations* (Louisville, Ken.: WJK, 2003), 34-35.

적으로 움직이는 원리가 아니라 하나님의 주권에 기인한 원리다. 하나님이 그 원리를 율법의 형태로 계시하셨기 때문에, 자연법과 언약의 율법은 분리될 수 없다.

열국에 대한 심판 이후에 2:4-5은 유다의 죄를 언급한다. 유다의 죄는 여호와의 율법을 지키지 않았다는 데 있다. 율법은 구약 성경에서 언약과 등치되는 개념이기 때문에, 율법을 지키지 않았다는 것은 언약을 위반했다는 의미다(참고. 렘 11:6, 8). 앞서 말한 것처럼, 율법은 창조 질서의 원리인 공의와 의를 성문화한 것이다(참고. 창 18:19).[16] 그러므로 율법을 지키지 않았다는 것은 공의와 의를 위반했다는 뜻이기도 하다. 예레미야는 당시 율법을 지키지 않은 유다를 향해 다른 피조물들은 창조 원리에 순응하여 공의와 의에 따라 행동하지만 유다는 창조 원리인 공의와 의를 구현한 율법에 순종하지 않는다고 한탄했다(렘 8:7-9).

2:6-12은 이스라엘의 죄를 다룬다. 이스라엘의 죄목은 크게 네 가지 범주로 분류되는데, 각각의 범주에 두 가지 죄의 양상이 열거되지만 이 둘은 동의적 평행을 이루기 때문에 결국 한 가지 죄를 말하는 셈이다.[17] 죄의 네 가지 범주는 다음과 같다. 첫째, 가난한 자와 연약한 자에게 공의를 행하지 않은 것, 둘째, 음행을 행하여 하나님의 이름을 더럽힌 것, 셋째, 저당과 관련된 불의, 넷째, 종교지도자들에 대한 경시였다. 특별히 2:12은 종교지도자로 나실인과 예언자들을 언급하고 백성들이 그들을 경시했다고 말한다. "그러나 너희가 나실 사람으로 포도주를

---

16) 창세기는 하나님이 아브라함을 부르신 목적이 공의와 의를 행하도록 하기 위함이라고 말한다(창 18:19). 그리고 마지막에 아브라함의 생애를 평가하면서, 하나님은 아브라함이 율법을 지켰다고 말씀하신다(창 26:5). 이를 통해 창세기는 공의와 의를 율법의 최고 원리로 제시한다.

17) 치즈홀름, 「예언서 개론」, 576.

마시게 하며 또 선지자에게 명령하여 예언하지 말라 하였느니라."

이스라엘의 죄목은 사회적 공의의 부재와 우상숭배로 요약된다 (2:6-8). 이는 이스라엘이 열국의 생활방식을 채택하고 스스로 더럽혔음을 뜻한다. 2:7b의 "아버지와 아들이 한 젊은 여인에게 다녀서 내 거룩한 이름을 더럽히며"는 당시 이방 종교의 마르제아흐 잔치를 가리킬 가능성이 크다. 이 잔치는 사교클럽 모임으로, 이 모임에서 부자들은 술에 취하여 문란한 행동을 했다.

더욱이 2:12은 이스라엘이 예언자를 통해 주시는 하나님의 말씀을 들으려 하지 않았다고 말한다. 이스라엘이 죄를 범한 원인은 이처럼 하나님의 말씀을 들으려 하지 않는 태도에서 기인한 것이다. 하나님은 그 결과 그들이 하나님의 말씀을 듣지 못하는 영적 기갈을 당할 것이라고 말씀하신다(암 8:11). 이스라엘이 범죄로 멸망하면, 열국도 더 이상 소망이 없기 때문에 심판을 받을 것이다. 그리고 앞서 말한 것처럼 이스라엘의 죄는 공의와 의를 행하지 않은 것이기에, 공의와 의로 세워진 기존 창조 질서도 전복될 것이다(암 9:1-10).

언약을 위반한 이스라엘(3장)

3장은 모세 언약을 위반한 이스라엘을 언약 고소 형식으로 질타하고, 결국 언약을 위반한 이스라엘이 심판당할 것을 예언한다. 언약 위반을 법정에서 고소하는 언약 고소 형식의 관점에서 3장의 구조를 보면 다음과 같다.

    A. 원고와 피고의 등장(1a절)
    B. 과거의 역사와 함께 언약 관계가 파기된 것을 선언(1b-2절)

C. 언약 파기를 수사적 언어를 통해 표현(3-6절)

D. 언약 고소의 메신저로서 예언자의 지위를 확인(7-8절)

E. 증인 등장(9-10절): 아스돗의 궁들과 애굽의 궁들이 학대를 목격

F. 심판 선언(11-15절)

한편 아모스 3장은 '보응하다'(פקד, '파카드')라는 말이 앞뒤에 나와 인클루지오를 형성한다(3:2, 14). 3장은 언약 고소 형식을 지니는 동시에 동심원 구조를 이룬다.

A. 여호와의 보응(1-2절)
  B. 재앙이 임할 것임(3-6절)
    C. 여호와의 말씀을 예언하라(7-8절)
      D. 이스라엘이 공의롭지 못함: 광포, 학대, 포악과 겁탈(9-10절)
  B'. 재앙이 임할 것임(11-12절)
    C'. 여호와의 말씀을 증거하라(13절)
A'. 여호와의 보응(14-15절)

3:2의 여호와께서 "내가 땅의 모든 족속 가운데 너희만을 알았나니"에서, '알다'라는 동사의 히브리어 '야다'(ידע)는 당사자들 사이의 긴밀한 언약 관계를 의미한다(창 18:19; 참고 삼하 7:20).[18] 그래서 이 구절은 원래 하나님이 이스라엘과 언약 관계를 맺고 긴밀한 교제를 나누셨음을 일깨워 준다. 3:4은 하나님을 포효하는 사자의 모습으로 그린다.

---

18) 로이 주크, 유진 메릴, 「구약성경신학」, 김의원, 류근상 옮김 (고양: 크리스챤출판사, 2005), 589.

이런 사자의 포효는 1장에서 사자처럼 포효하는 하나님의 모습이 언약을 위반한 이스라엘을 고소하고 심판하기 위한 것임을 드러낸다. 3:3-8은 2:12에서 예언하지 말라던 당시 이스라엘 사람들을 염두에 두고 주어진 말씀으로,[19] 아홉 개의 수사의문문으로 이루어졌다.

3:3은 두 사람을 언급하며 시작한다. 여기서 두 사람은 누구인가? 보통 두 사람은 이스라엘과 하나님을 지칭하는 것으로 해석된다.[20] 하지만 3:7-8은 뜻밖에도 하나님과 예언자의 관계를 언급한다. 3:3-6은 주로 하나님이 이스라엘에 내리시는 심판에 초점을 맞추고 있기 때문에, 3:7-8에서 예언자를 언급한 것은 의외다. 따라서 학자들은 3:7을 후대에 삽입된 것으로 이해한다.[21] 하지만 여기서 예언자와 하나님에 대한 언급은 3:3에 나오는 "두 사람"의 정체를 구체적으로 드러낸 것이다. 이런 점에서 제프리 니하우스(Jeffrey Niehaus)는 3:3의 "두 사람"은 하나님과 예언자이며 그 정체가 3:7에 명시되었다고 주장한다.[22] 이 주장이 맞다면, 3:3-8의 내용은 2:12에서 백성들이 예언하지 말라고 요구한 것에 대한 반응으로, 예언자는 하나님의 말씀을 예언해야 한다는 점을 강조한다.

더 나아가 3:3-8은 아모스가 이스라엘 백성에게 문학적 함정(trap)이라는 기법을 사용하여 그들에게 심판이 임박했음을 보여 주는 장면이다. 흥미롭게도 3장은 7-8장과 평행을 이루는데, 7-8장에서도 하나님

---

19) James R. Linville, "Amos Among the 'Dead Prophets Society': Re-Reading the Lion's Roar", *JSOT* 90 (2000): 66.
20) Wolff, *Joel and Amos*, 184; Hays, *Amos*, 124.
21) 참고. Auld, *Amos*, 31.
22) Jeffrey Niehaus, "Amos", in *The Minor Prophets*, ed. Thomas Edward McComiskey, 378.

은 아모스에게 네 가지 환상을 보여 주시면서 이스라엘에 심판이 임박했음을 알려주신다. 7-8장의 환상은 벧엘의 제사장 아마샤가 아모스와 대면해 예언하지 말라고 요구한 데서 촉발되었다(암 7:10-17). 이 환상 이야기에서 하나님은 심판을 돌이켜 달라는 아모스에게 문학적 함정을 사용하여 심판의 불가피성을 역설하신다.[23] 이런 점에서 3장과 7-8장은 예언하지 말라는 정황과 문학적 함정이라는 수사적 기교를 사용한다는 공통점을 지니고 있다.

이제 3:3-8의 문학적 함정이 무엇인지 살펴보자. 3:3이 두 사람을 언급할 때, 아모스 시대의 청중과 독자들은 그 두 사람을 이스라엘과 하나님으로 이해했을 것이다. 이는 3:2이 하나님과 이스라엘을 언급한다는 점에서 더욱 지지를 얻는다.[24] 하지만 아모스는 3:7에서 이 두 사람이 하나님과 예언자임을 밝힘으로써, 하나님이 더 이상 이스라엘과 동행하시지 않고 신실한 예언자와 동행하신다는 점을 부각시킨다. 이런 문학적 함정은 이스라엘 청중들을 함정에 빠뜨려 화자(저자)의 의도를 수용하도록 이끌고, 이제 이스라엘의 심판이 불가피하다는 것을 그들에게 각인시키는 기능을 한다.

3장에서 이스라엘이 언약을 위반한 핵심은 가난한 자를 볼모로 부를 축적하고 불의를 행하며 우상을 섬긴 것이었다(10, 14절). 그 결과 하나님은 종교적 죄악을 대표하는 벧엘의 단과 이스라엘 부자의 화려한 궁궐들을 파괴하실 것이다(14-15절). 앞서 말한 것처럼, 여기서 '궁궐'은

---

23) 암 7-8장에서 문학적 함정은 세 번째 환상에 잘 드러난다(7:7-8). 나중에 설명하겠지만, 하나님은 여기서 아모스에게 문자적 기교를 통해 이스라엘 백성을 문학적 함정에 빠뜨려서 더 이상 하나님의 심판에 대해 중보하지 말 것을 깨우치신다.
24) 참고. Smith and Page, *Amos, Obadiah, Jonah*, 73.

부유층의 화려하고 값비싼 대저택을 가리킨다.[25] 이 집에는 상아로 만든 벽과 가구들이 구비되어 있었다. 아모스 시대에 부자들은 많은 성읍을 세우고 주위에 성곽을 쌓았다.[26] 부자들은 성곽을 두른 성읍 안에 요새화된 자신들의 집을 지었다. 3:11에서 "궁궐"로 번역된 히브리어의 원래 뜻은 '요새'다. 부유층 엘리트들은 자신들의 집을 사치스럽게 짓고 막강한 군사력을 과시했다. 부와 군사력을 겸비한 부자들은 농민들에게 성곽이 있는 성읍에 살게 하고 안전을 빌미로 세금을 징수했다. 그래서 아모스는 5:11에서 부유층 지도자들이 "힘없는 자를 밟고 그에게서 밀의 부정한 세를 거두었은즉"이라고 고소했다.[27] 과도한 세금은 농부들을 더 가난하게 만들고 많은 부채를 떠안도록 만들었다. 그래서 아모스는 이제 하나님이 이스라엘의 부자들을 심판하실 것이라고 말한다.

하지만 3:12은 미래에 남은 자들이 있을 것을 암시한다(참고. 암 5:15). 남은 자에 대한 암시는 언약의 특성 때문이다. 하나님의 언약은 조건적 특성이 있어 인간 편에서 볼 때는 백성이 불순종한다면 철회될 수 있는 성질이 있다. 하지만 하나님 편에서 볼 때는 결코 파기될 수 없는 영원성을 함께 지닌다. 그래서 이 영원성 때문에 하나님은 미래에 남은 자를 출현시키시고 이전에 맺은 언약들을 완성시키신다.

구체적으로 모세 언약이 파기될 때, 하나님은 새 언약을 맺고 남은

---

25) 치즈홀름, 「예언서개론」, 588.
26) D. N. Premnath, "Amos and Hosea: Sociohistorical Background and Prophetic Critique", *Word & World* 28 (2008): 125-132 중 128.
27) Premnath는 암 7:1의 "왕이 풀을 벤 후"라는 표현이 농촌 지역에서 왕이 과도한 세금 징수를 통해 수확물을 베어간다는 뜻을 내포할 수 있음을 지적한다. Premnath, "Amos and Hosea", 129.

자를 출현시켜서 모세 언약을 완성하실 것이다.[28] 따라서 아모스 9장은 이스라엘에 포로의 환난이 임하여 모세 언약이 파기될 것이지만 나중에 새 언약이 체결되어 남은 자들이 등장하고 다윗의 장막이 다시 일어날 것을 내다본다. 새 언약이 신약 성경에서 예수 그리스도를 통해 성취되었기 때문에, 야고보는 사도행전에서 새 언약 성취의 증거로 아모스 9장을 인용했다(행 15:16-17).

부자들에 대한 비판(4장)

4장은 부자들에 대한 비판을 본격적으로 다룬다. 부자들의 죄는 가난한 자에 대한 착취(1절)와 공의가 배제된 제사였다(4-5절). 하지만 이스라엘은 여러 재앙을 받으면서도 자신의 죄를 알지 못했다(참고. 9절). 4-11절은 메뚜기 재앙과 애굽에 내렸던 비슷한 재앙들, 소돔과 고모라가 받았던 불의 재앙을 경험하고도 여전히 이스라엘이 깨닫지 않았다고 말한다. 특히 6-11절에 "내게로 돌아오지 아니하였느니라"라는 말이 빈번히 반복된다. 이처럼 아모스서는, 요엘서와 달리, 재앙을 경험하고도 돌아오지 않는 백성의 행태를 책망한다.[29] 그래서 이스라엘이 더 이상 돌아올 가능성이 없기 때문에 우주적 심판이 불가피함을 독자들에게 일깨운다.

---

28) 모든 언약, 즉 노아 언약, 아브라함 언약, 모세 언약, 다윗 언약은 조건성과 함께 영원성을 지닌다. 이에 대해서는 다음을 참고하라. Bruce K. Waltke, "The Phenomenon of Conditionality within Unconditional Covenants", in *Israel's Apostasy and Restoration: Essays in Honor of Roland K. Harrison*, ed. Avraham Gileadi (Grand Rapids, Mich.: Baker, 1988), 121-139.
29) 재앙을 경험하고도 돌아오지 않고 회개하지 않은 자들에 대한 묘사는 이사야서에도 등장한다(참고. 사 63-64장).

하지만 모두 심판으로 멸망하는 것은 아니다. 앞서 말한 대로 남은 자가 나올 것이다(암 5:15). 남은 자는 심판을 통해 그 심판에 드러난 하나님의 공의와 의를 체험하고 하나님의 성품을 좇아 공의와 의를 추구하는 자들이다.

4:13("보라 산들을 지으며 바람을 창조하며 자기 뜻을 사람에게 보이며 아침을 어둡게 하며 땅의 높은 데를 밟는 이는 그의 이름이 만군의 하나님 여호와시니라")에 등장하는 "만군의 하나님 여호와"라는 호칭은 아모스서의 문맥에서 기존 창조 질서를 전복하고 새로운 창조 질서를 세우는 하나님의 모습을 강조하는 문구다(암 9:5-6). 그러므로 이 호칭은 이스라엘의 심판이 거꾸로 새로운 창조 질서를 위한 신호가 될 것임을 암시한다.

애가와 장례식(5장)

아모스서의 전체 구조를 볼 때, 핵심은 5장이다. 5장은 크게 두 부분(1-17절과 18-27절)으로 나뉜다.

5:1-17

이 단락은 동심원 구조를 이룬다.[30]

---

30) 한편 치즈홀름은 이 단락이 다음과 같은 동심원 구조를 이룬다고 주장했다. 치즈홀름, 「예언서개론」, 594.
   A. 이스라엘의 파멸은 애가를 지어 부를 만한 것이다(1-3절)
    B. 심판이 임박했으므로 이스라엘은 회개해야 한다(4-6절)
     C. 그리고 그들은 불의한 죄를 범했다(7절)
      D. 하나님이 그들을 심판하실 것이다(8-9절)
     C'. 불의한 죄를 범했기에 이스라엘에게 심판이 임박했다(10-13절)
    B'. 그 때문에 그들은 회개해야 한다(14-15절)
   A'. 하나님의 심판은 대대적인 탄식을 초래할 것이다(16-17절)

A. 애가를 지으라(1-2절)

  B. 여호와를 찾는 자는 남게 될 것이다(3-4절)

    C. 우상숭배에서 떠나라(5-6절)

      D. 공의와 의를 행하지 않는 자들에 대한 경고(7-8절)

        E. 하나님의 심판(9절)

      D'. 공의와 의를 행하지 않는 자들의 죄악상(10-12절)

    C'. 악을 구하지 말고 선을 구하라(13-15a절)

  B'. 남은 자를 여호와께서 긍휼히 여기실 것이다(15b절)

A'. 애곡하라(16-17절)

이상의 구조를 볼 때, 핵심은 E(9절) 단락인 '하나님의 심판'이다. 주위 문맥을 볼 때, 이 심판은 이스라엘이 하나님의 선(善)인 공의와 의를 행하지 않은 결과다. B(3-4절)/B'(15b절)는 심판 가운데도 남은 자가 있을 것을 말한다. 여기서 남은 자의 특성이 처음으로 제시되는데, 바로 공의를 행하는 모습이다. 앞서 말한 것처럼, 남은 자는 하나님의 공의의 심판을 체험한 후에 하나님의 성품을 닮아 자신도 공의와 의를 실천하는 자다.

C(5-6절)/C'(13-15a절)에 속하는 5절은 벧엘과 길갈, 그리고 브엘세바로 가지 말 것을 주문한다. 종교적으로 중요한 장소들이 하나님의 심판으로 파멸될 것이라는 말씀이다. C/C'는 우상숭배를 하나님을 찾지 않는 행위와 동일시하고, 하나님의 선인 공의를 행할 것을 역설한다. 미가는 이 선을 공의와 인애, 그리고 겸손히 하나님과 동행하는 것으로 확대하여 정의했다(미 3:1; 6:8).

D(7-8절)/D'(10-12절)는 다시 공의와 의를 행하지 않는 자들의 모습

을 구체적으로 묘사한다. 이들은 가난한 자를 학대하고, 부당한 부를 축적하며, 뇌물을 받고, 궁핍한 자를 억울하게 했다. 8절은 창조자이신 하나님을 언급함으로써, 하나님이 공의와 의가 훼손된 기존 창조 질서를 전복시키실 것이라는 암시를 준다. 인간이 공의와 의를 행하지 않을 때 공의와 의로 세워진 세상의 창조 질서가 무너질 수밖에 없다는 것이다. 요엘서를 설명할 때 말했듯이, 이스라엘(유다)은 세상의 소우주이다. 그러므로 소우주인 이스라엘이 공의와 의를 행하지 않을 때 공의와 의의 원리로 세워진 전체 우주 질서가 무너지는 것은 전혀 놀라운 일이 아니다. 나중에 아모스서는 창조자이신 하나님이 종말에 새로운 창조 질서를 세우셔서 다시는 공의와 의가 무너지지 않는 새 하늘과 새 땅이 드러날 것을 내다본다(9:5-8, 13-15).[31]

5:11-12은 신명기 28:30의 언약의 저주를 연상시킴으로써 죄로 인해 모세 언약이 파기되고 저주가 임하게 될 것을 말한다. 하지만 미래의 회복을 말하는 9장에서는 5:11-12의 문구를 다시 인용하여 언약의 저주가 역전될 것을 보여 준다.[32]

5:18-27

이어서 5:18-27은 "화 있을진저"라는 공식을 사용하여 하나님의 심판을 더욱 강도 있게 전한다. 아모스는 여호와의 날이 이스라엘에게 오히려 심판의 날이 될 것이라고 선언한다(5:18). 이는 그들이 공의와 의가

---

31) 이에 대한 자세한 논의는 9장의 내용 분석에서 이루어질 것이다.
32) Richard L. Schultz, "The Ties that Bind: Intertexuality, the Identification of Verval Parallels, and Reading Strategies in the Book of the Twelve", in *Thematic Threads in the Book of the Twelve*, 40.

배제된 형식적인 제사를 드렸기 때문이다(5:21-24). 공의와 의로 번역된 히브리어는 각각 '미쉬파트'(מִשְׁפָּט)와 '체다카'(צְדָקָה)이다.[33] 아모스는 공의와 의를 행할 것을 촉구하지만(5:24), 실제로 타락한 이스라엘이 공의와 의를 행할 가능성에 대해서는 매우 회의적이다. 그래서 결국 공의와 의를 행하지 않는 이스라엘이 앗수르에 의해 멸망당할 것을 예언한다.

25절은 "이스라엘 족속아 너희가 사십 년 동안 광야에서 희생과 소제물을 내게 드렸느냐"라고 묻는데, 이스라엘이 출애굽 당시 광야에서 제사를 드렸기 때문에 이 물음은 다소 의외다. 이에 대해서는 두 가지 해석이 있다. 첫째, 이 물음을 이스라엘이 단순히 희생과 소제물만 드렸는지 묻는 것으로 이해하는 해석이다. 그래서 이스라엘이 광야에서 제사만 드린 것이 아니라 하나님의 율법도 지켰다는 답을 유도하는 수사의문문으로 보는 것이다.

둘째, 이 구절에서 언급된 제사가 우상을 향한 제사를 가리킨다는 해석이다. 이 해석에 따르면, 25절에 언급된 제사는 북이스라엘의 상황을 반영하는 희생제사를 뜻하는 것으로 추정된다. 이 해석은 26절에 앗수르의 식물신을 가리키는 식굿과 기윤이 언급된다는 점에서 지지를 얻는 것처럼 보인다.[34] 이 제사가 우상을 향한 것이라는 주장은 예레미야 7:22에 의해서도 어느 정도 뒷받침된다. 예레미야는 "사실은 내가 너희 조상들을 애굽 땅에서 인도하여 낸 날에 번제나 희생에 대하여 말하지 아니하며 명하지 아니하고"(렘 7:22)라고 말하는데, 여기

---

33) 하지만 개역개정판은 מִשְׁפָּט와 צְדָקָה를 각각 '정의'와 '공의'로 번역함으로써 독자들에게 큰 혼란을 주고 있다. 이런 점에서는 오히려 개역한글판이 낫다.
34) 치즈홀름, 「예언서개론」, 597.

서 번제와 희생은 우상을 위한 희생을 가리킨다.[35]

하지만 광야에서는 이스라엘이 매우 제한적으로 제사를 드렸기 때문에, 25절의 물음은 하나님과의 관계에서 제사보다 영적인 교제가 더 중요했다는 점을 부각시키기 위한 것으로 해석할 수 있다.[36] 실제로 광야 시기에는 이스라엘이 아직 가나안 땅을 정복하지 못했기 때문에 소제물을 드릴 처지가 아니었다(25절). 이상의 관찰들을 고려할 때, 5:25의 질문은 제사보다 공의와 의를 행하는 게 더 중요하다는 사실을 강조하기 위한 것으로 볼 수 있다.

결론적으로 5:18-27은 5:1-17에 이어 형식적인 제사보다 공의와 의가 중요함을 다시금 독자들에게 환기시킨다. 형식적인 제사보다 공의와 의를 강조하는 이유는 하나님과의 관계가 제사를 드려서 무엇을 주고받는 기계적인 관계가 아니라 하나님의 성품을 닮고 그분과 동행하는 인격적인 관계이기 때문이다(참고. 호 6:6; 미 6:8). 여기서 하나님의 성품이 공의와 의라는 것은 두말할 필요도 없다.

부자들에 대한 비판(6장)

4장처럼, 6장도 사마리아 산에 거하는 자들을 다시 언급하고 부자들을 비난한다. 이들의 잘못은 공의와 의를 저버린 행동이었다(6:12). 공의와 의를 위반했음에도 회개치 않는 이스라엘은 결국 포로로 잡혀가게 될 것이다(5:27; 6:14). 6장은 사마리아 산뿐만 아니라 시온을 언급함으

---

35) 이와 반대로, Moshe Weinfeld는 예레미야가 렘 7:22에서 원래는 언약에 제사제도가 포함되지 않았음을 선언했다고 주장한다. Moshe Weinfeld, "Jeremiah and the Spiritual Metamorphosis of Israel", *ZAW* 88 (1976): 54.

36) Smith and Page, *Amos, Obadiah, Jonah*, 114-115.

로써, 유다도 이스라엘과 동일한 죄악으로 멸망할 것을 예언한다.

아모스는 부자들이 이스라엘 백성들의 머리이기에(1절) 이스라엘이 멸망당할 때 그들이 제일 먼저 포로로 사로잡혀 가게 될 것을 문자적 기교를 통해 선포한다(7절). 즉, 1절과 7절에 '로쉬'(ראש, 머리)라는 공통된 어근을 반복적으로 사용하여, 백성들이 포로로 잡혀갈 때 부자들이 선두에 서서 끌려갈 것을 예언한다.[37]

6:4-7은 부자들의 사치스런 행태를 말하는 동시에 고대 근동의 이교적 축제였던 마르제아흐를 암시한다. 이 잔치에서 이스라엘의 부자들은 이교적 축제에 참여하고 이교도 신앙에 빠져들었다.[38] 어떤 이들은 마르제아흐가 실제로 이스라엘에서 행해졌는지에 의문을 제기하기도 한다. 하지만 조너선 그리어(Jonathan S. Greer)는 6:7의 "기지개 켜는 자의 떠드는 소리가 그치리라"에서 "떠드는 소리"에 해당되는 히브리어가 '마르제아흐'(מרזח)이기 때문에, 충분히 마르제아흐 축제의 근거를 찾을 수 있다고 주장한다. 이렇게 되면 이 구절은 '기지개 켜는 자의 마르제아흐(제의적 축제)가 끝나게 될 것이다'라고 번역할 수 있다.

물론 동일한 단어를 사용했다고 해서 6:4-7이 이교적 축제를 암시한다고 단정할 수는 없다.[39] 하지만 6:4-7에서 마르제아흐에 대한 또 다른 증거들을 발견할 수 있다. 예를 들어, 6:5은 악기를 말할 때 일반적인 악기를 뜻하는 '키누르'(כנור) 대신에 '네벨'(נבל)이라는 단어를 사용하는데, '네벨'은 구약 성경에서 다분히 종교적 색체를 지닌 단어

---

37) 개역개정판은 6:7에서 머리에 해당하는 히브리어 단어를 "앞서"로 번역했다.
38) Jonathan S. Greer, "A Marzeaḥ and A Mizraq: A Prophet's Mêlée with Religious Diversity in Amos 6.4-7", *JSOT* 32 (2007): 243-262.
39) 이것을 단순히 사치와 향락으로 해석하는 이들도 있다. Smith and Page, *Amos, Obadiah, Jonah*, 118-119.

다.⁴⁰⁾ 만약 6:4-7이 이교적 축제 모습을 가리키는 것이 확실하다면, 아모스는 부자들이 사회적으로 공의를 저버렸을 뿐만 아니라 종교적으로도 우상을 숭배했음을 비난하는 셈이다.⁴¹⁾ 우상숭배는 6장과 짝을 이루는 4장에서 이미 나타난 주제였다(암 4:4).

6:13을 개역개정판은 "허무한 것을 기뻐하며 이르기를 우리는 우리의 힘으로 뿔들을 취하지 아니하였느냐 하는도다"라고 번역한다. 하지만 여기서 "허무한 것"과 "뿔들"은 여로보암 2세 치하에서 쟁취한 지역을 가리키는 지명들이다. 따라서 여로보암 2세 때 요단 동편에서 있었던 두 차례의 전쟁에서 승리한 사실을 언급하는 것이다.⁴²⁾ 이 지역의 명칭은 히브리어로 '로 다바르'(לֹא דָבָר)와 '카르나임'(קַרְנַיִם)인데, 각각 '아무것도 아님'과 '두 개의 뿔'을 의미한다. 이런 점에서 6:13은 이스라엘의 지도자들이 부와 함께 자신들의 군사적 승리를 자랑하는 모습을 묘사한 것이다. 이렇게 경제적 부와 군사적 성공을 믿고 교만했던 이스라엘에게 아모스는 곧 무서운 심판이 임하게 될 것을 예언했다.

6장에서 아모스가 부유층 지도자들을 질타한 근본적 이유는 그들이 하나님보다 자신들의 경제력과 군사력을 의지하고 타인에게 공의와 의를 행하지 않았기 때문이다. 하나님보다 부와 군사력을 의지할 때 자연스럽게 나타나는 결과는 우상숭배다. 확실히 우상숭배는 하나님의 공의에 정면으로 위배되는 행동이다. 하나님이 과거에 이스라엘을 억압하는 애굽을 공의로 심판하시고 이스라엘을 사랑으로 구원하셨기

---

40) Greer, "A Marzeah and a Mizraq", 248.
41) 호세아서와 아모스서를 연구하는 사람들의 대표적인 오해는 호세아서는 사회적 정의보다 종교적 충성을, 아모스서는 상대적으로 사회적 공의를 강조한다는 해석이다. 하지만 아모스서도 호세아서 못지않게 종교적 타락을 신랄하게 비판한다.
42) Paul House, 1, 2 Kings, 319.

에, 하나님의 공의와 인애로 구원받은 이스라엘은 하나님의 성품을 닮아 공의와 인애를 실천해야 했다. 공의와 인애를 계속 실천하는 것, 그것이 바로 의다. 하지만 이스라엘의 부유층은 하나님의 성품을 닮지 못하고 오히려 교만했다. 이는 분명 배은망덕이다.

이 점은 오늘날 우리에게 시사하는 바가 크다. 하나님의 공의와 인애로 구원받은 우리도 하나님의 은혜를 기억하고 그분의 성품을 닮아 인애와 공의를 행하도록 힘써야 하기 때문이다. 그렇게 행하지 않는다면, 그것은 하나님의 은혜에 대한 배은망덕이다. 물론 우리가 인애와 공의를 행하는 것은 먼저 하나님의 은혜를 받아 행하는 것이기에 우리의 공로가 아니라 하나님의 은혜로 인한 열매다. 그러므로 우리가 하나님과 이웃에게 인애와 공의를 실천하기 위해서는 무엇보다 하나님의 은혜와 인애를 사모하고 그 인애를 절실히 깨닫도록 애써야 한다.

하나님은 부자들의 교만으로 인해 이방 나라를 일으켜 그들을 벌하실 것이다(암 6:14). 여기서 이방 나라는 다름 아닌 앗수르다.[43] 이처럼 이방 나라를 통한 징벌은 아모스와 짝을 이루는 스바냐서에서도 발견된다. 스바냐서는 유다도 이방 나라인 바벨론에 의해 멸망할 것을 암시한다(습 1:14-16).

언약의 저주(7-8장)

7-8장은 다음과 같은 구조를 지닌다.

 A. 하나님이 황충과 불의 재앙을 돌이키실 것임(7:1-6)

---

43) James D. Nogalski, "Recurring Themes in the Book of the Twelve", *Interpretation* 61 (2007): 134.

B. 문자적 기교를 통한 심판 예언(7:7-9)

　　　　C. 제사장 아마샤와 아모스의 대면: 더 이상 예언하지 말라(7:10-17)

　　B'. 문자적 기교를 통한 심판 예언(8:1-3)

　　　　C'. 이스라엘의 죄악상: 이스라엘이 더 이상 여호와의 말씀을 듣지 못할 것임(8:4-13)

　A'. 우상숭배자에게 재앙이 임할 것임(8:14)

　이런 구조를 볼 때, 이 단락의 핵심 주제는 언약의 저주로 인해 여호와의 말씀을 듣지 못한다는 것이다. 아모스서에는 총 다섯 개의 환상이 나타나는데(7:1-3; 7:4-6; 7:7-9; 8:1-3; 9:1-10), 7-8장은 이스라엘의 율법 위반으로 인한 네 개의 심판 환상을 언급한다.

　첫 번째 환상은 황충으로 이스라엘을 심판하실 것이라는 말씀이었고, 두 번째 환상은 불로 심판하실 것이라는 말씀이었다. 이 때 아모스는 하나님께 중보기도를 드려 하나님의 심판을 모두 돌이키는 데 성공한다. 하지만 세 번째 환상부터는 상황이 바뀐다. 개역개정판은 세 번째 환상에서 금속물인 주석을 다림줄로 번역했다. 하지만 7:7의 다림줄은 주석으로 번역되는 것이 더 옳다.[44] 개역개정판이 "다림줄"로 번역한 히브리어 '아나크'(אֲנָךְ)는 아카드어 '아나쿠'에서 온 단어로, 주석 또는 납을 의미한다.[45] 이 단어의 발음은 '아나크'(אָנַק, 신음하다)와 '아나'(אָנָה, 슬퍼하다)라는 단어와 유사하다.[46] 하나님은 이런 음성학적 유사

---

44) J. Jeremias, "The Interrelationship between Amos and Hosea", in *Forming Prophetic Literature*, 178.

45) Jeffrey Niehaus, "Amos", in *The Minor Prophets*, vol. 1, ed. Thomas Edward McComiskey (Grand Rapids, Mich.: Baker, 1992), 456.

성을 이용하여 북이스라엘 방언을 모르는 남유다 출신의 아모스가 주석을 보고 '아나크'라고 말하게 함으로써, 아모스가 자신도 모르게 북이스라엘에 슬픔의 심판이 임하게 될 것에 동의하도록 이끄셨다.[47]

이런 언어적 기교는 첫 번째 환상과 두 번째 환상에서 중보기도를 통해 하나님의 심판을 막았던 아모스를 함정에 빠뜨림으로써 더 이상 중보할 수 없게 만드는 효과가 있다.[48] 이런 문학적 함정을 통해 세 번째 환상부터는 하나님의 심판이 확정적으로 선포된다.

네 번째 환상인 8:1-3도 여름 과일이라는 문자적 기교를 사용하여 하나님의 심판이 불가피함을 강조한다. 이 환상에서 하나님은 아모스에게 여름 과일을 보여 주시는데, 여기서 여름 과일을 뜻하는 히브리어는 '카이츠'(קיץ)이다. 이 단어는 '끝'을 의미하는 히브리어 '케츠'(קץ)와 발음상 유사하다. 그래서 하나님은 여름 과일을 본 아모스가 '카이츠'라고 대답하자, 아모스도 동의한 것인양 "끝이 이르렀은즉"이라고 곧바로 선언하신다. 그래서 또 다른 문자적 기교를 통해 심판의 불가피성을 다시 부각시키신다.[49]

이상의 관찰들을 종합할 때, 처음 네 개의 환상은 다음과 같이 평행을 이룬다.[50] 즉, 첫 번째 환상(7:1-3)은 심판을 돌이키는 데 성공했다는 점에서 두 번째 환상(7:4-6)과 평행을 이루고, 세 번째 환상(7:7-9)은 문

---

46) Niehaus, "Amos", 457.
47) Tzvi Novick, "Duping the Prophet: On אך (Amos 7.8b) and Amos's Visions", *JSOT* 33 (2008): 127.
48) 같은 책.
49) 이런 문자적 기교에 대해 다른 해석을 제기하기도 한다. 즉 문자적 기교가 여름 실과와 끝이 아니라 실과(혹은 썩은 실과)와 시체라는 이미지에 있다고 주장한다. Yvonne Sherwood, "Of Fruit and Corpses and Wordplay Visions: Picturing Amos 8:1-3", *JSOT* 92 (2001): 5-27.

자적 기교라는 측면에서 네 번째 환상(8:1-3)과 평행을 이룬다.

세 번째 환상부터 심판의 불가피성이 강조되는데, 그 심판의 원인이 구체적으로 무엇인지를 독자들에게 보여 주기 위해, 7장에 벧엘의 제사장 아마샤와 아모스가 논쟁하는 내러티브가 삽입된다(7:10-15). 이 내러티브는 의도적으로 세 번째 환상의 언어를 사용한다.[51] 그래서 아마샤와 아모스의 논쟁이 7-8장에 언급된 네 가지 심판 환상이 나오게 된 배경임을 암시한다.

아마샤와 아모스의 논쟁은 아마샤가 아모스에게 예언하지 말라고 말하는 것으로 시작한다. 이에 아모스는 7:14에서 "나는 선지자가 아니며 선지자의 아들도 아니라"라고 대답한다. 문제는 이 대답이 현재형인가 과거형인가 하는 것이다. 7:14의 히브리어 본문은 현재형일 수도 있고 과거형일 수도 있다. 현재형이라면 아모스가 자신은 예언자가 아니라고 부정하는 셈이 된다. 하지만 아모스서에서 아모스가 예언에 대해 매우 호의적이고 자신의 말을 예언으로 보았다는 점을 감안할 때, 현재형이라는 해석은 어울리지 않는다(2:11f; 3:7, 8; 7:12, 13, 15, 16).

'예언자의 아들'이라는 표현도 그 의미가 모호하다. 하지만 예언자의 아들은 단순히 예언자 부류에 속하는 사람을 가리키는 호칭으로 볼 수 있다. 가령 '사람의 아들'은 히브리어에서 사람을 가리키는 또 다른 호칭이다. 형용사가 발달되지 않은 히브리어는 종종 '아들'이라는 단어를 사용하여 관용어를 만들기 때문에, 예언자의 아들은 예언자의 자격을 지닌 사람 또는 단순히 예언자라는 뜻이 된다.[52] 이렇게 되면 아모

---

50) Aaron Schart, "The Fifth Vision of Amos in Context", in *Thematic Threads in the Book of the Twelve*, 46.

51) J. Jeremias, "The Interrelationship between Amos and Hosea", 181.

스가 같은 말을 반복하여 자신은 과거에 예언자가 아니었으며 목자요 뽕나무를 배양하는 자였음을 강조하는 셈이 된다. 그렇다면 왜 아모스는 자신이 예언자가 아니었음을 두 번씩 강조하는가? 7:12에서 아마샤는 아모스에게 유다 땅으로 가서 예언하라고 말하는데, 이는 단순히 유다 땅으로 가서 예언하라는 뜻이 아니다. "떡을 먹으며 거기에서나 예언하고"라는 아마샤의 말은 더 이상 돈을 벌기 위해 북이스라엘에서 예언하지 말고 유다 땅으로 가라는 뜻이었다.[53] 그래서 아모스는 7:14에서 자신이 돈을 벌기 위한 예언자가 아님을 반복하여 강조했던 것이다. 이런 문맥을 고려할 때, 아모스가 말하는 '예언자의 아들'은 돈을 벌기 위해 직업적으로 사역하는 예언자 무리의 일원을 가리킬 가능성이 크다.[54]

이처럼 아마샤와 아모스의 논쟁은, 북이스라엘이 더 이상 아모스가 전하는 하나님의 말씀을 들으려 하지 않는다는 것을 보여 줌으로써, 7-8장의 환상을 통해 심판이 북이스라엘에 선포될 수밖에 없는 이유를 설명해 준다. 즉, 말씀을 듣지 않으려 하기 때문에 심판이 불가피하다는 것을 독자들에게 각인시키는 것이다.

네 번째 환상에 이어 아모스는 공의가 없는 이스라엘의 형식적 제사와 신앙생활을 질책하고(8:4-6), 그들의 우상숭배를 공격한다(8:14). 물질적 소득에만 관심이 있었던 이스라엘은 자신들을 성별하는 유일한 표식인 안식일까지 업신여겼다. 가난한 자를 학대하고(4절), 안식일

---

52) Jack P. Lewis, "'A Prophet's Son'(Amos 7:14) Reconsidered", *Restoration Quarterly* 49 (2007): 229-240 중 236-237.
53) Stuart, *Hosea-Jonah*, WBC 31, 376.
54) Niehaus, "Amos", 462-463.

을 소홀히 여기고(5절), 형식적으로 제사를 드리며(10절), 우상을 숭배했기(14절) 때문에, 이스라엘은 더 이상 하나님의 말씀을 듣지 못하는 말씀의 기갈을 겪게 될 것이다(11절).

언약의 저주들 중에서 가장 큰 저주는, 에스겔 7장에서 볼 수 있듯이, 하나님의 말씀이 사라지는 것이다. "주 여호와의 말씀이니라 보라 날이 이를지라 내가 기근을 땅에 보내리니 양식이 없어 주림이 아니며 물이 없어 갈함이 아니요 여호와의 말씀을 듣지 못한 기갈이라"(암 8:11). 말씀의 기갈을 선포한 8:11의 문맥을 고려하면, 7-8장의 문자적 기교도 하나님이 자신의 말씀을 숨기시려는 일환에서 나온 것이라고 볼 수 있다.[55] 8:11에서 "여호와의 말씀"이 매일 먹는 양식과 물에 비유되기 때문에, 이 말씀은 사람들이 매일 하나님으로부터 구해야 하는 하나님의 뜻이다. 말씀의 기갈로 이와 같은 하나님의 뜻을 알지 못하는 북이스라엘은 더욱 비참한 상황으로 치닫게 될 것이다.

하나님의 말씀을 매일 먹는 양식과 물에 비유한 것은 과거 이스라엘의 광야생활을 연상시킨다. 신명기 8:3에서 모세는 광야에서 하나님이 이스라엘에게 떡이 아닌 하나님의 말씀으로 살아야 한다는 사실을 가르쳐 주셨다고 말했다. 이처럼 아모스서가 출애굽 광야 모티프를 사용하는 것은, 거꾸로 아모스 시대에 이스라엘과 유다가 하나님의 출애굽 구원 사건을 망각하고 첫 사랑을 잊어버렸다는 사실을 역설적으로 증거한다. 출애굽의 광야 모티프는 아모스 3:1-2, 5:25, 9:7에 다시 나타난다.

---

55) J. Jeremias, "The Interrelationship between Amos and Hosea", 180.

열국의 심판과 종말의 구원(9장)
이 장의 구조는 다음과 같다.

    A. 성전에서의 하나님의 심판 시작(1-4절)
       B. 우주 질서의 전복(5-6절)
       B'. 열국과 이스라엘을 포함한 우주적 심판(7-10절)
    A'. 종말에 있을 성전의 회복과 새로운 질서(11-15절)

이 구조를 볼 때, 9장의 핵심은 기존 창조 질서의 전복과 열국의 심판이다. 이 단락은 하나님이 기존의 성전을 버리실 것이라는 말로 시작한다. "내가 보니 주께서 제단 곁에 서서 이르시되 기둥 머리를 쳐서 문지방이 움직이게 하며"(9:1). 여기서 성전은 벧엘에 있는 이스라엘의 성소를 가리키는 것처럼 보인다.[56] 벧엘의 성소를 출발점으로 해서 하나님은 열국을 멸망시키실 것이다(9:8). 그렇지만 9:11-15은 종말에 있을 하나님의 구원 계획을 말하면서 남은 자가 있을 것이라고 말한다. 남은 자는 다윗의 무너진 장막을 다시 세우는 일과 무관하지 않다. 다윗의 무너진 장막을 다시 세운다는 것은 시온의 회복을 뜻한다. 그래서 벧엘 성소의 파괴(암 9:1)는 종말에 예루살렘 성전의 회복으로 이어질 것이다.

    B 단락(9:5-6)을 시작하는 9:5은 노아 언약으로 유지되었던 기존의 창조 질서가 물이 아닌 불로 파괴될 것을 암시한다. 9:6("그의 궁전을 하늘에 세우시며 그 궁창의 기초를 땅에 두시며 바닷물을 불러 지면에 쏟으시는 이

---

56) 치즈홀름, 「예언서개론」, 608.

니 그 이름은 여호와시니라")은 확실히 창세기 6장의 노아 홍수로 이전 창조 질서를 전복시키셨던 하나님의 사역을 연상시킨다. 그러므로 9장에 제시된 종말의 심판은 노아 홍수와 같이 기존의 창조 질서를 전복시키는 우주적 의미가 있음을 보여 준다.

9:8의 "범죄한 나라를 주목하노니 내가 그것을 지면에서 멸하리라"에서 "지면에서 멸하리라"라는 표현은 창세기 홍수 이야기에 등장하는 문구다(창 6:7; 7:4, 23; 출 32:12; 왕상 13:34; 렘 28:16; 습 1:2-3).[57] 이런 점에서 미래의 심판은 확실히 창세기의 홍수 심판과 같은 우주적 심판이 될 것이며, 홍수가 기존 창조 질서를 전복시켰듯이 미래의 심판은 기존 질서를 파괴하고 새로운 창조 질서(새 하늘과 새 땅)를 탄생시킬 것을 암시한다.

예레미야서는 새 언약이 기존의 창조 질서를 무너뜨리고 새로운 창조 질서를 출현시킨다는 점을 아모스 9:6과 비슷한 문구를 사용하여 말한다.

> 여호와께서 이와 같이 말씀하셨느니라. 그는 해를 낮의 빛으로 주셨고 달과 별들을 밤의 빛으로 정하였고 바다를 뒤흔들어 그 파도로 소리치게 하나니 그의 이름은 만군의 여호와니라. (렘 31:35)

예레미야는 새 언약이 맺어질 때, 새로운 창조 질서가 출현할 것을 예언했다(렘 31:35).[58] 이 새로운 창조 질서는 노아 언약의 창조 질서와 대조되는데, 노아 언약의 창조 질서는 불로 파괴될 가능성이 있는 반면

---

57) Smith and Page, *Amos, Obadiah, Jonah*, 161.
58) Jack R. Lundbom, *Jeremiah 1-20*, AB 21A (New York: Doubleday, 1999), 363.

에(벧후 3:7) 새로운 창조 질서는 결코 파괴될 수 없다.[59)]

새로운 창조 질서의 출현은 기존 창조 질서의 대체가 아니라 갱신을 의미한다. 그래서 9:8의 후반부는 기존 창조 질서에 속한 사람들 중의 남은 자가 새로운 질서에 동참할 것을 시사한다. 이 점은 기존 창조 질서의 전복을 다루는 예레미야 4:23-27에도 동일하게 나타난다.[60)] 예레미야 4:23-27은 기존 창조 질서가 전복될 때, 남은 자가 있을 것이라고 말한다(참고. 렘 30:11).

보라 내가 땅을 본즉 혼돈하고 공허하며 하늘에는 빛이 없으며 내가 산들을 본즉 다 진동하며 작은 산들도 요동하며 내가 본즉 사람이 없으며 공중의 새가 다 날아갔으며 보라 내가 본즉 좋은 땅이 황무지가 되었으며 그 모든 성읍이 여호와의 앞 그의 맹렬한 진노 앞에 무너졌으니 여호와께서 이와 같이 말씀하시길 이 온 땅이 황폐할 것이나 내가 진멸하지는 아니할 것이며.

이런 의미에서 기존 창조 질서와 새로운 창조 질서 사이에는 어느

---

59) 사 51:16도 비슷한 말을 사용하여 종말에 있을 새로운 창조 질서의 출현을 내다본다. 실로 이사야는 새 언약을 통해(사 59:21) 새 하늘과 새 땅의 출현을 예고했다(사 66:17). 참고. 김창대, "사 51:1-16에 나타난 창조 모티프와 시온",「구약논집」4 (2008): 61-89.
60) 렘 4:23-27에서 창조 질서의 전복이 단순히 메타포냐 아니면 우주적 질서의 전복을 의미하느냐는 뜨거운 논쟁거리다. 하지만 주위 문맥을 고려할 때, 이는 온 우주의 전복을 의미한다. 참고. Walter Brueggemann, "Jeremiah: Creatio in Extremis", in *God Who Creates: Essays in Honor of W. Sibley Towner*, ed. William P. Brown and S. Dean McBridge Jr. (Grand Rapids, Mich.: Eerdmans, 2000), 152-170.

정도 연속성이 있다. 쉽게 말해서 기존의 것을 무너뜨리고 재건축을 하는 것이 아니라 리모델링을 한다는 성격이 강하다.

9:12은 종말에 성전이 세워질 때 "그들이 에돔의 남은 자와 내 이름으로 일컫는 만국을 기업으로 얻게 하리라"라고 말한다. 이 구절을 문자적으로 해석하면, 종말에 성전과 함께 회복된 남은 자가 열국을 소유하게 된다는 뜻이다. 아모스와 동시대 사람인 이사야도 비슷하게 열국이 이스라엘을 섬기게 될 것을 말한다(사 49:7, 23; 60:10 등). 하지만 사도행전 15:16-17에서 야고보는 70인역의 아모스 9:11-12을 인용하면서 '그리하여 인류의 남은 자와 내 이름으로 일컫는 만국이 구할 것이다'라고 말한다. 70인역은 '에돔'을 '아담'으로 읽고, '야라쉬'(ירשׁ, 소유하다 또는 기업으로 얻다)를 '다라쉬'(דרשׁ, 구하다)로 이해했다. 언뜻, 70인역이 원본으로 사용한 히브리어 사본(vorlag)은 개역개정판이 따르는 마소라 사본의 '에돔'과 '야라쉬'를 각각 '아담'(인류)과 '다라쉬'로 잘못 필사한 것처럼 보인다. 더욱이 마소라 사본에서 '에돔'과 '민족'은 '소유하다'의 목적어지만, 70인역은 '아담'과 '만국'을 '소유하다'의 주어로 해석했다.

70인역 필사자가 마소라 사본의 히브리어 글자를 혼동했다고 볼 수 있지만, 이런 판단은 신중을 기해야 한다.[61] 내가 볼 때, 70인역의 번역은 마소라 사본에서 의도한 신학적 메시지를 더욱 분명하게 드러낸 것이다. 마소라 사본의 이스라엘이 '내[여호와의] 이름으로 일컫는 만국을 기업으로 얻다(소유하다)'라는 말은 자칫 모순처럼 들린다. 만국 가운데

---

61) Marvin Sweeney, "The Place and Function of Joel in the Book of the Twelve", in *Thematic Threads in the Book of the Twelve*, 151. 여기서 Sweeney는 70인역이 마소라 사본에 비해 원본일 가능성은 크지 않다고 지적한다.

서도 하나님의 이름을 일컫는 백성이 출현할 수 있다면 이스라엘이 그 백성을 따로 지배하고 소유한다는 것은 논리적으로 맞지 않다. 오히려 만국이 이스라엘에 속하여 종말에 다윗의 통치를 받아 하나님을 섬기게 될 것이라는 이해가 더 자연스럽다.[62] 그래서 70인역이 이 점을 더욱 두드러지게 보여 주기 위해 마소라 사본의 내용을 일부 고쳤다고 설명할 수 있다. 더욱이 9:12의 '야라쉬'는 군사적으로 지배한다는 의미로 보는 것보다 다윗의 통치 안으로 흡수된다는 의미로 보는 것이 더 설득력 있다.[63]

만국은 9장의 문맥에서 하나님의 우주적 심판을 통과하고 살아남은 백성들이다. 따라서 이들은 심판으로 멸망당하는 이방인들과 구별된다. 아모스서와 짝을 이루는 스바냐서는 더욱 분명하게 열국 중에서 남은 자가 나올 것을 예언한다(습 3:9-10). 열국에서 구원받은 자가 나온다는 주장은 소예언서의 신학과 맥을 같이한다. 또한 에돔은 이사야서에서 열국의 대표자로 그려진다(사 11, 34, 63장). 이런 점에서 70인역이 '에돔'을 '아담'으로 읽고 인류를 대표하는 자로 이해하는 것은 기본적으로 마소라 사본의 의도와 배치되지 않는다.

9:13-15은 다윗의 무너진 장막이 회복되고 남은 자가 돌아올 때 땅이 회복될 것이라고 말한다. 여기서 땅의 회복에 대한 묘사는 에덴 동산의 회복을 연상시킨다. 앞서 요엘 2:3은 하나님의 심판으로 에덴 동산과 같은 땅이 황무하게 될 것이라고 말했다. 하지만 종말에 성전에서

---

62) Smith and Page, *Amos, Obadiah, Jonah*, 167.
63) Walter C. Kaiser "The Davidic Promise and the Inclusion of the Gentiles (Amos 9:9-15 and Acts 15:13-18): A Test Passage for Theological Systems", *JETS* 20 (1977): 103.

샘이 나온다고 말함으로써 새로운 창조 질서가 출현하고 에덴 동산이 회복될 것을 보여 줬다(욜 3:8). 마찬가지로 아모스 9장도 종말에 하나님의 구원으로 황무한 땅이 에덴 동산처럼 풍성한 땅으로 변화될 것을 암시한다(9:13). 9:13에서의 풍성한 땅의 묘사는 종말에 있을 메시아 잔치(messianic banquet)를 연상시킨다(사 25:6-9).[64]

9:13-15은 새로운 창조 질서의 출현을 명시적으로 말하지 않는다. 하지만 요엘서와 연결하여 읽으면(욜 3:18), 이 구절들은 분명히 새로운 창조 질서를 함의한다. 새로운 창조 질서(새 하늘과 새 땅)를 함의한다는 주장은 이미 9:5-6이 기존 창조 질서의 전복을 언급한 부분에서 충분한 지지를 얻는다.

9:15은 이스라엘의 사로잡힌 자가 돌아올 때, 하나님이 그들을 심으며 다시 뽑지 않으실 것이라고 말한다. '심고 뽑는' 이미지는 호세아서와 예레미야서에 자주 등장하는 것으로, 새 언약과의 관계에서 등장한다(호 2:23; 렘 31:27-40). 이런 관점에서 9:15은 종말에 하나님이 이스라엘과 새 언약을 맺으실 것이라는 사실을 전제한다. 이상의 내용을 종합하면, 아모스가 제시하는 새 언약은 공의를 행하는 남은 자의 탄생과 새로운 창조 질서의 출현을 예고하는 것이다.

새 언약은 신약 성경에서 예수 그리스도를 통해 성취되었기에, 이제 새로운 창조 질서가 출현되었다고 말할 수 있다. 그렇다면 새 언약의 수혜자인 우리는 어떻게 새로운 창조 질서 속에서 산다고 말할 수 있는가? 실제로 새 하늘과 새 땅이 도래했다는 말인가? 여전히 노아 언약으로 세워진 기존 창조 질서 속에서 살고 있지 않은가? 이런 딜레

---

64) Niehaus, "Amos", 493.

마를 어떻게 해결할 수 있는가? 앞서 말한 대로, 새 언약의 축복 속에 사는 우리는 새로운 피조물이며, 더 이상 기존 창조 질서에 속한 자가 아니다. 고린도후서 5:17이 "이전 것은 지나갔으니"라고 말할 때, "이전 것"은 기존 창조 질서를 뜻한다. 더욱이 신약 성경에서 히브리서 기자는 새 언약 속에서 우리가 이미 하늘의 새 예루살렘에 이르렀다고 선포했다. "그러나 너희가 이른 곳은 시온 산과 살아 계신 하나님의 도성인 하늘의 예루살렘과 천만 천사와 하늘에 기록된 장자들의 모임과"(히 12:22-23a). 그러므로 우리는 이 땅에 살면서 새 하늘과 새 땅을 선취하고, 그것을 미리 누리는 자들이다. 새 하늘과 새 땅으로 대변되는 새 창조 질서는 아직 온전히 도래하지 않았지만, 실질적으로는 그것을 영적으로 미리 누리고 있는 셈이다. 새 언약의 성도는 더 이상 기존의 세상 질서에 속한 사람이 아니기에, 이 세상에 연연하지 않는다. 따라서 이 세상의 명예, 부, 염려, 출세, 욕심 등에 얽매이는 것은 성도의 올바른 태도가 아니다.

신학적 주제

사회적 불의와 우상숭배

아모스 시대에 이스라엘에는 사회적 불의와 우상숭배가 만연했다(2:8; 5:26; 8:14 등). 이런 상황에서 아모스는 반복적으로 사회적 공의의 부재, 형식적인 제사, 우상숭배를 이스라엘의 죄악으로 지목했다. 특별히 사회적 불의는 매우 심각했다. 아모스는, 하나님이 가난한 자, 고아, 없는 자의 하나님이기에, 가난한 자를 학대하는 이스라엘을 포로로 잡혀가도록 하실 것이라고 선언했다(9:4).

앞서 언급한 것처럼, 아모스서가 말하는 사회적 불의는 주전 8세기 중반 상업의 발달로 인한 부의 축적에 그 원인이 있었다. 부의 축적은 부자 엘리트인 관료들을 출현시켰는데, 이들은 상대적으로 돈 없는 사람들을 착취하고 그들을 더욱 가난하게 만들었다. 아모스서가 언급하는 사회적 불의는 부에 대한 지나친 탐욕에서 비롯되었다. 부에 대한 탐욕은 사치로 이어졌고, 우상숭배로 발전되었다. 그러므로 바울이 에베소서 5:3-5에서 음행과 더러운 것과 함께 탐욕을 우상숭배로 규정한 것은 시사하는 바가 크다.

이처럼 사회적 불의와 우상숭배를 자행했던 부자들은 자신들이 하나님께 제사를 드리면 무조건 하나님으로부터 축복을 받을 수 있다고 생각했다. 하나님을 공의의 하나님으로 보기보다 제사의 하나님으로 바라본 셈이었다. 이에 아모스는 오히려 하나님이 번제와 소제를 받지 않으실 것이라고 말하며 그들을 책망했다(5:21-22). 이는 하나님과의 관계가 빗나갈 때 우리의 신앙이 형식적인 관계로 흘러가게 된다는 교훈을 다시 한 번 일깨워 주는 대목이다.

돌아오라

아모스서는 호세아서와 요엘서처럼 직접적으로 백성들에게 회개하고 돌아올 것을 촉구하지 않는다. 오히려 하나님은 아모스를 통해 그들이 죄악을 범하고도 돌아오지 않기 때문에 심판의 보응을 받을 것이라고 선포하신다(3:2). 물론 아모스서에 돌아오라는 요청이 전혀 언급되지 않는 것은 아니다. 하지만 이 말은 이스라엘이 돌아오는 데 실패했다는 사실을 지적하기 위해 언급될 뿐이다(4:6-11).[65] 따라서 아모스서는 호세아서와 요엘서에 비해 백성들의 회개 가능성에 대해 매우 회의적이다. 돌아올 가망이 없기 때문에 돌아오라고 외칠 필요조차 못 느낀다는 인상을 준다. 이후에 '돌아오라'는 주제는 요나서에 다시 등장한다. 그렇지만 요나서가 이스라엘이 아닌 이방 나라 앗수르에게 회개하고 돌아올 것을 촉구한다는 것은 이스라엘 편에서 볼 때 일종의 아이러니다.

아모스서는 미래의 남은 자를 하나님이 주권적 은혜로 환난을 통과한 후에 회개하고 돌아오게 하시는 자로 제시한다. 여기서 인간의 책임과 하나님의 주권이 충돌한다. 돌아오는 것이 하나님의 주권적 은혜라면 인간은 아무런 책임도 없다는 말인가? 이 물음에 대해 아모스서는 운명론을 피하는 수준에서, 인간에게 어느 정도의 자유 의지와 책임은 분명히 있음을 말한다. 그렇다고 인간이 구원을 얻는 일에 자신의 노력과 공로로 뭔가 기여할 수 있다는 말은 아니다. 구원을 받고 하나님 나라의 백성으로 살아가는 것은 전적으로 하나님의 은혜로 이루어진다. 이 때 인간의 책임은 그 은혜에 반응하고 사모하는 일이다. 더욱이 인간이 하나님의 은혜에 반응하고 은혜를 사모하는 일도 하나님의 협력을 통해서만 가능하다.[66] 미래에 남은 자는 환난을 통과하면서 하나님의 성품인 공의와 의를 배워서, 공의와 의를 행하는 자가 될 것이다. 호세아서는, 남은 자가 행하는 공의와 의는 하나님의 씨 뿌림을 통해 거두는 열매라고 말함으로써, 인간이 행하는 공의와 의는 인간의 공로가 아니라 하나님의 은혜의 산물임을 두드러지게 강조한다.

---

65) Aaron Schart, "Hosea-Joel-Amos", 144.
66) 김창대, 『주님과 같은 분이 누가 있으리요?: 미가서 주해』 (서울: 그리심, 2012), 225-227.

여호와의 날

아모스 시대에 이스라엘 백성들은 여호와의 날을 하나님이 자신들을 위해 원수를 갚으시는 날로 이해했다. 하지만 아모스는 여호와의 날이 오히려 이스라엘의 죄를 벌하는 날이 될 것이라는 충격적인 예언을 했다(5:18). 이날은 미래의 심판을 위해 하나님이 행동하시는 날이라는 점에서 종말과 밀접한 관련이 있다. 이날은 기존의 창조 질서를 전복시키고 새로운 질서를 탄생시킬 것이다.

폰 라트의 말처럼, '여호와의 날'이라는 문구는 성경에 자주 나타나지 않는다. 폰 라트는 여호와의 날은 주로 예언자들의 종말론적 비전에서 제시된다고 주장한다.[67] 그의 주장에 따르면, 이날은 하나님이 대적자들을 물리치기 위해 직접 싸우시는 날이다. 이 때 천체가 떨고, 하늘이 말리며, 땅이 진동하고 황폐해지는 자연의 변혁이 동반될 것이다(참고. 사 34:4). 따라서 폰 라트는 여호와의 날이 이스라엘뿐만 아니라 온 창조세계에 영향을 미치는 사건의 날이라고 주장한다. 여호와의 날은 종종 과거에 이미 일어났던 날로도 묘사된다(참고. 겔 13:5). 그래서 폰 라트는 여호와의 날의 기원을 하나님이 과거에 이스라엘의 대적들과 직접 싸우셨던 여호와의 전쟁 모티프에서 유래되었다고 주장한다.

하지만 나는 여호와의 날의 기원이 창세기의 안식일까지 거슬러 올라갈 수 있다고 생각한다. 구약 성경에서 하나님은 시간적으로 안식일, 절기, 안식년, 희년 등의 제도들을 제정하시고 이스라엘 백성에게 그날들을 지키도록 하셨다. 창세기 2장에서 하나님이 만물을 창조하고 안식하신 것은 힘이 들어 쉬신다는 의미가 아니었다. 이사야 40:28은

---

[67] 참고. Gerhard von Rad, *Old Testament Theology*, vol. 2, trans. D. M. G. Stalker (San Francisco: Harper & Row, 1965), 119-125.

"땅 끝까지 창조하신 이는 피곤하지 않으시며 곤비하지 않으시며 명철이 한이 없으시며"라고 말한다. 그러므로 하나님은 피곤하여 쉬는 그런 분이 아니다. 하나님께 안식은 노동을 멈춘다는 의미가 아니라 자신이 만든 나라에 왕으로 등극하신다는 의미가 강하다(참고. 사 66:1).

하나님은 안식으로 대변되는 하나님 나라를 세우시고, 자신의 안식에 아담과 하와를 초대하셨다. 하지만 아담과 하와가 죄를 지으면서, 인류는 에덴 동산에서 쫓겨났고 안식의 축복에서 멀어졌다. 이런 상황에서 하나님은 다시 이스라엘을 제2의 에덴 동산인 가나안 땅으로 부르시고, 안식과 관련된 제도, 즉 안식일, 절기, 안식년, 희년 제도를 제정하셨다. 이 제도들을 통해 이스라엘이 안식으로 상징되는 하나님 나라의 축복을 시간이라는 차원에서 선취하며 누릴 수 있도록 하셨다. 하나님의 나라는 모든 영역을 포함하는 포괄적 언어이지만, 특별히 안식일, 절기, 안식년, 희년 제도는 시간적 영역에서 미리 하나님 나라를 구현한다는 의미를 지닌다. 이후 여호와의 날은 안식으로 상징되는 하나님 나라의 축복을 시간적으로 역사 안에서 더욱 가시화하기 위해 하나님이 개입하신 사건의 날이기 때문에, 안식과 관련된 날들과 맥락을 같이한다.

결국 여호와의 날의 기원은 안식으로 대변되는 하나님 나라를 시간적으로 구현하는 안식일과 절기까지 거슬러 올라갈 수 있다. 더 나아가 종말에 도래할 여호와의 날은 하나님 나라의 완성을 온전히 성취하기 위해 하나님이 강권적으로 개입하시는 날이다.[68]

---

68) 참고. Samuel Terrien, *The Elusive Presence: Toward a New Biblical Theology* (Eugene, Oregon: Wipf & Stock, 2000).

남은 자

아모스는 여호와의 날에 남은 자가 나올 것을 내다본다(3:12). 사회 정의를 강조한 아모스답게, 아모스서는 남은 자의 특징을 선을 사랑하고 공의를 세우는 사람으로 기술한다(5:14-15). 선악의 분별은 지혜 사상과 밀접한 관련이 있는 것으로, 아모스는 당시 사람들이 지혜가 없어서 선악을 분별하지 못한 채 악을 좇았다고 비판했다(5:15). 이것은 반대로 종말에 남은 자들이 하나님의 시각에서 선악을 분별하고 선을 좇게 될 것이라는 암시다. 여기서 선은 여호와를 찾는 총체적인 삶을 말한다(5:4).[69]

종말에 다윗의 무너진 장막이 세워질 때, 남은 자는 만국을 기업으로 얻을 것이다(9:12). 이는 남은 자들이 다윗 언약의 수혜자로서 다윗처럼 왕적인 기능을 수행하게 될 것이라는 암시다. 이런 암시는 이사야서에서도 발견된다(참고 사 55:3).[70] 이사야서는 모든 사람이 다윗 언약의 은혜를 입어 왕이 된다는 사상을 강하게 내포한다(참고 사 66:12). 왕의 주된 역할은 공의와 의를 행하는 것이다(시 72:1-2). 그러므로 남은 자가 왕적 이미지를 지닌다는 것은 그가 하나님을 닮아 공의와 의를 행하게 될 것이라는 또 다른 암시다.

성전의 강조

아모스서는 서두에 여호와를 성전에서 사자처럼 포효하는 분으로 묘

---

69) 5:14은 5:4과 평행을 이루어 선을 구한다는 것이 여호와를 찾는 것임을 보여 준다. Niehaus, "Amos", 423.
70) H. G. M. Williamson, *Variations on a Theme: King, Messiah and Servant in the Book of Isaiah* (Carlisle, UK.: Paternoster Press, 1998), 119.

사한다. 여기서 성전은 예루살렘과 평행을 이룬다(1:2). 마찬가지로 아모스서의 마지막 부분은 "다윗의 무너진 장막을 일으키고"라는 말을 언급함으로써, 다시 성전을 암시한다(9:11). 덤브렐(Dumbrell)은 9:11에 언급된 다윗의 무너진 장막이 예루살렘을 가리킨다고 말한다.[71] 아모스 9장은 기존의 창조 질서가 전복되고(9:5-8) 새로운 창조 질서가 출현할 것을 내다보고, 이어서 무너진 예루살렘이 새롭게 창조되는 패턴을 보여 준다. 이런 패턴은 이사야 65-66장에서도 발견된다.

아모스서에서 성전에 대한 관심은 소예언서에 그려진 회복의 목적이 궁극적으로 하나님이 종말의 성전을 세우시고 백성들과 임재의 교제를 나누시는 데 있음을 보여 준다. 오늘날 종말의 성전은 성전으로 오신 예수 그리스도를 통해 성취되었다. 더욱이 성도들은 예수 그리스도와 연합하여 성전으로 지어져 가고 있다(엡 2:20-22). 따라서 오늘날 성도는 참 성전이신 예수 그리스도와 연합하여 하나님의 임재의 교제에 참여하는 자임을 자각해야 한다.

성전에 대한 소예언서의 관심은 요엘서에 이미 나타났다(욜 3:17). 요엘서가 성전의 회복이 성령을 통해 이루어질 것을 예언했다면, 아모스서는 성전의 회복이 여호와의 날에 성취될 것을 내다본다.

그 이름은 만군의 여호와시니라

아모스서에는 하나님(여호와)의 이름이 의도적으로 네 번 나타난다(4:13; 5:8, 27; 9:6). 더욱이 '만군의 하나님(여호와)'이라는 명칭은 창조 질서를 무질서의 상태로 전복시키는 하나님의 능력을 강조하는 표현

---

71) William J. Dumbrell, *The Search for Order: Biblical Eschatology in Focus* (Grand Rapids, Mich.: Baker, 1994), 79. 「언약신학과 종말론」(CLC).

이다(4:13; 5:27). 5:27에 사용된 명칭은, 이스라엘이 포로로 잡혀가게 될 것이라는 문맥에서 사용되기 때문에, 이스라엘의 포로 사건이 창조 세계의 전복을 의미하는 우주적 사건임을 일깨워 준다. 예레미야 10:16과 31:35은 '그 이름은 만군의 여호와시니라'라는 표현을 사용하여, 새 언약이 새로운 창조 질서를 동반하는 언약임을 제시했다. 비슷하게 아모스서도 '만군의 여호와'라는 명칭을 통해, 하나님이 기존 창조 질서를 전복시키실 뿐만 아니라 새로운 창조 질서를 창조하신다는 점을 드러낸다.

신학적으로 이 명칭은 미래의 구원이 하나님의 절대적 주권으로 인해 기존 창조 질서가 전복되고 새로운 창조 질서가 세워지는 사건임을 보여 준다. 혹자는 미래의 구원이 창조 모티프로 표현된 것은 구원의 확실성을 강조하기 위한 수사적 장치일 뿐이라고 주장한다. 즉, 하나님의 창조 능력이 위대한 것처럼 우리의 구원도 확실하다는 점을 드러내기 위한 수사적 장치라는 설명이다. 이런 주장은 창조를 구원에 종속시키는 것이다.[72] 하지만 구원과 창조는 종속적 관계가 아니라 상호보완적 관계다. 아모스서에서 "만군의 여호와"라는 창조 모티프로 미래의 구원을 설명하는 것은 미래 구원의 확실성뿐만 아니라 그 구원이 실제로 하나님의 새로운 창조 사역임을 보여 주기 위한 것이다. 오늘날 우리의 구원이 만군의 하나님의 창조 사역의 일환으로 이루어졌다는 사실은 우리를 겸손하게 만든다. 우리의 연약함에도 불구하고 하나님이

---

72) 이에 대한 대표적 학자가 Gerhard von Rad이다. Gerhard von Rad, "The Theological Problem of the Old Testament Doctrine of Creation", in *Creation in the Old Testament*, ed. Bernhard W. Anderson (Philadelphia: Fortress, 1984), 63.

우리를 새롭게 창조하셔서 자녀로 삼으셨다는 진리를 보여 주기 때문이다. 따라서 우리의 구원은 우리의 공로가 아니라 전적인 하나님의 창조로 이루어졌음을 깨닫게 해준다. 또한 창조 모티프는 우리의 구원이 우리 자신만을 위한 것이 아니라 주위의 창조세계를 위한 것이라는 사실도 암시한다.

공의

아모스는 공의(משפט)를 강조한다. 아모스서에서 공의는 기본적으로 선악을 분별하여 악을 미워하고 하나님의 뜻인 선을 실천하는 모습이다. 이런 점에서 아모스서의 공의는 의(צדקה)와 밀접한 관련이 있다(5:14-15). 구약 성경에서 의는 하나님과 올바른 관계를 지속적으로 유지하는 상태로, 하나님과의 관계에서 계속적으로 악을 버리고 선을 좇으려는 일체의 모습이다.

아모스서는 인애를 언급하지 않기 때문에 인애에 관심이 없고 공의만 내세우는 듯한 인상을 준다. 하지만 구약 성경에서 인애는 하나님의 뜻을 자발적으로 수행하는 공의의 이면이기에, 공의는 항상 인애를 포함한다. 그러므로 아모스서의 공의를 도덕적인 측면에서 단순히 정의 사회를 실현하는 행위로 국한시키는 것은 잘못이다. 아모스서가 말하는 공의는 하나님의 인애를 체험한 사람이 그 인애를 본받아 자신도 하나님을 향해 진정한 인애(사랑)를 가지고 자발적으로 하나님의 뜻을 실천하는 것이다.

인간이 행하는 공의는 크게 두 가지로 정의된다. 즉, 인과응보적 공의(retributive justice)와 분배적 공의(distributive justice)다.[73] 인과응보적 공의는 억울한 자를 구원하기 위해 악한 자를 징계한다는 의미가 강하다. 분배적 공의는 모든 사람이 정당하게 이익과 권리와 행복을 누리도록 하는 데 그 목적이 있다. 또한 이런 공의의 목적은 인간에게 주어진 생명(창 9:5-6), 일(창 2:15), 평등(레 19:33-34) 등을 보호하고 증진한다.[74]

하지만 구약 성경에서 인간이 행하는 공의는 기본적으로 하나님의 공의를 닮아 하나님의 뜻을 자발적으로 실천하는 모습이다. 하나님은 구속사에서 출애굽을 통해 자신의 공의를 드러내셨다. 출애굽 사건은 이스라엘을 억압하는 애굽을 하나님이 공의로 징벌하시고 이스라엘을 사랑으로 구원하신 사건이다. 그래서 출애굽 사건은 하나님의 공의가 사랑의 요소인 인애와 밀접한 관련이 있음을 보여 준다.[75] 이런 점에서, 공의와 인애는 동전의 양면과 같다.

하나님의 공의는 하나님의 자발적인 사랑(인애)의 발로였기 때문에 우리도 하나님을 향해 인애를 가지고 자발적으로 하나님의 뜻을 실행하는 공의를 추구해야 한다. 따라서 공의와 인애(사랑)는 상충하는 개념이 아니다. 물론 우리가 공의를 행한다는 것에는 불의를 바로잡고, 불의를 행하는 자에게 징벌하며, 사람들의 권익을 보호하는 차원도 있다. 하지만 우리의 공의는 궁극적으로 하나님의 인애를 본받아 하나님을 향한 진정한 인애를 가지고 그분의 뜻을 행하는 것이다.[76]

---

73) David K. Clark and Robert V. Rakestraw(eds), *Readings in Christian Ethics 1: Theory and Method* (Grand Rapids, Mich.: 1994), 213.
74) 같은 책, 214.
75) 하나님의 공의가 궁극적으로 구원을 가져다준다고 할 때 다음과 같은 오해가 있을 수 있다. 종말에 하나님이 불신자들을 공의로 심판하실 때, 하나님의 공의는 인애를 지향하기 때문에 결국 불신자들도 구원을 받을 것이라는 생각이다. 하지만 이런 생각은 만인구원론으로, 성경의 증거와 다르다.
76) Stephen Charles Mott, "Love and Society: God's Justice and Ours", in *Readings in Christian Ethics* 1, 221.

어떤 의미에서 공의는 인애를 지속적으로 실천하기 위한 디딤돌로,[77] 인애를 더욱 증진시키기 위한 토대가 된다. 인애를 올바로 실천하기 위해서는 하나님의 뜻(공의)에 순응해야 하며, 그때에야 비로소 진정성 있는 인애가 실천될 수 있다. 하나님의 뜻(공의)을 제쳐두고 단순히 인애만 실천한다면 인애는 제대로 기능할 수 없고, 오히려 사람들로부터 이용당할 수 있다. 따라서 잠언은 인애를 신중하게 행하기 위해 인애를 아무에게나 베풀지 말고 자격이 있는 사람에게 베풀 것을 교훈한다. "네 손이 선을 베풀 힘이 있거든 **마땅히 받을 자에게** 베풀기를 아끼지 말며"(잠 3:27, 저자 강조). 그렇기에 기독교 영성가인 오스왈드 챔버스(Oswald Chambers)는 자신의 책 「주님은 나의 최고봉」(*My Utmost for His Highest*, 토기장이)에서 어려움에 처한 상대방을 구제할 때 그 고난을 통해 하나님이 상대방에게 주시려는 교훈이 무엇인지를 먼저 하나님께 묻고 구제의 방법과 시기를 정하라고 했다.

공의는 인애의 마음을 외형적으로 드러내는 행위다. 하지만 내면적 사랑과 열정, 충성을 외형적으로 드러냈다고 해서 무조건 공의가 되는 것은 아니다. 인애는 하나님의 뜻에 충실한 공의의 모습으로 발산되어야 진정한 인애가 될 수 있다. 이런 점에서 앞서 말한 바처럼, 공의는 인애를 기반으로 하지만, 또한 인애를 올바로 표출하게 하는 지렛대 역할도 한다. 따라서 성도가 인애와 공의를 행한다는 것은 하나님의 성품을 본받아 하나님을 사랑하는 마음을 하나님이 원하시는 뜻을 행하는 공의의 모습으로 드러낸다는 의미다. 그러므로 성도의 인애는 하나님을 향한 섬김과 충성의 모습으로 나타난다.

---

77) 같은 책, 218.

마지막으로, 아모스서에서 언급되는 공의는 인간 질서의 원리인 동시에 창조 질서의 원리로 제시된다. 그래서 하나님의 백성이 역사 속에서 공의를 세우지 못할 때 창조 질서도 영향을 받아 전복된다고 말한다(9:1-8). 창조 질서의 원리로서의 공의는 시편이 잘 보여 준다(시 33편; 36편; 89:14).

5장
오바댜

시대적 배경

오바댜서는 예루살렘이 바벨론으로부터 공격당할 때 에돔이 방관한 사실을 질타하는 내용을 담고 있다. 세일(창 32:3; 36:20-21, 30)로 불리는 에돔 땅에는 남북을 잇는 중요한 두 개의 도로가 있었다. 하나는 왕의 대로(king's highway)로, 깊은 협곡과 비옥한 땅을 관통하는 길이었고, 다른 하나는 비옥한 땅 가장자리를 지나지만 협곡과 같은 장애물이 없는 길이었다. 그래서 에돔은 유럽과 아시아, 아프리카의 물품들이 지나가는 물류의 요충지가 되었고, 경제적으로 윤택했다.

이스라엘과 관련된 에돔의 역사는 매우 오래되었다. 에돔 사람들은 야곱의 형 에서의 자손으로, 출애굽 당시 에돔 지역을 통과하려는 이스라엘 자손에게 길을 열어 주지 않을 만큼 이스라엘에게 적대적이었다 (민 20:14-21). 이후 에돔은 사울, 다윗, 솔로몬 시대에 이스라엘의 속국이 되었지만(삼상 14:47; 삼하 8:13-14; 왕상 9:26-28), 주전 9세기 유다 왕 여호사밧 때 모압, 암몬과 연합해서 유다를 공격하기도 했다(대하 20장). 그 후 에돔은 여호사밧의 아들 여호람 시대에 독립을 쟁취했다(왕하 8:20-22). 주전 8세기 초반에 유다 왕 아마샤는 에돔을 다시 정복했지만 (왕하 14:7), 주전 8세기 중반 아하스 시대에 에돔은 유다를 공격하고 유다 사람 일부를 포로로 잡아갔다(대하 28:17). 이 때부터 에돔은 유다의 멍에에서 완전히 해방되어 더 이상 유다의 간섭을 받지 않았다.

이후 앗수르와 바벨론이 고대 근동의 맹주로 등장하면서 에돔은 그들에게 조공을 바치는 속국으로 전락했다. 바벨론 시대에 한때 유다와 동맹하여 바벨론에 반기를 들기도 했지만(참고 렘 27:3), 바벨론의 공격을 받기 직전에 유다에게 등을 돌리고 바벨론에 충성을 맹세했다(참고

겔 25장). 바벨론이 예루살렘을 멸망시킬 때는, 바벨론 군과 합세하여 유다를 공격하고 예루살렘을 약탈하기까지 했다. 그래서 오바댜는 예루살렘의 멸망을 방관하고 약탈까지 자행한 에돔을 크게 책망했다.

에돔은 페르시아 시대에 접어들면서 아랍(아라비아)의 영향을 받았고, 나중에는 나바테아라는 아랍 국가에 의해 유다 남쪽 네게브로 이주하게 되었다. 이 때 이 지역을 '이두메'라고 불렀는데, 이두메는 고대 이름인 에돔이 변형된 형태다.

구조

앞서 말한 대로, 오바댜서는 에돔에 관한 책이다. 에돔에 관한 예언은 이사야 34:5-15, 예레미야 49:7-22, 에스겔 25:12-14, 35장, 아모스 1:11-12, 말라기 1:2-5에도 나타난다. 오바댜서는 다음과 같은 직선 구조로 되어 있다.

A. 서언(1절)
B. 에돔에 대한 심판 선언(2-9절)
C. 에돔 심판의 구체적 근거(10-14절)
D. 에돔 심판은 열국 심판의 신호탄(15-21절)

오바댜서는 앞에 나오는 아모스서와 긴밀한 연관성을 지닌다. 오바댜 1-5절은 아모스 9:1-15의 "구조적 요소"를 모방하고 있다.[1] 또한 아

---

1) James D. Nogalski, "Intertextuality and the Twelve", in *Forming Prophetic Literature*, 105.

모스 9:13과 오바댜 5절에는 "포도"라는 말이 동일하게 나온다. 오바댜서는 아모스 9장이 언급한 열국 심판과 시온의 회복, 그리고 남은 자 주제를 더욱 발전시킨다는 특징을 지니고 있다.

아모스 9장은 유다의 심판에 이어 열국에 대한 심판이 있을 것을 말했다. 이런 관점에서 오바댜서는, 바벨론에 의해 유다가 심판받은 상황에서, 열국 심판의 출발점으로 에돔에 대해 심판을 선고하는 것이다 (옵 15절). 하지만 오바댜 17절은 시온에 피할 자가 있을 것을 말함으로써 종말에 궁극적으로 시온의 회복과 남은 자가 출현할 것을 바라본다 (옵 17, 21절). 그래서 아모스서처럼 유다의 심판, 열국의 심판, 시온의 회복, 그리고 남은 자의 출현을 순차적으로 보여 준다.

여호와의 날을 언급한 아모스서처럼(암 5:18), 오바댜서에도 여호와의 날 주제가 나타나는데, 오바댜 11-14절은 그 날을 "형제의 날", "고난의 날", "제비 뽑던 날"로 묘사한다. 오바댜서와 짝을 이루는 하박국서는 여호와의 날을 "환난 날"로 기술한다(합 3:16). 오바댜서에서나 하박국서에서나, 여호와의 날은 예루살렘이 바벨론에 의해 함락된 사건과 긴밀하게 연결된다.

내용 분석

서언(1절)

오바댜서는 오바댜가 하나님의 천상회의(divine council)에 참석하여 하나님의 뜻을 듣고 선포하는 모양새로 시작한다. 하나님이 천상회의에서 사자(messenger)에게 에돔을 공격하라고 말씀하시는 것을 듣고 오바댜가 전하는 형식이다. 일반적으로 참 예언자는 하나님의 천상회의에 참석하여 하나님의 뜻을 듣고 그것을 전달하는 자로 정의된다(참고. 사 6장; 왕상 22장). 1절은 "우리가 일어나서 그와 싸우자"라고 말하는데, 여기서 "우리"는 에돔에 대한 심판 선고에 동조하는 오바댜와 같은 예언자 무리를 지칭하는 것처럼 보인다.[2]

에돔에 대한 심판 선언(2-9절)

2절은 에돔이 여러 나라들 가운데서 멸시를 받을 것이라고 말한다(2절). 여기서 "멸시를 받느니라"로 번역된 히브리어는 창세기 25:34에서 "가볍게 여김"으로 번역된 히브리어와 동일한 단어다. 오바댜는 여기서 과거에 에서가 장자의 직분을 멸시한 사실을 연상시키고, 에돔의 죄가 우선적으로 에서처럼 하나님의 축복을 가볍게 여긴 데 있었음을 보여 준다. 그리고 그 결과 에서의 후손인 에돔이 여러 나라들 가운데서 멸시를 받을 것이라는 인과응보의 심판을 선언한다.

오바댜서는 에돔의 죄를 교만으로 정의한다(3절). 이들이 교만했던 이유는 당시 에돔이 처했던 지리적·경제적 상황에 기인한다. 앞서 언급했듯이, 에돔은 산악 지역을 근거지로 했기 때문에 군사적으로 외부의 침입을 쉽게 허용하지 않았다.[3] 그리고 주요 도로들 때문에 물류의 요충지가 되어 경제적으로도 부유했다. 그래서 자신들의 군사적·경제적 우위를 믿고 교만했던 것이다.

더욱이 에돔은 이웃나라와 약조를 맺음으로써, 하나님 대신 인간적인 수단을 통해 지속적으로 자신들의 안전을 구축하려고 했다(7절). 이런 에돔의 모습은 신앙인에게 큰 교훈을 던져 준다. 즉, 하나님의 은혜

---

2) Smith and Page, *Amos, Obadiah, Jonah*, 181.
3) 에돔은 실로 난공불락의 바위산지에 거하고 있었다.

를 멸시하고 경제적·군사적 힘을 믿을 때, 인간은 자연스럽게 인간적 수단을 의지하게 된다. 이렇게 교만한 에돔을 향해 하나님은 무서운 심판을 선고하시고, 에돔이 에서의 산에서 죽임을 당할 것이라고 말씀하셨다(욥 9절).

아모스 6장은 부유층 지도자들이 하나님을 떠나 우상을 숭배하고, 자신들의 경제적·군사적 힘을 의지했던 사실을 강하게 질타했다. 오바댜서는 아모스서가 질타한 부자들의 죄악을 국가적으로 에돔에 적용시킨다. 이런 이유로 오바댜서와 아모스서는 서로 긴밀한 관계에서 읽혀야 한다. 하나님을 떠나 경제적·군사적 힘을 의지한 에돔이 나중에 예루살렘을 약탈하는 불의를 행했다는 것은 아모스서의 관점에서 볼 때 전혀 놀라운 일이 아니다. 오바댜서의 관심은 아모스서와 같이 공의를 행하지 않는 인간의 행태에 집중되는데, 공의에 대한 관심은 오바댜서와 짝을 이루는 하박국서에서 다시 나타난다.

에돔 심판의 구체적 근거(10-14절)

에돔이 심판을 받을 수밖에 없었던 가장 큰 이유는 바벨론이 예루살렘을 침공할 때 형제 나라인 유다를 돕지 않았기 때문이다(참고. 12, 20절).[4] 에돔은 유다가 바벨론으로부터 침략을 당할 때 오히려 예루살렘을 약탈했다(13-14절).[5] 대부분의 학자는 13-14절을 과거형으로 해석한

---

[4] Smith와 Page는 여기서 유다가 당한 곤란이 주전 586년에 바벨론에 의한 예루살렘의 멸망을 가리킨다고 주장한다. Smith and Page, *Amos, Obadiah, Jonah*, 191.

[5] 한편 Nogalski는 12-14절은 예루살렘의 침공 시 방관하지 말 것을 말하는 에돔에 대한 미래의 예언인 반면에 11절은 이미 에돔이 그렇게 했음을 말함으로써 불일치(dichotomy)를 보인다고 주장한다. 그리고 이런 불일치는 에돔의 심판을 더욱 정당화하기 위해 심판 전에 이미 경고로 주어졌음을 부각시키기 위한 것이라고 주장한다. Nogalski, "The Day(s) of YHWH in the Book of the Twelve", 208.

다. 그래서 에돔은 예루살렘이 어려움에 처했을 때 약탈하지 않았어야 한다는 식으로 이해한다.[6] 한편 어떤 학자들은 이것을 미래형으로 이해하여 에돔에게 심판이 임하기 전에 잘못된 행동을 하지 말라고 경고하는 것으로 해석하기도 한다.

내가 볼 때 이 구절은 에돔이 행했던 행동을 근거로 다시는 그렇게 하지 말라는 경고로 이해하는 것이 옳다.[7] 이 견해가 맞다면, 오바댜서가 에돔에 대한 심판을 예언하는 내용일 뿐만 아니라 에돔에게 구원의 손길을 펼치고 회개할 것을 촉구하는 내용이라고도 볼 수 있다. 이는 하나님의 공의의 심판이 결국 인애를 지향한다는 점을 다시 보여 주는 대목이다. 물론 우리가 계속 하나님의 인애를 남용하여 불의를 행한다면 하나님의 공의의 심판은 인애로 연결되지 않을 것이다. 열국에 대한 구원의 가능성은 아모스서가 처음 제시했지만, 오바댜서도 열국의 구원을 어느 정도 암시한다. 열국의 구원이라는 주제는 오바댜서 다음에 위치한 요나서에서 더욱 발전된다.

에돔 심판은 열국 심판의 신호탄(15-21절)

하나님은 에돔에게 심은 대로 거두는 보응의 심판을 내리실 것이다(15절). 그렇지만 에돔의 심판은 본격적으로 열국에 임할 여호와의 날 심판의 예표다. 에돔의 심판을 기점으로 "여호와께서 만국을 벌할 날"(15절)이 임할 것이다. 하지만 나중에 시온에 남은 자가 있을 것이다(17절). 그러면 시온에 남은 자의 정체는 누구인가? 이 남은 자의 특성에 대해,

---

6) Paul L. Schrieber, "The Book of Obadiah", *Concordia Journal* 23 (1997): 39-42.
7) Jeffrey Niehaus, "Obadiah", in *The Minor Prophets*, vol. 2, ed. Thomas Edward McComiskey, 531.

오바댜서는 포로라는 환난을 경험하고 돌아오는 자라는 힌트만 제공한다(20-21절). 하지만 오바댜서의 문맥을 볼 때, 남은 자는 에돔과 반대되는 자이기에 에돔이 범했던 악한 죄를 회개하고 청산하는 자들임이 분명하다. 다시 말해, 하나님의 축복을 중히 여기고, 인간적인 수단을 의지하기보다 하나님을 의지하면서 공의의 길을 가는 자. 15절 이하에 묘사된 시온의 회복은 인간의 공로보다 하나님의 은혜로 이루어지는 것이기에, 남은 자의 회복은 전적으로 하나님의 은혜에 기인하는 것임을 알 수 있다.

오바댜서가 시온의 회복으로 끝난다는 것은 아모스 9장이 다윗의 장막인 시온의 회복으로 끝난다는 것과 비슷하다. 또한 오바댜 18절의 "에서 족속에 남은 자"라는 표현은 아모스 9:12의 "에돔의 남은 자"를 강하게 연상시킨다. 이렇게 해서 오바댜 15-21절은 아모스 9:11-15과 평행을 이룬다. 이 두 단락을 비교할 때 차이점도 발견된다. 아모스서는 에돔에 남은 자가 있을 것이라고 말하는 반면에, 오바댜 18절은 에돔에 남은 자가 없을 것이라고 말한다. 하지만 이런 차이는 오바댜서가 공의를 행하지 않은 에돔을 직접적으로 심판하는 책이기 때문에 오바댜가 심판의 관점에서 에돔이 하나도 남김없이 멸망당할 것을 강조한 것이라고 설명할 수 있다.

오바댜 21절이 "구원받은 자들이 시온 산에 올라와서"라고 말할 때 "구원받은 자들"은 포로에서 돌아온 자들을 가리킨다.[8] 이들은 극심한 환난을 경험하고 진정으로 회개하여 돌아온 자들이다. 이런 의미에서 이들은 아모스 4장에서 재앙을 경험하고도 돌아오지 않은 부유층 지도

---

8) Smith and Page, *Amos, Obadiah, Jonah*, 201.

자들과 대조된다. 포로생활이라는 환난을 통과하면서 하나님의 공의를 목도하고 돌아온 자들이기에, 이들은 하나님의 공의를 전적으로 체험하고 그 성품을 닮아 하나님의 뜻을 자발적으로 행하는 공의의 삶을 사는 자들이다. 21절은 이들이 "에서의 산을 심판하리니"라고 말한다. 이 말은 대적을 물리치는 메타포를 사용하여 남은 자가 왕적 지위를 가지고 공의와 의로 다스린다는 신학을 제시한다. 이 신학적 사상은 남은 자가 대적을 밟을 것이라는 미가 5장에 더욱 두드러지게 나타난다(미 5:8-9). 확실히 오바댜서는 공의와 의를 강조한 아모스서와 연결되어, 종말에 시온에 거하는 자는 에돔과 달리 하나님의 성품을 닮아 공의와 의를 행하는 자임을 은연중에 부각시킨다.

신학적 메시지

오바댜서는 에돔에 대해 심판을 선고한다. 심은 대로 거두는 진리를 천명한 오바댜서는 하나님이 예루살렘을 핍박한 에돔을 보응하실 것이고(15절), 심판 날에 에돔에서 남은 자가 나오지 못할 것이라고 말한다(18절). 오바댜서는 하나님의 은혜를 멸시하는 사람은 세상적인 수단으로 안전을 확보하며, 형제를 압제하고 핍박한다는 진리를 순차적으로 제시한다. 흥미롭게도 야곱과 에서의 악연은 신약 성경에서도 이어진다. 이두매(에서) 출신인 유다의 분봉왕 헤롯이 다윗의 자손 예수를 죽이려 했기 때문이다(마 2:16).

소예언서 전체의 문맥에서 볼 때, 오바댜서는 예루살렘의 멸망을 여호와의 날의 일차적 성취로 제시한다. 동시에 예루살렘의 멸망에 개입했거나 방관하며 기뻐한 자(에돔)에 대한 심판을 선고함으로써, 여호와의 날에는 하나님의 백성뿐만 아니라 모든 악인이 심판받는다는 사실을 확인해 준다. 그렇다고 해서 남은 자가 없는 것은 아니다. 아모스서처럼 오바댜서도 시온에 남은 자가 있을 것이라고 말한다. 이런 점에서 오바댜서의 구원 프로그램은 아모스 9장이 말한 시온의 회복 프로그램과 연속성을 지닌다. 오바댜 17-18절은 시온이 거룩하게 될 것이고 에돔으로 대표되는 이방인들이 사라질 것이라고 말하는데, 이런 진술은 요엘 3:17에도 나타난다. 이런 연관성으로 인해, 요엘서와 오바댜서는 아모스서를 둘러싸는 샌드위치 구조를 이룬다. 샌드위치 구조를 통해, 오바댜서는 요엘서와 아모스서의 종말 프로그램을 더욱 발전시킨다.

요약하자면, 오바댜서는 예루살렘의 멸망으로 유다에 심판이 임한 상황에서, 열국 심판의 시작으로 에돔에 심판을 선고하는 책이다. 에돔에 대한 심판은 열국 심판의 신호탄이 될 것이다. 나중에 시온이 회복되고 거기서 남은 자가 나올 텐데, 오바댜서는 남은 자를 스스로 회개하여 돌아온 자라고 말하지 않는다. 대신 하나님이 주권적으로 개입하셔서 시온에 남은 자가 올라오게 될 것이라고 말할 뿐이다. 이런 의미에서 오바댜서도 아모스서처럼 남은 자의 출현은 전적인 하나님의 은혜의 산물임을 보여 준다.

6장
요나

시대적 배경과 목적

요나서의 시대적 배경에 대해서는 학자들 사이에 많은 논란이 있지만, 요나는 여로보암 2세 때 활약한 예언자로 볼 수 있다(참고 왕하 14:25). 어떤 이들은 요나가 물고기 배 속에서 3일 동안 기도한 내용, 동물들의 회개(3:7-8), 니느웨 성의 크기(3:3-5) 등을 들어 본문의 역사성을 의심하기도 한다. 하지만 신약 성경에서 예수님은 요나와 니느웨를 실례로 언급하심으로써(마 12:39-40) 요나가 실제 인물임을 암시해 주셨다. 요나서의 목적은 오바댜서처럼 일차적으로 하나님이 이스라엘의 하나님일 뿐만 아니라 열국을 위한 하나님이심을 보여 주는 데 있다. 하지만 요나서는 불평하는 요나의 예를 통해 불순종하는 이스라엘을 질책하는 말씀이기도 하다.[1] 다시 말해, 앗수르의 성읍인 니느웨가 예언자의 메시지를 듣고 회개하며 순종한 반면, 이스라엘은 예언자의 메시지에 순종하지 않은 정반대의 상황을 비판하기 위한 것이기도 하다.

구조와 특징

요나서는 '라아'(רָעָה, 악독)로 시작해서 '라아'(רָעָה, 요나의 괴로움)로 끝남으로써 인클루지오를 형성한다(1:2; 4:6). '라아'는 요나서의 핵심 단어 중 하나로, '악' 또는 '재앙'을 의미한다(1:2, 7, 8; 3:8, 10; 4:1, 6). 1:2에서 이 단어는 니느웨 사람들의 악독을 가리키고, 1:7-8에서는 재앙을 의미한다. 3:8은 요나의 메시지를 들은 니느웨 사람들이 악한 길에서

---

1) 치즈홀름, 「예언서개론」, 620.

돌아섰다고 말하는데, 여기서 "악한"에 해당하는 히브리어도 '라아'다.

그렇지만 '라아'는 4장에서 요나의 행동과 심정을 묘사하는 말로 둔갑한다. 구체적으로 4:1은 요나가 하나님이 회개한 니느웨에 대한 심판을 철회하시는 것을 보고 매우 싫어했다고 말한다. 여기서 싫어했다는 표현에 사용된 히브리어가 바로 '라아'다. 더 나아가 4:6은 요나의 괴로움을 '라아'라고 표현한다. 결국 '라아'는 처음에 니느웨 백성들을 묘사하는 말에서 나중에 요나를 더 잘 묘사해 주는 말로 변한 것이다. 이는 일종의 아이러니다.[2] 요나서의 또 다른 핵심 단어는 '크다'라는 뜻의 '가돌'(גדול, 1:2; 3:2-3; 4:11)이다.

요나서는 전체적으로 패널 구조로 되어 있다.[3]

   A. 여호와께서 요나를 부르심(1:1-2)
     B. 요나가 그분의 부르심을 거부함(1:3)
       C. 주권자이신 여호와께서 자신의 권능을 드러내심(1:4)
         D. 선원들이 여호와께 복종함으로써 재앙을 피함(1:5-16)
           E. 물에 빠진 요나에게 물고기를 주어 구하심(1:17)
             F. 요나가 기도하면서 생명을 구원하신 여호와께 감사 드림(2:1-9)
               G. 물고기가 요나를 토해 냄(2:10)
   A'. 여호와께서 요나를 부르심(3:1-2)

---

2) 로버트 치솜&데이비드 하워드,「역사서를 어떻게 해석할 것인가?」, 류근상&한정건 옮김(고양: 크리스챤출판사, 2007), 75.
3) 이 구조는 치즈홀름의 구조를 약간 변형시킨 것이다. 참고 치즈홀름,「예언서개론」, 621.

B'. 요나가 그분의 부르심을 받아들임(3:3)
　　　C'. 주권자이신 여호와께서 자신의 계획을 드러내심(3:4)
　　　　D'. 니느웨 사람들이 여호와께 복종함으로써 재앙을 피함(3:5-10)
　　　　　E'. 불평하는 요나에게 박 넝쿨을 주어 시원케 하심(4:1-6)
　　　　　　F'. 시든 박 넝쿨로 인하여 요나가 죽기를 기도함(4:7-8)
　　　　　　　G'. 박 넝쿨 밖으로 나온 요나를 향한 하나님이 책망하심
　　　　　(4:9-11)

　이 구조를 볼 때, 요나가 물고기 뱃속에서 나오게 된 것은 요나의 공로가 아니라 책망 받을 수밖에 없는 요나에게 베푸신 하나님의 은혜다. 요나서에서 요나라는 인물은 당시 이스라엘의 영적 상태를 보여 주는 표본이었다.

　요나서를 앞에 위치한 오바댜서의 문맥에서 읽으면, 요나서의 메시지에 이중적 목적이 있음을 알 수 있다. 첫째, 오바댜서는 열국 심판의 신호탄으로 에돔의 심판을 언급했는데, 이런 문맥에서 요나서는 이방 나라의 수도 니느웨처럼 회개한다면 열국에도 소망이 있다는 것을 교훈한다. 둘째, 오바댜서는 종말에 남은 자는 환난을 통과한 후에 공의와 의를 행하게 될 것을 암시했는데, 요나서는 물고기 뱃속에서 환난을 경험했던 요나의 경우를 내세워 환난을 통과했다고 모두가 회개하고 돌아오는 것은 아님을 각인시킨다.

　나중에 자세히 설명하겠지만, 요나는 물고기 뱃속이라는 환난 가운데서 결코 회개하지 않았다. 3장에서는 니느웨의 회개로 하나님이 심판을 철회하시자 불평했다. 만약 요나가 물고기 뱃속이라는 환난 가운데서 하나님의 인애를 체험하고 진정으로 회개했다면, 회개하는 니느

웨 사람들을 용서하시는 하나님을 충분히 이해했을 것이다. 이런 점에서 요나는 환난에도 불구하고 돌아오지 않는 사람의 전형이다. 이런 그의 모습은 당시 이스라엘의 영적 수준이기도 했다.

그러므로 요나서는 요나처럼 미래에 환난을 통과한다고 다 남은 자가 되는 것이 아님을 교훈한다. 남은 자가 되기 위해서는 자신이 아무 것도 아닌 존재임을 철저하게 인식하고 환난을 통해 하나님의 공의와 인애를 절실히 느껴야 한다. 이런 사람만이 하나님의 성품을 닮아 인애와 공의를 행할 수 있기 때문이다.

이런 사실은 요나서 다음에 위치한 미가서에 더욱 잘 드러난다(참고 미 7:9). 미가는 자신이 이슬처럼 아무것도 아닌 존재임을 자각하는 자가 미래에 남은 자임을 보여 준다(미 5:7). 그렇게 자각하는 사람만이 하나님의 사랑을 진정으로 받아들이고, 자신도 하나님을 향해 진정한 인애를 가지고 공의를 행할 수 있기 때문이다. 이 때 하나님은 인애와 공의를 행하는 사람에게 더욱 은혜를 부어주셔서 그를 강한 사자로 만드실 것이다(미 5:8).

인간은 여러 통로를 통해 하나님의 사랑을 체험할 수 있다. 예를 들어 하나님으로부터 복을 받거나 자신의 실수를 용서받을 때, 또는 환난에서 구원받을 때, 거기서 하나님의 인애를 느끼고 하나님을 사랑하게 된다. 하지만 이것은 자칫 하나님이 무엇을 주셨기 때문에 사랑하는 조건적 사랑으로 발전할 가능성이 크다. 그렇게 되면 인간은 하나님을 사랑하는 것이 아니라 하나님이 주시는 선물을 사랑하는 셈이 된다. 이것은 하나님을 향한 진정한 사랑이라고 말할 수 없다. 이런 점에서 미가서는 환난을 통과하는 가운데 하나님의 사랑을 체험하고 진정으로 하나님을 사랑하기 위해서는 무엇보다 자신이 아무것도 아닌 존재, 심지어 죄인이라는 사실을 철저히 자각해야 함을 독자들에게 각인시킨다.

그런 사람은 결코 하나님의 사랑을 이용하지 않을 것이며, 진정성 있는 사랑으로 하나님을 향한 인애와 공의를 실천할 것이다. 결국 요나는 자신이 하나님 앞에서 보잘 것 없는 존재임을 자각하지 못했기 때문에, 환난을 통과한 후에도 진정으로 하나님을 사랑하지 못하고 오히려 자신을 구원하신 하나님을 원망했다.

마지막으로 요나서는 공의에 초점을 맞춘 아모스서나 오바댜서와 달리, 하나님의 인애와 자비에 초점을 맞춘다. "주께서는 은혜로우시며 자비로우시며 노하기를 더디하시며 인애가 크시사 뜻을 돌이켜 재앙을 내리지 아니하시는 하나님이신 줄을 내가 알았음이니이다"(4:2). 이 구절은 요엘서에 이미 언급된 내용이다(욜 2:13, 17). 이런 점에서 요나서는 하나님의 자비와 인애를 강조한 요엘서와도 밀접한 관련이 있다.[4] 요엘서에서 하나님의 인애는 인간이 하나님께 다시 돌아올 수 있는 근거였다. 마찬가지로 요나서도 하나님의 자비와 인애를 통해 인간이 얼마든지 하나님께 다시 돌아올 수 있다는 신학을 제시한다. 하지만 하나님께 돌아올 때 가식이 있어서는 안 된다. 요나서와 짝을 이루는 나훔서는 가식적인 돌아옴에는 상응하는 대가가 따른다는 사실을 극명하게 보여 준다. 나훔서는 앗수르가 진정으로 회개하지 않고 가식적으로 돌아와 다시 죄를 지었기 때문에, 앗수르에 대해 심판을 선고한다. 그래서 나훔서는 요나서에서 하나님의 인애로 니느웨가 용서받은 사실을 상기시키며 시작한다(참고 나 1:3).

---

4) Jack M. Sasson, *Jonah*, AB (New York: Doubleday, 1990), 282.

내용 분석

요나서는 전체적으로 요나의 첫 번째 행동(1-2장)과 두 번째 행동(3-4장)으로 나뉜다.

첫 번째 행동(1-2장)

1장

요나의 첫 번째 행동은 대부분 바다에서 이루어진다. 1장에서 요나는 다시스로 가는 배를 타고 가다 풍랑을 만났는데, 히브리어 원문은 요나가 그 풍랑에 오랫동안 무감각했음을 보여 준다. 다시스라는 지역에 대해 학자들 간의 의견은 분분하다. 혹자는 이곳을 스페인의 서남쪽에 위치한 지역이라고 주장하는 반면에, 레싱(Reed Lessing)은 다시스가 길리기아의 다소 지역을 가리킨다고 주장한다.[5]

이제 내용을 살펴보자. 우선 1:4-16은 절묘한 동심원 구조로 되어 있다.[6]

    A. 여호와께서 바람을 바다에 던지심-풍랑이 시작됨-선원들이 두려워하여 부르짖음(4-5a절)

    B. 요나에게, 하나님께 부르짖으라-우리가 망하지 않기 위해-하나님의 주권(5b-6절)

---

5) Reed Lessing, "Just Where Was Jonah Going?: The Location of Tarshish in the Old Testament", *Concordia Journal* 28 (2002): 291-293.

6) T. D. Alexander, *Jonah: An Introduction and Commentary*, TOTC (Downers Grove: InterVarsity, 1988), 106-109.

C. 제비를 뽑아 풍랑의 원인이 누구인지 알아 보자(7절)
　　　　D. 선원들이 뽑힌 요나를 심문함(8절)
　　　　　E. 나는 여호와를 경외하는(두려워하는) 자다(9절)
　　　　　E'. 선원들이 두려워함(10절)
　　　　D'. 선원들이 요나를 심문함: 어찌하여 여호와의 낯을 피하였는가?(11절)
　　　C'. 풍랑의 원인은 나다(12절)
　　B'. 선원들이 여호와께 부르짖음-우리로 망하지 않게 하소서-하나님의 주권(13-14절)
　A'. 선원들이 요나를 바다에 던짐-풍랑이 멈춤-선원들이 여호와를 두려워하여 제사를 드림(15-16절)

　이상의 구조를 볼 때, 1장의 핵심은 E/E' 단락으로, 이 단락은 선원들과 요나를 의도적으로 대조시킨다. 전체적으로 1장에서 요나가 매우 둔감한 사람으로 등장하는 반면, 선원들은 풍랑이라는 상황에 민첩하게 대응하는 자들로 제시된다. 또한 선원들은 상황을 바꾸기 위해 기도하지만 1장에서 요나는 결코 기도하지 않는다(참고 1:6). 이렇게 기도하지 않는 요나의 모습은 3장에서 니느웨 사람들이 회개 기도를 드리는 모습과도 대조된다. 흥미로운 점은 1:14에서 선원들이 드리는 기도의 내용이 4:2-3에서 절망 가운데 드리는 요나의 기도 내용과 정반대라는 사실이다. 이를 도표로 그리면 다음과 같다.[7]

---

7) Jack M. Sasson, *Jonah*, AB (New York: Doubleday, 1990), 276.

	1:14	4:2-3
대상	여호와여 구하오니	여호와여 구하오니
불평		내가 고국에 있을 때에 이러하겠다고 말씀하지 아니하였나이까?
증거		내가 알았음이니이다
간구	우리를 멸망시키지 마옵소서 무죄한 피를 우리에게 돌리지 마옵소서	내 생명을 거두어 가소서
동기	여호와의 주권	사는 것보다 죽는 것이 낫기 때문

이렇게 요나와 이방인을 대조하는 것은 선민사상에 젖어 있는 이스라엘을 질책하기 위한 목적이 강하다. 이방인들은 위험한 상황에서 하나님께 기도하지만 이스라엘을 대표하는 요나는 그렇게 하지 않는다.[8] 선원들은 요나의 생명을 구하려고 안간힘을 쓰지만, 요나는 니느웨 사람들의 생명에 대해 매우 무관심하다. 생명을 구원하고 자비를 베푸는 모습이 하나님의 성품이라는 점을 고려할 때, 요나보다 오히려 이방인들이 하나님을 더 닮았다는 점은 아이러니다.

2장

2장에서 요나는 물고기 뱃속에서 기도를 드린다. 하지만 여기서 그의 기도는 자신의 불순종을 회개하는 기도라기보다 자신의 구원을 예견

---

8) Daniel C. Timmer, "Jonah and Mission: Missiological Dichotomy, Biblical Theology, and the Via Tertia", *Westminster Theological Journal* 70 (2008): 159-175에서 170.

하고 감사하는 기도이고, 더 나아가 이방인과 달리 자신이 서원을 갚을 수 있다는 자신감에서 나오는 과시적 기도다(7-9절). 환난을 겪으면서 자신의 부족함을 철저하게 느끼고 진정으로 회개하기보다 하나님이 자신을 구원해 주신다면 하나님께 서원을 갚을 수 있다는 자신의 능력을 돋보이게 하는 기도다. 이런 사람은 결코 하나님의 사랑을 진정으로 체험할 수 없기에, 하나님을 향해 진정성 있는 인애를 가지고 공의를 행할 수 없다.

요나서 앞에 위치한 소예언서들은 하나같이 남은 자가 환난을 통과한 후에 진정으로 회개하는 자임을 강조했다. 이런 상황에서 요나가 환난을 통과한 후에도 여전히 하나님께 진정으로 회개하지 않는 모습은 충격적이다. 이 모습은 환난을 통과한다고 해서 모두 남은 자가 되는 것은 아니라는 교훈을 준다. 미가서는 환난을 통과한 후에 진정으로 남은 자가 되기 위해서는 무엇보다 환난 가운데서 자신의 부족함을 느끼고 심지어 자신이 태생적으로 죄인임을 고백하는 사람이 되어야 한다는 진리를 보여 준다(참고. 미 5:7; 7:9). 이는 자신이 아무것도 아닌 존재임을 철저히 인식하는 자만이 남은 자가 된다는 사상이다(참고. 시 62:9). 환난을 경험하면서 자신이 아무것도 아닌 존재임을 철저히 자각하지 않는다면, 그는 결코 하나님의 사랑을 진정으로 체득할 수 없다.

두 번째 행동(3-4장)
물고기 뱃속에서 나온 요나는 두 번째 기회를 얻어 니느웨에 하나님의 말씀을 전했다. 그가 전한 메시지의 요점은 40일이 지나면 니느웨가 무너진다는 것이었다. 여기서 '40'이라는 숫자에 주목할 필요가 있다. '40'은 구약 성경에서 고난의 기간을 상징하면서 한 사람이 변화되는 기간을 가리킨다.[9] 그러므로 "40일"은 니느웨 백성들이 회개한다면 심판이 돌이켜질 수 있다는 가능성을 어느 정도 예견한다.

4장에서 요나는 니느웨가 회개하여 하나님이 심판을 철회하신 것을 보고 불평한다. 구약 성경에 명시적으로 이방인 선교를 명령하는 말씀은 없지만, 적어도 하나님의 성품을 닮아 이방인들에게 구원의 빛이 되는 것은 이스라엘의 마땅한 의무였다.[10] 하나님의 성품을 요나가 몰랐던 것도 아니다. 그는 하나님이 자비로우신 분임을 누구보다 잘 아는 예언자였다(4:2). 하지만 하나님의 성품을 닮기를 거부하고, 이방인을 위해 하나님으로부터 부여받은 사명을 감당하지 못했다. 그는 하나님의 자비의 마음을 가지고 이방인들의 멸망을 슬퍼하기보다 자신을 시원케 해준 박넝쿨이 시드는 것을 슬퍼했다.

니느웨 사람들의 악독을 표현하기 위해 사용되었던 히브리어 '라아'(1:2; 3:8)는 4장에서 요나의 괴로움을 표현하는 단어로 둔갑한다(4:1, 6). 이런 변화는 악이 신분과 민족에 상관없이 하나님의 뜻을 떠난 모습임을 교훈해 준다. 단순히 하나님을 배반하고 우상숭배를 행하는 것뿐만 아니라, 하나님을 따른다고 하지만 실제로는 하나님의 뜻을 따르지 않는 것도 악이다. 이제 악독은 니느웨 사람들의 모습이 아니라 요나의 모습을 묘사하는 문구로 변했다. 이와 같은 변화는 당시 배교하는 이스라엘을 겨냥한 것이기도 하다.

요나서는 인간이 진정으로 회개한다면 자비의 하나님이 재앙을 돌이키신다는 점을 강조한다. 이것은 요엘 2:13과 아모스 7:6에 제시된 신학과 궤를 같이한다. 앞서 오바댜서는 에돔의 죄를 비판하면서 심은

---

9) 출애굽 시 이스라엘의 광야 40년, 모세의 40년 등.
10) Timmer, "Jonah and Mission", 170-171.

대로 거두게 하시는 하나님의 진리를 부각시켰다(옵 1:15). 그렇지만 오바댜서에 이어 요나서는 누구든지 회개한다면 하나님의 은혜로 심판을 돌이킬 수 있다는 진리를 극적으로 보여 준다. 이런 점에서 오바댜서와 요나서는 하나님의 공의와 은혜를 균형적으로 보여 주기 위해 의도적으로 배열된 것이다. 오바댜서와 요나서를 함께 읽으면, 오바댜서가 종말에 시온에 남은 자를 환난을 통과한 후에 회개한 자로 묘사하는 것처럼, 요나서도 진정으로 회개한다면 하나님의 남은 자가 될 수 있다는 사실을 암시하고 있음을 알 수 있다. 한 걸음 더 나아가 요나서는 물고기 뱃속이라는 환난을 경험하고도 진정으로 회개하지 않았던 요나의 예를 통해 극심한 환난에서 구원받았다 할지라도 반드시 회개하는 것은 아니라는 사실을 교훈한다. 이것은 소예언서 전체 문맥에서 볼 때, 포로 후기에 환난을 통과한 후에 돌아왔다고 모두 남은 자가 되는 것은 아니라는 사실을 일깨워 준다.

요나서의 문학적 구조

요나가 물고기 뱃속에 있는 모습은 박넝쿨 아래에 있는 모습과 평행을 이룬다. 이런 평행은 요나가 첫 번째 불순종으로 인해 고난을 당하고도 계속 불순종했음을 부각시킨다. 이런 요나의 모습은 하나님의 말씀을 듣고도 계속 불순종하는 이스라엘의 자화상이기도 했다(참고. 왕하 17:13). 환난을 당하고도 전혀 변화되지 않고 다시 동일한 환난 속으로 들어가는 요나의 모습은 정말 아이러니다.

1-2장	4장
다시스로 감	니느웨 성에서 동편으로 감
물고기 뱃속으로 옮겨짐	박 넝쿨 아래로 들어옴
요나의 고통	시든 박 넝쿨로 인한 요나의 고통
요나의 기도(회개 기도는 아님)	요나의 기도(죽기를 기도)
물고기 뱃속에서 나옴	박 넝쿨 밖으로 나옴

신학적 메시지

기도

요나서는 기도라는 주제를 크게 부각시킨다. 요나는 이방인 선원들과 니느웨 사람들과 달리 진실된 기도를 드리지 않은 인물로 제시된다. 구체적으로 1장에서 요나는 배가 침몰하는 상황에서 선원들과 달리 기도를 드리지 않는다. 물론 2장에서는 물고기 뱃속에서 기도하지만, 이는 불순종에 대한 회개의 기도가 아니라 물고기 뱃속에서 자신의 기도를 들어주시는 하나님께 감사의 시로 노래한 것이다(2:7, 9). 오히려 그의 기도는 자신의 의를 드러내는 과시적 기도였다. "거짓되고 헛된 것을 숭상하는 모든 자는 자기에게 베푸신 은혜를 버렸사오나 나는 감사하는 목소리로 주께 제사를 드리며 나의 서원을 주께 갚겠나이다"(2:8-9).

3-4장에서 다시 요나는 니느웨 백성이 회개하는 것을 못마땅하게 여긴다. 하나님이 두 번째 기회를 주셨지만, 요나는 여전히 불완전한 신앙을 드러낸다. 2장의 기도가 진정한 회개의 기도였다면 요나는 죄인을 용서하시는 하나님을 체험했을 것이고, 니느웨가 회개할 때 그들의 죄를 용서하시는 하나님께 불평하지 않았을 것이다.

3:4에서 요나는 니느웨 백성에게 회개를 촉구하지 않고 심판을 선

고했다. 이는 요나가 여전히 자신의 사명을 주저하고 있음을 의미한다. 니느웨가 회개하여 구원받는 것을 못마땅하게 여기는 요나의 모습은 당시 이방인을 향한 이스라엘 백성들의 전형적인 모습이기도 했다. 결국 요나서는 요나를 통해 당시 이스라엘이 진정으로 기도를 드리지 않고, 회개하려는 의지도 없음을 질타하는 책이기도 하다. 그래서 문제의 해결은 기도와 회개에 있다는 점을 독자들에게 각인시킨다.

하나님의 자비하심

요나서의 메시지는 예언서 메시지가 지니는 특성의 한 단면을 보여 준다. 즉, 예언자들의 심판 메시지는 듣는 자의 반응에 따라 축복으로 변할 수 있다는 것이다(참고. 겔 18장). 이것을 뒷받침해 주는 다른 예가 미가서에 등장한다. 미가는 당시 유다가 앗수르에 의해 멸망당할 것을 예언했지만(미 3:12; 참고. 렘 26:18-19), 미가의 예언을 들은 유다 왕 히스기야가 회개하자 하나님은 유다의 멸망을 유보하셨다. 마찬가지로 요나서도 자비의 하나님을 강조하고 하나님의 심판이 궁극적으로 회복을 지향한다는 점을 교훈한다.

기도하지 않고 반항하는 요나에게 자비를 베푸셨던 하나님은 니느웨가 회개할 때 다시 자비를 베푸심으로써 한결같은 분으로 그려진다. 하나님의 자비하심이라는 주제는 다음 구절에 잘 나타난다. "주께서는 은혜로우시며 자비로우시며 노하기를 더디하시며 인애가 크시사 뜻을 돌이켜 재앙을 내리지 아니하시는 하나님이신 줄을 내가 알았음이니이다." '하나님의 자비하심'이라는 주제는 앞서 말한 것처럼 소예언서 전체의 주제이기도 하다(욜 2:13; 미 7:18-20; 참고. 나 1:3). 흥미로운 점은 하나님의 자비하심이라는 주제가 요나서와 미가서와 나훔서에 연이어 나타난다는 사실이다. 하지만 요나서는 회개할 때 하나님이 자비를 베푸신다는 교훈을 주는 반면에 나훔서는 그 회개가 진정한 회개가 아니면 다시 심판이 임한다는 교훈을 준다. 그리고 중간에 위치한 미가서는 요나서와 나훔서의 죄의 문제를 심각하게 생각하고, 하나님의 궁극적인 자비는 우리의 죄를 완전히 제거하는 하나님의 은총에 있다는 사실을 강조한다(미 7:18-20).

창조주 하나님

요나가 니느웨 백성들에게 하나님의 말씀 선포하기를 꺼렸던 이유는 이스라엘의 대적인 니느웨가 회개하고 용서받는 것에 대한 두려움 때문이었다. 그런 요나에게 큰 물고기(1:17), 박넝쿨(4:6), 벌레(4:7) 등과 같은 창조물을 이용해 하나님은 자신이 단순히 이스라엘에 국한된 하나님이 아니라 온 창조세계의 하나님이라는 사실을 보여 주셨다. 이는 모든 세상이 하나님의 주권 아래 있다는 가르침이었다. 창조주로서 하나님의 권능은 우리가 하나님께 기도드리고 회개할 수 있는 이유이자 토대가 된다. 자격은 없지만 하나님께 회개하고 기도할 때, 하나님은 창조적 능력으로 우리의 상황을 전혀 새로운 방법으로 역전시켜 주실 것이다.

7장
미가

시대적 배경

미가라는 이름의 뜻은 "여호와와 같은 분이 누가 있으리오?"이다. 미가서 마지막도 "주와 같은 신이 어디 있으리이까?"(7:18)로 끝난다. 미가의 고향인 모레셋은 예루살렘에서 남서쪽으로 대략 37킬로 떨어진 성읍이었다. 미가가 예언한 주 무대는 유다의 수도 예루살렘이었지만, 그는 남유다뿐만 아니라 북이스라엘에도 하나님의 말씀을 선포했다. 미가가 사역하던 상황은 일반 백성들을 포함해서 부자와 종교 지도자, 그리고 정치 지도자까지 모두 타락의 길로 치닫고 있는 형국이었다(2:6-11; 3:6-7; 6:9-16). 이런 상황에서 미가는 하나님의 공의에 기초하여 죄에 대한 심판과 함께 회개하는 자를 향한 죄 용서의 은혜를 전파했다.[1] 특별히 땅을 탐하는 부자들로 말미암아 중산층들이 가난한 빈농으로 몰락하는 상황을 지켜보았기에 부자들의 탐욕을 강하게 질타했다(2:1-5, 6-11).[2]

미가는 예레미야 26:17-19에 다시 한 번 언급된다. 미가가 활약한 시기는 요담(주전 750-732년), 아하스(주전 735-715년), 그리고 히스기야(주전 729-686년) 때다. 1:6의 사마리아 멸망(주전 722년)에 관한 예언은 미가의 사역이 사마리아 멸망 이전부터 시작되었음을 알려준다. 1:10-16의 유다 성읍들에 대한 묘사는 주전 701년 앗수르 왕인 산헤립이 예루살렘을 공격하기 전에 주위의 유다 성읍들을 공격했던 역사적 상황을 보여 준다.

---

1) Bruce K. Waltke, *A Commentary on Micah* (Grand Rapids, Mich.: Eerdmans, 2007), 2.
2) 같은 책, 3.

미가는 앗수르에 의해 북이스라엘과 남유다의 예루살렘이 모두 멸망할 것을 예언했다. 그의 예언대로 북이스라엘은 주전 722년에 살만에셀 5세에 의해 멸망했다. 하지만 남유다는 주전 701년 앗수르 왕 산헤립의 침공에도 불구하고 살아남았다. 그렇다면 미가의 예언은 거짓이었는가? 이에 대해 예레미야는 미가의 예언을 듣고 유다 왕 히스기야가 회개를 했기 때문에 하나님이 심판을 철회하셨다고 설명한다(렘 26:18-19). 극심한 환난의 위기 앞에서 회개하고 돌아왔기 때문에 유다는 구원을 받았던 것이다. 하지만 유다의 회개는 일시적이었기에, 미가는 4장에서 결국 유다가 바벨론에 포로로 잡혀가게 될 것을 내다본다(4:10).

구조

학자들은 미가서에서 일관된 구조를 발견하기 어렵다고 주장한다.[3] 하지만 전체적으로 미가서는 패널 구조를 이룬다.[4]

A. 여호와의 현현과 언약 고소(1:1-9)

---

3) 미가서의 구조에 대한 학자들의 다양한 견해를 보기 위해서는 다음 글을 참고하라. Kenneth H. Cuffey, "Remnant, Redactor, and Biblical Theologian: A Comparative Study of Coherence in Micah and the Twelve", in *Reading and Hearing the Book of the Twelve*, 188-189.
4) 한편 M. H. Jacobs는 구원 선포의 관점에서 볼 때 크게 다음 세 단락으로 나눌 수 있다고 주장했다. A(1:1-2:11)-B(구원의 메시지, 2:2-13), A'(3장)-B'(구원의 메시지, 4-5장), A"(6:1-7:6)-B"(구원의 메시지, 7:7-20). Mignon R. Jacobs, *The Conceptual Coherence of the Book of Micah* (JSOTSup. 322; Sheffield: Sheffield Academic Press, 2001), 63-76.

B. 백성의 죄악과 언약 파기(1:10-16)

　　　C. 현재의 지도자들에 대한 탄식(2:1-3:12)

　　　　D. 미래의 구원: 남은 자(4-5장)

　A'. 여호와의 변론과 언약 고소(6:1-8)

　　B'. 백성의 죄악과 언약 파기(6:9-16)

　　　C'. 현재의 지도자들에 대한 탄식(7:1-7)

　　　　D'. 미래의 구원: 남은 자(7:8-20)

이와 같은 구조를 볼 때, 미가서는 전반부인 1-5장과 후반부인 6-7장으로 나뉘는 이중 구조를 지니고 있다.[5] 전반부인 1-5장은 서두와 말미에 '열국'(개역개정판에서는 '땅에 있는 것들'/'나라')과 '듣다'(개역개정판은 듣다를 '순종하다'로 번역하기도 했음)라는 단어가 공통적으로 나타남으로써 인클루지오를 형성한다(1:2; 5:15).[6] 후반부의 시작인 6:1은 전반부의 시작인 1:2과 같이 "여호와의 말씀을 들을지어다"라는 촉구로 시작한다. 전반부(1-5장)는 하나님의 심판과 구원을 연속적으로 묘사하고 어떻게 시온이 열국의 중심으로 회복되는지에 초점을 맞추는 반면, 후

---

5) 물론 이런 이중 구조에 대해서도 반론이 있다. 전반부인 1-5장에서 인위적으로 1-3장은 심판을, 4-5장은 미래의 소망을 다룬다고 하지만, 1-3장에도 소망의 메시지가 있고, 4-5장에도 심판의 메시지가 있기 때문이다. 하지만 그런 내용들은 전체적으로 큰 분량을 차지하지 않기 때문에 이중 구조로 봐도 무리가 없다. 또한 Waltke는 4-5장에 심판 메시지가 있다는 주장은 잘못이라고 지적한다. Waltke, *Commentary on Micah*, 15.

6) Burkard M. Zapff, "The Perspective on the Nations in the Book of Micah as a 'Systematization' of the Nations' role in Joel, Jonah and Nahum?: Reflectioins on a Context-Oriented Exegesis in the Book of the Twelve", in *Thematic Threads in the Book of the Twelve*, 302.

반부(6-7장)는 시온이 하나님의 말씀을 듣고 죄를 용서받아 어떻게 열국의 중심이 되는지에 초점을 맞춘다.[7] 미가서는 죄의 문제를 심각하게 다루기 때문에, '죄'라는 단어가 서두와 말미에(1:5, 13; 7:19) 언급되어 인클루지오를 형성한다.

미가서는 보통 단락이 끝날 때 미가가 자신의 현실 상황으로 돌아와 애통하거나 고백한다는 특징을 지니고 있다. 예를 들어, 3장에서 거짓 예언자들에 대한 심판을 선고하는 단락(3:5-8)의 끝에서 미가는 자신의 입장을 다음과 같이 표명한다. "오직 나는 여호와의 영으로 말미암아 능력과 정의(공의)와 용기로 충만해져서 야곱의 허물과 이스라엘의 죄를 그들에게 보이리라"(3:8). 마찬가지로 7장 첫 단락(7:1-7)의 끝에서 미가는 다시 자신의 입장을 다음과 같이 표명한다. "오직 나는 여호와를 우러러보며 나를 구원하시는 하나님을 바라보나니 나의 하나님이 나에게 귀를 기울이시리로다"(7:7).

미가서의 결론을 이루는 7:8-20은 서두와 말미에 죄 용서를 언급함으로써 인클루지오를 형성한다. 이런 구조를 통해 미래에 남은 자의 죄가 청산될 것을 강조한다.[8] 죄 용서는 미가서의 가장 큰 특징 가운데 하나며, 소예언서 종말론의 핵심이다. 그러므로 죄 용서라는 주제가 소예언서의 정중앙에 위치한 미가서에 등장한다는 것은 결코 우연이 아닙니다.

미가서는 앞뒤에 위치한 요나서 및 나훔서와도 관련성이 있다. 요나서와 나훔서가 앗수르에 관한 말씀인 것처럼, 미가서도 앗수르를 언급한다. 미가서에서 앗수르는 미래에 남은 자를 대적하는 열국의 대표

---

7) Burkard M. Zapff, "The Perspective on the Nations in the Book of Micah", 303.
8) Waltke, *A Commentary on Micah*, 15.

로 등장한다(5:6, "그들이 칼로 앗수르 땅을 황폐하게 하며 니므롯 땅 어귀를 황폐하게 하리라"). 또한 요나서와 나훔서처럼 하나님의 자비하심을 부각시킨다(욘 4:2; 미 7:18; 나 1:3). 미가서를 요나서와 함께 읽으면, 요나서에서 앗수르는 회개하고 요나로 대표되는 이스라엘은 회개하지 않는 상황에서 미가서가 죄 청산의 중요성을 강조한다는 것을 발견할 수 있다.

미가서는 열두 소예언서의 중심에 위치한다. 중심에 위치한 미가서가 강조하는 주제는 시온에서 열국을 향한 여호와 통치의 실현, 메시아 사상, 남은 자의 죄 사함, 과거 언약들의 성취(7:20) 등이다. 이런 신학적 주제는 다른 소예언서들에서 다양한 시각으로 반복된다. 하지만 무엇보다 미가서는 하나님의 독특성인 인애와 성실(의)을 부각시키고(7:18-20), 종말에 남은 자도 하나님의 성품을 본받아 공의와 인애와 의를 실천할 것을 어느 책보다도 부각시킨다(참고 6:8).

내용 분석

하나님의 심판과 구원의 첫 번째 메시지(1-5장)
1장은 북이스라엘과 남유다에 대한 하나님의 심판을 다루고, 2-3장은 현재의 실상을 묘사하며, 4-5장은 종말에 있을 구원을 말한다. 특별히 4-5장은 메시아가 출현하여 남은 자를 강한 자로 만들 것이라는 예언을 담고 있다.

사마리아와 유다에 만연한 배교와 사회적 죄악에 대한 하나님의 심판(1장)
1장은 전체적으로 다음과 같은 구조를 이룬다.

표제: 미가에게 임한 하나님의 말씀(1절)

  A. 시온에서의 여호와의 현현(2-4절)

    B. 야곱의 허물(5절)

      C. 하나님의 심판이 임할 것임(6-7절)

        D. 예언자의 애통(8-9절)

        D'. 유다 성읍들의 애통(10-12절)

    B'. 시온의 죄(13절)

      C'. 하나님의 심판이 임할 것임(14-15절)

  A'. 시온의 딸이 포로로 잡혀갈 것임(16절)

이상의 구조를 볼 때, 1장은 1-9절과 10-16절로 나뉜다. 1장의 전반부(1-9절)는 북이스라엘과 남유다가 모세 언약을 위반했기 때문에 하나님이 그들의 언약 위반을 고소하시는 언약 고소에 관한 내용이고, 후반부(10-16절)는 그 결과로 하나님이 심판을 내려 언약을 취소하시는 언약 파기에 관한 내용이다.

1장 서두에서 하나님은 백성들이 모세 언약을 위반한 사실을 고소하기 위해 먼저 땅들을 증인으로 부르신다(2절). 땅을 증인으로 부르시는 이유는 신명기에서 모세를 통해 언약을 맺으시면서 하늘과 땅을 증인으로 삼으셨기 때문이다(참고. 신 30:19; 사 1:1-3). 사마리아와 유다의 죄는 우선적으로 우상숭배라는 종교적 죄였다(7절).

8-9절에서 미가는 하나님의 심판 예언을 전하면서 자신의 현실로 돌아와 심판을 애통해한다. 이처럼 미가가 애통하는 것은 앞서 말한 대로 종종 단락의 끝에서 현실로 돌아와서 자신의 생각과 감정을 고백하는 특징 때문이다. 그래서 8-9절에서 미가의 애통은 독자들에게 1:2-

9을 하나의 단락으로 읽으라는 힌트를 준다.

10-16절에는 심판받는 유다 성읍들의 목록이 나온다. 이 목록에 나오는 성읍들은 역사적으로 산헤립이 예루살렘을 공격하기 전에 쉐펠라(블레셋과 유다의 경계 지역인 평야 지대)를 침입할 때 산헤립에 의해 멸망한 성읍들이다.[9] 이 단락의 핵심은 1:2-9의 언약 고소 결과로 언약이 파기되었음을 보여 주는 데 있다. 그래서 언약 파기로 인해 유다가 수치를 당할 것을 선언한다(1:11, 16). 신명기에서 수치가 언약 파기의 결과로 제시되기 때문에(신 28:37), 이는 하나님이 더 이상 백성들과 언약을 맺지 않으실 것을 보여 주는 대목이다.

10-16절의 심판 내용은 성읍의 이름과 문자적 기교를 이룬다. 11절의 "사빌"은 '아름다움의 성읍'이라는 뜻인데, 이 성읍 거민이 수치와 벌거벗음으로 끌려가게 될 것을 말함으로써 절묘한 대조를 이룬다. 여기서 거민을 뜻하는 '요쉐베트'(יֹשֶׁבֶת)는 '수치'라는 뜻의 히브리어 '보쉐트'(בֹּשֶׁת)와 음성학적 유사성을 지닌다.

13절은 "라기스 주민아 너는 준마에 병거를 메울지어다"라고 말하는데, "라기스"라는 도시명은 '준마'라는 뜻의 히브리어 '레케쉬'(רֶכֶשׁ)와 언어유희를 이룬다. 이는 라기스가 준마로 대변되는 군사적 힘을 크게 의지했음을 상징적으로 보여 준다. 13절은 라기스가 시온의 죄의 근본이라고 말한다. 라기스는 당시 기술적으로 가장 진보된 군사적 요충지였다. 이런 의미에서 라기스에 대한 언급은 유다가 하나님보다 라기스로 상징되는 군사력을 더 의지했기 때문에 하나님이 그것을 큰 죄로 여기셨음을 보여 준다(참고. 미 5:10-15). 여기서 우리는 모든 죄의 원

---

9) Paul E. Dion, "Sennacherib's Expedition to Palestine", *Église et Théologie* 20 (1989): 10.

인은 하나님을 의지하지 않는 데서 파생한다는 것을 확인할 수 있다.[10]

15절에서 하나님은 마레사 거민에게 "너를 소유할 자"(정복자)가 임할 것이라고 말하면서 심판을 선언하신다. 여기서 '소유할 자'라는 뜻의 히브리어 '모레쉬'(מוֹרֵשׁ)는 도시명인 '마레샤(מָרֵשָׁה)와 비슷한 음을 지녔다. 그래서 마레사 거민에게 모레쉬(정복자)가 임할 것이라는 언어유희를 보인다. 참고로 마레사는 유다의 중요한 군사 방어 지역으로, 모레셋에서 남쪽으로 5킬로미터 떨어진 곳에 위치한 성읍이었다.[11]

결론적으로 유다의 성읍들을 가지고 펼쳐지는 문자적 기교는 유다가 자신들의 성읍을 믿고 하나님을 저버릴 때 오히려 그들이 믿는 성읍들이 조소의 대상이 된다는 사실을 일깨워 준다. 또한 이런 문자적 기교는 하나님이 유다의 죄들에 대해 오랫동안 괴로워하셨다는 방증이다.

2-3장

이 단락은 당시 지도자들의 실상을 묘사한다. 이 단락은 서두와 말미에 '밭'이라는 단어가 등장함으로써 인클루지오를 형성한다(2:2; 3:12). 이 단락의 세부 구조는 다음과 같다.

   A. 부유층의 죄악과 하나님의 응답(2:1-5)
     B. 예언자들의 죄악과 하나님의 응답(2:6-11)
       C. 여호와를 의지하는 미래의 남은 자들의 모습(2:12-13)
   A'. 정치 지도자들의 죄악과 하나님의 응답(3:1-4)

---

10) Bruce K. Waltke, "Micah", in *The Minor Prophets*, vol. 2, 630.
11) Waltke, *Micah*, 84.

B'. 예언자들의 죄악과 하나님의 응답(3:5-8)

   C. 거짓으로 여호와를 의지하는 지도자들에 대한 심판(3:9-12)

2장은 구체적으로 당시의 실상을 묘사하면서 부유층 지도자들의 사회적 불의(1-5절)와 부자와 결탁한 거짓 예언자들의 행태(6-11절)를 질타한다. 2:1에서 부유층 지도자들이 '라'(רַע, 악)를 '하샤브'(חשׁב, 꾀하다)하기 때문에, 하나님은 3절에서 그들을 향해 '라아'(רָעָה, 재앙)를 '하샤브'(꾀하다/계획하다)할 것이라고 말씀하신다. 이는 절묘한 언어유희로, 죄악의 대가를 그대로 보응하시는 하나님의 모습을 수사적으로 강조한다.

2:4에서는 '사데'(שָׂדֶה, 밭)와 '샤다드'(שָׁדַד, 망하다)라는 비슷한 음의 단어들이 사용된다. 이런 문자적 기교는 독자들에게 하나님이 얼마나 죄악을 혐오하시는지를 극적으로 보여 준다.[12] 이스라엘의 부자들이 밭이라는 '사데'에 집착할 때 결국 '샤드'(שׁד), 즉 망하게 될 것이라는 언어유희는 미가서 최고의 아이러니다. 이처럼 패역한 이스라엘은 하나님의 심판 앞에서 아이러니의 주인공이 될 것이다.

2:6-11은 서두와 말미에 '예언'이라는 말이 등장하여 인클루지오를 형성한다. 6-11절의 초점은 거짓 예언자들의 행태다. 사회적 불의가 만연한데도(9절), 거짓 예언자들은 심판보다 하나님의 축복(포도주)을 예언했다(11절). 여기서 거짓 예언자들의 갑작스런 등장은 부자들의 잘못된 행태의 배후에 잘못된 종교 지도자들이 있다는 점을 강조하기 위함이다. 미가서는 거짓 예언자들이 하나님의 영으로 행동하지 않고 사람

---

12) Dempsey, "Micah 2-3", 119.

을 의지하기 때문에 타락했다는 점을 강도 높게 비판한다(2:11).

이에 반해 참된 지도자는 오직 하나님만을 의지하는 자이기에, 미가 자신은 하나님만을 바라본다고 고백한다(7:7). 그리고 참된 백성은 하늘에서 내리는 이슬과 같아서 인생을 의지하지 않는다고 강조한다(5:7).

2:10은 미가서의 땅의 신학을 함축적으로 보여 준다. "이것이 너희가 쉴 곳이 아니니 일어나 떠날지어다." 하나님의 땅은 안식처로서, 하나님이 임재하시는 장소다. 따라서 10절은 유다와 이스라엘이 그들의 죄 때문에 땅에서 토해짐을 당할 것이라고 선언함으로써, 부자들이 밭을 탐하며 땅에 편집증적으로 집착할 때 하나님은 그들을 땅에서 쫓아내실 것이라는 아이러니를 보여 준다.

하지만 2:12-13은 갑작스럽게 분위기를 바꾸어 미래의 구원을 말한다. 즉, 종말에 이스라엘의 남은 자가 돌아올 것이라는 예언이다.[13] "길을 여는 자"(13절)의 히브리어 원문은 '깨는 자'라는 뜻으로, 문맥상 '성문을 깨는 자'를 의미한다. 이 표현은 미래에 포로로 잡혀 속박을 받는 남은 자들을 위해 여호와께서 성문을 깨고 그들을 구원해 내실 것이라는 사상을 담고 있다.[14] 같은 맥락에서 미가와 동시대 사람인 이사야도 포로기에 있는 사람들을 성에 사로잡혀 있는 사람들로 비유했다(참고. 사 49:9). 종말의 구원이 포로에서 돌아오는 형식으로 이루어질 것이라는 예언은 미가 5장에서 더 자세히 설명된다.

3장 서두는 정치 지도자의 타락을 지적하고(3:1-3), 3:5에서는 다시

---

13) 이런 갑작스런 분위기 전환 때문에, 이 구절은 학자들 사이에 뜨거운 논쟁 대상이 되어 왔다. Mariottini, "Yahweh, The Breaker of Israel", 386.

14) Mariottini, "Yahweh, The Breaker of Israel", 393.

거짓 예언자들의 죄를 지적한다. 3:5은 거짓 예언자들이 "그 입에 무엇을 채워 주지 아니하는 자에게는 전쟁을 준비하는도다"라고 말한다. 볼프(Wolff)는 '주다'라는 히브리어 동사 '나탄'(נתן) 다음에 나오는 전치사 '알'(על)의 용례를 "어떤 요청에 따라 준다"라는 의미로 해석한다.[15] 그렇게 되면 '어떤 사람이 그들(예언자)의 요청에 따라 무엇을 주지 않는다면'으로 번역할 수 있다. 당시 거짓 예언자들은 응당 받아야 할 몫 외에도 사람들에게 무리한 요구를 하여 그들을 착취했다. 그리고 사람들이 자신들의 요구대로 주지 않으면 그들에게 전쟁을 선포했다.

3:5이 거짓 예언자들을 향해 "그 입"이라고 말할 때, 이 말은 '그들의'라는 소유격 인칭 대명사 복수형에 단수인 입(פה)이 연결된 형태다. 이런 용법은 거짓 예언자들이 하나같이 일사불란한 조직으로 행동했음을 시사함으로써,[16] 당시에 미가가 집단적으로 대항하는 거짓 예언자들에 맞서 고군분투했음을 보여 준다. 하지만 미가가 집단적 압력에 굴복하지 않았던 것은, 3:8의 고백에서 알 수 있듯이, 그가 하나님의 영에 사로잡혀 용기를 가지고 사역했기 때문이다.

3:11에서 미가는 다시 유다 지도자들의 타락을 지적한다. "그들의 우두머리들은 뇌물을 위하여 재판하며 그들의 제사장은 삯을 위하여 교훈하며 그들의 선지자는 돈을 위하여 점을 치면서도 여호와를 의뢰하여 이르기를 여호와께서 우리 중에 계시지 아니하냐…하는도다." 이 구절에서 이루어지는 빈번한 평행은 단락의 끝을 알리는 신호로 기능한다. 그래서 2-3장 단락이 끝나기에 앞서 단락의 클라이맥스를 보여 준다.

---

15) Wolff, *Micah*, 102.
16) Waltke and O'Connor, *Introduction to Biblical Hebrew Syntax*, 9.5.1.

유다 지도자들의 죄악은 공의를 행치 않고, 종교적으로 우상을 섬기며, 하나님의 뜻을 구하지 않은 것이었다. 그러면서도 뻔뻔하게 이들은 시온에서 자신들이 제사를 드리고 있기 때문에 여호와께서 자신들 중에 계시고 자신들에게 복을 주실 것이라고 믿었다.[17] 시온에서 제사만 드리면 하나님이 안전을 보장해 주실 것이라는 기계적 신앙관은 인격적으로 우리와 동행하기를 원하시는 하나님의 뜻과 확실히 거리가 있다. 따라서 미가는 3:12에서 그런 시온이 밭같이 갊을 당할 것이라고 말함으로써, 유다가 산헤립에 의해 멸망할 것을 예언했다.

3:12에 '밭'이라는 말이 나오기 때문에, 2-3장은 '밭'으로 시작해서 '밭'으로 끝나는 인클루지오를 형성한다. 부자들이 밭을 탐할 때, 그들이 형식적으로 의지했던 시온이 밭으로 갊을 당할 것이라는 말은 정말 아이러니다.[18] 유다가 하나님의 뜻을 구하지 않고 오히려 밭을 탐할 때, 하나님이 시온을 그들이 원하는 밭으로 만들어 주시겠다는 말은 섬뜩한 예언이 아닐 수 없다.

유다에 대한 하나님의 소망의 메시지(4-5장)

4-5장은 다음과 같은 구조로 되어 있다.[19]

    A. 종말에 여호와께서 예루살렘에서 백성과 열국을 통치하실 것임(4:1-5)

      B. 여호와께서 남은 자들을 강하게 하실 것임(4:6-8)

---

17) Waltke, "Micah", 672.
18) 김창대,「주님과 같은 분이 누가 있으리요?: 미가서 주해」, 77.
19) 아래의 구조는 치즈홀름이 분석한 구조를 약간 변형시킨 것이다. 참고. 치즈홀름,「예언서개론」, 644.

C. 왕이 없는 딸 시온을 바벨론 포로에서 구해 내실 것임(4:9-10):
해산하는 여인
D. 딸 시온이 열국을 물리칠 것임(4:11-5:1)
C'. 종말에 메시아가 딸 시온을 포로에서 돌아오게 할 것임(5:2-4):
해산하는 여인
D'. 종말에 메시아가 열국(앗수르)을 물리칠 것임(5:5-6)
B'. 여호와께서 남은 자들을 사자같이 강하게 하실 것임(5:7-9)
A'. 종말에 여호와께서 백성과 열국을 통치하실 것임(5:10-15)

4-5장에서 미가는 종말에 메시아가 출현하여 예루살렘을 통치할 것을 예언한다. 메시아는 하나님의 백성을 포로에서 돌아오게 할 것이고, 그들을 남은 자로 삼고 어떤 대적도 침범하지 못하는 강력한 백성으로 만들 것이다.

역사적으로 바벨론 포로에서 유다를 해방시킨 사람은 메시아가 아니라 페르시아의 고레스였다. 그래서 이사야 44-45장은 포로로 잡혀 있는 유다를 귀환시킨 고레스를 기름부음 받은 자로 묘사했다. 하지만 하나님의 백성이 포로에서 돌아오는 일은 궁극적으로 종말에 메시아에 의해 성취될 것이다. 그러므로 고레스는 미래에 기름부음을 받는 메시아의 모형에 불과하다. 결국 고레스로 예표되는 메시아는 종말에 백성들을 죄의 포로에서 돌아오게 할 것이고, 그 백성은 남은 자가 되어 강력한 존재로 변화될 것이라는 점이 4-5장의 중심 주제다(5:8).

4-5장의 핵심은 미래에 메시아의 도움으로 구원받는 딸 시온(남은 자)이 나중에 열국을 물리치며 다스릴 것이라는 예언이다. 그래서 종말에 남은 자는 하나님의 통치 사역에 동참하는 왕적 기능을 지닌 자로

묘사된다(참고. 4:12-14).

4-5장의 전반부(4:1-5:1)는 하나님의 구원이 미래에 있을 것을 말하는 반면에, 후반부(5:2-15)는 미래의 구원이 전적으로 메시아에 의해 이루어질 것을 분명하게 드러낸다. 또한 중간 중간에 현재의 상황과 미래의 구원을 교차시킴으로써 현재의 고난이 오히려 축복임을 독자들에게 설득시킨다.[20]

구체적으로 5:2-4은 메시아가 백성들을 포로에서 돌아오게 할 것이라고 말한다. 주위 문맥을 고려하면(4:10), 메시아는 바벨론 포로에서 백성들을 돌아오게 하는 자라는 인상을 준다(참고. 2:12-13). 하지만 앞서 언급했듯이, 백성들을 바벨론 포로에서 해방시킨 사람은 고레스다. 여기서 우리는 해석학적 난제에 부딪힌다. 성경의 예언은 왜 이렇게 모호한가? 이런 문제와 관련해서 스가랴서는 유다가 바벨론 포로에서 귀환했지만 온전히 포로에서 해방된 것은 아니며, 오히려 진정으로 회개하지 않았기 때문에 다시 포로로 잡혀갈 것을 예언했다(참고. 슥 8:7-8; 10:9).[21] 그래서 스가랴서는 종말에 메시아가 출현하여 백성들을 진정으로 포로에서 돌아오게 할 것을 예고한다. 여기서 미래의 포로 귀환은 문자적으로 유다가 다시 열국으로 흩어졌다가 돌아온다는 의미가 아니다. 스가랴서의 문맥에서 종말에 백성이 포로에서 돌아오는 것은 궁극적으로 죄의 포로된 상태에서 돌아온다는 영적 의미가 강하다.

이런 스가랴서의 진술과 역사적 증거를 고려할 때, 미가 5:2-4에서 포로에서 돌아오게 하는 메시아 사역에 대한 묘사는 우리를 죄의 포로에서 구원하신다는 영적 의미로 해석하는 것이 더 옳다. 궁극적으로 메

---

20) Wolff, *Micah*, 148.
21) 이에 대한 자세한 논의는 스가랴서의 내용 분석에서 이루어질 것이다.

시아의 구원이 죄의 포로에서 돌아오게 하는 사건이라는 점은 미가서 끝에서 더욱 드러난다. "다시 우리를 불쌍히 여기셔서 우리의 죄악을 발로 밟으시고 우리의 모든 죄를 깊은 바다에 던지시리이다"(7:19). 그리고 메시아 사역으로 죄가 청산된다는 사상은 스가랴서에서 더욱 자세히 밝혀진다(슥 13:1).

5:3은 해산하는 여인의 이미지를 그린다(참고. 미 4:10). 아기를 낳기까지는 고통스럽지만, 해산하는 여인에게는 아기를 낳는다는 희망이 있다. 따라서 해산하는 여인 모티프는 백성들이 고난을 당하겠지만 고난이 끝나면 반드시 희망이 있다는 것을 보여 주기 위한 일종의 수사적 이미지다. 더 나아가 해산하는 여인의 이미지는 해산을 통해 자녀들이 출산되듯이 미래에 메시아의 사역으로 하나님의 자녀들이 출현하여 남은 자들이 양산될 것이라는 사상을 담고 있다. 해산하는 여인 이미지를 통해 하나님의 백성들이 나온다는 신학 사상은 이사야서에서도 발견된다. 특별히 이사야 66장에서, 시온은 어머니가 되어 자식을 많이 낳고 자식들에게 젖을 주는 모습으로 묘사된다(66:11).[22]

5:5-6은 종말의 메시아 통치 때 대적들이 패하는 장면을 다룬다.[23] 여기서 미래의 대적은 다름 아닌 앗수르다.[24] 앗수르는 주전 605년에 바벨론에 의해 멸망했기 때문에, 종말에 앗수르가 등장한 것은 상당히

---

22) Beuken, "The Main Theme of Trito-Isaiah", 83.
23) Gowan은 자신의 책에서 구약의 메시아는 구원자가 아니라 하나님의 구원의 산물이라고 주장한다. 그래서 미래의 메시아는 하나님의 구원 결과로 나타나는 인물이라고 주장한다. 하지만 미 5장의 메시아 예언은 메시아를 자신의 백성을 위해 싸워서 구원을 가져다주는 자로 제시하고 있다. 참고. Gowan, *Eschatology in the Old Testament*, 37.
24) Wolff의 지적대로, 성경은 앗수르를 억압을 통한 철저한 통치를 상징하는 원형적 대적으로 제시한다(창 10:8-12). Wolff, *Micah*, 147.

의외다. 종말의 대적자로서 앗수르에 대한 언급은 실제 미래에 앗수르가 등장한다는 문자적 해석보다는 열국의 대표로 등장한다는 상징적 의미로 이해하는 것이 더 옳다. 앗수르에 대한 언급은 전에 유다를 괴롭혔던 앗수르가 미래에 다시 침략할지라도 종말에 메시아를 통해 구원받은 남은 자들이 충분히 물리칠 수 있음을 강조하기 위한 수사학적 메타포다. 미래에 남은 자는 이전의 이스라엘과 달리 결코 패하지 않는 강력한 존재가 될 것이다. 그래서 미가서는 이 남은 자를 강력한 사자로 그린다(5:8).

앗수르의 침략에 대한 이와 같은 설명은 오늘날 세대주의 논쟁에 커다란 해석학적 통찰을 제공한다. 세대주의적 전천년설을 주장하는 사람들은 그리스도가 재림하면 민족적 이스라엘을 통치하는 천년 왕국이 이루어질 것이고, 천년 왕국의 끝에 앗수르로 대변되는 열국의 침범이 실제 있을 것이라고 주장한다.[25] 하지만 미가서에서 제시되는 종말에 있을 열국의 침략은 종말의 남은 자들이 어떤 대적의 위협도 능히 물리칠 것을 상징적으로 보여 주는 메타포다. 이런 점에서 세대주의적 전천년설은 재고되어야 한다.

다른 한편, 앗수르의 침략에 대한 언급은 메타포인 동시에 실제로 종말에 있을 앗수르와 같은 사탄의 위협을 가리키는 암시로도 볼 수 있다.[26] 앞서 언급한 대로 구약 성경의 상징적 메타포 뒤에는 어느 정도 실재가 있기 때문이다. 그러므로 오늘날 메시아의 출현으로 예수 그

---

25) 참고. Darrell L. Bock and others, *Three Central Issues in Contemporary Dispensationalism: A Comparison of Traditional and Progressive Views* (Grand Rapids, Mich.: Kregel, 1999).

26) 참고. G. B. Caird, *The Language and Imagery of the Bible* (Eastbourne, UK.: Antony Rowe, 2002).

리스도의 통치를 받는 신약의 성도들은 앗수르의 침략과 같은 사탄의 위협을 경계해야 할 것이다. 또한 앗수르의 침략은 예수 그리스도의 재림 직전에 성도들이 겪을 일시적인 대 환난을 가리킬 수도 있다. 하지만 종말을 사는 성도들은 두려워할 필요가 없다. 미가서가 종말에 남은 자들이 반드시 승리할 것이라고 말하기 때문이다(4:11-12; 5:8).

5:7에서 미가는 남은 자를 이슬에 비유하여, 남은 자가 환난을 통과하면서 자신이 이슬과 같이 연약하고 아무것도 아닌 존재임을 자각하는 자임을 암시한다. 그래서 남은 자는 사람을 기다리지 않고, 인생을 의지하지 않는 자로 제시된다. 자신의 부족함을 절실히 깨닫고 하나님을 의지하는 자만이 종말에 남은 자가 된다. 하나님은 이런 자를 강한 사자와 같이 만들어 주실 것이다(5:8).

위의 내용을 간단히 정리하면, 4:6-5:9은 미래에 메시아가 백성들을 죄의 포로에서 돌아오게 하고 대적들의 위협에서 결정적으로 구원할 것이라는 내용을 담고 있다. 메시아는 자신의 백성을 자신의 형제와 같은 남은 자로 만들 것이다(5:3). 이 남은 자는 타작마당에서 곡식을 밟는 강한 소(4:12-13),[27] 또는 건드릴 수 없는 젊은 사자(5:8)에 비유된다. 과거 힘없는 양처럼 보잘것없고 절름발이와 같은 존재였던(2:12; 4:7) 이들이 강력한 소와 사자로 변하는 것은 그들이 사람을 의지하지 않고 하나님을 의지하기 때문이다. 그래서 미가는 이들의 정체를 인생을 기다리지 않고 하나님을 바라보는 이슬에 비유했다(5:7).

이 대목은 오늘날 성도들에게 많은 교훈을 준다. 종말에 나타날 참된 성도는 극심한 환난(포로)에서 자신을 공의와 인애로 구원하신 하나

---

27) 이사야는 미래의 남은 자를 타작마당에서 타작하는 날카로운 기계로 묘사했다(사 41:14-15).

님을 바라보는 자다. 그는 자신이 이슬과 같이 연약한 존재임을 철저하게 깨닫고 인생을 의지하지 않는다.

미가는 5장에서 명시적으로 공의와 인애를 말하지 않지만, 남은 자가 포로에서 돌아온다는 것은 포로의 학정에서 구원하시는 하나님의 공의를 전제한다. 그리고 하나님은 공의로 남은 자를 포로에서 돌아오게 하실 뿐만 아니라 그들에게 하나님의 자녀가 되는 인애를 베푸신다. 그러므로 포로에서 돌아온 남은 자는 하나님의 공의와 인애를 체험하여 하나님처럼 공의와 인애를 실천한다. 공의와 인애의 문제는 미가 6장에서 집중적으로 다루어진다(6:6-8).

하나님의 심판과 구원의 두 번째 메시지(6-7장)
미래의 심판(6장)
논쟁하시는 하나님과 언약 고소(6:1-8). 이 단락은 다음과 같은 수사적 구조를 지니고 있다.

    A. 여호와의 변론을 들으라(1-2절)
        B. 여호와의 물음: 내가 무엇을 행하였는가?(3절)
            C. 과거에 여호와께서 행하신 의로운 일(4-5절)
        B'. 백성들의 물음: 여호와께 무엇을 가지고 갈까?(6-7절)
    A'. 여호와께서 구하시는 것을 듣고 행하라(8절)

이상의 구조를 볼 때 1-8절은 과거에 행하신 여호와의 의(צְדָקָה, '체다카')에 초점을 맞추고 있다. 이 여호와의 의는 공의와 인애로 함축되기에, 그 의를 통해 구원받은 백성들도 여호와의 공의와 인애를 본받아 공의와 인애를 실천할 것을 촉구한다(6:6-8). 미가는 외형적이고 형식적인 예배에 반대하고 진정으로 여호와께서 구하는 것이 무엇인지를 선포하면서(6:6-8), 그것을 구체적으로 공의(מִשְׁפָּט, '미쉬파트')와 인애(חֶסֶד, '헤세드')를 행하고, 겸손히 여호와와 동행하는 것이라고 요약했다.

2절은 "견고한 지대들아…들으라"라고 말하면서 땅을 언약 위반을 고소하기 위한 증인으로 다시 부른다. 그래서 1:2-9처럼 6:1-8이 새로운 하나님의 언약 고소임을 보여 준다. 4-5절은 출애굽 때 애굽 땅에서부터 모압 평지에 이르기까지 하나님이 이스라엘에게 베푸신 일을 하나님의 의로 제시한다. 여기서 하나님의 의는 외형상 하나님의 구원이지만 구체적으로 들어가면 공의와 인애로 함축된다. 출애굽 사건과 광야에서의 하나님의 구원은 대적을 공의로 물리치시고 이스라엘은 인애로 자녀를 삼으시는 행위였다. 그러므로 결국 이스라엘을 구원하시는 하나님의 의는 공의와 인애를 포함하는 말이다.

8절은 하나님의 의, 즉 공의와 인애로 구원받아 가나안 땅에 살게 된 백성들에게 그런 하나님의 성품을 본받아 하나님과 이웃을 향해 공의와 인애를 행할 것을 촉구한다. 그리고 공의와 인애를 계속적으로 신중히 행하기 위해 겸손히 여호와와 동행할 것을 강조한다. 여기서 "겸손하게"로 번역된 히브리어는 '차나'(צנע)의 히필형으로, 신중하게 또는 지혜롭게 행동한다는 뜻이다.[28] 그러므로 '겸손하게 동행한다'는 의미는 신중하게 행하기 위해 하나님과 계속 관계를 맺고 그분께 묻는다는 뜻이다. 신중하게 행하기 위해 동행하는 목적은 하나님과 이웃에게 진정성 있는 인애를 가지고 하나님의 뜻을 올바르게 실행하는 공의를 실

---

28) Mays, *Micah*, 142.

천하기 위함이다. 그러므로 결국 겸손하게 동행한다는 것은 공의와 인애를 올바르게 계속 행하는 의의 모습을 달리 표현한 것이다.

사람은 왜 인애와 공의를 행하기 위해 계속 하나님께 물으며 동행해야 하는가? 하나님의 뜻을 계속 물어서 그 뜻을 알 때, 하나님의 사랑을 계속 체득하게 되어 하나님께 진정성 있는 인애를 가질 수 있기 때문이다. 그리고 진정성 있는 인애를 지닌 사람은 다시 하나님의 뜻을 바르게 분별하려고 노력하고 자발적으로 그 뜻을 실천하는 공의의 삶을 살 수 있기 때문이다.

심판 예언(6:9-16). 이 단락은 다음과 같은 직선 구조를 보인다.

A. 상대방을 부름(9절)
B. 정죄의 내용(10-12절)
C. 심판 선고(13-15절)
D. 요약: 정죄와 언약 파기(16절)

6:8에서 공의와 인애와 의가 하나님의 통치 원리임을 제시했던 미가는 이 단락에서 그 통치 원리에 근거하여 하나님의 심판의 정당성을 보여 주고, 그 심판으로 말미암아 하나님이 언약을 철회하실 것이라는 언약 파기를 선언한다. 10-12절은 먼저 부자들의 사회적 폭력과 속임수를 지적하고 하나님이 유다를 심판하실 수밖에 없음을 말한다. 13-15절은 하나님의 심판 방식이 범죄한 유다의 행위를 그대로 갚아주는 방식으로 진행될 것을 예언한다. 즉, 폭력과 속임수로 형제를 압제하는 유다 지도자들을 하나님도 폭력과 속임수로 심판하실 것이라는 선언이다. 그래서 하나님이 유다를 쳐서 병들게 하실 것이고 그들을 속여서

먹어도 배부르지 못하게 하실 것이라고 말한다.

16절은 10-12절에서 언급된 유다의 죄를 북이스라엘 아합 왕조의 죄에 비유하고, 그것을 우상숭배로 요약한다. 그래서 16절에서 그들이 수치를 당하게 될 것을 말함으로써, 언약 파기로 인해 신명기의 언약의 저주인 수치가 그들에게 임할 것을 말한다(신 28:37).

부연하자면, 16절에서 미가는 유다가 하나님의 말씀을 듣기보다 오므리의 율례를 지키고 아합 집의 예법을 따랐다고 비판한다. 9절에서 미가는 백성들에게 하나님의 말씀(하나님의 매)을 듣고 회개할 것을 촉구했다. 여기서 '듣다'라는 히브리어는 '샤마'(שָׁמַע)이다. 하지만 그들은 매로 상징되는 하나님의 말씀을 듣기보다 오므리의 율례를 지켰다(6:16). 여기서 '지키다'라는 히브리어 단어는 '샤마르'(שָׁמַר)이다. 즉 하나님의 말씀을 '샤마'(듣다)하라고 했지만 이들은 오므리의 율례를 '샤마르'(지키다)했던 것이다. 이런 문자적 기교는 유다가 하나님이 원하시는 방향과 정반대로 행동했음을 수사적으로 보여 준다. 그 최후는 황폐함이다(6:16). 황폐함에 해당하는 히브리어는 '샤마'(שַׁמָּה)로, 앞에 나온 '샤마'(שָׁמַע), '샤마르'(שָׁמַר)와 음성적으로 유사하기에 다른 문자적 기교를 이룬다. 그래서 이 단락은 심판의 절정을 연속적인 문자적 기교로 표현함으로써 독자들을 충격에 빠뜨린다. "너희가 하나님의 말씀을 '샤마'(듣다)하지 않고 다른 율례를 '샤마르'(지키다)했기에 그 최후는 '샤마'(황폐함)가 될 것이다. 그러니 심판은 정해졌다."

현재의 실상(7:1-7). 현재의 실상을 다룬 2:1이 "화 있을진저"라는 말로 시작한 것처럼, 7:1도 "재앙이로다"라는 말로 시작한다. 이 단락은 현재의 죄악상을 보고 미가가 탄식하는 내용으로, 이 단락에서 미가는 가족 제도의 붕괴를 언급한다(7:5-6). 2-3장에서 당시 실상을 고발하면서 부자, 정치 지도자, 제사장, 거짓 예언자들의 죄악상을 고발했는데, 비슷하게 7장에서도 지도자들의 죄악을 언급한다(7:2-3). 하지만 가장 선한 자와 일반 백성들 사이에 나타나는 죄악상도 지적함으로써(7:4), 상황이 악화일로로 치닫고 있음을 보여 준다. 미가는 하나님보다 사람을 의지하는 백성들의 행태를 꼬집고, 하나님의 심판이 임할 때 사람들이 서로를 믿지 못하게 될 것을 예언한다(7:5-6).

이 단락은 명시적으로 백성들이 공의와 인애와 의의 열매를 맺지 않았다고 말하지 않지만, 1절에서 열매라는 이미지를 사용하여 백성들의 죄악이 6장에서 제시된 공의와 인애의 열매를 맺지 않았기 때문임을 어느 정도 암시한다.[29] 하나님이 원하시는 열매를 맺지 못했기 때문에 결국 백성들이 열매를 맺지 못하는 가시와 찔레로 변했음을 보여 준다(7:4).

미가는 이 단락의 끝에서 불의를 행하는 자들과 자신을 대조시켜, "오직 나는 여호와를 우러러보며 나를 구원하시는 하나님을 바라보나니 나의 하나님이 나에게 귀를 기울이시리로다"(7:7)라고 고백한다. 하나님을 신뢰하기 때문에 자신에게는 소망이 있다는 말이다. 이는 남은 자의 특징이 하나님을 바라며 신뢰하는 자임을 다시 한 번 확인시켜 주는 대목이다(참고 5:7).

6:8에서 미가는 하나님이 사람에게 원하시는 것이 공의와 인애와 하나님과 겸손히 동행함(의)이라고 정의했다. 그런데 7:7에서 공의와 인애와 의를 언급하는 대신에 자신은 하나님을 우러러 바라볼 것이라고 고백하기 때문에 언뜻 불협화음처럼 들린다. 하지만 하나님을 바라

---

29) 김창대, 「주님과 같은 분이 누가 있으리요?: 미가서 주해」, 179.

보고 의지하는 모습의 표출이 공의와 인애와 의라고 이해한다면, 그의 고백은 충분히 납득할 수 있다. 나중에 하박국은 공의와 인애와 의를 성실로 이해했고(합 2:4), 바울은 이것을 믿음에 대입시켰다(롬 1:17).

또한 7:7에서 하나님을 바라본다고 고백하는 미가의 모습은 5:7에서 언급된 남은 자의 특성을 연상시킨다. 5:7은 남은 자가 인생을 기다리지 않고 하나님을 기다리는 자임을 말하고 있기 때문이다. 이 구절에서 '기다리다'로 번역된 히브리어는 '야할'(יחל)로, 7:7에서 '바라보다'로 번역된 히브리어와 동일하다. 그러므로 미가는 7:7에서 의도적으로 동일한 단어인 '바라보다'라는 말을 사용함으로써 자신을 미래의 남은 자와 동일시하고 있다.

남은 자의 출현은 미래의 일이지만 미가는 현재의 고난 가운데서 자신을 남은 자와 동일시하고 미래에 이루어질 축복을 기대하고 살았던 것이다. 이처럼 구약 성경의 예언은 단순히 종말에 일어날 상황을 알려주는 것만이 아니라 현재를 사는 사람들에게 용기와 희망을 주고 굳건한 신앙 속에서 살아가도록 격려하는 기능을 한다. 이런 의미에서 오늘날 성도들은 구약 성경의 예언을 읽을 때, 그것을 단순히 종말에 일어날 일로 치부할 것이 아니라 현재의 삶에서 격려와 용기를 주는 말씀으로 받아들여야 할 것이다. 미가서에서 미래의 남은 자에 대한 주제는 다음 단락인 7:8-20에서 더욱 구체적으로 다루어진다.

미래의 소망과 찬양(7:8-20). 이 단락은 패널 구조를 지닌다.[30]

---

30) 한편 Waltke는 7:8-20을 네 개의 연(stanza)으로 나누었다. Waltke, "Micah", 754.
  A. 여호와를 향한 신뢰의 고백(8-10절)
  B. 종말에 시온이 구원의 장소가 될 것임(11-13절)
  C. 미가의 기도와 여호와의 응답(14-17절)
  D. 사람들의 찬양(18-20절).

A. 하나님의 공의를 통해 구원의 의를 보게 될 것임(8-9절)
　　　B. 대적들의 패배: 진흙같이 밟히게 될 것임(10절)
　　　　C. 사람들이 시온으로 돌아옴(11-13절)
　　　　　D. 주의 기업: 하나님의 통치에 대한 간구(14절)
　　A'. 제2의 출애굽을 통해 하나님이 구원의 의를 베푸실 것임(15절)
　　　B'. 열국의 패배: 티끌을 핥을 것임(16-17a절)
　　　　C'. 열국이 여호와께로 돌아옴(17b절)
　　　　　D'. 주의 기업의 남은 자: 하나님의 인애로 죄를 청산함(18-20절)

　　7:8-20에서 미래의 구원의 핵심은, 이 단락의 수사적 구조에서 볼 수 있듯이, 남은 자의 죄가 하나님의 은혜로 청산된다는 사상이다 (7:18-20). 8-20절에서 제시된 미래의 구원은 그와 짝을 이루는 미가 4-5장의 미래의 구원과 매우 흡사하다.[31] 4-5장에서도 미래에 시온이 세워지고 열국이 시온으로 순례할 것을 묘사하고 있다. 그렇지만 7:8-20에서 제시된 미래의 구원은 4-5장에서 제시된 내용보다 한 단계 더 진전(progression)된 것이다. 4-5장은 메시아의 사역으로 남은 자가 구원을 받고 여호와께서 시온에서 통치하실 것이라고 말하는 반면, 7:8-20은 남은 자의 특징과 구원하시는 하나님의 특징을 더 자세히 설명하기 때문이다. 특별히 남은 자는 고난을 통과하면서 자신의 죄를 철저히 고백하고 하나님의 의를 체험하는 자로 제시된다(7:9). 미가는 나중에 하나님이 남은 자의 죄를 청산하고 하나님과 영원히 의의 관계를 맺도록 하실 것이라고 말함으로써, 하나님의 성품인 인애와 성실을 부각시키

---

31) Burkard M. Zapff, "The Perspective on the Nations in the Book of Micah", 303.

며 미가서를 마친다(7:20).

7:9은 남은 자가 환난을 통과하면서 하나님의 공의를 체험하고 하나님의 인애를 얻어 하나님의 의를 보게 될 것을 말한다. 개역개정판은 "그의 공의를 보리로다"라고 번역했지만, 히브리어로는 '그의 의'(צִדְקָתוֹ)이다. '주께서 나를 인도하사 광명에 이르게 하시리니 내가 그의 의를 보리로다'라는 말은 인간의 의가 결국 하나님의 의를 덧입은 결과임을 보여 준다. 남은 자가 하나님의 의를 덧입다는 주장에 대해 그 증거들을 살펴보자.

7:9에서 하나님의 의는 광명과 평행을 이룬다. 이런 평행은 구약 성경에 자주 나타난다. 말라기 4:2은 의로운 해가 백성들을 치료한다고 말한다.[32] 마찬가지로 이사야 58:8도 치료를 통해 백성들이 의롭게 될 것을 말한다. 미가 7:9을 구약 성경의 다른 곳과 비교하면 다음과 같다.[33]

미 7:9-10	말 4:2-3	사 58:8	사 60:1-61:1
광명	해	빛	빛(60:1)
의(צִדְקָה)	의(צְדָקָה)	의(צֶדֶק)	백성이 영원히 의롭게 됨(60:21)
대적	악인	-	열왕(60:10)
대적이 밟힘	의인이 밟음	-	열왕들이 섬김(60:10-12)
-	치료	치유	치유(61:1)

---

32) Douglas Stuart, "Malachi", in *The Minor Prophets: An Exegetical & Expository Commentary*, vol. 3, ed. Thomas Edward McComiskey (Grand Rapids, Mich.: Baker, 1998), 1338.

33) 김창대, 「주님과 같은 분이 누가 있으리요?: 미가서 주해」, 198.

이처럼 7:9의 내용을 비슷한 표현을 지닌 구약 성경의 다른 곳과 비교하면, 7:9에 언급된 하나님의 광명의 의는 하나님이 남은 자를 치료해서 공의와 인애라는 의를 덧입혀 주어 남은 자를 의로운 자로 만드실 것이라는 뜻을 내포한다. 이런 점에서 남은 자의 의는 하나님의 의라고 주장할 수 있다.

더욱이 7:15은 제2의 출애굽 사건을 통해 남은 자가 출현할 것을 말한다. 출애굽 사건은 하나님이 주도적으로 공의와 인애를 베풀어 백성들을 구원하시고 그들에게 하나님의 성품인 공의와 인애를 본받도록 하신 사건이다(참고. 미 6:4-8). 그러므로 제2의 출애굽이라는 은혜를 받고 돌아온 남은 자의 의는 전적인 하나님 은혜의 결과다.

7:18-20은 하나님이 남은 자의 죄를 청산하실 것이라고 선언한다. 죄의 반대는 선이고 선은 공의와 인애를 뜻하기 때문에, 이 구절은 죄의 청산으로 인해 남은 자가 공의와 인애를 행하게 될 것을 암시한다(미 3:1-2). 죄의 청산으로 인해 남은 자가 의를 행한다는 것은 남은 자의 의가 하나님의 의를 덧입은 결과라는 주장에 더욱 무게를 실어준다. 이런 관찰을 종합할 때, 7:9에서 미래에 남은 자가 하나님의 의를 본다는 말은 남은 자가 하나님의 은혜를 입어 하나님의 의로 덧입혀져서 공의와 인애를 계속적으로 행한다는 의미임을 알 수 있다.

그렇다면 여전히 죄성을 지닌 인간이 어떻게 공의와 인애를 행할 수 있단 말인가? 이에 대한 대답으로 미가서는 여호와의 영을 통해 가능하다는 힌트를 제공한다. "나는 여호와의 영으로 말미암아 능력과 정의[공의(משפט)]와 용기로 충만해져서"(3:8).

미래에 하나님은 남은 자를 시온에 다시 세우실 것이고(7:11), 열국은 하나님의 심판을 받을 것이다(7:16-17). 이 때 남은 자를 대적하는 세력들은 밟혀서 뱀처럼 티끌을 핥을 것이다(7:10, 17). 남은 자가 대적을 밟는 이미지는 왕적 이미지이기 때문에, 이는 남은 자가 왕의 주된 의무인 공의와 인애를 행할 것을 암시한다(참고. 시 72:1-2).

앞에서 이미 언급한 대로, 7:19-20은 하나님이 조상들과의 언약을 성취하기 위해 종말에 남은 자들의 죄를 청산하실 것이라고 말한다. 미가는 이런 하나님의 성품을 인애와 성실로 정의하고 "주와 같은 신이 어디 있으리이까"(7:18)라고 고백했다. 하나님의 성품은 종말에 남은 자가 하나님을 사랑하고 하나님의 뜻을 수행할 수 있는 원천이자 토대다. 결국 미가서가 분노하시는 하나님의 모습으로 시작했지만 사랑의 하나님에 대한 언급으로 끝맺는다는 것은 인간의 희망이 오직 하나님의 사랑에 달려 있다는 진리를 웅변적으로 보여 준다.

신학적 메시지

심판의 원인

미가서에서 하나님이 심판하시는 이유는 백성들의 종교적, 사회적 죄악 때문이다. 특별히 부자, 정치 지도자, 제사장, 예언자와 같은 지도자들의 타락이 큰 원인으로 작용한다(3:11). 궁극적으로 이들의 죄목은 하나님이 원하시는 공의와 인애, 그리고 의를 행하지 않았다는 것이다. 앞서 말한 것처럼, 공의가 하나님의 뜻을 외형적인 측면에서 자발적으로 행하는 모습이라면, 인애는 하나님의 뜻을 행할 때의 내면적인 관계를 뜻하는 사랑, 충성, 헌신, 신뢰 등을 의미한다. 사랑과 충성 같은 진정한 인애를 기초로 하지 않은 외형적 행동은 공의라고 말할 수 없다.

인간의 인애와 공의는 하나님이 인간에게 베푸신 인애와 공의를 본받아 닮은 것이다. 하나님이 인간에게 베푸시는 인애의 성격은 무조건적, 무의식적, 자발적인 것이다. 따라서 이런 하나님의 인애를 본받아 행하는 인간의 인애는 대가를 바라지 않고, 자신을 의식하지 않으면서, 자발적으로 사랑하고 충성하는 모습이어야 한다.[34] 공의는 이런 인애에서 나오는 모습이기에, 마찬가지로 무조건적이고 무의식적이고 자발적인 형태로 하나님의 뜻을 행하는 것이다. 이런 의미에서 예수님도 구제할 때 오른손이 하는 것을 왼손이 모르게 하라고 말씀하셨던 것이다(마 6:3). 우리가 공의를 행한다면서 자신의 행동을 의식하고 대가를 바란다면 그것은 진정한 공의가 아니다.

하지만 미가서 당시의 지도자들은 진정한 인애를 가지고 행동하기보다 자신들의 행동을 자랑하고 그에 상응하는 대가를 바라며 행동했다. 그러므로 그들의 모습은 공의와 점점 멀어질 수밖에 없었다. 그 결과 나중에 단순히 제사를 드림으로써 하나님의 축복을 추구하는 기계적 신앙으로 전락하고 말았다. 설상가상으로 이런 타락을 부추긴 자들이 바로 거짓 예언자들이었다. 오늘날로 말하면 목회자와 같은 교회 지도자들이다. 거짓 예언자들은 부자와 백성을 유혹하고, 올바로 율법을 가르치기보다 자신들의 입을 채우기 위해 종교적 위선을 자행했다(3:5). 미가서는 하나님의 선에서 떠날 때, 하나님과의 인격적 관계를 대가를 주고받는 기계적 관계로 전락시키고 하나님을 통해 자신의 이익을 추구하는 추악한 모습으로 변한다는 점을 강력하게 교훈한다.

---

34) 참고. Anders Nygren, *Agape and Eros* (Philadelphia: Westminster Press, 1953).

소망의 메시지

미가는 다른 예언자들과 마찬가지로 하나님의 심판과 함께 소망의 메시지를 전한다(2:12-13; 4-5장; 7장). 그래서 미가서의 주요 주제는 심판과 함께, 정화와 소망 그리고 메시아 왕국의 확립이다. 앞에서 말했듯이, 소망의 메시지의 절정은 죄의 청산이다(7:18-20). 그래서 죄의 청산을 통해 남은 자는 하나님이 원하시는 공의와 인애와 의의 삶을 살 수 있게 될 것을 바라본다.

하지만 미가는 남은 자가 죄의 청산을 받기 위해서는 먼저 환난을 통과해야 한다고 말하고, 미래의 소망을 해산하는 여인의 이미지에 대입시킨다(4:10). 해산하는 여인은 아기를 낳기까지 고통을 겪어야 하지만 아기를 낳으면 기뻐하는 것처럼, 미래의 소망을 얻기 위해서는 고통과 역경이라는 환난을 통과해야 한다는 것을 말하고 미래에 기쁨의 날이 올 것이라고 격려한다. 이 때 고난을 통과한 남은 자는 하나님의 공의와 인애를 체험하고, 메시아와 성령의 도움으로 하나님의 성품을 본받아 공의와 인애와 의의 자리로 나아가게 될 것이다.

신약 성경은 하나님의 사랑을 거부하고 왜곡했던 우리에게 하나님이 성령을 통해 당신의 사랑을 강권적으로 부어주신다고 말한다(롬 5:4-5; 15:30). 이 때 성령은 하나님의 사랑을 부어주기 전에 먼저 우리가 아무것도 아닌 존재임을 자각시킨다. 그래서 성령을 통해 하나님의 사랑이 부어질 때, 성도는 보잘것없는 자신에게 베풀어지는 하나님의 사랑을 진정으로 느낌으로써, 하나님을 향해 계속적으로 인애를 갖고, 그 인애를 바탕으로 하나님의 뜻을 자발적으로 행하게 된다(갈 5:22).

교리적으로 말하면, 그리스도인들은 이신칭의 교리에 따라, 예수 그리스도를 믿으면 법정적으로 의롭다 함을 받는다. 하지만 이 의로움은 단순히 법정적 선포로만 끝나는 것이 아니다. 이것은 태생적으로 하나님의 사랑을 계산적으로 이용하거나 왜곡했던 우리가 성령을 통해 하나님의 사랑을 체험하면서 하나님과 이웃에게 진정성 있는 인애와 공의를 행할 수 있는 모습으로 탈바꿈하는 것을 포함한다(참고. 롬 8:30-35). 그것이 우리의 공로가 아니라 하나님의 은혜의 선물임을 잊어서는 안 될 것이다.

남은 자

미가서는 남은 자를 네 번 언급한다(2:12-13; 4:6-7; 5:6-7; 7:18-20). 2장은 남은 자가 포로에서 다시 돌아올 것이라고 말하고(2:2-3), 4장은 여호와께서 남은 자들을 왕으로 다스리실 것을 약속한다. 5장은 궁극적으로 메시아에 의해 남은 자가 포로에서 돌아올 것이고, 메시아는 남은 자들을 자신의 형제와 같은 왕적 존재로 세워 함께 통치할 것이라고 말한다(5:3). 그래서 남은 자는 메시아의 도움을 받아 왕적 존재가 되어 대적을 물리치고 항상 승리할 것이라고 설명한다. 마지막으로 7장은 남은 자의 죄를 청산할 것이라는 사죄의 은총을 예언한다.

이처럼 '남은 자'라는 주제는 미가서 전체에서 점진적으로 발전한다. 다시 말해 외형적인 관심사에서 내적이고 영적인 관심사로 그 강조점이 옮겨진다.[35] 미가서에서 남은 자는 하나님의 은혜로 회복되어 메시아의 통치와 죄 용서의 은총을 받은 자들이다(7:18-20). 구체적으로 여호와를 의지하고(4:5; 5:7), 여호와께서 구하시는 공의와 인애와 의를 행하며(6:6-8), 하나님을 바라는 자로 묘사된다(7:7). 이 남은 자에는

---

35) Kenneth H. Cuffey, "Remnant, Redactor, and Biblical Theologian", 191-192.

이방인들도 포함된다(5:7, "야곱의 남은 자는 많은 백성 가운데 있으리라"). 남은 자는 이전에 약하고 핍박받는 자들이었지만, 미래에는 하나님의 은혜로 매우 강력한 자가 될 것이다. 그래서 강력한 철과 놋으로 치장된 소처럼 대적을 밟을 것이며(4:13), 젊은 사자와 같이 대적과 싸우면 백전백승할 것이다(5:8). 이처럼 남은 자가 약한 자에서 강한 자로 변한다는 사상은 이사야서에서도 발견된다(사 41:14-15).

하지만 남은 자의 강인함은 자신이 아무것도 아닌 존재임을 자각하고, 자신의 기원이 철저하게 이 땅에 있지 않고 하늘에 있다는 인식에서 비롯된다. 그래서 미가는 남은 자를 하늘에서 내려오는 이슬에 비유하고 사람을 의지하지 않는 자라고 정의한다(5:7). 앞서 언급한 것처럼, 이렇게 자신이 아무것도 아닌 존재임을 인식하는 자만이 하나님의 인애를 진정으로 체험하여 인애와 공의를 행할 수 있다.

남은 자 사상은 소예언서의 다른 곳에서도 자주 언급된다. 특별히 요엘서는 남은 자가 되기 위해 회개를 촉구했다(욜 2:12-13). 하지만 미가서는 회개를 촉구하지 않는다. 그 이유는 종말에 있을 남은 자의 출현이 인간의 책임보다 하나님의 죄 청산의 은혜로 이루어진다는 사실을 보여 주려 했기 때문이다.

주위 문맥에서 본 신학

요나서는 이방 나라의 죄를 용서하시는 하나님의 모습에 초점을 맞춘다. 이런 문맥에서 미가서는 열국이 깨달음을 얻고 시온으로 순례할 것을 말함으로써(4:1-3; 7:12), 열국도 회개하면 소망이 있다는 것을 보여 준 요나서의 신학을 더욱 발전시킨다.[36] 그러면서 미가서는 하나님의 말씀을 듣지 않는 열국은 심판을 받고 황무해질 것이라고 강조한다

(7:13). 하나님의 말씀을 대적하는 이방 나라를 향한 심판이라는 주제는 나훔서에서 계속 이어진다.

미가서는 소예언서 전체의 구조에서 중심축을 차지한다. 내용상, 소예언서에 등장하는 신학적 주제들을 집대성한 것과 같은 착각을 불러일으킬 정도로 모든 주제를 망라하고 있다. 예를 들어, 종말의 성전에서의 하나님의 통치(4:1-3), 메시아 예언(5:2-5), 남은 자 사상(2:12-13; 5:7), 언약 성취(7:19-20), 대적의 최후 멸망(7:17), 그리고 공의와 인애와 의에 대한 강조(6:6-8)가 그러하다. 그렇지만 주위 문맥과 비교할 때 미가서에서 두드러진 신학적 주제는 하나님이 죄 용서를 통해 하나님의 나라를 완성하신다는 사상이다. 이처럼 구약의 종말론은 세상의 끝이 아니라 죄 용서를 통한 회복이 그 핵심이다.[37]

---

36) Burkard M. Zapff, "The Perspective on the Nations", 304.
37) Gowan, *Eschatology in the Old Testament*, 2.

8장
나훔

시대적 배경

나훔이라는 이름의 뜻은 '동정, 연민'이다. 앗수르가 여전히 강성할 때(나 1:12), 나훔은 앗수르의 수도 니느웨가 멸망할 것을 예언하고, 앗수르에 경고의 메시지를 전한다. 니느웨는 산헤립에 의해 수도로 채택된 후 확장 공사를 통해 많은 건물이 세워진 화려한 도시였다. 나훔은 주전 663년에 애굽의 더베가 약탈당한 것처럼 니느웨도 같은 운명에 처하게 될 것을 경고하고 회개를 촉구했지만(3:8-10), 이 경고를 무시한 니느웨는 결국 주전 612년에 바벨론에 의해 함락되고 말았다.

대체적으로 나훔의 사역은 주전 652년(앗수르의 내분)에서 626년(바벨론 왕 나보폴라사르의 등장)까지로 추정된다. 앗수르 왕 아슈르바니발 시대(주전 668-627년)에 앗수르는 전성기를 구가했다. 아슈르바니발 재임 시 앗수르는 애굽의 수도 더베 시를 함락시키고 그 위용을 떨치기도 했다(주전 664년). 하지만 주전 652년에 앗수르 제국에 큰 내분이 일어나면서 나라의 국운이 쇠퇴하기 시작했다. 내분의 씨앗은 아슈르바니발의 선왕인 에살핫돈이 죽기 전에 왕자들의 난을 미연에 방지하기 위해 후임자를 정한 데서 비롯되었다. 그는 아슈르바니발을 왕좌에 앉히고, 동생인 샤마쉬-슘-우킨에게 당시 속국인 바벨론을 치리하도록 했다. 하지만 주전 652년에 바벨론을 치리하던 샤마쉬-슘-우킨이 군대를 이끌고 반란을 주도했다. 아슈르바니발은 반란을 진압하는 데 성공했지만, 이 일을 계기로 앗수르의 국력은 크게 흔들리고 서서히 쇠락의 길로 접어들었다. 주전 627년에 아슈르바니발이 죽자, 주전 626년에 신바벨론을 세우고 왕위에 오른 나보폴라사르가 앗수르를 공격하기 시작했다. 이런 역사적 상황을 배경으로 나훔은 니느웨에 대한 심판의 메시지를 전했던 것이다.

구조

나훔서의 구조는 서론과 본론으로 이루어진 이중 구조다. 서론은 1:1-11이고, 나머지가 본론이다.
　서론은 다음과 같은 구조로 되어 있다.

　　A. 니느웨에 대한 경고(1:1)
　　　B. 분노하신 여호와는 창조자로서 불같이 멸망시키실 것임(1:2-6)
　　　　C. 하지만 여호와를 의뢰하는 자는 환난을 피할 것임(1:7)
　　　B'. 분노하신 여호와는 물과 불로 멸망시키실 것임(1:8-10)
　　A'. 니느웨에 대한 경고(1:11)

　본론은 다음과 같은 구조로 되어 있다.[1]

　　A. 앗수르 왕이 조롱당함/유다에게는 경축할 것을 촉구함(1:12-15)
　　　B. 인상적인 경고의 외침(2:1-10)
　　　　C. 조롱(2:11-13): 이제 사자의 굴이 어디냐?(수사의문문으로 시작)
　　　　　D. 니느웨를 향한 화: 열국을 미혹함(3:1-7)
　　　　C'. 조롱(3:8-13): 네가 어찌 노아몬보다 낫겠느냐?(수사의문문으로 시작)

---

1) 이 구조는 치즈홀름의 구조 분석을 약간 변형한 것이다. 참고. 치즈홀름, 「예언서개론」, 653.

B'. 인상적인 경고의 외침(3:14-17)
　A'. 앗수르 왕은 조롱당하고 다른 이들은 경축함(3:18-19)

　소예언서 전체의 구조를 볼 때, 나훔서는 요나서와 짝을 이룬다. 나훔서와 요나서는 니느웨를 중심으로 한 예언을 담고 있고 마지막을 의문문으로 끝낸다는 공통점이 있다.[2] 신학적으로 나훔서는 요나서를 보충하는 책이라는 인상이 짙다. 요나서가 하나님의 사랑과 자비와 인애에 초점을 맞춘다면, 나훔서는 하나님의 공의와 분노하심을 강조하기 때문이다. 그렇다고 해서 나훔서가 하나님의 인애에 무관심한 것은 아니다. 요나서 마지막은 노하기를 더디하시는 하나님의 사랑을 언급하는데(욘 4:2), 나훔서 서두인 1:3은 노하기를 더디하시는 하나님의 사랑을 다시 언급하며 시작한다. '요나'(יוֹנָה)는 원래 '비둘기'라는 뜻인데, 흥미롭게도 이 단어가 앗수르에 대한 심판을 언급하는 나훔 2:7에서 다시 나타난다. 이런 단어의 반복은 독자들에게 요나서와 나훔서를 연결하여 읽도록 유도한다.

　나훔서는 미가서와도 연결점을 갖고 있다. 미가서가 앗수르의 패배를 다루듯이, 나훔서도 앗수르의 멸망을 다룬다. 또한 죄 청산의 중요성을 강조한 미가서의 문맥에서 보면, 나훔서는 죄로 인한 결과는 하나님의 무서운 심판임을 독자들에게 일깨워 줌으로써 죄 청산의 중요성을 다시 부각시킨다.

　소예언서의 통일성이라는 관점에서 볼 때, 나훔서는 뒤에 나오는

---

2) Duane L. Christensen, *Nahum: A New Translation with Introduction and Commentary*, Anchor Yale Bible 24F (New Haven: Yale University Press, 2009), 2.

하박국서와 구조적으로 밀접한 관계가 있다. 이 구조적인 관계는 다음과 같다.[3]

    A. 하나님의 현현에 대한 찬양(나 1장)
      B. 니느웨를 향한 조롱의 노래(나 2-3장)
        C. 악인의 실상과 관련된 하박국의 기도(합 1:1-2:3)
          D. 의인은 믿음으로 살 것이다(합 2:4)
        C'. 악인의 실상(합 2:5)
      B'. 열국에 대한 조롱—악인에 대한 다섯 가지 화(합 2:6-10)
    A'. 하나님의 현현에 대한 찬양—하박국의 시(합 3장)

이와 같은 구조를 볼 때, 나훔서와 하박국서를 아우르는 중심 주제는 의인은 믿음으로 산다는 것이다. 이것은 거꾸로 믿음으로 살지 않을 때 하나님의 심판이 임하다는 신학을 독자들에게 일깨워 준다.

내용 분석

전사이신 하나님에 대한 찬양(1:1–11)
나훔서는 니느웨의 죄를 경고하면서 하나님을 전사이자 창조자로 묘사한다(1:4, "바다를 꾸짖어"). 전사로서 하나님은 악한 자를 물리치고 자신을 의뢰하는 자를 구원하시는 분이다(1:6-7). 전사이자 창조자이신 하나님은 분노로 바위를 깨뜨리고 모든 것을 불로 태우시는 분이기에,

---

3) Christensen, *Nahum*, 4. 여기서는 Christensen의 구조를 약간 변형시켰다.

악을 행하는 자는 심판을 피할 수 없다. 따라서 니느웨에서 악을 꾀하는 앗수르 왕은 반드시 심판을 받을 것이다. 앗수르 왕에 대한 심판은 요나서에 나타난 니느웨에 대한 하나님의 구원과 극명하게 대조된다. 이런 대조를 신학적으로 어떻게 설명할 것인가? 이에 대해 요나서에서 니느웨가 회개를 통해 잠시 심판을 피했지만 그 회개는 진정한 회개가 아니었기에 이제 하나님이 나훔서를 통해 심판을 선고하신다고 설명할 수 있다. 물론 나훔서도 하나님의 인애를 언급한다(1:3, 7, 12).[4] "여호와는 노하기를 더디하시며"(1:3a). 하나님의 인애는 인간이 하나님께 다시 돌아올 수 있는 근거이지만, 하나님께 돌아오는 행위가 형식적인 회개에서 비롯된 것이라면, 하나님은 다시 공의의 심판을 내리신다는 것이 나훔서의 교훈이다.

앗수르를 심판하신 하나님은 자신의 백성을 구원하실 것임(1:12-15)
하나님은 앗수르를 멸망시켜 유다의 멍에를 깨뜨릴 것이라고 말씀하신다(1:12-13). 나훔서는 앗수르의 멸망이 유다에게 기쁜 소식이기 때문에, 그 소식을 듣고 화평을 전하는 자의 발(1:15)을 언급한다. 앗수르의 함락은 더 이상 앗수르가 유다 땅을 침략하지 못할 것이라는 복된 소식이다. 더 나아가 앗수르의 멸망은 열국을 향한 하나님의 심판이 시작되는 것이기에 종말에 있을 하나님 나라의 완성을 위해 역사의 수레바퀴가 본격적으로 움직이고 있음을 알리는 이정표로 기능한다. 또한 종말의 하나님 나라를 세우기 위해 기존의 창조 질서를 무너뜨리고 새로운 창조 질서를 세우는 신호탄의 의미도 갖는다. 참고로 1:14의 2인

---

4) Kenneth L. Barker and Waylon Bailey, *Micah, Nahum, Habakkuk, Zephaniah*, NAC (Nashville, Tenn.: B&H, 1998), 154.

칭 단수 "네"는 앗수르 왕을 가리킨다.[5]

니느웨의 멸망에 대한 묵시와 사자 비유(2:1-13)

이 단락은 니느웨가 황폐해질 것을 예언한다(2:3-10). 이를 위해 먼저 니느웨의 멸망이 유다에 어떤 의미를 가져다주는지 부연 설명한다(2:1-2). 한마디로 니느웨의 멸망은 거꾸로 이스라엘의 영광이 회복될 것을 예표한다는 설명이었다. 역사적으로 니느웨의 멸망은 주전 612년에 바벨론 왕 나보폴라사르에 의해 성취되었다.

11절은 "이제 사자의 굴이 어디냐 젊은 사자가 먹을 곳이 어디냐?"라는 수사의문문으로 시작한다. 수사의문문은 나훔서에서 새로운 단락의 시작을 알리는 언어적 장치다. 13절은 하나님이 앗수르의 젊은 사자들을 칼로 멸하실 것이라고 말한다. 대적인 앗수르는 원래 젊은 사자였지만 하나님 앞에서는 순한 양같이 힘을 발휘하지 못할 것이다. 앗수르의 연약한 모습은 미가서에 묘사된 종말의 남은 자와 확실히 대조된다. 미가서에서 종말의 남은 자는 젊은 사자와 같이 용기를 가지고 모든 싸움에서 승리하는 자로 묘사되기 때문이다(미 5:8). 미가서에서 앗수르는 종말에 남은 자를 위협하는 대적의 표본으로 제시된다(미 5:5). 이런 미가서의 문맥에서 볼 때, 앗수르의 멸망을 다루는 나훔서는 종말에 상황이 역전되어 더 이상 앗수르로 상징되는 대적들이 남은 자를 괴롭히지 못할 것이라는 사실을 일깨워 주는 기능을 한다.

---

5) Tremper Longman III, "Nahum", in *The Minor Prophets: An Exegetical and Expository Commentary*, vol. 2, ed. Thomas Edward McComiskey (Grand Rapids, Mich.: Baker, 1993), 799.

니느웨를 향한 화(3:1-7)

이 단락은 동심원 구조로 되어 있다.

   A. 피의 성인 니느웨에 대한 애곡(1절)
     B. 니느웨 안에서 이루어지는 전쟁(2-3절)
       C. 니느웨의 죄목: 음행과 마술로 열국을 미혹케 하는 음녀(4절)
     B'. 니느웨와 싸우시는 여호와(5-6절)
   A'. 황무한 니느웨를 위해 애곡할 자가 더 이상 없을 것임(7절)

이 단락은 나훔서의 핵심 단락으로 니느웨의 죄악상에 초점을 맞춘다. 니느웨의 죄목은 한마디로 음행을 통해 열국을 미혹케 한다는 것이었다.

1절은 "화 있을진저"로 시작한다. "화 있을진저"라는 말은 장례식장에서 애곡하는 사람들이 외치는 말이다.[6] 이런 점에서 이 단락(3:1-7)은 애곡하는 분위기로 시작해 애곡에 대한 언급으로 끝나는 인클루지오를 이룬다. 3:2-3에 묘사된 전쟁 상황은 이와 평행을 이루는 3:5-6의 관점에서 읽으면, 여호와께서 니느웨와 싸우시는 장면임을 알 수 있다. 이 싸움의 결과로 니느웨는 열국 앞에서 수치를 당할 것이다(3:6).

1절은 니느웨의 죄악을 언급한다. "거짓이 가득하고 포악이 가득하며 탈취가 떠나지 아니하는도다." 더 나아가 니느웨는 음행을 통해 열국을 미혹하는 음녀와 술사에 비유된다(3:4). 이처럼 앗수르가 음녀와 술사로 비유되는 이유는 무엇인가? 일차적으로 음녀는 타인에게 정을

---

6) Longman III, "Nahum", in *The Minor Prophets*, 812.

주어 부당한 돈을 갈취하는 자다.[7] 그러므로 이러한 비유는 앗수르의 죄가 주변 나라들로부터 부당한 세금을 거둬들이고 괴롭힌 데 있음을 암시한다. 이는 3:1의 진술과도 일맥상통한다. 더 나아가 구약 성경에서 음녀는 영적인 측면에서 사람을 하나님의 사랑으로부터 미혹케 하는 존재이기에, 앗수르를 음녀로 부른 이유는 앗수르가 타국에 자신들의 우상을 섬기도록 강요함으로써 우상숭배를 조장했기 때문이라는 설명이 가능하다(왕하 16:10-16). 또한 술사에 대한 언급은 앗수르가 당시 마술에 깊이 빠져 있었던 상황을 반영한다.[8] 음녀와 술사로 묘사된 앗수르는 하나님의 공의에 정면으로 대항하는 대적의 표본이다. 그래서 앗수르가 미가서에서 종말의 대적의 전형으로 나타났던 것이다. 신약 성경은 앗수르의 모습을 다시 바벨론에 새롭게 적용한다(계 17장).[9]

더베와 니느웨의 비교(3:8-13)

이 단락은 다시 수사의문문("네가 어찌 노아몬보다 낫겠느냐?")으로 시작함으로써 새로운 단락의 시작을 알린다. 노아몬은 애굽의 수도였던 더베를 가리키는 말로, 주전 663년에 앗수르에 의해 멸망한 성읍이다. 여기서 나훔은 더베처럼 니느웨도 멸망할 것을 예언한다. 2:11은 니느웨를 젊은 사자에 비유했는데, 3:8은 한때 난공불락이었지만 멸망한 더베와 니느웨를 비교하고 니느웨의 함락을 예견한다. 당시 더베는 수로 시스템을 세우고 강력한 방어벽을 구축했지만, 앗수르에게 멸망당하

---

7) Kenneth L. Barker and Waylon Bailey, *Micah, Nahum, Habakkuk, Zephaniah*, NAC, 155.
8) 같은 책, 224.
9) Longman III,, "Nahum", 816.

고 말았다.[10] 나훔은 그런 역사적 사실을 상기시키고, 아무리 안전한 니느웨일지라도 하나님의 심판을 피할 수 없음을 강조한다.

니느웨에 대한 심판과 애가(3:14-19)

하나님은 니느웨를 불로 멸망시키실 것이다(3:15). 여기서 불에 대한 언급은 1:6에서 불로 심판하시는 하나님의 모습을 연상시킨다. 그래서 니느웨의 멸망이 하나님의 진노 결과임을 드러낸다. 1:5은 하나님의 분노의 불로 인해 산들이 녹는다고 말한다. 창세기 9:15에서 하나님은 창조 질서를 다시는 물로 심판하지 않을 것이라고 약속하셨다. 따라서 미래의 심판은 물이 아닌 불로 이루어질 것이다(참고. 렘 9:7-10; 벧후 3:12). 이런 점에서 불에 의한 니느웨의 심판은 기존 질서를 무너뜨리고 새로운 창조 질서를 확립하기 위한 전초전(harbinger)의 성격을 띤다. 3:18은 앗수르 왕에 대한 언급으로 시작하여, 3:14과 평행을 이룬다. 이로써 니느웨의 심판이 악인에 대한 하나님의 보응의 심판임을 천명한다(3:19).

신학적 메시지

하나님의 분노

앞에서 언급했듯이, 하나님은 불의한 니느웨를 향해 분노의 심판을 쏟으실 것이다. 여기서 하나님의 분노에 대해 생각해 볼 필요가 있다. 어떤 이들은 "레위기 19:18에서 '원수를 갚지 말라'고 명령하신 하나님

---

10) Longman III., "Nahum", 819.

이 어떻게 분노를 가지고 원수를 갚으시는가?"하고 반문한다. 하지만 하나님의 분노는 인간의 분노와 다르다. 인간의 분노는 당사자를 희망 없는 폭력으로 이끌지만 하나님의 분노는 불의를 행하는 자를 심판함으로써 하나님 나라를 세운다는 의미가 강하다. 더 나아가 불의한 자에 대한 심판은 그에게 억압받는 자를 구원한다는 뜻을 지닌다.[11] 1:3은 하나님이 "노하기를 더디하시며"라고 명시한다. 하나님은 사랑의 하나님이시기에, 하나님의 분노는 충동적인 것이 아니다. 하나님의 분노는 사랑을 베풀기 위해 악을 징벌하고 억압받는 자를 구원하는 차원에서 행해지는 것이다.

'노하기를 더디하신다'는 말은 출애굽기 34:6-7에서 나온 말로, 요나서와 미가서에 이미 언급된 표현이다(욘 4:2; 미 7:18-19). 이 표현은 하나님이 전혀 심판하시지 않는 분이라는 뜻이 아니다. 이런 오해를 막기 위해 나훔서는 하나님은 동시에 "벌 받을 자를 결코 내버려두지 아니하시느니라"라고 덧붙이고(1:3), 다시 1:7에서 하나님의 은혜를 강조한다. 따라서 나훔서에서 하나님의 분노는 구원을 이루기 위한 목적을 지니고 있으며, 이런 점에서 하나님의 은혜의 연속선상에서 이해되어야 하는 개념이다. 나훔서는 죄인을 향한 하나님의 공의와 함께 "자기에게 피하는 자들"을 향한 하나님의 돌보심을 균형 있게 보여 주며, 하나님을 올바로 믿고 의지하는 자에게 평화가 있다는 것을 강조한다 (1:7-8, 12-13, 15; 3:19).[12]

---

11) Christensen, *Nahum*, 220.
12) Richard D. Patterson, *Nahum, Habakkuk, Zephaniah*, Wycliffe Exegetical Commentary (Chicago: Moody, 1991), 16.

죄의 청산

유다는 오랫동안 앗수르의 영향 아래 있었기 때문에 앗수르의 멸망을 간절히 기도했다. 결국 그 기도가 이루어져, 나훔의 예언대로 앗수르는 멸망했다(주전 612년). 하지만 아이러니하게도 유다는 자신의 죄를 청산하지 못했기 때문에, 주전 586년에 바벨론에 의해 멸망했다. 이는 죄 청산의 중요성을 새삼 일깨우며, 진정한 회복은 죄의 청산에서 시작됨을 다시금 각인시킨다.

앞서 지적했듯이, 미가서의 핵심 주제는 죄의 청산이었다. 이런 맥락에서 미가서 다음에 위치한 나훔서도 죄 용서와 죄 청산의 중요성을 간접적으로 호소한다. 나훔서와 평행을 이루는 요나서는 니느웨 백성이 요나의 심판 선고를 듣고 회개하여 하나님이 심판을 돌이키셨음을 말한다. 하지만 요나서의 후속인 나훔서는 니느웨의 회개가 거짓으로 판명되었음을 보여 준다. 이런 점에서 나훔서는 죄의 온전한 청산이 얼마나 중요한지를 강조하고, 미가서에서 제시된 종말에 있을 하나님의 죄 용서와 죄 청산이(미 7:19-20) 얼마나 큰 은혜인지를 증거하는 기능을 한다. 이 문제와 관련해서 구체적으로 스가랴서는 진정한 회개와 죄의 청산은 메시아의 고난을 통해 이루어질 것을 예고한다(슥 12:10; 13:1).

9장
하박국

시대적 배경과 전체 개관

하박국서는 바벨론의 등장이라는 시대적 배경 속에서 기록된 책이다(1:6). 바벨론은 주전 626년에 나보폴라사르의 통치 아래서 국운이 급속하게 성장했고, 하박국서에서 바벨론이 여러 나라를 정복하는 모습을 볼 때(2:5, 8-10), 하박국서는 대략 주전 615-598년에 쓰여졌다는 추론이 가능하다. 하박국은 예레미야, 스바냐, 나훔과 동시대 사람이다.

하박국서의 내용은 유다가 곧 바벨론에게 멸망당할 상황에서 하나님의 뜻을 묻는 형식으로 전개된다. 하박국은 하나님께 두 가지 질문을 던졌다. 첫째 질문은 "왜 유다 백성들의 죄악을 간과하십니까?"라는 물음이었다. 이에 대해 하나님은 바벨론을 통해 그들의 죄를 징벌할 것이라고 대답하셨다(1:6). 이 대답을 들은 하박국은 두 번째 질문으로 "왜 우리보다 악한 바벨론을 일으켜 죄를 심판하십니까?"라고 묻는다. 이에 하나님은 하박국에게 잠잠히 기다리라고 말씀하시고, 의인은 믿음으로 산다는 말씀을 주신다(2:4). 그리고 유다에게 폭정을 가하는 바벨론도 앗수르처럼 멸망당할 것을 말씀하신다.

구조와 특징

하박국서는 전체적으로 동심원 구조를 이룬다.

    A. 하박국의 불평(1:1-4)
      B. 바벨론이 열국을 놀라게 할 것임(1:5-11)
        C. 바벨론에 대한 하박국의 불평(1:12-17)

D. 하나님의 응답(2:1-4)
  C'. 바벨론에 대한 심판(2:5-20)
 B'. 열국을 심판하실 하나님(3:1-15)
A'. 하박국의 고백(3:16-19)

이상의 구조를 볼 때, 하박국서의 핵심은 2:1-4에 제시된 하나님의 응답이다. 여기서 하나님은 '의인의 삶'을 '성실의 삶'으로 규정하신다. 개역개정판에 "믿음"(2:4)으로 번역된 히브리어 '에무나'(אֱמוּנָה)는 '성실'로 번역하는 것이 옳다.

하박국서는 바로 앞에 나오는 나훔서와 어휘적으로 밀접한 관련이 있다. 예를 들어 나훔서에서 니느웨가 기병에 의해 멸망하고(나 3:3), 하박국서는 기병으로 멸망시키는 나라가 바로 바벨론임을 보여 준다(합 1:8). 또한 나훔서에서 니느웨가 포로로 잡혀가고(나 3:10), 하박국서에서는 바벨론이 니느웨를 포로로 잡아가는 주체로 제시된다(합 1:9). 이외에도 나훔 3:12, 14은 하박국 1:10과 비교된다. 또한 나훔 3:18은 왕과 목자가 패하게 될 것을 말하고, 하박국 1:10은 바벨론이 왕과 방백들을 비웃을 것이라고 말한다.[1] 그러므로 나훔서와 하박국서의 유비점들을 고려해서 읽으면, 하박국서는 니느웨에 임할 재앙이 바벨론을 통해 이루어진 것처럼 유다도 바벨론에 의해 재앙을 당하게 될 것을 보여 준다. 이는 죄를 범한 유다가 니느웨처럼 하나님의 진노 대상이 되었음을 제시하는 셈이다.

소예언서 전체 구조의 관점에서 볼 때, 하박국서는 오바댜서와 짝

---

1) Nogalski, "Intertextuality and the Twelve", in *Forming Prophetic Literature*, 122.

을 이룬다. 오바댜서는 공의의 하나님께 초점을 맞추는데, 하박국서에서도 공의의 하나님이라는 주제가 두드러진다. 어휘적으로도 하박국서는 오바댜서와 많은 유사점을 지니고 있다. 하박국 2:8의 여러 나라를 노략하고 강포를 행한 바벨론에 대한 묘사는 오바댜서에 나오는 예루살렘을 노략하고 불의를 행한 에돔의 모습과 비슷하다(참고. 옵 10-11절). 또한 하박국 2:9은 바벨론이 "높은 데 깃들이려 하며"라고 진술하는데, 이 말은 오바댜 3절이 에돔을 "바위 틈에 거주하며 높은 곳에 사는 자"로 비유한 문구를 연상시킨다. 더 나아가 하박국 3:5이 종말에 있을 하나님의 임재를 불덩이에 비유하는데, 이것은 오바댜 18절의 내용을 연상시킨다. 이외에도 오바댜서와 하박국서는 모두 하나님이 시온에서 공의를 행하실 것을 말한다(합 2:20; 옵 17, 21절).

하박국서는 소예언서 흐름에서 '성실'을 새롭게 부각시킨다는 특징을 지니고 있다(2:4). 그렇다고 해서 성실이 그동안 소예언서에서 언급된 공의와 인애와 구별되는 것은 아니다. 소예언서의 통일적 문맥에서 볼 때, 하박국서가 강조하는 성실은 하나님의 성품을 닮아 인애를 기반으로 공의를 행하는 신실한 모습을 가리킨다. 앞서 설명한 대로, 인애가 내적인 태도라면 공의는 외적인 행동이다. 성실은 그런 내적 태도에서 나오는 외적 행동을 계속 견지하는 모습이다.[2] 따라서 성실은 의(צְדָקָה, '체다카')와 자연스럽게 연결된다.

'성실'이라는 단어는 호세아 2:20에 처음 나타난다(개역개정판은 이 단어를 "진실함"으로 번역했지만 '성실'로 번역하는 것이 옳다). 호세아 2:20에서 언급된 성실은 호세아 2:19에 언급된 공의와 인애와 의와 평행을

---

[2] Barker and Bailey, *Micah, Nahum, Habakkuk, Zephaniah*, 326.

이룬다. 이런 점에서 호세아서의 성실은 공의와 인애와 의의 또 다른 표현임을 알 수 있다. 호세아 2:20에서 언급된 성실(אֱמוּנָה)은 호세아 4:1에서 '에메트'(אֱמֶת)로 다시 표현된다. 이 '에메트'는 미가 7:20에서 성실로 번역되어 다시 나타났는데, 이는 인애와 병치되어 하나님의 속성을 나타낸다. 이런 소예언서의 문맥에서 볼 때, 하박국 2:4에 제시된 성실은 하나님의 속성을 본받아 행하는 인애와 공의와 의의 모습을 달리 표현한 것이다.

하박국서는 곧 있을 바벨론의 침략과 바벨론 포로라는 극심한 환난에 앞서, 유다 백성들이 어떻게 하나님의 뜻을 지키고 하나님께로 돌아올 수 있는가 하는 문제와 씨름한다. 앞서 말한 대로, 소예언서는 지금까지 일관되게 종말의 남은 자를 환난을 통과한 후 온전히 회개하고 돌아오는 자로 묘사했다. 그리고 하박국서부터 말라기서까지는 그런 환난의 그림자(바벨론 포로)가 강하게 드리워진 분위기에서 쓰인 책들이다. 그래서 이 책들은 환난에 앞서(하박국서, 스바냐서) 또는 환난을 통과한 후에(학개서, 스가랴서, 말라기서) 백성들이 어떻게 진정으로 하나님께 돌아와 남은 자가 될 것인가에 관심을 보인다. 이에 대한 답으로 하박국서는 남은 자의 특징을 성실로 규정하는 것이다.

내용 분석

첫 번째 질의와 응답(1:1-11)
예언자의 불평(1:1-4)
하박국은 하나님이 유다의 죄악과 부정, 그리고 포악을 방관하시는 것을 불평한다. 여기서 하박국의 인과응보적 신학을 발견할 수 있다.

하나님의 응답(1:5-11)

하박국의 불평에 대한 하나님의 응답은 하박국의 기대와 달리 유다보다 더 악한 바벨론을 사용해 유다의 죄를 심판하실 것이라는 말씀이었다(1:6). 하박국은 이런 응답에 동의할 수 없었다. 그렇게 되면 오히려 죄 많은 바벨론이 더 번성하는 셈이 되고, 이것은 하박국이 생각하는 공의의 모습과 맞지 않았다.

두 번째 질의와 응답(1:12-2:4)

예언자의 불평(1:12-17)

이 단락에서 하박국은 "거룩하신 하나님이 어떻게 그러실 수 있습니까?"(1:13) "그렇게 되면 악한 자가 오히려 더 번성하는 것이 아닙니까?"(16-17)라고 반문한다.

하나님의 응답(2:1-4)

하박국의 두 번째 불평에 대해 하나님은 의인은 성실로 살아야 한다는 진리를 보여 주시고(2:4), 잠잠할 것을 명령하신다. 2:1-4은 소예언서 전체의 흐름에서 중요한 부분이다. 하나님은 2:4에서 의인은 성실로 산다고 말씀하시는데, 성실로 산다는 의미에 대해서는 다양한 견해가 있다. 개역개정판은 2:4을 "그의 마음은 교만하며 그 속에서 정직하지 못하나"라고 번역한다. 여기서 그가 누구이며, 누가 교만한 자인지는 분명치 않다. 이에 대해 치즈홀름은 2:4에서 "교만하며"라고 번역된 히브리어 '아팔'(עפל)을 '쇠하다'라는 의미의 동사인 '알라프'(עלף)로 바꿔 읽을 것을 주장한다. 그리고 '그 속에서 그 영혼이 정직하지 않은 자'라는 명사절을 이 동사의 주어로 이해할 것을 제안한다.[3] 이렇게 되면 상반절은 "그 속에서 그 영혼이 정직하지 않은 자는 쇠할 것이다"라고 번역할 수 있다. 이런 주장은 문법적으로 상당히 신빙성이 있다. 나는 하반절인 "(그러나) 의인은 그의 믿음(성실)으로 말미암아 살리라"라는 문장에서 '산다'라는 동사의 주어도 단순 명사가 아니라 명사절로 이해할 수 있다고 본다.[4] 이것이 옳다면 2:4은 전체적으로 다음과 같이 번역할 수 있다.

그 속에서 그 영혼이 정직하지 않은 자는 쇠할 것이다.
하지만 그의 성실 안에서 의로운 자는 살게 될 것이다.

개역개정판에서 "믿음"으로 번역한 히브리어 단어의 원래 의미는 '성실'이다. 그래서 "그의 믿음"이라는 표현은 "그의 성실 안에서"(באמונתו, '베에무나토')라는 말로 고쳐야 한다. 2:4이 "그의 성실"이라고 말할 때, '그의' 또는 '그것의'라는 소유격 대명사가 가리키는 실체가 무엇인가도 뜨거운 논쟁거리다. '그'라는 3인칭 단수 대명사는 앞에 언급된 묵시를 가리킬 수도 있다. 그렇게 되면 이는 묵시의 확실성(또는 성실성) 속에서 그것을 의지하고 사는 사람이 의로운 자다. 또는 대명사 '그'가 하나님을 지칭한다면, 하나님의 성실함을 붙잡는 사람이 의로운 자가 된다.

하지만 앞에서 제시한 문법적 구조대로, '산다'의 주어가 명사절이라면, 대명사 '그'는 성실로 사는 의인을 가리킨다. 그래서 "자신의 성실 안에서 의로운 자는 살게 될 것이다"라는 번역이 더 설득력 있다.

---

3) 치즈홀름, 「예언서개론」, 666.
4) 여기서 명사절을 이끄는 접속사 '아쉐르'(אשר)가 생략된 형태라고 말할 수 있다.

이렇게 되면 2:4은 카이애즘(chiasm, 교차대구) 구조를 이룬다.

    A. 쇠할 것이다(동사)
        B. 그 속에서 그 영혼이 정직하지 않은 자는(주어 역할을 하는 명사절)
        B'. 하지만 그(자신)의 성실 안에서 의로운 자는(주어 역할을 하는 명사절)
    A'. 살게 될 것이다(동사)

그러면 성실의 의미는 무엇인가? 앞에서 언급한 대로 성실은 구약 성경에서 의(צְדָקָה)와 밀접한 관련이 있다. 성실(אֱמוּנָה)과 의(צְדָקָה)의 경우, 창세기 15:6에서 그 두 단어의 파생어들이 함께 등장한다. 실제로 성실(אֱמוּנָה)이라는 단어와 의(צְדָקָה)라는 단어는 구약 성경에서 종종 병치되어 나타난다(삼상 26:23; 시 33:4-5; 40:10; 96:13; 119:75, 138; 143:1). 성실이 의인과 관련하여 사용될 때, 모두 하나님과의 관계에서 나타나는 마음의 의존적 상태로서 위선이 없는 신뢰를 가리킨다.[5] 더욱이 구약 성경에서 성실(אֱמוּנָה)은 거짓이라는 의미의 히브리어 '쉐케르'(שֶׁקֶר)의 반대어로 사용된다.[6] 더 나아가 성실(אֱמוּנָה)은 단순히 거짓 없는 마음의 상태만을 가리키지 않고, 도덕적 행동도 포함한다(참고. 왕하 12:15-16).[7] 이런 의미에서 성실(אֱמוּנָה)은 마음과 행동이 표리일체하여 계속 지속되는 상태를 뜻한다. 달리 표현하자면, 어떤 헌신의 겉과 속이 진정으로

---

5) Carl E. Armerding, "Habakkuk", in *The Expositor's Bible Commentary*, vol. 7 (Grand Rapids, Mich.: Zondervan, 1985), 513.
6) R. W. L. Moberly, "אָמַן", *NIDOTTE* 1: 431.
7) 같은 책, 430.

믿을 만한 상태로 계속 유지될 때 그것을 '성실'이라고 말하는 것이다.

온전한 마음과 올바른 행동을 수반한다는 점에서, 성실은 인애와 공의를 지속적으로 수행하는 상태와 자연스럽게 연결된다. 지금까지 살펴본 소예언서에서, 예언자들은 종말의 남은 자는 하나님의 성품을 닮아서 공의와 인애를 견지하는 자라고 일관되게 주장해 왔다. 이런 맥락에서 이제 하박국서는 그 진리를 성실이라는 관점에서 새롭게 부각시킨다. 특별히 성실은 인애를 기초로 공의를 행할 수 있다는 사상을 강조하기 때문에, 하박국서의 성실은 하나님의 인애를 체험하고 그 인애에 반응하여 하나님을 사랑할 때 진정으로 공의를 행할 수 있다는 호세아서의 신학과 궤를 같이한다(호 6:6).

처음에 하박국은 하나님의 공의에 의문을 제기했다. 하나님이 어떻게 유다보다 더 악한 바벨론을 도구로 사용하여 유다를 심판하실 수 있단 말인가? 바벨론에 의한 유다의 멸망은 유다의 의로운 자들도 예외 없이 심판을 받는다는 뜻이었기에, 하박국은 더욱 불평하지 않을 수 없었다. 이런 불평은 그가 인과응보적 공의의 신봉자임을 보여 주는 증거다. 이런 상황에서 하나님은 2:4에서 하박국에게 의인은 성실로 산다는 진리를 교훈하신다.

성실의 삶은 비록 허물은 있지만 하나님의 인애를 체험하면서 전적으로 하나님을 의지하고 바라보는 삶이다. 그러므로 성실의 삶은 하나님의 인애가 원인이 되어 이루어지는 삶이다. 이에 반해 인과응보적 삶은 행위적으로 인간에게 공로가 있다는 사상을 내포하기에, 성실의 삶과는 대치된다. 하나님이 하박국에게 의인은 성실로 산다고 말씀하신 것은, 거꾸로 이 세상에는 행위적으로 완전한 사람이 없다는 뜻이기도 했다. 하나님이 인간에게 베푸시는 인애는 사랑, 구원, 돌봄, 자비, 구원 등의 형태로 나타난다. 허물이 있고 자격이 없는 사람이 하나님의 인애를 받을 때, 하나님의 인애에 대한 반응으로 그도 하나님을 사랑하고 하나님께 충성하게 되는데, 이것이 성실의 핵심적인 의미다. 따라서 성실은 하나님의 인애라는 측면을 강조하는 개념이다. 나중에 이와 같은 성실의 의미를 깨달은 하박국은 3:2에서 하나님께 긍휼을 구하기까지 했다. 하박국이 인과응보적 공의의 신봉자에서 하나님의 인애와 자비를 구하는 자로 변화된 것이다.

신약 성경에서 바울은 이 성실을 믿음으로 표현하고 '믿음으로 의롭다함을 받는다'라고 말했다(롬 1:17; 갈 3:11; 참고. 히 10:38). 그렇다면 성실과 믿음의 차이는 무엇인가? 혹자는 바울이 원래 믿음의 뜻과 상관이 없는 성실(אֱמוּנָה)을 차용하여 전혀 다른 의미를 주입시켰다고 주장한다.[8] 하지만 거꾸로 바울이 하박국 2:4을 인용하면서 믿음의 의미를 성실의 관점에서 새롭게 정의했다고 말할 수 있다. 다시 말해 바울이 성실을 믿음에 대입시켜, 믿음을 하나님의 은혜를 체험하고 그 반응으로 하나님을 사랑하고(인애) 그분의 뜻을 지속적으로 따르려는 상태, 즉 인애와 공의의 모습으로 이해했다고 볼 수 있다. 이런 점에서 바울에게 믿음은 예수 그리스도께서 우리를 위해 죽으셨다는 것을 지성적으로 믿는 것만을 의미하지 않는다. 믿음은 하나님을 향한 사랑과 그것을 기초로 하나님의 뜻을 행하는 공의의 열매를 포함한다. 그렇다고 이런 열매가 신자의 공로가 될 수는 없다. 겉으로 드러나는 믿음의 열매는 어디까지나 하나님의 인애를 절실히 체험한 사람이 대가 없이 자연스럽게 맺는 열매이기에, 그것은 하나님으로부터 나온 산물이다.

---

8) 치즈홀름, 「예언서개론」, 669.

신약 성경에서 복음은 무엇인가? 로마서 1장에서 바울은 그 복음을 다음과 같이 정의했다. "복음에는 하나님의 의가 나타나서 믿음으로 믿음에 이르게 하나니"(롬 1:17). 즉, 복음은 우리를 믿음의 의의 상태에 바로 이르도록 하기 때문에 복된 소식이다. 바울은 믿음을 하박국의 성실의 관점에서 설명하기 때문에, 여기서 믿음의 의는 하나님을 사랑해서(인애) 하나님의 뜻을 자발적으로 따르려는 행동(공의)을 지속적으로 견지하는 모습이다.

구약 성경도 하나님의 은혜를 지속적으로 체험하여 인애와 공의를 행하는 믿음을 지향했다. 하지만 이스라엘이 불순종하며 이런 믿음을 추구하지 않자, 하나님은 율법을 주시고 율법에 순종케 함으로써 그들이 믿음을 갖도록 하셨다. 그러면 율법에 순종할 때 이스라엘은 어떻게 믿음을 가질 수 있었는가? 이 물음에 답하기 위해서는 율법의 기능을 구체적으로 살펴볼 필요가 있다.

구약 성경에서 율법은 하나님 편에서 올바른 행동의 기준이 무엇인지 보여 주는 기능을 하면서, 동시에 하나님의 은혜를 체험케 하는 은혜의 통로였다. 그래서 이스라엘은 율법을 지킴으로써 복을 받고 하나님의 은혜를 체험할 수 있었다(신 28장). 또한 율법 안에 있는 제사법을 통해 이스라엘은 죄를 용서하시는 하나님의 은혜를 경험했다. 제사법을 주셨다는 것은 하나님이 이스라엘이 율법을 행위적으로 모두 지킬 것이라고 기대하지 않으셨다는 방증이다.

이처럼 하나님은 율법을 매개로 백성들이 은혜를 체험할 수 있도록 하심으로써, 그들이 하나님의 인애에 반응하여 하나님을 사랑하고(인애), 진정으로 하나님을 따르는 공의의 삶을 살도록 이끄셨던 것이다. 이런 의미에서 율법은 인애와 공의의 삶, 즉 믿음의 삶을 지향했다.

대개 율법은 공의와 등치되지만, 엄밀한 의미에서 율법과 공의는 서로 다른 것이다. 공의는 하나님을 사랑(인애)하는 가운데 하나님께 순종하려는 외형적 모습이다.[9] 반면 율법은 그런 인애와 공의를 지향하는 매개체였다. 그러므로 공의와 인애는 율법의 지향점이자 목표였다.

예수님도 율법의 지향점이 공의와 인애라는 점을 말씀하셨다. "화 있을진저 외식하는 서기관들과 바리새인들이여 너희가 박하와 회향과 근채의 십일조는 드리되 율법의 더 중한 바 정의(공의)와 긍휼(인애)과 믿음(성실)은 버렸도다"(마 23:23).[10] 갈라디아서 3장에서 바울은 이스라엘 백성이 처음부터 하나님의 뜻을 자발적으로 실천하는 공의의 삶을 살았다면, 율법도 주어지지 않았을 것이라고 말한다. "그런즉 율법은 무엇이냐 범법하므로 더하여진 것이라"(갈 3:19).

월터 카이저는 율법과 복음을 대립적으로 보는 시각은 잘못이라고 지적하면서[11] 바울의 말을 인용한다. "의의 법을 따라간 이스라엘은 율법에 이르지 못하였으니 어찌 그러하냐 이는 그들이 믿음을 의지하지 않고 행위를 의지함이라"(롬 9:31-32). 카이저는 이 구절을 근거로 구약의 율법도 복음과 같이 믿음의 의를 지향했다고 주장한다.[12] 백성

---

9) 하나님의 사랑에는 세 가지 특징이 있다. 즉 무조건적, 무의식적, 자발적이다. 따라서 하나님의 사랑을 본받아 하나님을 사랑하는 자는 하나님의 사랑의 특성을 닮아 자신을 의식하지 않고 자발적으로 대가 없이 하나님을 따르게 된다. 이렇게 하나님의 뜻을 자발적으로 실천하는 모습이 진정한 공의다. 이에 대한 자세한 논의는 다음 글을 참고하라. Anders Nygren, *Agape and Eros* (Philadelphia: Westminster Press, 1953).

10) 누가복음은 마태복음의 이 표현을 "공의와 하나님께 대한 사랑은 버리는도다"라고 진술한다(눅 11:42).

11) Walter C. Kaiser, Jr., "The Law as God's Gracious Guidance for the Promotion of Holiness", in *Five Views on Law and Gospel*, ed. Stanley N. Gundry (Grand Rapids, Mich.: Zondervan, 1996), 177.

들에게 믿음을 가져다주는 통로라는 점에서, 율법은 하나님의 은혜의 발로다.

　구약 성경에서 하나님은 백성들에게 율법을 지키게 하고 복을 줌으로써 은혜를 체험케 하시고, 그 은혜를 기반으로 하나님을 사랑하여 자발적으로 하나님의 뜻을 행하는 삶을 살도록 하셨다. 구약 성경은 이런 삶을 하나님을 경외하는 삶이라고 말하는데, 이는 믿음의 삶과 동일한 것이다. 하지만 이스라엘은 율법을 지킴으로써 하나님의 은혜를 체험하고 믿음의 자리로 나아가기보다 율법 준수를 자신의 공로로 여기고 율법의 행위를 복 받기 위한 수단으로 전락시켰다. 율법 배후에 있는 하나님의 사랑을 보기보다, 율법을 지킬 때 주시는 하나님의 복에만 관심을 가졌던 것이다. 하나님의 사랑으로 변화되어 하나님을 섬기기보다, 하나님이 주시는 축복을 위해 하나님을 섬기는 셈이었다. 율법을 통해 하나님의 은혜를 체험하기보다 율법을 통해 자신의 공로를 내세우는 우를 범했기에, 바울의 말대로 믿음의 의에 도달할 수 없었다.

　이런 상황에서 예수 그리스도는 율법에 대한 순종을 거치지 않고 믿음의 의를 갖도록 은혜를 베푸셨다. 이것은 율법에 비하면 참으로 복된 소식이기에 바울이 이것을 복음이라고 지칭했던 것이다. 이제 신약의 성도는 예수 그리스도를 구주로 영접하면 새로운 생명을 얻어 성령을 통해 율법이 지향했던 인애와 공의의 전인적 순종의 삶을 살 수 있게 되었다. 구체적으로 바울은 우리가 예수 그리스도의 죽으심과 부활하심을 믿는다면 성령이 우리 안에 하나님의 사랑을 부어주어 하나님의 인애를 체험케 하고, 그 인애를 기반으로 우리가 하나님을 사랑하고

---

12) 같은 책, 186-188.

하나님의 뜻을 실천하는 믿음의 열매를 맺게 된다고 말한다(롬 5:4; 갈 5:22). 이런 믿음의 열매는 처음에 잘 드러나지 않을 수 있다. 그래서 바울은 "믿음으로 믿음에 이르게 하나니"라고 표현하면서(롬 1:17), 신앙이 자라면 믿음의 열매가 드러나게 될 것을 말한다.[13]

믿음이 성실이라는 점은 오늘날 성도들에게 큰 통찰을 준다. 믿음을 소유한 사람은 하나님과 이웃을 향해 인애와 공의라는 열매를 맺는다. 여기서 열매는 성령께서 성도에게 사랑을 부어주어 자연스럽게 맺히도록 하시는 것이기에 우리의 공로가 될 수 없다. 그러므로 오늘날 교회는 성령이 부어주시는 사랑을 가지고 하나님과 이웃에게 믿음의 열매를 드러내야 한다. 그렇게 드러낼 때, 그 열매가 하나님으로부터 나오는 산물이지만, 하나님은 그것을 우리와의 합작품으로 여기시고 우리에게 상급을 주신다. 이 얼마나 놀라운 은혜인가!

핍박자에 대한 심판 신탁(2:5-20)

이 단락은 작은 동심원 구조를 이룬다.

>   A. 강포한 자가 노략당할 것임(5-8절)
>   B. 높은 곳에 돌로 지은 집을 의지한 자가 욕을 당할 것임(9-11절)
>   C. 바벨론의 수고가 헛될 것임: 오히려 여호와의 영광이 가득 찰 것임(12-14절)
>   A'. 열국에 강포를 행한 자가 수치를 당할 것임(15-17절)

---

13) 믿음과 믿음의 열매는 서로 분리될 수 없다. 하지만 이 용어들을 굳이 구분한다면, 믿음은 하나님과 올바른 관계에 있는 상태이고, 믿음의 열매는 그 상태에 있을 때 드러나는 내면적, 외면적 모습이라고 말할 수 있다.

B'. 금과 은으로 만든 우상을 의지하는 것은 무익하게 될 것임(18-20절).

5절에 처음 언급된 "그"의 정체는 바벨론이다. 그래서 이 단락은 핍박자인 바벨론이 하나님의 심판을 받고 멸망할 것이라는 내용이다.

5-20절에서, 하박국은 인애와 공의로 특징짓는 성실의 삶을 몸소 배우게 된다.[14] 2:5 이후에 하박국은 바벨론에 대한 하나님의 심판을 목도하면서 하나님은 반드시 약속을 지키시는 분임을 체험하게 된다. 바벨론의 심판은 온 세상을 심판하는 열국의 심판으로 이어지기 때문에, 이를 통해 하박국은 하나님의 무서운 공의를 체험하고, 하나님의 공의 앞에서는 어떤 사람도 의인일 수 없음을 깨닫게 된다. 바벨론과 열국을 향한 하나님의 공의의 심판이 이스라엘을 궁극적으로 구원시키는 토대가 되기 때문에, 여기서 하박국은 하나님의 인애를 경험하게 된다(2:14). 이렇게 하나님의 공의와 인애를 목도한 하박국은 하나님을 향해 진정성 있는 인애를 가지고 하나님의 뜻을 따르는 삶을 추구하게 되면서, 3:17-19에서 새롭게 자신의 신앙을 고백한다.[15]

하박국의 순종의 시(3:1-19)

하박국의 순종의 시는 크게 두 부분으로 나뉜다. 전반부(1-15절)가 열국에 대한 하나님의 심판을 간구하는 내용이라면, 후반부(16-19절)는 하박국이 자신의 신앙을 새롭게 고백하는 내용이다. 이와 같은 간구와 고백은 하나님의 공의와 인애를 닮아 어떤 환난 속에서도 공의와 인애라

---

14) 2:5-20 단락에서의 공의와 인애는 나중에 자세히 논의할 것이다.
15) James Bruckner, *Jonah, Nahum, Habakkuk, Zephaniah*, NIVAC (Grand Rapids, Mich.: Zondervan, 2004), 227.

는 성실의 삶을 살겠다는 다짐에서 비롯된다.[16] 우리는 여기서 참된 기도와 고백은 하나님의 성품을 직시하고 그것을 닮아 한결같은 자세를 취하려는 행동과 마음에서 출발한다는 점을 엿볼 수 있다.

열국에 대한 심판(3:1-15)

기도(3:1-2). 하박국은 하나님의 공의의 심판과 구원의 계획을 듣고 놀라(2절), 주의 일이 부흥하기를(살아나기를) 간구한다. 개역개정판에서 "부흥하게"로 번역한 히브리어는 '하야(חיה) 동사의 피엘형으로, '생명을 얻다' '자라나다'라는 뜻이며, 문맥상 '자라나다'라는 뜻이 더 어울린다. 하박국 2장은 공의의 우주적 심판을 통해 "물이 바다를 덮음같이 여호와의 영광을 인정하는 것이 세상에 가득"하게 되는 것이 하나님의 뜻이라고 말했다(2:14). 하지만 이와 같은 하나님의 일은 아직 구체적으로 드러나지 않았다. 이런 상황에서 하박국은 그런 일이 성취되기를 간구한다(3장). 즉 열국을 포함한, 세상을 향한 하나님의 뜻이 결실을 맺어 공의와 인애가 드러나기를 기도하는 것이다.

2b절에서 하박국은 하나님의 자비에 호소한다. "진노 중에라도 긍휼을 잊지 마옵소서." 하나님의 자비를 호소하는 하박국의 모습은 1장에서 인과응보의 신학을 보였던 모습과는 확실히 다르다.[17] 이러한 변화의 원인은 앞서 언급한 대로 인과응보의 공의로는 어떤 사람도 하나님 앞에 설 수 없다는 깨달음 때문이다. 하나님 앞에서는 어떤 사람도

---

16) C. J. Barber, *Habakkuk and Zephaniah*, EvBC (Chicago: Moody, 1985), 39.
17) 이런 변화와 쿰란의 하박국 주석에 3장이 없다는 이유로 어떤 학자들은 3장을 후대에 첨가된 것으로 보기도 한다. 하지만 전체적인 구조를 볼 때, 하박국서는 통일성을 지니고 있다. 이에 대해 치즈홀름은 "3장은 1-2장의 대화를 완결짓고 있다"라고 주장했다. 치즈홀름, 「예언서개론」, 663.

행위적으로 의인이 될 수 없다. 하나님 앞에 설 수 있는 사람은, 부족한 자신에게 하나님이 인애(사랑, 자비)를 베푸셨다는 것에 감격하여 그분의 인애에 응답하고 자발적으로 하나님께 사랑과 충성을 드리는 사람이다. 이런 사람만이 하나님의 뜻을 자발적으로 실천하는 공의의 삶을 살 수 있다. 2:5-20에서 이런 사실을 깨달았기에, 하박국은 자연스럽게 하나님 앞에서 긍휼을 구했던 것이다.

전사이신 하나님의 임재에 대한 묘사(3:3-15). 심판과 구원을 위해 하나님이 강림하실 때, 땅과 하늘은 진동할 것이다(3-7절). 출애굽 때 이스라엘의 장애물이었던 홍해 바다를 꾸짖으신 것처럼(8, 10절), 하나님은 반드시 자신의 대적을 심판하기 위해 오실 것이다(8-15절). 이 단락은 크게 3-7절과 8-15절로 나뉜다. 3-7절은 여호와를 남쪽에서 오시는 분으로 묘사한다. 3절의 데만은 유다 남쪽에 위치한 에돔의 한 성읍이고(암 1:12; 옵 9절), 바란 산도 유다 남쪽의 아카바 만 부근에 있는 산악지대를 가리킨다. 이렇게 하나님이 남쪽에서 오시는 모습은 출애굽 때 하나님이 이스라엘을 남쪽에서 가나안 땅으로 인도하셨던 과거의 구원 사건을 연상시킴으로써(신 33:2; 삿 5:4), 미래의 하나님의 임재가 열국에 대한 심판인 동시에 하나님의 백성에게 제2의 출애굽 구원을 베푸시는 사건이 될 것을 암시한다.

8-15절은 주께서 말을 타신다는 말이 서두와 말미에 나옴으로써 인클루지오를 형성한다. 이 단락의 구조는 다음과 같다.

    A. 주께서 말을 타고 나와 바다를 대적하실 것임(8절)
        B. 주의 활과 창으로 인해 산과 바다, 해와 달이 흔들릴 것임(9-11절)
            C. 주께서 열국을 밟으실 것임(12절)

B'. 주께서 기름부음 받은 자를 구원하기 위해 악인의 머리를 치실 것임
　　(13-14절)
　A'. 주께서 말을 타고 나와 바다를 대적하실 것임(15절)

　8절에서 바다를 대적하신다는 말은 창조 모티프다.[18] 이 창조 모티프는 바벨론의 심판과 더 나아가 열국의 심판이 기존 창조 질서의 전복을 동반할 것을 보여 주고, 나중에 하나님의 영광을 드러내는 새로운 창조 질서가 세워질 것을 제시한다.

　와츠(Watts)의 지적대로 3:3-15의 하나님에 대한 묘사는 1장의 바벨론에 대한 묘사와 평행을 이룬다.[19] 그래서 바벨론이 열왕과 견고한 모든 성을 멸했던 것처럼(1:10), 하나님은 열국을 멸하실 것이다(3:6, 9). 또한 바벨론이 말을 가지고 약탈했던 것처럼(1:8), 하나님도 말을 타고

---

18) 바벨론 신화에서 창조 질서를 세우는 데 방해가 된 세력은 바다의 신인 티아맛이었다. 바벨론 신화인 "에누마 엘리쉬"에 따르면, 태초에 압수라는 담수(fresh water)의 신과 티아맛이라는 바닷물의 신이 있었다. 이들은 부부였다. 압수(남편)는 소란을 펴는 젊은 신들을 멸망시키려 했고, 이를 간파한 에아가 압수를 죽이고 신의 세계에 질서와 평화를 세운다. 그러나 이것도 잠시, 남편(압수)의 죽음을 복수하기 위해 티아맛(무질서를 상징)이 신들의 질서에 도전한다. 이 때 에아의 아들 마르둑(폭풍의 신)이 티아맛(바다의 신으로 용의 형상을 지님)과 일전을 벌여 승리하고 천지를 창조한다. 이와 비슷하게 가나안 신화에서 바알도 바다의 신인 얌을 멸하고 왕위에 등극하며 질서를 세운다(참고 시 24편). 특별히 가나안 신화에서는 질서를 무너뜨리는 바다의 세력이 리워야단(용), 라합, 얌 등으로 불렸다(참고, 시 89:10; 사 51:9). 구약 성경에서 바다는 무질서를 대표한다. 그렇다고 구약 성경이 메소포타미아나 가나안의 신화를 인정한다는 뜻은 아니다. 이런 이방 창조 신화의 인용은 대부분 시에 등장한다. 그래서 시라는 장르에서 나름대로 상상력을 발휘하여 당시 이방인의 창조신화 이미지를 하나님께 대입해 노래했던 것이다.

19) James W. Watts, "Psalmody in Prophecy: Habakkuk 3 in Context", in *Forming Prophetic Literature*, 215.

바다를 밟으실 것이다(3:8, 15). 이런 유비점은 바벨론의 심판이 열국과 창조 질서를 멸하려는 여호와의 심판을 예표한다는 것을 보여 준다.

바벨론에 대한 하나님의 심판은 하나님이 자신의 공의를 드러내신 행위다. 하지만 하나님의 공의는 하나님의 인애를 실천하기 위한 발판이기에, 하나님은 바벨론을 공의로 심판하신 후에 자신의 백성을 구원하기 위해 인애를 베푸실 것이다. 이 사실을 깨달은 하박국은 '주께서 주의 백성을 구원하신다'(3:13)라고 찬양하지 않을 수 없었다. 출애굽 때 하나님은 애굽을 공의로 징벌하고 자격 없는 이스라엘을 인애로 자녀 삼으셨다.

마찬가지로 미래의 구원도 제2의 출애굽 성격을 띠어, 하나님이 자신의 백성을 대적하는 대적(바벨론이 예표)을 공의로 심판하시고 인애를 베풀어 자신의 백성들을 자녀로 만드실 것이다. 이때 새로운 창조 질서가 출현할 것이며, 새로운 창조 질서는 더 이상 무너지지 않는 질서이기에 종말의 구원은 영원할 것이다. 이 진리를 이사야는 다음과 같이 선포했다. "내가 지을 새 하늘과 새 땅이 내 앞에 항상 있는 것 같이 너희 자손과 너희 이름이 항상 있으리라 여호와의 말이니라"(사 66:22).

이처럼 유다의 심판과 열국의 심판이라는 환난은 하나님이 종말에 자신의 백성들에게 은혜를 베풀어 주시는 매개체가 되었다. 그래서 하박국은 다음 단락인 3:16-19에서 오히려 환난을 기다리겠다고 고백한다(3:16). 지금까지 소예언서들은 종말의 남은 자를 극심한 환난을 통과하면서 진정으로 회개하고 돌아오는 자로 정의했다. 이런 흐름 속에서 하박국서는 오히려 환난을 기다릴 것이라고 말한다.

성실(믿음)로 사는 예언자의 고백(3:16-19)

이 단락에서 하박국은 환난을 기다리겠다고 고백한다(16절). 1장에서 하박국은 인과응보 신학의 신봉자였다. 그런 그가 3장 후반부에 와서는 의인도 환난 받을 수 있음을 인정한다. 이런 변화는 앞서 언급한 대로 2-3장에서 하나님의 공의가 정당하며 하나님 앞에서는 그 누구도 공의의 심판을 피할 수 없다는 사실을 하박국이 깨달았기 때문이다. 그러면서, 환난이 하나님을 의지하는 자에게 인애를 베푸는 토대가 되기에, 하박국은 오히려 환난을 기다리겠다고 고백한다.

하나님의 공의와 인애를 새롭게 깨달은 하박국은 하나님의 성품을 본받아 인애와 공의를 실천하는 성실의 사람으로 변한다. 성실의 삶을 사는 사람은 어떤 상황에서도 하나님으로 인하여 즐거워할 수 있다(17-19절). 따라서 하박국은 "나의 구원의 하나님으로 말미암아 기뻐하리로다"(18절)라고 말하면서, 결국 하나님이 상황을 역전시켜 구원을 베푸실 것을 확신한다.

신학적 메시지

성실(믿음)의 삶

하박국서는 의인의 삶을 성실로 규정한다. 앞서 언급한 대로, 성실은 하나님을 향해 인애와 공의를 행하는 모습을 다르게 표현한 것이다. 모세오경에서 율법이 지향하는 목표가 바로 이런 성실이었다. 하나님은 처음부터 인간이 완벽하게 율법을 지키라고 기대하지 않으셨다. 그래서 제사법을 통해 백성들이 속죄할 수 있는 길을 열어 주셨다. 율법의 최종 목표는 외형적으로 규례를 수행하는 데 있는 것이 아니라 율법 배후에 있는 하나님의 은혜를 체험케 해서 믿음의 관계로 나아가게 하는 데 있었다. 여기서 믿음은 하나님을 사랑하고(인애) 그분의 뜻을 자발적으로 실천하려는 태도(공의)를 뜻한다. 이 믿음을 하박국서는 성실(אֱמוּנָה)이라는 단어로 표현했고, 신약 성경에서 바울은 그것을 다시 믿음에 대입하여 믿음이 율법의 최종 목표임을 보여 주었다.

하박국서의 문맥에서 성실의 삶은 주변 상황이 자신이 기대한 대로 이루어지지 않을지라도 하나님의 긍휼을 의지하고(인애), 기쁜 마음으로 자발적으로 하나님의 뜻을 행하는 모습(공의)이다. 앞서 말한 것처럼, 공의를 행한다고 하면서 자신을 의식하고 대가를 바란다면 그것은 율법주의(legalism)이지 공의가 아니다.[20]

이처럼 하박국서에서 성실은 하나님의 인애를 깊게 체험하고 자신도 인애, 즉 긍휼(רחם, 3:2)을 가지고 공의(מִשְׁפָּט, 1:4)에 이르는 의로운 삶(צַדִּיק, 2:4)이다.[21] 성실(믿음)이라는 주제는 이어서 나오는 스바냐서에서 하나님을 향한 겸손으로 더욱 발전한다(습 2:3).

고난의 신학

3:16에서 하박국은 오히려 환난을 기다리겠다고 고백한다. 그렇다면 환난은 성도에게 무슨 의미가 있는가? 하박국은 환난을 통해 무엇을

---

20) 믿음의 초기 단계에서는 보상을 바라고 신앙생활을 할 수 있다. 하지만 믿음이 성장한다면 이런 현상은 사라질 것이다. 물론 성경에 상급에 대한 말씀이 있기 때문에 대가를 바라는 믿음이 잘못된 것이 아닌 듯한 인상을 준다. 하지만 상급에 관한 말씀의 경우에도 그 상급이 하나님과의 긴밀한 교제를 대체할 수는 없다. 상급이 목적이 된다면 그것은 잘못된 믿음이다. 참고 프랑소아 페넬롱, 「그리스도인의 완전」, 김창대 옮김 (서울: 브니엘, 2007).

21) A Joseph Everson, "The Canonical Location of Habakkuk", in *Thematic Threads in the Book of the Twelve*, 173.

기대했는가? 이런 물음 앞에서 하박국서는 고난의 신학과 관련해서 우리에게 네 가지 통찰을 보여 준다.

첫째, 성도의 고난은 하나님의 공의가 실패했기 때문이 아니다. 그 누구도 하나님의 공의 앞에서 의로울 수 없다. 그러므로 고난은 성도들에게 자신의 부족함과 무지함, 그리고 죄성을 돌아보게 하여, 하나님의 사람으로 연단시키는 도구다(참고 시 66:10). 처음에 인과응보 신학의 신봉자였던 하박국은 바벨론 침략이라는 환난 앞에서 하나님의 공의를 의심했지만, 나중에 하나님으로부터 깨달음을 얻은 후 고난의 정당성을 인정하고 오히려 긍휼을 구했다(3:2). 이런 점에서 하박국은 어떤 상황에도 하나님의 공의는 실패할 수 없다는 신학을 독자들에게 각인시킨다.

둘째, 성도의 고난은 하나님의 영광을 세상에 드러내는 수단이 될 수 있다(2:14). 하박국이 겪게 될 바벨론의 침략이라는 환난은 결국 바벨론에 대한 심판으로 이어져 하나님의 영광을 세상에 드러내는 계기가 된다. 이는 성도의 고난이 하나님의 영광을 드러내는 도구가 될 수 있음을 시사해 주는 대목이다. 그 예가 바로 욥이다. 욥은 고난에서 승리함으로써 사탄의 말이 잘못되었음을 증명했고, 궁극적으로 하나님의 영광을 드러내는 데 일조했다.

셋째, 성도의 고난은 하나님의 인애를 얻을 수 있는 토대가 된다. 지나칠 정도로 가혹한 고난을 당할 때, 하나님은 공의의 차원에서 악의 세력으로부터 우리를 건져내고 더 큰 인애를 베푸신다. 하박국은 바벨론의 침략과 포로라는 극심한 환난이 나중에 하나님이 백성들에게 제2의 출애굽의 은혜를 베푸시는 구원의 통로가 됨을 깨달았다(3:13). 가장 대표적인 예가 아마도 예수 그리스도의 고난일 것이다. 하나님은 예수 그리스도의 고난을 통해 인류에 놀라운 구원의 길을 열어 주셨다.

넷째, 성도는 고난을 기쁘게 통과할 수 있다. 물론 고난을 자청할 필요는 없다. 하지만 이 세상에서 나그네로 사는 한 고난은 피할 수 없다. 이 때 하나님의 공의와 인애를 깊게 체험하고 그런 하나님의 성품을 닮아 인애와 공의로 대변되는 성실의 삶을 산다면, 고난은 더 이상 고난일 수 없다. 오히려 고난 가운데서 하나님으로부터 오는 온전한 기쁨과 평화를 누릴 수 있다(3:18).

10장
스바냐

시대적 배경과 개관

1:1은 스바냐가 히스기야의 현손이라고 말한다. 예언자의 현손까지 언급하는 것은 매우 이례적이기에, 스바냐는 히스기야 왕의 후손일 가능성이 크다. 스바냐는 요시야 왕의 종교개혁 때 활동했던 인물로, 그가 묘사한 당시 상황(외국의 관습, 바알 숭배, 암몬의 밀곰 신 숭배, 앗수르의 일월성신)은 요시야의 종교개혁에서 다시 언급된다. 요시야의 재위 기간은 주전 640-609년이다. 요시야의 개혁은 주전 622-621년에 완성되었지만(대하 34:2-7), "남아 있는 바알"(1:4)이라는 문구가 나오는 것을 보면 스바냐서는 요시야 개혁 이후에 개혁이 실패한 상황을 놓고 백성들을 책망하는 책임을 알 수 있다.

한편 유다의 종교적 타락에 대한 스바냐서의 묘사가 요시야의 종교개혁 이전 상황을 반영한다고 주장하는 사람들도 있다.[1] 하지만, 나중에 스바냐서의 내용을 분석하면 알겠지만, 스바냐서가 개혁 이후의 실패를 전제로 쓰였다는 주장이 더 신빙성이 있다. 요시야 개혁의 실패에 대한 암시는 성경의 다른 곳에서도 나오는데, 특히 예레미야서가 요시야 개혁 이후 유다 백성들의 타락을 강도 높게 비판했다(렘 3:6).

스바냐는 다가올 환난을 앞두고 여전히 우상을 숭배하며 회개하지 않는 유다를 향해 하나님의 임박한 심판을 예언했다(1:4, 10-13; 2:1; 3:1-4). 그러면서 유다에게 임할 여호와의 심판의 날이 열국에도 동일하게 적용될 것이기 때문에(2:2-12), 여호와의 날에 당시 유다를 괴롭히던 앗수르도 바벨론에 의해 심판을 받을 것이라고 예언한다(2:13). 그

---

1) 치즈홀름, 「예언서개론」, 678.

렇지만 종말에는 하나님이 남은 자를 모으실 것이고 시온이 회복될 것이라고 말한다(3:10-20). 이렇게 해서 스바냐서의 구원 프로그램 순서는 이전의 소예언서들과 같이 유다에 대한 심판, 열국에 대한 심판, 시온의 회복과 남은 자의 등장, 그리고 새로운 창조 질서의 출현(1:2-3)으로 이어진다.

스바냐가 말한 여호와의 심판은 먼저 바벨론의 침공을 통한 유다의 멸망과 포로로 암시된다. 유다가 포로로 잡혀간다는 사실은 요시야 때부터 어느 정도 예견된 일이었다(참고. 왕하 22:15-20). 유다가 하나님의 심판으로 포로로 잡혀가는 고난은 종말의 고난을 예표하며, 이 고난이 끝나면 시온이 회복되고 포로 가운데서 남은 자가 나오게 될 것이다.

스바냐서의 메시지는 심판과 구원을 전한 예언서들의 메시지 요약판이라고 할 정도로 그 내용과 표현이 다른 예언서들의 메시지와 밀접하게 연결된다.[2] 하지만 스바냐서는 종말에 일어날 하나님의 심판과 구원에 초점을 맞추는 내용인 동시에 당시 실패했던 요시야 개혁에 다시 힘을 실어주어 주전 7세기 유대 사람들에게 회복의 메시지를 전하는 현실적인 내용이다.[3] 모든 예언자의 메시지는 단순히 미래에 대한 예언일 뿐만 아니라 당시 사람들에게 회개를 촉구하는 기능을 하기 때문에, 이 점을 염두에 두고 스바냐서를 읽어야 한다.

---

[2] Larry Lee Walker, "Zephaniah", in *The Expositor's Bible Commentary*, vol. 7, 539.

[3] Marvin A. Sweeney, *Zephaniah: A Commentary*, Hermeneia (Minneapolis: Fortress, 2003), 1.

구조와 특징

스바냐서의 전체적인 구조는 다음과 같다.

   A. 열국과 예루살렘을 향한 하나님의 심판(1:2-6)
      a. 온 세상에 임할 심판(1:2-3)
      a'. 예루살렘에 임할 심판(1:4-6)
    B. 여호와의 날(1:7-14a)
      a. 다가오는 여호와의 날에 관한 선포(1:7)
        b. 예루살렘의 죄악과 심판(1:8-13): 하나님의 공의에 의문을 제기함
          (1:12)
      a'. 다가오는 여호와의 날에 관한 선포(1:14a)
    B'. 여호와의 날(1:14b-3:8)
      a. 분노의 날(1:14b-18)
        b. 권면(2:1-3): 공의와 겸손을 구하라
          c. 열국과 예루살렘의 죄악과 심판(2:4-3:7): 하나님의 공의를 의심
            함(3:5)
        b'. 권면(3:8a): 하나님을 기다리라
      a'. 여호와의 분노(3:8b): 그날에 온 땅이 질투의 불에 소멸됨
   A'. 열국과 예루살렘을 향한 하나님의 구원: 남은 자가 있을 것임(3:9-20)
      a. 열국과 함께 유다의 남은 자가 있을 것임(3:9-13)
        b. 남은 자들아 기뻐하라(3:14-15)
        b'. 남은 자를 향한 하나님의 사랑과 기쁨(3:16-17)
      a'. 유다가 포로에서 돌아올 것임(3:18-20)

스바냐서는 미래에 있을 남은 자의 구원을 말하면서, 남은 자의 태도는 공의와 겸손을 행하고 하나님을 기다리는 것이라고 강조한다. 하지만 남은 자의 구원에 앞서 유다와 열국에 대해 심판이 있을 것이다(B/B' 단락). 이들의 죄목은 하나님의 공의에 의문을 제기하고, 자신들이 정한 공의의 기준대로 행동한 것이다(1:17).[4] 하지만 이들과 달리 겸손한 자는 자신의 부족함과 죄를 인정하고, 대가를 바라지 않고 하나님을 섬긴다.

얼핏 보면, 스바냐서는 사람들에게 여호와의 분노의 날이 있기 전에 공의와 겸손의 삶을 추구한다면 심판을 면할 수 있다고 말하는 것처럼 보인다(2:3). 하지만 공의와 겸손의 삶을 추구한다고 여호와의 날을 피할 수 있는 것은 아니다. 단지 "여호와의 분노의 날에 숨김을" 얻을 뿐이다(2:3). 그래서 환난을 받을 때 겸손한 자는 하나님의 보호를 받고 환난을 통과한 후에 더욱 겸손해지는 남은 자가 될 것이다. 환난이 피할 수 없는 실재라는 스바냐서의 교훈에 비추어 보면, 하박국이 왜 환난을 당연시했는지 이해할 수 있다.[5]

스바냐서는 공의를 강조한다. 2:3에서 개역개정판이 "규례"로 번역한 히브리어 '미쉬파트'(מִשְׁפָּט)는 '공의'를 가리킨다. 스바냐서는 공의를 남은 자의 특징으로 제시한다. 공의는 스바냐서와 짝을 이루는 아모스서의 핵심 주제이기도 하다. 또한 아모스서는 유다의 심판 이후에 열국에 대한 심판이 있음에도 내용 전개상 먼저 열국에 대한 심판을 언급하고 이어서 유다와 이스라엘의 심판을 언급하는 패턴을 보이는데, 스

---

4) Paul R. House, "Endings as New Beginnings", in *Thematic Threads in the Book of the Twelve*, 332.
5) House. "Endings as New Beginnings", 333.

바냐서도 같은 순서로 내용을 전개한다.

공의는 하박국서의 주제이기도 하다. 하박국서는 하나님의 공의의 심판 앞에서 성실을 지킨다면 환난을 통과한 후에 하나님의 백성으로 구원을 얻을 것이라고 강조했다. 스바냐서는 이 진리를 더욱 발전시켜 환난을 통과하기 전에 남은 자가 갖추어야 할 올바른 태도는 더욱 공의를 행하는 것이라고 명시적으로 말한다. 더 나아가 스바냐서는 공의를 행하는 자를 겸손한 자로 재정의한다(2:3; 3:12). 이렇게 해서 하박국서의 성실을 겸손이라는 주제로 발전시킨다.

스바냐서에서 겸손은 인애와 공의를 포함하는 개념이다. 구체적으로 말하면 철저한 낮아짐 속에서 하나님을 의지하는 가운데 파생되는 영적이고 윤리적인 경건한 상태(인애와 공의)다.[6] 겸손이라는 주제는 이사야서에도 나타난다. "지극히 존귀하며 영원히 거하시며 거룩하다 이름하는 이가 이와 같이 말씀하시되 내가 높고 거룩한 곳에 있으며 또한 통회하고 마음이 겸손한 자와 함께 있나니 이는 겸손한 자의 영을 소생시키며 통회하는 자의 마음을 소생시키려 함이라"(사 57:15).

스바냐서가 하박국서의 성실을 겸손으로 표현한 이유는 진정한 인애와 공의는 무엇보다 겸손하여 자신이 아무것도 아닌 존재라는 사실을 자각하는 데서 출발한다는 점을 부각시키기 위함이다. 미가서는 미래의 남은 자를 자신이 이슬과 같이 보잘것없는 존재임을 자각하는 자로 제시했다(미 5:7). 이와 연결해서 스바냐서는 자신이 부족한 존재임을 자각하는 상태를 겸손으로 표현하고, 이렇게 겸손한 자만이 진정으로 하나님의 인애를 체험해서 인애와 공의를 행할 수 있음을 교훈한다.

---

6) Barker and Bailey, *Micah, Nahum, Habakkuk, Zephaniah*, 448.

3:14-20은 시온의 딸에 관한 노래다. 이 노래에서 스바냐는 여호와께서 미래에 왕으로 임재하실 것을 예언한다. 스바냐서 다음에 위치한 학개서는 이 소망이 어느 정도 성취된 것으로 묘사한다(학 2:5). 하지만 학개서에서 하나님의 임재는 완전한 것이 아니기 때문에, 하나님의 임재의 완성은 여전히 미래에 성취될 사건이다.[7]

스가랴 9:9-10도 스바냐 3:14-20처럼 시온의 딸에 관한 노래다. 스가랴 9:9-10은 메시아가 시온에 왕으로 임재하게 될 것을 예언한다. 이런 연결고리들을 고려해 보면, 미래에 대한 스바냐서의 소망은 학개서와 스가랴서에서 점점 더 가시적으로 발전되고 있음을 알 수 있다. 종말에 여호와께서 왕으로 임재하신다는 주제는 언약의 사자가 출현할 것이라는 말라기서의 예언에서 더욱 구체화된다(말 3:2).[8]

내용 분석

하나님의 심판(1:2-6)

스바냐서가 말하는 여호와의 날은 우주적 심판이 시행되는 날로서, 범세계적인 사건인 노아 홍수의 날에 비유된다.[9] 그래서 종말에 하나님의 심판은 노아 홍수가 창조 질서를 파괴했듯이, 기존 창조 질서를 멸하고 노아 언약을 파기하는 의미를 지닌다.[10] 1:2-3은 하나님이 악인과

---

7) Richard J. Coggins, *Haggai, Zechariah, Malachi*, OTG (Sheffield: JSOT Press, 1987), 85.
8) Bryon G. Curtis는 슥 9:9-10을 학개서와 스가랴서를 말라기서와 연결시키는 연결고리로 이해했다. Bryon G. Curtis, "The Zion-Daughter Oracles: Evidence on the Identity and Ideology of the Late Redactors of the Book of the Twelve", in *Reading and Hearing the Book of the Twelve*, 182.

함께 짐승과 새와 바다의 고기를 멸절하실 것이라고 말하는데, 이는 창세기 1:29을 연상시킨다.[11] 노아 언약은 창조 질서를 물로 심판하지 않을 것이라는 하나님의 약속을 담보로 하기 때문에, 종말에 하나님은 불로 기존 창조 질서를 파괴하실 것이다(습 3:8).

이어서 4-6절은 유다와 예루살렘을 향한 심판을 다룬다. 이 구절들을 세상과 창조 질서가 심판을 받은 다음에 유다와 예루살렘이 심판을 받을 것이라고 말하는 것으로 이해한다면, 이는 오산이다. 종말 프로그램의 순서는 앞서 말한 대로 유다와 예루살렘의 심판 다음에 창조 질서의 심판으로 이어진다. 하지만 이 구절들이 세상에 대한 심판에 이어 유다의 심판을 언급하는 것은 세상과 창조 질서가 공의의 훼손으로 파괴되듯이, 유다도 공의를 행하지 않았기 때문에 심판받을 것을 독자들에게 각인시키기 위한 수사적 의도다.

4절과 5절은 바알과 말감(밀곰)을 언급하는데, 말감(5절)으로 번역된 히브리어 '말캄'(מַלְכָּם)은 원래 '그들의 왕'이라는 뜻으로 암몬 족속의 신인 밀곰을 빗댄 말이다. 그래서 유다가 공의를 위반하는 죄뿐만 아니라 우상을 숭배하는 죄까지 범했음을 보여 준다.[12]

---

9) 스바냐서는 인간의 죄로 말미암아 창조세계가 저주를 받게 되었음을 강조한다. Cf. J. Alec Motyer, "Zephaniah", in *The Minor Prophets*, vol. 3, ed. Thomas Edward McComiskey (Grand Rapids, Mich.: Baker, 1998), 911.
10) 창세기에서 노아 홍수의 심판은 이후에 새 창조 질서를 세우는 결과를 가져다주었다. 마찬가지로 종말에 있을 하나님의 심판이 노아 홍수로 비유되는 것은 마지막 심판을 통해 새로운 창조 질서가 세워질 것이라는 진리를 보여 준다. 참고 메리데스 클라인, 「하나님 나라의 서막」, 김구원 옮김 (서울: 개혁주의신학사, 2007), 35.
11) 참고. Michael Deroche, "Contra Creation, Covenant and Conquest(Jer. Viii 13)", *VT* 30 (1980): 280-290.
12) 한편 Adele Berlin은 이 신을 몰렉이라고 주장한다. Adele Berlin, *Zephaniah*, AB 25A (New York: Doubleday, 1994), 77.

예루살렘을 심판하는 여호와의 날(1:7-14a)

이 단락은 여호와의 날이 서두와 말미에 나타남으로써 인클루지오를 형성한다. 1:2-6이 유다와 이스라엘의 종교적 타락에 주목했다면, 이 단락은 사회적 타락에 초점을 맞춘다.[13] 7절은 유다의 죄를 심판하는 여호와의 날을 여호와의 제사의 날로 표현한다. 레위기에서 제사는 동물을 죽여 백성들에게 죄의 대가가 죽음이라는 사실을 환기시키는 기능을 했다. 그러므로 스바냐서는 여호와의 날이 사람들을 죽음의 형벌로 심판하는 날이 될 것임을 보여 준다.[14] 7절 후반부에서는 이 제사에 초청받은 사람들이 언급된다. 일반적으로 제사에 참여하는 사람들은 자신들을 대신해 동물을 제물로 드렸다. 하지만 1:8-9의 문맥은 예루살렘 사람들이 직접 하나님의 제물이 되어 죽임 당할 것을 보여 준다. 이는 여호와의 날이 예루살렘 사람들에게 은총의 날이 아니라 심판과 고통의 날이 될 것이라는 아이러니다.[15]

12절에서 스바냐는 예루살렘 사람들을 가라앉은 포도주의 찌꺼기에 비유한다. 스바냐는 포도주라는 은유를 신앙적 타락을 묘사하기 위해 사용한다(사 1:22-26; 5:7). 당시 예루살렘 사람들은 포도주의 침전물처럼 자신의 생활방식에 안주하는 정체된 신앙 태도를 보였다.[16] 더욱이 이들은 "여호와께서는 복도 내리지 아니하시며 화도 내리지 아니하시리라"라고 말했는데, 이 말은 히브리어 원문대로 번역하면 "여호와께서 선도 악도 행하지 않는다"는 의미다.[17] 스바냐서와 짝을 이루는

---

13) Motyer, "Zephaniah", in *The Minor Prophets*, vol. 3, 917.
14) Motyer, "Zephaniah", 917.
15) Bruckner, *Jonah, Nahum, Habakkuk, and Zephaniah*, NIVAC, 288.
16) 치즈홀름, 「예언서개론」, 683.

아모스서에서 선악은 공의와 밀접한 용어다(암 5:15; 참고 미 3:2). 그러므로 하나님이 선(רוט, '야타브')도 악(ערע, '라아')도 행하시지 않는다는 것은 하나님이 세상에 무관심하여 공의를 행하시지 않는다는 뜻이었다.[18] 이처럼 예루살렘 사람들은 더 이상 하나님이 세상에 간여하지 않는다는 자연신론 사상에 빠져 있었다. 이런 사상 때문에 그들은 여호와를 의지하지 않고 여호와의 선인 공의와 정반대의 삶을 살았다(습 3:2-4). 공의의 기준인 선이 없어지면서 더 이상 공의를 행치 않는 삶으로 전락했던 것이다. 이러한 그들의 행태는 1:4에 나오는 유다와 예루살렘의 심판 원인이 공의를 행하지 않았기 때문이라는 주장에 더욱 무게를 실어준다.

이처럼 예루살렘 사람들이 하나님의 공의에 의문을 제기한 이유는 요시야의 종교개혁으로 앗수르의 간섭에서 벗어나고 놀라운 변화가 일어나기를 기대했지만 현실은 오히려 더 참담했기 때문이다. 그래서 하나님께 실망한 이들은 과연 하나님이 이 세상을 공의로 다스리시는지 의문을 제기했던 것이다. 스바냐서는 눈에 보이는 현실 때문에 하나님의 공의에 의문을 제기하고 정반대의 삶을 사는 것은 인간 편에서 공의를 위반한 것이라고 강조한다.

스바냐서가 창세기의 내용을 많이 연상시킨다는 점에서, 선악이라는 단어가 의미하는 바는 크다. 하나님의 선인 공의에 대한 외면은 스스로 선악을 판단하겠다는 교만이었다. 이는 아담과 하와가 선악을 알

---

17) 한글 성경은 하나님이 악을 행하신다는 것은 상상할 수 없기 때문에 화(재앙)를 내리신다고 번역한 것 같다. 하지만 이 표현은 하나님이 선과 악의 잣대인 공의에 무관심하시다는 것을 강조하기 위한 과장법이다.

18) Motyer, "Zephaniah", 921.

게 하는 열매를 따먹음으로써 더 이상 하나님의 기준에서 선악을 분별하지 않고 자신들의 기준에서 선악을 결정하고 선을 추구하겠다던 발상과 같은 것이다. 따라서, 아담과 하와가 결국 에덴 동산에서 쫓겨난 것처럼, 제2의 아담으로 택함받은 유다도 바벨론에 의해 제2의 에덴 동산인 가나안 땅에서 쫓겨나 포로로 잡혀가게 될 것이다.

월터 카이저의 말대로 아담과 하와의 범죄 이래로 인간은 무엇이 진정한 선이고 공의인지를 알지 못했다. 그래서 하나님은 이스라엘 민족을 제2의 아담으로 부르시고 그들에게 율법을 주어 참된 선인 공의가 무엇인지를 보여 주셨다(사 8:2).[19] 하지만 1:12은 율법을 받았던 유다가 이제 하나님의 선인 공의를 저버렸다고 선언한다. 그 결과 다음 단락은 유다에 대한 하나님의 심판을 다루면서, 누가 과연 하나님의 공의를 깨닫고 실천할 수 있는가 하는 문제에 초점을 맞춘다. 결론적으로 그런 사람은 교만하지 않고 겸손한 자다.

온 세상을 심판하는 여호와의 날(1:14b-3:8)
여호와의 날과 겸손한 자(1:14b-2:3)

1:14b은 다시 여호와의 날을 구체적으로 설명한다. 이날은 여호와의 분노의 날로, 누구도 이날을 피할 수 없지만 분노의 화에서 숨을 수는 있다. 그러면 누가 여호와의 날의 화를 피하고 숨을 수 있는가? 그 답은 바로 겸손한 자다. 겸손은 히브리어로 '아나브'(עָנָו)로, 하나님을 의지하는 자의 특징이다. 스바냐 2:3에서 개역개정판은 "공의와 겸손을 구하라"라고 번역하지만, 여기서 공의에 해당하는 히브리어 단어는

---

19) Walter C. Kaiser, *Toward Old Testament Ethics* (Grand Rapids, Mich.: Zondervan, 1983), 5.

'체데크'(צֶדֶק, 의)다. 그래서 단어의 혼돈을 막기 위해 '의'로 번역하는 것이 옳다. 이렇게 되면 겸손은 의와 평행을 이룬다. 2:3을 원문대로 직역하면 다음과 같다.[20]

여호와의 공의(מִשְׁפָּט)를 행하는 세상의 모든 겸손한 자들아 여호와를 구하라. 의(צֶדֶק)를 구하고 겸손을 구하라. 그리하면 여호와의 분노의 날에 너희가 숨겨짐을 얻을 수 있을지 모른다.

이 말은 공의를 행하는 겸손한 자는 여호와를 찾고 계속 의를 추구한다는 의미다. 이런 사람만이 여호와의 분노의 날에 살아남아서 남은 자가 될 것이다. 공의를 행한다는 것은 언뜻 하나님의 율법을 행하는 것과 동일한 의미인 것처럼 보인다.[21] 하지만 스바냐서의 문맥에서 보면, 이는 하나님의 기준인 선을 알고 그것에 따라 행동하려는 모습이다. 2:3의 "여호와를 찾으며"는 하나님의 뜻을 묻는다는 의미다.[22] 그래서 2:3은 항상 하나님의 뜻을 묻는 사람만 진정한 공의를 실천할 수 있다는 힌트를 준다.

하나님의 뜻을 묻기 위해서는 먼저 하나님의 사랑을 진정으로 체험해야 한다. 그러면 누가 하나님의 사랑을 체험할 수 있는가? 스바냐서는 미가서처럼 하나님의 사랑을 진정으로 체험하기 위해서는 무엇보다 자신이 아무것도 아닌 존재로서 오히려 죄인임을 자각해야 한다는 것을 암시한다(3:11, 15; 참고. 시 62:5-9). 스바냐서는 이런 사람을 겸손

---

20) 이것은 나의 사역(私譯)이다.
21) Sweeney, *Zephaniah: A Commentary*, 118.
22) Sweeney, *Zephaniah*, 119.

한 자로 지칭했다. 이런 겸손한 자만이 자격 없는 자신에게 사랑을 베푸시는 하나님께 감격하고 그 사랑에 반응하여 하나님을 진정으로 사랑하고 하나님의 뜻을 행하는 공의를 실천할 수 있다.

1장의 내용을 분석할 때 언급한 것처럼, 유다 백성들은 요시야의 종교개혁을 통해 우상을 제거하고 말씀대로 살았지만 아무런 변화도 일어나지 않자 하나님이 선을 내리시지 않는다고 원망했다(1:12). 이들은 대가를 바라고 순종했기 때문에 결과가 나오지 않자 실망했던 것이다. 이런 문맥에서 2:3의 겸손한 자는 그런 유다 사람들과 정반대로 대가에 연연하지 않고 순전히 하나님을 사랑하여 하나님의 뜻을 자발적으로 추구하는 자다. 이런 점에서 스바냐서는 대가만을 바라고 하나님을 섬기는 사람들에게 경종을 울린다.

1장에서 원망했던 유다 사람들은 아담과 하와처럼 하나님의 기준이 아닌 자신들의 기준으로 선악을 판단하고 행동하려는 교만을 보였다. 이런 문맥에서 겸손한 자는 그 반대로 선악의 기준을 하나님의 뜻에 두고 항상 하나님의 뜻을 행하려고 하는 자다. 따라서 2:3의 겸손한 자는 1장에 언급된 유다 사람들의 부정적인 모습과 정반대인 사람을 가리킨다.

열국과 유다에 대한 심판 선언(2:4-3:8)
열국에 대한 심판 선언에 거론된 나라들은 유다를 사면으로 둘러싸고 있는 대표적인 나라들이다. 그래서 유다의 서쪽에 블레셋, 동쪽에 모압과 암몬, 남쪽에 구스, 북쪽에 앗수르가 열거되었다. 구체적으로 이 단락은 블레셋(2:4-7), 모압과 암몬(2:8-11), 구스(2:12), 앗수르(2:13-15), 예루살렘(3:1-7) 순으로 전개된다. 열국에 대한 심판에 이어 예루살렘의 심판을 언급하기 때문에, 2:4-3:8은 열국의 심판을 언급한 후에 유다의 심판을 언급한 1장의 패턴을 반복한다.

앞서 말한 대로, 이런 순서가 유다에 대한 심판이 열국 심판 이후에 이루어진다는 것을 의미하지는 않는다. 하박국서는 분명히 유다에 대한 심판 이후에 바벨론의 심판으로 대변되는 열국 심판이 이루어질 것을 예언했다(합 2장). 스바냐 2:4-3:8에서 열국에 대한 심판을 먼저 말하고 유다에 대한 심판을 나중에 언급한 이유는 유다의 심판에 더 많은 초점을 두려는 스바냐의 의도 때문이다.

2:8은 모압과 암몬의 죄가 하나님의 백성을 훼방하고 나라의 경계를 침범했기 때문이라고 말한다. 경계의 침범은 신명기 32장에 비춰볼 때 하나님의 창조 질서를 위반하는 행위다. 이런 점에서 열국이 심판받는 이유는 창조 질서의 원리인 공의를 위반했기 때문이다. 열국에 대한 심판에 이어 3:1-7에서 언급된 예루살렘에 대한 심판은 특별히 유다 지도자들을 겨냥한 것이다. 유다 지도자들의 죄는 한마디로 여호와를 의지하지 않고, 하나님을 공의와 무관한 분으로 취급하며 불의를 행했다는 데 있었다(3:2, 5; 1:12). 그래서 이 단락은 유다 지도자들이 겸손하지 않고, 열국과 마찬가지로 공의를 위반했음을 보여 준다. 유다 지도자들의 심판을 다룬 3:1-7은 동심원 구조를 이룬다.

    A. 더러운 성읍(1절)
       B. 교훈을 받지 않고 여호와를 의뢰하지 않음(2절)
          C. 성읍의 지도자들의 죄악상(3-4절)
             D. 성 중에 거하시는 여호와의 의와 공의(5절)
          C'. 열국의 심판과 함께 성읍의 거민들이 사라질 것임(6절)

B'. 교훈을 받으라는 여호와의 촉구(7a절)
A'. 더러운 그들의 행위(7b절)

   3:8은 결론으로 우주적 심판을 예언한다. 이 우주적 심판에서 온 땅은 불로 소멸될 것이다(참고. 1:18). 불로 인한 심판은 앞서 언급한 것처럼 분명 노아 언약으로 유지된 창조 질서의 전복을 의미한다. 그렇다고 열국과 유다에 전혀 구원이 없는 것은 아니다. 이미 유다의 남은 자에 대한 언급이 있었고(2:7, 9b), 열국에서 여호와를 경배하는 자가 나올 것이라고 말하기 때문이다(2:11). 3:8에서 하나님은 "너희는 나를 기다리라"라고 명령하시는데, 여기서 "너희"는 바로 남은 자들이다. 남은 자들은 기존 창조 질서의 전복 이후에 새로운 창조 질서의 수혜자가 될 것이다. 이들의 특징은 공의를 행하는 겸손을 보인다는 것이다(2:3; 3:12).
   스바냐서의 남은 자는 환난을 통과하면서 겸손해지는 자가 아니라 환난 전부터 어느 정도 겸손하여 환난을 통과한 후 더욱 겸손한 자가 된다는 특징을 갖는다(3:11). 하나님이 인간에게 환난을 주시는 목적은 환난을 통과하면서 자신의 부족함을 느끼고 하나님의 사랑을 진정으로 받아들이도록 하기 위함이다. 미래의 남은 자가 환난을 당하는 것은 그들도 죄인이기 때문이다. 하지만 미래의 남은 자는 환난을 당하면서 부족한 자신에게 베푸시는 하나님의 사랑을 더 깊이 체험하기에, 더 겸손해져서 환난을 기쁘게 통과한다(3:14). 이런 자들이 환난을 당할 때, 하나님은 방관하지 않고 오히려 그들을 보호해 주실 것이다(2:3).
   바울도 종말의 성도가 하나님의 은혜를 받기 위해서는 먼저 자신이 보잘것없는 존재임을 깨달아야 한다는 것을 말했다. 그래서 고린도

후서 4:7에서 하나님의 은혜를 말할 때 그 보배가 진토와 같이 우리에게 주어졌다는 사실을 강조했다.

남은 자를 위한 하나님의 구원(3:9-20)
열국과 유다 중에 남은 자의 구원(3:9-13)
3:9에서 열국은 하나님을 경배하러 올라올 것이다. 이것은 아브라함 언약의 성취다.[23] 열국에 대한 구원은 이미 2:11에서 언급됐다. 3:10에서 흩어진 열국이 여호와께로 오는 것은 바벨탑 사건을 역전시키는 모습이다. 여기서 남은 자는 교만하지 않고 가난한 자, 여호와의 이름을 의탁하는 자로 제시된다(3:11-12). 그래서 교만한 자가 더 이상 하나님의 성산에 서지 못할 것이라고 말한다.[24] 이처럼 이 단락은 다시 겸손이라는 주제를 부각시키고, 남은 자를 여호와를 의지하며 공의를 행하는 자로 묘사한다(3:13). 2:3은 겸손한 자만이 임박한 환난에서 살아남을 수 있다고 말했다. 같은 맥락에서 3:13은 궁극적으로 환난을 통과한 후에 진정으로 회개하고 하나님의 남은 자가 된 사람은 바로 겸손한 자임을 다시 확인시켜 준다.

남은 자는 죄가 없는 사람이 아니다. 이 점은 이미 3:11의 "그 날에 네가 내게 범죄한 모든 행위로 말미암아 수치를 당하지 아니할 것은"이라는 진술에 충분히 드러난다. 이사야서에서 겸손한 자는 자신의 죄를 직시하고 자신의 힘으로 공의와 인애를 행할 수 없다는 사실 앞에서 탄식하는 자로 묘사된다(사 59:9-14). 3:3-4을 보면, 미래의 남은 자

---

23) William J. Dumbrell, *The Search for Order: Biblical Eschatology in Focus* (Grand Rapids, Mich.: Baker, 1994), 95.
24) Barker and Bailey, *Micah, Nahum, Habakkuk, Zephaniah*, 490.

는 과거 지도자들에 의해 핍박을 받은 자였던 것처럼 보인다.[25] 핍박을 받았던 자들이기에 가난해져서 하나님의 공의를 구하고 의지했던 듯하다. 미래의 남은 자가 과거에 이처럼 핍박을 받아 가난한 자리에 있었다는 것은 미가서의 남은 자 사상에서도 발견된다(미 2:8-9).

어쨌든 스바냐서에서 겸손한 자는 핍박을 받으면서 자신의 죄와 부족함을 실감하고 더 나아가 하나님의 인애를 체험하여 공의를 사모하는 자다. 물론 핍박을 받는다고 모든 사람이 하나님의 인애를 체험하고 공의를 사모하는 것은 아니다. 이런 의미에서 남은 자가 핍박을 받으면서 하나님의 인애와 공의를 구하게 되는 것도 전적으로 하나님의 은혜라고 말할 수 있다. 하나님은 이런 자들을 종말에 여호와의 날 환난을 통해 연단시키고 더욱 공의와 인애와 의를 행하는 자로 변화시키실 것이다(2:3; 3:13).

남은 자를 향한 축복(3:14-17)

이 짧은 단락은 동심원 구조를 이룬다.[26]

    A. 노래(14a절)
      B. 기뻐하라(14b절)
        C. 그분이 네 원수를 쫓아내셨다(15a절)
          D. 여호와께서 너와 함께하신다(15b절)

---

25) 지도자들의 학대로 인해 핍박을 받아 하나님을 의지하는 자들을 하나님이 포로에서 구원하여 남은 자들을 만드신다는 사상은 미가서가 잘 보여 준다(참고. 미 2:12-13).
26) 치즈홀름, 「예언서개론」, 688.

　　　　E. 네가 다시는 두려워하지 않을 것이다(15c절)

　　　　E'. 두려워하지 말라(16절)

　　　D'. 여호와께서 너와 함께하신다(17a절)

　　C'. 그분은 구원을 베풀 수 있는 힘을 가지고 계신다(17b절)

　B'. 그분이 너를 기뻐하고 반기신다(17c절)

A'. 그분이 노래하면서 너를 기뻐하신다(17d절)

　　이 단락은 남은 자에게 기뻐할 것을 촉구한다. 남은 자가 기뻐할 이유는 다섯 가지다. 첫째, 죄 용서를 통해 형벌이 제거되고(15a절), 둘째, 원수가 사라지고(15b절), 셋째, 하나님이 왕이 되시고(15c절), 넷째, 하나님이 보호하시고(15d절), 다섯째, 하나님이 남은 자를 기뻐하시기(17절) 때문이다. 죄 용서라는 부분은 확실히 미래의 겸손한 남은 자가 죄가 없는 자가 아니라는 반증이다. 그러므로 남은 자의 구원은 전적으로 하나님의 은혜에서 기인된 것이다.

　　전에 유다 지도자들은 백성들을 사자와 이리처럼 핍박하며 군림했다. 하지만 종말에 남은 자는 더 이상 핍박을 받지 않을 것이다. 남은 자를 핍박했던 자들은 유다 지도자들뿐만 아니라 이방인들도 포함된다. 왜냐하면 이방인들이 유다를 침략해서 남은 자에게 고통을 주었기 때문이다.[27] 하지만 종말에 남은 자들은 이런 대적들의 위협을 더 이상 받지 않을 것이다. 더 나아가 미가서는 그런 대적들의 위협이 있을지라도 미래의 남은 자는 백전백승한다는 것을 말한다(미 5:2-9).

---

27) Nogalski, *Literary Precursors to the Book of Twelve* (Berlin: Walter de Gruyter, 1993), 206.

하나님은 왕으로서 남은 자들을 통치하시고 진심으로 그들을 기뻐하며 사랑하실 것이다. 앞에서 미래의 남은 자는 아무런 대가 없이 하나님을 자발적으로 섬기는 사람이라고 말했다. 이처럼 자발적으로 하나님을 섬기는 사람들을 하나님은 매우 기뻐하신다. 여기서 다시 하나님의 사랑과 인애가 부각된다. 겸손한 자가 하나님의 인애를 체험해서 자발적으로 하나님의 뜻을 행하는 공의의 모습을 보일 때, 하나님은 그에게 더 많은 인애를 베풀어 주신다.

유다의 남은 자의 구원(3:18-20)

마지막으로 다시 여호와께서 남은 자를 모으실 것을 천명한다. 이 단락의 구조는 다음과 같다.[28]

  A. 남은 자들의 회복과 축복(18-19a절)

  a. 고통당하는 자들을 모으실 것임(אסף, '아사프')(18절)

  b. 대적을 물리치실 것임(19a절)

  A'. 남은 자들의 회복과 축복(19b-f절)

  a'. 저는 자와 쫓겨난 자를 모으실 것임(קבץ, '카차르')(19b-d절)

  b'. 온 세상에서 칭찬과 명성을 얻을 것임(19e-f절)

  A". 남은 자들의 회복과 축복(20절)

  a". 포로로 잡힌 자들을 모아(קבץ) 돌아오게 하실 것임(20a-d절)

  b". 천하 만민 중에서 명성과 칭찬을 얻을 것임(20e-f절)

---

28) Motyer, "Zephaniah", in *The Minor Prophets*, vol. 3, ed. Thomas Edward McComiskey, 960. 여기서는 Motyer의 구조 분석을 약간 변형시켰다.

18절은 번역본마다 다르게 번역할 정도로 해석하기 어려운 구절이다. 하지만 문맥의 흐름을 볼 때, 이 구절은 다음과 같이 번역할 수 있다. "너희 중에서 절기로 인해 고통당하는 자들을 내가 모을 것이다. 실로 너희들은 억압하는 자들에 의해 수치와 무거운 짐으로 짓눌려 있었다." 이렇게 번역하면 남은 자들의 정체는 수치와 무거운 짐으로 고통을 경험한 사람들이 된다. 그러면 절기로 말미암아 근심한다는 뜻은 무엇인가? 모티어(Motyer)는 절기로 괴로워하는 자를 부정적으로 보고, 절기로 인해 경제적 이익을 추구할 수 없어 괴로워하는 불성실한 모습을 가리킨다고 주장한다(암 8:4-6).[29] 그는 그 다음에 나오는 동사 '모으다'를 '제거하다'로 해석하고, '하나님이 그런 불성실한 자들을 너희 중에서 제거하실 것이다'라고 번역할 것을 제안했다. 하지만 모티어의 단점은 '모으다'라는 동사를 너무 부정적으로 해석했다는 것이다. 한편 노갈스키는 이 문구를 가난한 자들이 부자들의 차별로 절기에 참여하지 못하는 모습으로 이해했다. 더 나아가 노갈스키는 이런 상황이 학개서의 성전 재건을 통해 해결되었다고 주장한다.[30]

하지만 이 문구를 스바냐서의 문맥에서 보면 그 뜻을 쉽게 이해할 수 있다. 스바냐서에서 절기는 여호와의 날과 밀접한 관련이 있다(1:7-18).[31] 그래서 남은 자는 절기로 상징화된 여호와의 날로 인해 괴로워하는 자들이고, 하나님이 이런 자들을 모으실 것이라는 설명이 가능하다. 3:19-20은 여호와의 심판 앞에서 자신의 죄를 고백하고 괴로워하는 겸

---

29) Motyer, "Zephaniah", 960.
30) Nogalski, *Literary Precursors to the Book of Twelve* (Berlin: Walter de Gruyter, 1993), 205.
31) James Bruckner, *Jonah, Nahum, Habakkuk, and Zephaniah*, NIVAC (Grand Rapids, Mich.: Zondervan, 2004), 332.

손한 자들이 결국 세상을 차지하고 명성을 얻게 될 것이라고 말한다(참고 시 37:11).

신학적 메시지

남은 자

여호와의 날 심판을 통해 하나님은 자신의 공의를 드러내실 것이다. 이때 겸손하고 하나님을 의지하는 남은 자들이 하나님과 함께 거하게 된다. 스바냐서는 어떤 예언서보다 겸손이라는 주제를 강조한다(2:3). 남은 자는 가난하고 겸손하다는 특징을 보인다(3:11-12).

겸손은 자신이 아무것도 아닌 존재임을 직시하는 데서 출발한다. 이런 자는 자신에게 베풀어지는 하나님의 인애에 진정으로 감격하고 하나님의 인애에 반응하여, 하나님을 인애로 섬기게 된다. 피조물인 인간이 하나님을 사랑한다고 할 때, 그 모습은 하나님을 향한 충성, 신뢰, 헌신, 감사 등으로 나타난다. 그러므로 하나님을 향한 사랑(인애)을 지닌 겸손한 자는 자연스럽게 하나님의 뜻을 충성스럽게 실천하는 공의를 행한다(2:3).

하박국서가 남은 자의 특성을 성실로 보았다면, 스바냐서는 그것을 겸손으로 표현했다. 스바냐서가 말하는 겸손한 자는 요시야의 개혁 이후에 복을 내리지 않는다고 원망한 유다 백성들과 달리 복에 연연하지 않는다. 그래서 스바냐서는 하나님이 이런 자를 매우 기뻐하고 사랑하신다고 선언하면서, 이런 자가 결국 세상을 차지하고 명성을 얻게 될 것이라고 말한다(3:17, 19; 시 37:11).

앞서 말했듯이, 소예언서는 백성들에게 돌아오라는 주제를 강하게 내포한다. 그래서 소예언서 초반에는 돌아오라는 말이 빈번하게 등장한다. 하지만 소예언서 전체로 볼 때, 미가서(미 7:17) 이후에, 하박국서와 스바냐서는 돌아오라는 말에 인색하다. 그렇다고 남은 자들이 돌아오는 것에 관심이 없다는 말은 아니다. 하박국서와 스바냐서는 직접적으로 돌아오라는 말을 사용하는 대신에 환난 앞에서 하나님의 은혜를 체험하고 성실과 겸손을 견지하는 자만이 환난을 통과하면서 남은 자로 돌아올 수 있다는 사실을 독자들에게 각인시킨다.

우주적 심판

스바냐서는 여호와의 날을 우주적 심판의 관점에서 예언했다. 이런 의미에서 스바냐서는 아모스서와 여러 가지 공통점을 지니고 있다. 그날에 온 땅이 여호와의 질투의 불로 소멸될 것이다(3:8). 예루살렘의 심판은 열국의 심판과 궤를 같이한다. 열국에 대한 하나님의 심판은 그들이 창조 질서의 원리를 위배했기 때문이었다(2:8). 마찬가지로 예루살렘이 심판을 받는 이유도 하나님이 창조 질서의 원리로 세운 공의를 위반했기 때문이다(1:12). 창조 질서의 원리이자 토대는 공의이며 공의를 행하지 않을 때 예루살렘과 함께 열국도 심판받게 된다. 그렇다고 해서 모든 것이 심판으로 종결되는 것은 아니다. 하나님은 새로운 창조 질서를 세우고 그 수혜자로 남은 자를 만드실 것이며, 남은 자를 직접 공의로 다스리실 것이다(3:15).

3:8은 "온 땅이 나의 질투의 불에 소멸되리라"라고 진술한다. 온 세상이 불로 소멸된다는 모티프는 스바냐서와 짝을 이루는 아모스서에서도 발견된다(암 7:4; 9:5). 어쨌든 창조 질서가 불로 멸망하게 될 것이라는 예언은 노아 언약으로 유지되었던 창조 질서가 전복된다는 것을

뜻한다. 이것은 또한 노아 언약의 취소를 의미한다. 노아 언약은 창조 언약으로서, 아담의 범죄 이후에 다시 한 번 새롭게 창조 질서를 세운 언약이었다. 노아 언약을 세울 때 하나님은 세상 질서를 결코 물로 멸망시키지 않겠다고 약속하셨다. 하지만 이 약속에는 어두운 그림자가 드리워져 있었다. 인간의 죄로 세상 질서가 불로 멸망할 수 있다는 가능성을 남겨두기 때문이다.

성경은 종말에 하나님의 심판으로 말미암아 불로 노아 언약의 창조 질서가 전복될 것을 예고한다(사 26:11; 벧후 3:12-13). 예레미야는 유다가 모세 언약을 파기했기 때문에 노아 언약으로 유지된 창조 질서가 전복되는 광경을 목도했다(렘 4:23-27). 따라서 스바냐서에서 온 땅이 불로 소멸되는 것은 노아 언약으로 유지된 창조 질서가 파괴된다는 것을 보여 주는 대목이다. 하지만 이 언급은 거꾸로 종말에 남은 자들을 위해 새로운 창조 질서가 세워질 것을 의미한다. 즉 새 하늘과 새 땅의 출현이다. 새 하늘과 새 땅이 새 언약을 체결함으로써 나타나는 새로운 창조 질서라는 점에서, 스바냐서는 우주적 심판을 통해 새 언약이 도래할 것을 암시한다. 이 새 언약의 수혜자가 바로 겸손한 자다.

여호와의 날

스바냐서는 여호와의 날을 여호와의 제사로 묘사한다(1:7-18). 이런 이미지는 요한계시록에 다시 등장한다(계 19:17-18). 여호와의 날을 제사로 묘사한 것은 기본적으로 여호와의 날이 죄를 청산하는 날이기 때문이다. 구약 성경에서 동물 제사는 하나님과 사람 사이를 가로막는 죄를 불태워 죽인다는 의미가 강하다.[32] 하지만 제사는 또한 종국적으로 "여호와께 향기로운 냄새"였다(레 1:9, 13, 17; 2:2, 9, 12; 3:5, 16; 4:31).[33]

여기서 "향기로운"에 해당하는 히브리어 '니호아흐'(ניחוח)는 '누아흐'(נוח, 안식하다)와 동일한 어근에서 파생된 말이다. 구약 성경에서 하나님의 안식은 하나님이 왕으로 임재하신다는 신학적 의미를 지니고 있다(참고. 사 66:1; 시 132:12-13; 99:1). 그러므로 향기로운 냄새였던 제사는 하나님 앞에서 인간이 죄를 불태우고 정결해짐으로써 하나님의 은혜를 입어 하나님의 임재 속으로 들어가는 행위였다.[34]

이런 점에서 스바냐서가 여호와의 날을 제사에 비유한 것은 여호와의 날이 죄를 심판하고 죄를 청산하는 날인 동시에 하나님의 안식으로 대변되는 하나님 나라를 성취하는 날이라는 것을 일깨워 준다. 여호와의 날은 신약 성경에서 예수 그리스도의 재림의 날로 다시 표현된다(고전 1:8). 히브리서는 이 날에 진정한 안식이 이루어질 것을 내다보았다(히 4:9).

끝으로, 스바냐서에서 여호와의 날은 아담과 하와의 죄로 인한 인간의 교만과 바벨탑의 저주를 역전시키는 사건으로 묘사된다(2:10; 3:9-10). 바벨탑 사건은 인간 스스로 에덴 동산에 상응하는 높은 산(지구라트)을 쌓고 자신들의 나라를 세우려 했던 교만의 절정이다.[35] 이런 배

---

32) Nobuyoshi Kiuchi, *Leviticus*, Apollos Old Testament Commentary (Downers Grove, Ill.: InterVarsity Press, 2007), 61.
33) 이런 의미에서 제사는 죄를 청산하여 정결케 하고, 더 나아가 하나님과의 관계에서 거룩의 회복을 목표로 하고 있다. 특별히 속죄제와 속건제의 목적이 정결이라면, 나머지 제사인 번제, 소제, 화목제는 거룩을 지향하며 하나님의 거룩한 임재 속에서 교제한다는 의미가 강하다. 정결과 거룩이라는 제사의 특성은 히브리서에도 나타난다(히 9:13-14).
34) T. D. Alexander, *From Paradise to the Promised Land* (Grand Rapids, Mich.: Baker, 2002), 220.
35) Bruce K. Waltke, *Genesis: A Commentary* (Grand Rapids, Mich.: Zondervan, 2001), 179.

경에서 스바냐서의 여호와의 날은 인간의 교만을 꺾고 하나님의 나라를 세운다는 의미를 지닌다. 그러므로 여호와의 날이 임하여 하나님 나라가 성취될 때, 겸손한 자는 하나님 나라에 거하는 백성이 될 것이다 (3:15).

11장
학개

시대적 배경

학개는 포로 후기에 스가랴와 함께 예루살렘에서 활동했던 예언자다. '학개'라는 이름은 '잔치', '축제'라는 단어에서 유래한 것으로, 이름의 뜻을 봤을 때 아마도 학개는 유다의 어느 축제일에 태어난 듯하다. 주전 539년에 페르시아 왕 고레스는 바벨론에 포로로 끌려온 유다 사람들이 고향으로 귀환하는 것을 허락했지만, 실제로 바벨론에서 돌아온 유다 사람은 그리 많지 않았다. 처음 바벨론으로 끌려간 유다 포로들은 예레미야의 충고대로(렘 29:5-6) 바벨론에 집을 짓고 살면서 나름대로 자치권을 행사하며 자신들의 정체성을 유지할 수 있었다.[1] 포로 귀환 명령이 내려질 때는 포로 1세대들이 거의 죽은 상황이었다. 2세들은 바벨론 생활에 어느 정도 적응이 되었기에, 경제적 안정과 안락을 포기하고 귀환을 한다는 것은 그리 간단치 않았다. 따라서 기록상 대략 5만 명의 포로들이 귀환했을 뿐이다(스 2:64; 느 7:66).

설상가상으로 예루살렘으로 돌아온 포로 후기 공동체에는 많은 장애가 있었다. 조상의 집은 모두 폐허가 되었고, 땅은 황폐해졌다. 포로로 끌려가지 않고 팔레스타인 땅에 남아 있었던 하층민들이 포로로 잡혀간 사람들의 재산을 모두 차지하고 있었던 터라, 유다에 남아 있는 사람들과 귀환한 사람들 사이에 자연히 충돌이 일어났다.

이런 상황에서 포로에서 귀환한 스룹바벨은 주전 536년에 성전을

---

1) 물론 이방인 땅에서 사는 유대인 포로 공동체에는 나름의 어려움이 있었다. 하지만 그들이 바벨론에서 어느 정도 자치권을 가지면서 살았다는 증거가 있다. 참고. Daniel L. Smith-Christopher, *A Biblical Theology of Exile* (Minneapolis: Fortress, 2002), 65-68.

재건하기 위해 성전 지대를 놓기 시작했다(스 3:8). 하지만 새로 놓이는 성전 지대는 과거 솔로몬의 성전 지대와 비교할 수 없을 정도로 초라했기 때문에, 사람들은 크게 낙심했다(스 3:12-13; 학 2:3; 슥 4:10). 이후 성전 재건 사업은 외부적 핍박 때문에 순탄하게 진행되지 못했다(스 4:1-5; 5:3-5). 결국 성전 재건은 소강상태로 접어들었고(스 3:2-10), 급기야 중단되고 말았다. 이로써 주전 536년에 시작된 성전 재건 사업은 성전 지대만 놓았을 뿐 주전 520년까지 아무런 진척을 보이지 못했다(스 4:24).

성전 재건이 중단되자 포로 후기 공동체는 성전 건축보다 자신들의 집을 세우고 농사짓는 일에 우선순위를 두기 시작했다(학 1:3-11). 이런 상황에서 주전 520년에 하나님은 두 명의 예언자를 보내셨다. 바로 학개와 스가랴였다. 이들의 임무는 유다 백성들에게 성전 재건을 독려하는 일이었고, 이들의 독려를 받은 포로 후기 유다 공동체는 성전 재건을 재개하여 마침내 주전 516년에 성전 재건을 완성했다(스 6:15).

학개서에 나오는 페르시아 왕 다리오는 다리오 1세(주전 522-486년)를 가리킨다. 고레스가 주전 530년에 전쟁에서 죽자 그 뒤를 이어 캄비세스가 왕위에 올랐지만, 자신의 정적인 동생을 죽이고 왕위에 오른 캄비세스가 스스로 목숨을 끊음으로써 다리오 1세가 왕위를 계승했다. 다리오 1세 때, 페르시아 제국은 여러 곳에서 반란이 일어나 어수선한 상황이었고, 주전 522년에는 대규모 반란이 일어나기도 했다. 어떤 이들은 학개서와 스가랴서에 나오는 심판 예언은 페르시아 제국에 일어난 여러 가지 반란과 연관된다고 주장하기도 한다(학 2:6-7; 슥 1:11-15).

구조와 특징

학개서 자체 내에서는 문학적 구조를 찾기가 힘들다. 하지만 일반적으로 학자들은 각 단락의 서두에 등장하는 날짜에 주목하고 그것을 기준으로 다음과 같이 네 개의 단락으로 나눈다.

    A. 첫 번째 신탁(1:1-15)

    B. 두 번째 신탁(2:1-9)

    C. 세 번째 신탁(2:10-19)

    D. 네 번째 신탁(2:20-23)

그렇지만 수사학적으로 학개서는 동심원 구조를 보인다.

    A. 스룹바벨과 대제사장 여호수아를 향한 학개의 말: 성전을 재건하라 (1:1-15)

        B. 새로 놓인 성전 지대의 나중 영광이 이전 영광보다 클 것임(2:1-9)

            C. 성전 재건을 위한 공동체의 거룩의 필요성(2:10-14)

        B'. 새로 놓인 성전 지대를 통해 공동체에 내려지는 복(2:15-19)

    A'. 스룹바벨에게 주어지는 학개의 말: 여호와의 인이 될 것임(2:20-23)

동심원 구조에서는 핵심이 가운데 단락(C 단락)이기 때문에, 학개서 메시지의 초점이 성전 재건보다 공동체의 거룩에 있음을 알 수 있다. 소예언서 전체의 구조에서 학개서는 요엘서와 짝을 이룬다. 요엘서는 하나님의 영을 두드러지게 언급하는데(욜 2:29), 요엘서와 짝을 이루는

학개서/스가랴서에도 하나님의 영에 대한 언급이 두드러지게 나타난다(학 2:5; 슥 5:6).[2]

학개서는 하박국서나 스바냐서와도 밀접한 관계가 있다. 하박국서와 스바냐서는 누가 환난 전에 진정으로 회개해서 환난을 통과한 후 남은 자가 될 것인가 하는 문제에 초점을 맞춘다. 반면에 학개서는 환난(바벨론 포로)을 이미 경험한 사람들 중에서 누가 진정으로 회개하고 돌아와 남은 자가 될 것인가 하는 문제에 관심을 보인다. 학개서는 진정으로 회개하고 돌아오는 사람은 성전 재건을 통해 자신의 회개를 증명하는 사람임을 강조한다. 더 나아가 학개서는 진정한 성전 재건이 공동체의 거룩에 달려 있음을 강조한다(2:13-14). 그래서 성전 재건은 포로 후기 공동체가 거룩해질 때 비로소 완성된다는 신학을 보여 준다.

하박국서와 스바냐서는 바벨론 포로라는 환난에서 유다가 회복되기 전에 열국에 대한 심판이 먼저 있을 것이라고 예언했다. 하지만 학개서 당시 사람들의 눈에 열국에 대한 심판은 현실성이 없어 보였다. 열국에 대한 심판은 궁극적으로 하나님이 대적을 심판하고 남은 자를 돌아오게 하신다는 것을 예표하는 일이었지만, 이 점을 깨닫지 못한 포로 후기 공동체는 포로에서 돌아왔음에도 문자적으로 열국에 대한 심판이 이루어지지 않자 크게 낙담했다. 종말 프로그램의 순서는 열국에 대한 심판이 이루어진 다음에 시온이 회복되어 남은 자가 나오는 것이기 때문에, 열국에 대한 심판이 지연된다는 것을 인식한 포로 후기 공동체는 아직 때가 되지 않았다는 핑계로 성전 재건을 소홀히 했다.

스바냐 3:11-12에서 하나님은 미래에 자신의 성산을 회복하고 남

---

[2] 소예언서에서 하나님의 영에 대한 언급은 미가서에도 등장한다(참고. 미 3:8).

은 자를 나오게 할 것이라고 약속하셨지만, 학개 1:2에서 포로 후기 유다 공동체는 아직 그때가 아니기 때문에 성전을 건축할 시기가 아니라고 변명했다. 이런 상황에서 학개서는 성전 재건을 독려하고 공동체의 거룩을 강조하면서, 미래에 열국에 대한 심판이 반드시 이루어질 것을 예언했다(2:21-22). 그리고 지금 실행되는 성전 재건이 미래에 열국에 대한 심판과 궁극적인 시온 회복의 초석이 된다는 신학을 제시한다.

학개서는 스가랴서와도 밀접한 관련이 있다. 학개 2:22은 하나님이 열국을 멸하실 것이라고 말하는데, 스가랴서의 처음 환상은 온 땅이 평온하기에 열국을 멸하시겠다는 하나님의 말씀에 다시 의문을 제기한다(슥 1:6-17).[3]

오늘날 한국 교회는 성전 건축 때문에 몸살을 앓고 있다. 성전 건축을 통해 영적으로 유익한 점도 있지만, 오히려 그것 때문에 교회가 분열되고 지역 사회에서 곱지 않은 시선을 받는 게 사실이다. 이런 상황에서 학개서는 성전 건축은 단순히 건물을 세운다는 의미가 아님을 분명하게 말한다. 올바른 성전 건축은 건축에 참여한 회중 모두의 거룩함이 전제되지 않는다면 무용지물이라는 것이다. 이 진리는 오늘날 한국 교회가 꼭 귀담아들어야 할 부분이다.

내용 분석

첫 번째 신탁(1:1-15, 주전 520년 8월 29일)
포로 후기 유다 공동체는 나름대로 핑계를 대며 성전 재건을 미루었다

---

[3] Nogalski, "Intertextuality and the Twelve", 123.

(1:2). 아직 시기상조라는 이유였다. 대신 집을 짓고 농사하는 일에 시간과 힘을 쏟았다. 그리고 경제적으로 계속 피해를 입자, 급기야 성전 재건이 하나님의 뜻이 아니라고 단정했다.[4] 결국 그들의 삶은 잘못된 신앙으로 계속 피폐해 갔다(1:5-6). 이런 상황에서 학개는 그들이 피폐한 원인이 성전 재건에 대한 소홀 때문임을 지적했다(1:9-11). 1장에서는 명시적으로 말하지 않지만, 성전 재건의 소홀은 그들이 하나님께로 온전히 돌아오지 않았다는 방증이었다. '돌아옴'이라는 주제는 2:17에서 명시적으로 드러난다.

학개는 환난을 경험한 후에 회개하고 온전히 하나님께로 돌아온다는 표지로 성전 재건을 독려했다. 물론 성전 재건이 모든 시대에 동일하게 적용되는 돌아옴의 표지는 아니다. 하지만 학개서에서 성전 재건은 사람들에게 일상의 의식주보다 하나님을 향한 충성을 더 중히 여긴다는 표시로 작용했다. 이런 학개의 가르침에 유대인들의 마음이 움직이기 시작했다(1:12-15).

두 번째 신탁(2:1-9, 주전 520년 10월 17일)

이 때는 초막절을 지키는 시기였다(2:1, "일곱째 달 곧 그 달 이십일일에"). 솔로몬의 성전이 초막절에 봉헌되었다는 점에서, 이것은 시사하는 바가 컸다(대하 7:8-10). 성전 재건을 시작한 지 한 달도 못 되어 학개는 다시 백성들에게 하나님의 말씀을 대언했다. 당시 재건되고 있는 성전 지대는 솔로몬의 성전 지대에 비하면 너무나 초라했다(2:3). 학개는 포로 후기 유다 공동체를 위로하며 새로 건축되는 성전의 나중 영광은 이전

---

4) VanGemeren, *Interpreting the Prophetic Word: An Introduction to the Prophetic Literature of the Old Testament*, 187.

영광보다 클 것이라고 예언했다(2:9). 더 나아가 이제 세워지는 성전은 미래에 모든 나라를 위한 성전이 될 것이라고 말했다(2:7, "모든 나라의 보배"). 새로 건축되는 성전의 나중 영광이 이전 영광보다 클 것이라는 예언은 신약 성경에서 성전으로 오신 예수 그리스도를 통해 성취되었다(요 1:14; 히 1:3).

학개는 과거의 언약이 유효하다는 증거로 하나님의 영이 백성들과 함께 있다는 사실을 강조했다(2:5). 출애굽기 29:45에서 하나님은 출애굽한 이스라엘과 영원히 함께할 것이라고 약속하셨다. 이사야 63:10-14도 하나님의 성령이 출애굽 때 이스라엘과 함께 있었다고 말한다.[5] 이런 점에서 학개가 하나님의 영을 언급한 것은 모세 언약을 통해 약속하신 하나님의 임재가 포로 후기 공동체에도 여전히 유효하다는 것을 의미했다. 다시 말해, 하나님이 포로 후기 공동체와 여전히 함께 계시다는 확증이었다. 더욱이 학개 2:5은 스가랴 4:6에서 말하는 하나님의 영으로 성전이 완공될 것이라는 예언을 연상시킨다.[6] 그래서 하나님의 영이 거한다는 말은 하나님의 영으로 인해 포로 후기 공동체에도 하나님의 언약이 계속 유효하다는 보증이었다.

그렇다고 해서 학개 2:5의 언약이 유효하다는 말이 하나님의 영을 통해 포로 후기 공동체에 새 언약이 세워졌다는 의미는 아니다. 새 언약은 한참 후인 신약 시대에 예수 그리스도에 의해 체결된 언약이고, 포로 후기는 그 새 언약을 위해 준비하는 기간이었다. 이런 점에서 이 구절에 명시된 언약은 새 언약이 아니라 모세 언약이다. 원래 모세 언

---

5) J. Alec Motyer, "Haggai", in *The Minor Prophets*, ed. Thomas Edward McComiskey (Grand Rapids, Mich.: Baker, 1998), 989.
6) Motyer, "Haggai", 988.

약은 바벨론 포로 사건을 통해 파기되었지만(참고. 렘 31:32), 하나님 편에서는 계속 유효한 것이다. 하나님은 자신이 한 언약의 약속들을 결코 철회하시는 분이 아니기 때문이다.

그래서 하나님 편에서 유효한 모세 언약을 근거로, 하나님이 계속 포로 후기에 유다 백성들과 관계하시고 나중에 새 언약을 맺으실 것을 말하는 것이다. 새 언약은 모세 언약을 온전히 성취하는 언약이기에, 모세 언약은 새 언약과 연속성을 지닌다.[7] 이상의 내용을 간단히 정리하면, 2:5에 언급된 언약은 모세 언약이며, 이 모세 언약을 근거로 하나님은 자신의 영을 통해 포로 후기 공동체를 위해 계속 역사하시고, 나중에 반드시 새 언약을 체결하실 것이다.

한편 2:5에 나오는 하나님의 영에 대한 언급은 하나님이 예언자를 통해 계속 말씀을 선포하신다는 뜻이기도 하다(참고. 대하 15:1; 18:23; 20:14; 24:20). 예언자들은 하나님의 영을 통해 하나님의 말씀을 전달했기 때문에, 하나님의 영이 포로 후기 공동체에 있다는 것은 여전히 하나님이 예언자들(여기서는 학개)을 통해 말씀하고 계신다는 사실을 확인해 준다.[8]

2:6은 "조금 있으면 내가 하늘과 땅과 바다와 육지를 진동시킬 것이요"라고 말한다. 여기서 "조금 있으면"이 어느 정도의 기간인지가 애매하다. 그러나 분명 이 기간은 하나님의 정하신 기간이며, 하나님이 보시기에는 짧지만 인간이 볼 때는 긴 시간이 될 수 있다. 그리고 문맥

---

7) 모세 언약과 새 언약의 연속성에 대해서는 다음 글을 참고하라. VanGemeren, *Interpreting the Prophetic Word*, 316.

8) Hans Walter Wolff, *Haggai: A Commentary*, trans. Margaret Kohl (Minneapolis: Augsburg Publishing House, 1988), 80.

상 새 언약을 염두에 두고 한 말이기 때문에, 새 언약이 도래하기까지의 기간이라고 말할 수 있다. 새 언약은 예수 그리스도의 초림을 통해 처음 인준되었지만, 새 언약의 완성은 예수 그리스도께서 재림하실 때 이루어질 것이다. 학개서에서 "조금 있으면"이라는 기간은 예수 그리스도의 초림과 재림을 평면 위에서 하나의 사건으로 바라본 다음, 하나의 사건으로 묶인 그리스도의 초림과 재림이 성취되기까지의 기간을 가리킨다.

"하늘과 땅과 바다와 육지를 진동시킬 것"이라는 표현은 확실히 창조 모티프다. '진동하다'라는 히브리어는 '라아쉬'(רעשׁ)인데, 이는 예레미야서에서 새 언약을 언급하며 창조 질서의 전복을 제시하는 문맥에 등장하는 주요 낱말이다(렘 4:24; 8:16; 10:10, 12). 따라서 '진동하다'라는 표현은 새 언약이 기존 창조 질서를 무너뜨리고 새로운 창조 질서를 세우는 창조 언약임을 다시 확인시켜 준다. 이 새 언약 속에서 종말에 새 하늘과 새 땅이 나올 것이다(계 21:1).

2:6에서 NIV는 히브리어 원문에 충실하게 "다시 하늘과 땅을 진동시킬 것이다"라고 번역한다. '다시'라는 말은 처음에 하늘과 땅을 진동시킨 사건이 있었음을 전제한다. 그러면 처음에 하늘과 땅을 진동시킨 사건은 무엇인가? 결론적으로 말해 그것은 기존 질서를 무너뜨린 노아 홍수 사건과 그로 인해 파생된 노아 언약이다. 노아 언약은 창세기 1장의 창조 질서를 무너뜨리고 새로운 창조 질서를 세운 창조 언약이었다. 이런 맥락에서 미래의 새 언약도 노아 언약처럼 '다시 하늘과 땅을 진동시켜서' 새로운 창조 질서를 출현시킬 것이다. 새 언약이 체결되면 종말에 새로운 성전이 세워질 것이고, 이 새 성전(새 예루살렘)은 새로운 창조 질서의 중심이 될 것이다. 따라서 학개는 지금은 비록 초라하지만

하나님의 창조의 능력을 통해 미래에 새로운 변화가 일어날 것을 내다보고 격려한다.

2:7은 "모든 나라를 진동시킬 것이며 모든 나라의 보배가 이르리니"라고 말한다. 여기서 '나라들이 진동한다'라는 표현은 6절에서 하늘과 땅이 진동한다는 말의 연속선상에서 이해해야 한다. 이는 종말에 새로운 창조 질서가 나오듯 열국도 새로운 질서 속에서 변화될 것을 뜻한다. 그 다음에 "모든 나라의 보배가 [성전에] 이르리니"의 히브리어 원문은 "모든 나라의 사모하는 것이 온다"로 되어 있다. 여기서 사모하는 것은 무엇인가? 만국의 보물이라고 말할 수도 있고, 열국의 순례일 수도 있다. 나는 이 두 가지 의미가 다 포함되어 있다고 본다.

종말에는 열국이 예물을 가지고 종말의 성전을 찾아올 것이다. 열국의 순례는 앞서 스바냐서가 제시한 신학적 주제다(습 3:10). 또한 이 주제는 학개서 뒤에 위치한 스가랴서에서 더욱 강조된다. 스가랴서는 "이방 나라들 중에 남은 자가 해마다 올라와서"라고 말한다(슥 14:16; 참고. 8:22). 종말에 열국의 순례는 열국 중에서 새롭게 변화된 남은 자들이 하나님께 예물을 드리려고 성전에 올라온다는 것을 암시한다. 이는 종말에 새 언약이 도래하여 새 성전이 완성될 때, 하나님의 자녀들이 민족적 이스라엘의 영역을 넘어 열국으로 확대될 것을 보여 준다.

세 번째 신탁(2:10-19, 주전 520년 12월 18일)

성전 재건이 시작된 지 3개월이 지나고 학개가 다시 입을 열었다. 하나님은 대화 형식을 통해 학개에게 제사장을 찾아가 율법과 관련해 질문할 것을 명령하신다(2:10-14). 질문의 요지는 옷자락에 싸여 있는 거룩한 성물이 다른 식물에 닿으면 오염될 수 있는가 하는 것이었다. 이 질문에 제사장은 오염되어 더 이상 성물이 될 수 없다는 답변을 준다.

이런 문답을 통해 하나님은 거룩은 쉽게 오염될 수 있다는 진리를 교훈하셨다. 즉 거룩한 성물이 부정한 것에 닿으면 쉽게 오염될 수 있는 것처럼, 거룩한 성전도 그것을 건축하는 사람들의 마음과 행동이 부정하다면 오염될 수 있다는 설명이었다. 정결치 못한 사람들에 의해 오염되면, 거룩한 성전이 더 이상 성전으로 기능할 수 없다는 논리다. 그러므로 진정한 성전이 되기 위해서는 성전을 둘러싼 사람들도 종교적, 도덕적으로 거룩한 삶을 살아야 한다. 여기서 초점은 건물로서의 성전보다 사람으로서의 성전에 있다.[9] 학개서는 성전 재건이 어느 정도 회개와 돌아옴의 증거는 될 수 있지만 궁극적인 돌아옴의 표식은 하나님 앞에서 공의와 인애로 대변되는 거룩한 삶을 사는 것임을 일깨워 준다. 이로써 학개서는 지금까지 소예언서에서 강조된 공의와 인애와 의의 삶을 거룩의 관점에서 바라본다.

그 다음으로 위로의 메시지가 전달된다(2:15-19). 하나님이 성전을 재건하는 포로 후기 공동체에 축복을 내리겠다고 말씀하셨다(2:19). 12월은 한창 농사일로 바쁜 시기였기 때문에, 이 때 성전 건축에 시간을 빼앗긴다는 것은 농사에 치명적일 수 있었다. 하지만 하나님은 축복을 약속하시고, 오히려 그들의 소출이 풍성해질 것을 말씀하신다. 이 예언의 말씀은 성전 건축을 미루고 자신의 일에 몰두하다 피폐한 삶을 살았던 과거의 경험과 확실히 대조된다.

---

9) Wolff, *Haggai*, 96.

네 번째 신탁(2:20-23, 주전 520년 12월 18일)

이 신탁은 유다 총독 스룹바벨(다윗의 후손)을 겨냥한 말씀이다. 21절에서 하나님은 스룹바벨에게 하늘과 땅을 진동시킬 것이라고 말씀하신다. 새 성전이 새로운 창조 질서의 중심이 될 것이기 때문에, 성전 재건은 기존의 창조 질서가 무너지는 것을 함의한다. 이런 맥락에서 이 단락은 스룹바벨의 성전 재건이 기존 질서인 하늘과 땅을 진동시키는 사건임을 다시 돋보이게 한다(참고. 사 65장). 스룹바벨은 여호야긴과 달리 하나님의 인(signet)이 될 것이다(렘 22:24-25). 고대 근동의 문맥에서 이해할 때, 이 표현은 스룹바벨이 하나님의 대리자로서 왕의 역할을 하게 될 것이라는 표지다. 그러므로 스룹바벨은 새 언약을 체결하여 새 하늘과 새 땅을 도래케 한, 종말의 왕인 메시아를 예표한다(2:21-23, 6-7). 스룹바벨로 예표된 메시아는 열국의 보좌를 뒤엎고 그들을 심판할 것이다. 그래서 학개서는 열국에 대한 심판이 지연되자 낙담하는 당시 포로 후기 공동체에게 미래에 메시아가 반드시 열국을 심판할 것임을 각인시켜 준다. 이로써 동시에 지금 재건되는 성전도 매우 의미 있는 일임을 강조한다.

신학적 메시지

종말의 성전

종말의 성전이라는 주제를 강하게 보여 준다는 점에서 학개서와 스가랴서는 많은 공통점을 지니고 있다. 종말에 새롭게 변형된 성전의 영광은 에스겔서의 주제이기도 하다. 투엘(Steve S. Tuell)은 학개서와 스가랴서가 에스겔서에 알려진 형식을 사용하여 종말의 성전이라는 주제를 전개했다고 주장한다.[10] 내용적으로 학개서와 스가랴서에 제시된 성전 신학은 에스겔서의 성전신학과 유사한 점이 많다. 에스겔서에서 성전의 범위가 지역적으로 크게 확장되는데, 학개서도 성전의 개념을 건물에 국한시키지 않고 지역과 공동체로 확대시킨다. 학개서는 사람이 거룩한 삶을 살지 못할 때, 사람과 접촉하는 성전도 거룩하지 못하다고 말한다(2:10-14). 이런 점에서 진정한 성전 완공을 위해서는 건물뿐 아니라 성전을 둘러싼 성벽, 더 나아가 거기에 거하는 사람들이 거룩해야 한다는 교훈을 준다. 소예언서 전체의 흐름에서 볼 때, 학개서의 거룩은 공의와 인애와 의의 삶의 또 다른 표현이다.

언약의 성취

학개는 "너희가 애굽에서 나올 때에 내가 너희와 언약한 말과 나의 영이 계속하여 너희 가운데에 머물러 있나니 너희는 두려워하지 말지어다"(2:5)라고 말한다. 이렇게 해서 마치 포로 후기에 새 언약이 체결된 것 같은 인상을 준다. 새 언약은 신약 시대에 예수님에 의해 처음 도래했기 때문에, 학개가 포로 후기 공동체에 언약을 언급하는 것은 이상하게 들린다.

"언약한 말이 너희 가운데에 머물러 있다"라는 말은 70인역에 나오지 않는다. 또한 마소라 사본을 정확히 분석해 보면, 2:5에 나오는 언약에 대한 언급은 하나님이 포로 후기 공동체와 새 언약을 맺으셨음을 말하는 것이 아니라 단순히 옛 언약을 기억하고 여호와의 영이 포로 후기 공동체와 함께 거하고 있다는 것을 말할 뿐이다.

---

10) Steven S. Tuell, "Haggai-Zechariah: Prophecy after the Manner of Ezekiel", in *Thematic Threads in the Book of the Twelve*, 273-291.

밴게메렌(VanGemeren)은 포로 후기를 공식적인 언약 체결은 없었지만 이미 새 언약의 시대가 선취된 시기라고 본다.[11] 이는 새 언약이 공식적으로 도래한 것은 아니지만, 포로 후기 공동체가 이미 새 언약의 축복을 누렸다는 주장이다. 이에 반해 마틴 노트(Martin Noth)는 포로 후기에는 새 언약이 체결되지 않았기 때문에 언약의 축복이 회복되지 않았다고 분명하게 선을 긋는다. 그래서 포로 후기 유다 공동체는 미래에 하나님이 맺어주실 새 언약의 축복을 받기 위해 율법을 철저하게 준수하려고 노력했다는 논리를 편다.[12] 그에 따르면, 포로 후기의 율법 준수는 새 언약의 은혜를 받기 위한 조건으로 둔갑되어 공로적 의미로 변질되었다.

물론 마틴 노트의 견해를 모두 받아들일 수는 없지만, 나는 적어도 포로 후기에 새 언약이 체결되지 않았다는 마틴 노트의 견해에는 동의한다. 바벨론에 의해 예루살렘이 파괴되고 유다가 가나안 땅에서 쫓겨남으로써 인간 편에서 볼 때는 모세 언약이 파기되었지만(신 28:68), 하나님 편에서 볼 때 모세 언약은 여전히 유효하다. 그래서 하나님은 모세 언약에 근거해서 포로 후기 유다 공동체와 언약 관계를 계속 유지하시면서 궁극적으로 새 언약의 체결을 내다보시는 것이다. 그러므로 2:5의 언약은 모세 언약의 파기와 새 언약의 도래 사이의 과도기에 하나님이 모세 언약을 근거로 백성들과 계속 언약 관계를 유지하고 계심을 보여 주기 위한 것이다.

---

11) 밴게메렌, 「예언서 연구」, 92.
12) 참고. Martin Noth, "The Laws in the Pentateuch: Their Assumptions and Meaning", in *The Laws in the Penntateuch and Other Studies* (Philadelphia: Fortress, 1966), 1-60.

미래에 체결될 새 언약은 모세 언약과 연속성을 지니고 모세 언약을 성취하는 언약이다. 더욱이 새 언약은 모세 언약뿐만 아니라 다윗 언약, 아브라함 언약, 심지어 노아 언약까지 성취하는 언약이다(렘 33:14-26).[13] 그러므로 과거의 모세 언약은 결코 취소될 수 없다. 이 대목에서 우리는 자신의 약속을 헛되게 하지 않고 궁극적으로 성취하시는 하나님의 신실함을 발견할 수 있다. 우리가 믿는 하나님이 이처럼 우리에게 하신 약속들을 반드시 이루시는 분이기 때문에, 우리는 어떤 상황에서도 좌절하지 않아야 한다.

하나님의 영

학개서는 다른 소예언서에 비해 하나님의 영을 두드러지게 언급한다(1:14; 2:5; 참고. 슥 4:6). 소예언서 전체의 구조에서 볼 때, 하나님의 영에 대한 학개서의 관심은 요엘서와 짝을 이룬다. 그렇다면 요엘서가 말한 종말에 부어질 영이 학개가 살고 있는 포로 후기 공동체에 실현된 것인가? 밴게메렌은, 학개서에서 말하는 하나님의 영이 요엘서가 제시하는 종말의 영이기 때문에, 학개 시대의 공동체는 이미 새로운 시대에서 살고 있었다고 해석한다.[14] 하지만 2:5이 포로 후기 공동체에 함께 있었다고 말하는 영은 새 언약에 동반되는 종말의 영이 아니라, 포로 후기 공동체에 하나님의 임재와 능력을 드러내는 영이다.[15] 요엘서가 말하는 종말의 영은 새 언약이 도래할 때 만민에게 부어지는 영이다.

---

13) 이에 대한 자세한 논의는 나의 박사학위 논문을 참고하라. Changdae Kim, "Jeremiah's New Covenant within the Framework of the Creation Motif" (Ph.D. Diss., Trinity International University, 2006).
14) VanGemeren, *Interpreting the Prophetic Word*, 190.
15) Motyer, "Haggai", 988.

반면 학개서가 언급한 하나님의 영은 하나님의 뜻을 성취하기 위해 포로 후기 공동체를 준비시키는 영으로, 요엘서의 영과는 구별된다.

학개서는 종말의 영의 전조(harbinger)로서 하나님의 영이 포로 후기 공동체에 있다는 것을 보여 줄 뿐이다. 이 영은, 앞서 말한 것처럼 모세 언약의 유효성에 근거한 영으로, 미래에 성취될 새 언약을 준비하기 위한 과도기적 상태에서 작용하는 영이다. 하지만 학개서와 달리 스가랴서는 직접적으로 요엘서에 명시된 종말의 영에 의해 남은 자들이 회개하고 돌아올 것을 내다본다(슥 12:10).

12장
스가랴

시대적 배경

스가랴서는 소예언서들 중에 가장 긴 책이면서, 이해하기 어려운 책 가운데 하나다. 스가랴는 학개와 동시대 사람으로, 주전 520년에 활동하여 유다 백성들에게 성전 재건을 촉구한 예언자다(참고. 스 5:1).

포로기 이전에 활동한 예언자들은 포로라는 유다의 심판이 끝나면 하나님이 열국을 심판하시고 시온이 회복되며, 이어서 새 언약이 체결되고 남은 자가 나와서 새로운 창조 질서가 세워질 것이라고 예언했다. 따라서 포로생활에서 돌아온 포로 후기 공동체는, 유다에 대한 하나님의 심판이 끝났기 때문에, 이 예언에 따라 이제 열국에 대한 하나님의 심판이 일어날 것을 기대했다. 하지만 현실은 이런 기대와 동떨어져 있었고, 사람들은 하나님의 공의에 의문을 품은 신정론 문제를 제기하고 성전 재건을 등한시했다.

이런 상황에서 스가랴는 학개처럼 성전 재건을 독려하는 동시에 성전이 재건되면 반드시 열국에 대한 하나님의 심판이 있을 것이고 새로운 창조 질서가 확립될 것을 예언했다. 스가랴는 열국에 대한 심판이 궁극적으로 메시아가 올 때 성취될 것이고(참고. 6:12; 9:9; 11:13; 12:3-10), 이 메시아의 사역을 통해 새로운 시온과 새로운 창조 질서가 세워질 것을 선포했다(14장). 그래서 서두와 말미에 열국에 대한 심판을 언급하고, 성전 재건에 대해서도 많은 부분을 할애한다.

열국에 대한 심판이 지연되는 상황에서, 스가랴는 불순종하는 유다가 오히려 다시 열국에 포로로 잡혀가 흩어질 것이라는 충격적인 예언을 한다(8:7-8; 9:11; 10:9; 12:1-9). 이 예언은 포로 후기 유다 공동체가 진정한 의미에서 포로에서 돌아온 것은 아니며, 유다의 심판이 아직 끝나지 않았다는 반증이었다. 그러므로 스가랴서는 열국에 대한 심판은 먼저 유다의 심판이 종식 된 후에 이루어질 것이고, 이 때 진정으로 남은 자가 나올 것이라고 말한다(12:10).

어떤 사람들은 스가랴 9:13의 헬라에 대한 언급이 스가랴 시대와 맞지 않기 때문에 9-14장이 스가랴의 예언이 아닌 후대의 삽입이라고 주장한다.[1] 하지만 예언의 특성상, 이는 미래에 헬라로 상징되는 대적들과 하나님의 백성 사이에 있을 전쟁을 예언한 것이라고 설명할 수 있다. 또한 성경에서 헬라에 대한 언급이 꼭 후대의 헬라를 가리키는 것은 아니다. 가나안 땅에서 있었던 헬라 문명과의 접촉이 주전 9세기 이전까지 거슬러 올라가기 때문이다. 따라서 9-14장을 1-8장과 따로 떼어내서 해석할 필요는 없다. 더군다나 오늘날 스가랴서 연구는 역사 비평을 통해 본문 배후의 역사적 상황을 재구성하는 통시적(diachronic) 연구보다 최종 완성된 본문에서 메시지를 찾는 공시적(synchronic) 연구가 점점 더 탄력을 얻는 추세다. 스가랴서가 최종 완성된 형태의 본문에서 말하고자 하는 내용이 무엇인지를 연구하는 것이 본문의 의미와 신학을 연구하는 데 더 유용하기 때문이다.[2]

---

1) 혹자는 슥 9-14장에 스가랴에 대한 언급이 없고, 1-8장에서는 성전 건축을 바라보는 데 반해 9-14장에서는 이미 성전이 지어져 있음을 반영하기 때문에(9:8; 11:13; 14:16-21), 9-14장은 1-8장과 다른 저자가 쓴 것이라고 주장한다. 더 나아가 어떤 이는 9-11장을 제2스가랴서, 12-14장을 제3스가랴서라고 부르기도 한다. 하지만 9-14장이 스가랴가 예언 속에서 미래에 세워질 성전을 상정했다고 볼 수 있기 때문에 다른 저자에 의해 쓰여졌다는 주장은 무게감이 떨어진다. Cf. Kenneth M. Craig, Jr., "Interrogatives in Haggai-Zechariah: A Literary Thread?" in *Forming Prophetic Literature*, 243-244.
2) Edgar W. Conrad, *Zechariah* (Sheffield: Sheffield Academic Press, 1999), 11-12.

구조와 특징

스가랴서는 서두에서 보여 주었던 성전에 대한 관심이 말미에 예루살렘의 성결(14:20-21)이라는 주제로 다시 부각되어 인클루지오를 이룬다. 스가랴서는 크게 두 부분(1-8장과 9-14장)으로 나뉜다. 스가랴서의 구조는 다음과 같다.

    I. 전반부(1-8장)
      A. 서론: 예언자의 말을 듣고 돌아오라(1:1-6)
        B. 열국에 대한 심판과 죄 제거의 문제(1:7-3:10)
          C. 성전 재건 촉구(4:1-14)
        B'. 거룩을 통한 죄 제거와 열국에 대한 심판(5:1-6:8)
          C'. 성전 재건과 관련된 메시아 예언(6:9-15)
      A' 결론: 예언자의 말에 대한 순종 촉구와 미래의 언약 체결(7-8장)

    II. 후반부(9-14장)
      A. 메시아가 열국을 심판할 것임: 남은 자가 나올 것임(9장)
        B. 미래에 열국에 다시 포로로 흩어진 유다가 돌아올 것임(10장)
          C. 구원 전에 있을 메시아의 고난과 열국의 침략 암시(11장)
          C'. 메시아가 침략하는 열국을 심판하고 백성을 구원함(12장)
        B'. 환난으로 흩어진 자들이 돌아와 죄를 용서받음(13장)
      A'. 종말의 완성된 구원: 시온에 남은 자가 있고 열국이 예루살렘을 순례함(14장)

앞서 말한 것처럼, 포로기 이전의 예언자들은 포로에서 돌아올 때 열국에 대한 심판이 이루어지고 시온(성전)이 회복될 것을 예언했다. 때문에 열국에 대한 심판이 지연되자, 포로 후기 공동체는 아직 때가 되지 않았다는 핑계로 성전 재건을 소홀히 했다. 이런 상황에서 스가랴 1-8장은 학개서와 같이 열국의 심판이 반드시 이루어질 것을 예언하면서 성전 재건을 독려했다.

또한 성전 재건을 위해 공동체가 거룩해야 할 것을 강조하고, 이를 위해 죄의 문제를 해결할 것을 촉구한다. 나아가 궁극적인 성전 재건은 미래에 메시아에 의해 이루어질 것을 암시한다(6:12). 마지막으로 7-8장은 예언자의 말에 순종할 것을 다시 강조하고, 그렇게 되면 반드시 미래에 하나님이 그들에게 새 언약을 체결하시고 그들을 종말의 남은 자로 만들어 주실 것이라고 예언한다(8:12).

후반부인 9-14장도 1-8장과 비슷한 순서로 전개된다.[3] 1-8장이 차례대로 열국의 심판 문제, 공동체의 거룩, 성전 재건을 주제로 삼은 것처럼, 9-14장도 메시아를 통해 열국이 심판받고 죄가 청산될 것을 바라본 다음, 시온이 회복될 것을 내다본다.

그렇다고 해서 9-14장이 전반부인 1-8장을 그대로 반복하는 것은 아니다. 앞서 언급한 것처럼, 9-14장은 1-8장과 달리 종말론적 이미지를 가지고 구체적으로 메시아가 어떻게 열국을 심판하고 시온을 회복할 것인지를 보여 주면서, 메시아가 어떻게 죄를 청산하고 공동체의 거룩을 회복할 것인지에 초점을 맞춘다(13:1).

소예언서 전체의 구조로 볼 때, 스가랴서는 앞에 위치한 학개서와

---

3) William J. Dumbrell, *The End of the Beginning: Revelation 21-22 and the Old Testament* (Eugene Orge.: Wipf and Stock Publishers, 2001), 25.

많은 공통점을 지니고 있다. 학개서와 마찬가지로, 스가랴서도 성전 지대와 거룩에 대해 말한다. 학개가 여호와의 사자로 등장하는데(학 1:13), 스가랴도 여호와의 사자의 모습으로 나타난다(슥 1:12). 학개 1:10-11은 성전 재건을 소홀히 하는 유다 공동체에 하나님이 비를 거두고 가뭄을 주셨다고 지적한다. 비슷하게 스가랴 8:11-12은 성전 재건의 결과로 종말에 하늘에서 비가 내리고 풍성한 수확을 거둘 것이라고 말한다(참고. 14장). 이런 점에서 자연 질서의 파괴와 회복이라는 주제가 학개서와 스가랴서에 공통적으로 나타난다.[4] 자연의 회복이라는 주제는 말라기 3:10-11에도 다시 언급된다.

스가랴서는 말라기서와도 여러 가지 신학적 주제를 공유한다. 스가랴 9:1은 여호와의 신탁을 언급하는데(참고. 12:1), 말라기 1:1도 같은 표현으로 시작한다. 스가랴 12:10-13:2은 정치적·종교적 지도자들의 타락상을 제시하는데, 말라기서도 지도자들(특별히 제사장들)의 타락을 전제하고 시작한다. 더 나아가 열국을 향한 하나님의 구원 계획도 비슷하다(슥 2:11; 8:20-23; 9:7; 참고. 말 1:11).

말라기서는 종말에 하나님이 언약의 사자를 보내어 자신의 백성과 언약을 맺으실 것을 예언했다. 마찬가지로 스가랴서도 종말에 있을 언약을 언급한다(슥 9:11; 말 2:10; 3:1). 특별히 스가랴 2:12은 '헬레크'(חֵלֶק, 소유)라는 단어를 사용하고 말라기 3:17은 '세굴라'(סְגֻלָּה, 특별한 소유)라는 용어를 사용함으로써, 미래의 언약 체결을 암시한다. '세굴라'

---

4) Paul Redditt는 이와 같이 학 1장과 슥 8장이 자연 질서의 회복이라는 주제로 연결되었다는 사실에 주목하고, 학 1장-슥 8장이 일종의 인클루지오를 이룸으로써 원래 하나의 책이었다고 주장한다. 하지만 이런 주장은 신중을 요한다. 참고. Paul L. Redditt, "Themes in Haggai-Zechariah-Malachi", *Interpretation* 61 (2007): 192.

는 출애굽기 19:5에서 하나님이 모세 언약을 체결하여 이스라엘을 새로운 언약 백성으로 만들겠다고 말씀하실 때 사용된 단어로, 언약 체결로 변화된 백성의 위상을 가리키는 말이다. 덧붙여 폴 레딧(Paul Redditt)의 말처럼, 스가랴 13:9의 "연단"이라는 단어가 말라기 3:2-3에도 나타남으로써, 스가랴서와 말라기서가 동일하게 종말의 언약 백성들이 하나님에 의해 연단받게 될 것을 예언한다.[5]

스가랴 14:9에 제시된 하나님의 왕 되심과 하나됨이라는 주제는 말라기 1:14과 2:10, 15에서 재현된다.[6] 하나님의 왕 되심과 하나됨은 말라기서 전체의 주제라고 해도 과언이 아니다. 이런 점에서 스가랴서와 말라기서는 종말에 하나님이 왕으로 등극하시는 하나님 나라의 완성을 지향한다는 공통점을 지니고 있다.

앞서 언급한 대로, 스가랴서는 요엘서와 짝을 이룬다. 예를 들면, 요엘 3:17이 하나님이 성산에 거하실 것을 말했는데, 스가랴 2:5, 10; 8:5도 성산에 계시는 하나님을 언급한다. 만국 백성의 심판과 성전에서 샘이 나온다는 요엘 3:18의 묘사는 생수가 예루살렘에서 나온다는 스가랴 14장의 내용과 평행을 이룬다(14:8). 더욱 중요한 점은 요엘서가 종말의 성령을 언급한 것처럼 스가랴서도 종말의 영이 메시아를 통해 부어질 것을 암시한다는 것이다(12:10).

---

5) Redditt, "Themes in Haggai-Zechariah-Malachi", 192.
6) Redditt, "Themes in Haggai-Zechariah-Malachi", 190.

내용 분석

1-8장

1:16-17은 건축될 예루살렘의 높은 위상을 암시하는데, 8:20-23은 열국이 높아진 예루살렘으로 순례해 올 것을 언급하고 끝맺는다. 이런 점에서 전반부인 1-8장은 인클루지오를 형성한다. 1-8장은 구체적인 날짜들을 사용하여 세 부분으로 다시 나뉜다. 1:1-6은 다리오 왕 2년 8월, 1:7-6:15은 다리오 왕 2년 11월 24일, 그리고 7:1-8:23은 다리오 왕 2년 9월 4일에 주어진 메시지로 되어 있다.

1-8장은 포로에서 돌아온 유다 백성들이 당면한 문제들을 다룬다. 구체적으로 열국에 대한 심판(1:7-21; 6:1-8), 예루살렘의 안전(2:1-12), 성전 재건(4:1-4), 정결해야 할 공동체의 죄 문제(3:1-10; 5:1-11), 디아스포라 유대인들의 금식에 대한 문의(7-8장) 등이다.

무엇보다도 1-8장은 포로 후기 공동체가 앞으로 발생할 열국의 침략과 심판이라는 환난에 어떻게 대처해야 할지를 다룬다.[7] 그래서 1-8장은 성전 재건과 함께 공동체의 죄와 거룩의 문제에 관심을 보인다(3-5장). 1-8장의 의미론적 초점 중 하나는 하나님의 말씀을 준수함으로써 거룩을 지키라는 것이다. 이같이 스가랴서는 학개서처럼 진정으로 돌아오는 남은 자의 표식으로 거룩을 강조하는데, 이는 하박국서와 스바냐서가 강조한 성실과 겸손을 발전시킨 것이다.

---

7) Redditt, "Themes in Haggai-Zechariah-Malachi", 188.

서론(1:1-6)

스가랴서의 서론은 포로 후기 공동체에게 예언자의 메시지에 귀를 기울일 것을 강조한다. 포로 이전 세대들은 예언자의 메시지를 멸시했다(4-6절). 예언자의 메시지에 순종하는 것이 중요하다는 사실은 7장에서 다시 언급된다. "그 마음을 금강석 같게 하여 율법과 만군의 여호와가 그의 영으로 옛 선지자를 통하여 전한 말을 듣지 아니하므로 큰 진노가 만군의 여호와께로부터 나왔도다"(7:12). 이처럼 1-8장은 서두와 말미에 예언자의 메시지라는 모티프가 등장하여 인클루지오를 형성함으로써, 진정으로 돌아와 거룩을 지키기 위해서는 말씀에 순종해야 한다는 점을 부각시킨다.

스가랴가 옛 예언자들의 메시지를 외면했던 조상들의 잘못을 지적하고 포로 후기 공동체에 하나님께 돌아올 것을 촉구했을 때, 사람들은 회개하고 돌아와 예언자의 말에 귀 기울이는 모습을 보여 주기 시작했다(1:4, 6; 9:12; 참고. 학 1:12-13).

'돌아옴'이라는 주제는 소예언서 전체의 주제다. 앞서 언급했듯이 소예언서 초반에 언급되는 돌아옴은 내면적인 돌아옴이었지만, 후반으로 갈수록 외형적인 행동으로 그 초점이 변한다. 그래서 학개서는 돌아옴의 표식을 성전 재건이라는 행위의 관점에서 제시했는데(학 2:17), 비슷하게 스가랴서도 돌아옴의 의미를 성전 재건이라는 외형적 행동과 연관시킨다(슥 1:2-3). 이런 의미에서 스가랴서에서 성전 재건에 참여하는 스룹바벨과 대제사장 여호수아, 그리고 그들을 따르는 자들은 회개하고 돌아온 사람들의 표본이었다.[8]

---

8) Conrad, *Zechariah*, 42.

그렇다고 해서 돌아오는 모습이 단순히 성전을 짓는 일에만 국한되는 것은 아니다. 학개서와 마찬가지로, 올바른 성전 재건을 위해서는 백성들의 죄의 문제가 해결되고 무엇보다 말씀으로 거룩해져야 한다(3:1-10; 5:1-4). 그래서 스가랴서는 진정으로 돌아오기 위해서는 거룩한 삶이 있어야 한다고 강조한다. 거룩한 삶은 하나님의 공의와 인애를 닮아 실천하는 것이기에(7:9), 스가랴서의 거룩은 공의와 인애와 의의 삶의 또 다른 표현이다.

밤에 본 여덟 가지 환상(1:7-6:15)

이 단락은 하나님이 스가랴에게 여덟 가지 환상을 보여 주시는 장면이다. 이 여덟 가지 환상은 성전 재건과 깊은 관련이 있다. 콘라드(Conrad)는 이 환상들은 성전 재건이 완성된 상황에서 그 의미를 보여 주는 기능을 한다고 주장한다.[9] 하지만 4:1-14의 문맥을 볼 때, 성전 재건이 진행되고 있는 상황이라는 해석이 더 설득력이 있다. 이 단락은 동심원 구조를 이룬다.

  A. 땅의 심판(1:7-21)
   ① 붉은 말을 탄 사자: 땅이 정온함(1:7-17)
   ② 네 개의 뿔과 네 명의 장인: 땅의 심판(1:18-21)
   B. ③ 척량줄을 잡은 사람: 죄의 도성 바벨론에서 도망하라(2:1-13)
    C. ④ 더러운 옷을 입은 대제사장: 죄악이 제거됨(3:1-10)
     D. ⑤ 순금 등잔대와 두 감람나무: 여호와의 신으로 성전을 건축함

---

9) Conrad, *Zechariah*, 43.

                (4:1-14)
         C'. ⑥ 날아가는 두루마리: 죄를 피하기 위해 율법 준수를 촉구함
            (5:1-4)
      B'. ⑦ 에바 속의 여인: 죄의 도성 바벨론(5:5-11)
   A'. ⑧ 네 병거: 땅의 심판(6:1-8)
결론: 성전 재건과 관련된 메시아 예언(6:9-15)

이상의 구조를 볼 때, 여덟 가지 환상의 목적은 성전 재건의 신학적 의미를 보여 주는 데 있다. 이 단락은 서두와 말미에 땅에 대한 심판을 언급하고, 중간과 결론 부분에서 성전 재건을 말함으로써, 전체적으로 열국에 대한 심판은 성전을 회복하는 하나님의 구원 계획의 일환임을 독자들에게 일깨워 준다.

당시 포로 후기 공동체는 바벨론 포로에서 돌아오면 이전의 소예언서들의 예언처럼 바로 열국에 대한 심판이 이루어지고 새로운 질서가 도래할 것을 기대했다. 하지만 열국에 대한 심판이 이루어지지 않자 사람들은 실의에 빠졌다. 이런 상황에서 여덟 가지 환상은 반드시 열국에 대한 심판이 이루어질 것을 말하고, 당시 공동체가 건축하고 있는 성전이 종말에 열국의 중심이 될 것을 말한다.

이 환상에서 바벨론이 열국의 대표로 언급된다. 바벨론은 이미 페르시아에 의해 멸망한 나라이기에, 여기서는 열국을 대표하는 상징적 의미를 지닌다. B/B'의 평행구조는 바벨론이 죄악의 도성임을 강조한다. 이러한 강조는 포로 공동체에게 열국의 죄에 미련을 갖지 말고 거룩을 지켜 성전을 재건함으로써 새로운 하나님의 질서를 세워나갈 것을 독려하는 화용론적 기능(pragmatic function)을 한다. 이제 여덟 가지

환상을 하나씩 살펴보자.

붉은 말을 탄 사자(1:7-17). 바벨론 포로에서 돌아온 유다 공동체는 열국에 대한 심판을 기대했지만 오히려 온 땅은 평안하고 조용했다(1:11). 때문에 자연스럽게 백성들 사이에 동요가 일어났다. 이런 상황에서 스가랴는 붉은 말을 탄 사자의 환상을 언급함으로써 반드시 열국이 심판받을 것을 예언하고(1:15), 이 때 시온(예루살렘)이 선택될 것을 말한다(1:17). 이 환상은 언뜻 보기에 열국에 대한 심판에 많은 관심을 보이는 것 같지만, 그 기저에는 시온(성전)의 회복에 초점을 맞추고 있다. 이것은 포로기 이전 예언자들이 열국에 대한 심판이 있은 후에 시온이 회복될 것이라고 예언한 것과 궤를 같이한다.

네 개의 뿔과 네 명의 장인(1:18-21). 여기서 네 개의 뿔은 다니엘서에 나오는 네 짐승을 연상시킨다(참고. 단 7장). 4라는 숫자는 네 방위를 가리키기 때문에, 네 뿔은 모든 방향에서 예루살렘을 공격한 대표적인 나라들을 지칭한다(1:18-19, 21). 하나님은 이런 열국의 뿔을 쳐서 평안한 땅에서 반드시 하나님의 심판을 이루실 것이다(1:21).

척량줄을 잡은 사람(2:1-13). 척량줄을 잡은 사람이 예루살렘 성곽을 척량하는 모습을 보여 주는 이 환상은 성곽이 없어 불안에 떠는 유다 백성들에게 하나님이 친히 불성곽이 되어 그들을 보호해 주실 것이라는 약속의 의미를 담고 있다(2:5). 이 약속의 말씀은 옛날에 성전에서 불기둥으로 임재하신 하나님의 현현(theophany)을 연상시킨다. 또한 예루살렘 성곽을 척량한다는 것은 미래에 있을 하나님의 임재가 성전에 국한되지 않고 예루살렘 성곽까지 그 지경이 확장될 것을 의미한다. 이처럼 성전이 확장된다는 주제는 14:20-21에 다시 나타난다. 에스라-느헤미야서에서도 성전 재건은 성전의 완공에서 끝나는 것이 아니라 예루살렘 성벽의 완성까지를 포함하는 것으로 제시된다(참고 스6:14).

척량줄을 잡은 사람의 환상은 바벨론뿐만 아니라 열국에 흩어져 있는 디아스포라 유대인들에게 예루살렘으로 돌아올 것을 촉구하는 효과도 있다(2:6). 즉, 예루살렘이 하나님의 보호하심으로 안전한 곳이 되었으니, 죄악의 도성인 바벨론(즉, 열국)에서 빨리 돌아오라고 권고하는 것이다. 5:11은 직접적으로 바벨론을 죄악의 도성으로 묘사한다.

바벨론으로부터 도망하여 나오라는 명령은 예레미야 50:8에도 나타나며, 창세기 11장의 바벨탑 사건 이후 아브라함에게 갈대아(바벨론)를 떠나라는 명령과도 유사하다(참고. 단 1:2). 그러므로 바벨론에서 도피하는 것은 신학적으로 다시 아브라함 언약을 성취한다는 의미를 내포한다.[10]

2:12은 하나님이 예루살렘을 다시 선택하셨다고 말함으로써(1:17; 8:15), 미래에 하나님이 예루살렘을 택하고 다윗 언약을 완성하실 것을 예고한다(시 78:68-72). 그래서 미래에 하나님이 체결하실 새 언약은 다윗 언약과 아브라함 언약을 성취하고 완성하는 언약이 될 것을 암시한다. 더 나아가 스가랴서에서 제시되는 새 언약은 모세 언약과 노아 언약까지 완성하는 언약으로 그려진다(참고. 8:7-12; 14:8).

더러운 옷을 입은 대제사장(3:1-10). 이 환상에서 대제사장은 일차적으로 여호수아를 가리키지만, 대제사장이 이스라엘 전체의 대표이기 때문에 포로에서 돌아온 유다 공동체 전체를 가리킨다고도 말할 수 있다. 3:4에 나오는 대제사장의 더러운 옷을 벗기고 아름다운 옷을 입히

---

10) Martin Kessler, *Battle of Gods: Israel Versus Marduk of Babylon: A Literary/Theological Interpretation of Jeremiah 50-51* (Assen, The Netherlands: Royal Van Gorcum, 2003), 204-205.

라는 명령은 레위기 8:1-30의 성막 헌당을 위해 취해야 할 제사장의 옷에 관한 규례를 연상시킨다. 그래서 이 환상은, 더러운 옷을 벗고 아름다운 옷을 입듯이, 올바른 성전 재건을 위해 대제사장과 포로 후기 공동체의 죄가 정결케 되었음을 보여 주는 기능을 한다(3:3-4). 이제 정결케 된 공동체는 하나님의 거룩한 성전을 지을 수 있는 자격을 부여받은 셈이다.

3:8은 하나님이 대제사장 여호수아에게서 미래에 순(가지)을 일으키실 것을 말한다. 예레미야 23:5과 33:15에 비춰볼 때, 이 순은 이상적인 왕을 가리킨다. 스가랴 3장의 문맥에서 이 왕은 일차적으로 성전을 재건하는 스룹바벨이다. 하지만 이 단어는 6:12에 다시 나타나는데, 6:9-15의 문맥에서 볼 때 궁극적으로 종말에 새 성전을 완성하는 미래의 메시아를 가리킨다. 이런 의미에서 스룹바벨은 종말에 진정으로 성전을 재건하는 메시아(예수 그리스도)의 예표다. 그래서 열국에 대한 심판과 성전 재건은 궁극적으로 미래에 도래할 메시아를 통해 완성될 것임을 보여 준다.

순금 등잔대와 두 감람나무(4:1-14). 성전 재건은 전적인 하나님의 사역이다(4:6). 덤브렐은 4:7에 언급된 큰 산은 옛 성전을 가리키는 것으로, 하나님이 이 옛 성전의 "머릿돌"을 취하여 새 성전을 지으실 것을 말한다고 주장한다. 그의 주장에 따르면, 이런 모습은 당시 고대 메소포타미아의 성전 건축 기록에서 그 유비를 찾을 수 있다. 고대 메소포타미아에서는 새로운 성전을 건축할 때 이전에 무너진 성전의 돌을 가지고 기초를 쌓았기 때문이다.[11] 이 주장이 옳다면, 메시아에 의해 이

---

11) Dumbrell, *End of the Beginning*, 63.

루어지는 새로운 성전은 이전의 성전과 어느 정도 연속성이 있고 이전 성전의 신학적 의미를 완성한다는 의미가 있다.

4:11에 언급된 두 감람나무는 스룹바벨과 대제사장인 여호수아를 가리킨다.[12] 이 두 사람은 성전 안에 등잔대에 있는 일곱 등잔을 밝힐 기름을 공급한다는 점에서, 성전을 재건하고 예배를 회복하는 자로 제시된다.[13] 등잔대 위에 있는 일곱 개의 등잔은 "온 세상에 두루 다니는 여호와의 눈"으로 일컬어진다(10b절). 이것은 하나님이 기름부음 받은 두 사람을 통해 세상에 두루 다니시며 당신의 통치를 실현하실 것을 뜻한다. 미래의 새 성전이 궁극적으로 종말에 메시아를 통해 이루어질 것이라는 점을 고려한다면, 성전 재건을 완성하고 성전 예배를 회복하는 두 감람나무인 왕과 대제사장은 미래의 메시아가 왕과 제사장이라는 이중직을 가질 것을 암시하는 대목이다. 실제로 신약 성경은 예수 그리스도를 만왕의 왕이면서 멜기세덱의 반차를 따른 대제사장이라고 말한다(히 6:20). 베드로는 이와 같은 예수 그리스도를 따르는 성도를 왕 같은 제사장이라고 명명했다(벧전 2:9).

날아가는 두루마리(5:1-4). 이 환상에서 날아가는 두루마리는 일차적으로 "온 땅 위에 내리는 저주"라고 불린다(5:3).[14] 하지만 이 두루마리에 십계명 규례들이 적혀 있기 때문에, 이 두루마리는 십계명을 상징한다. 십계명에 대한 언급은 새로운 공동체에 여전히 죄의 문제가 있다는 뜻이었다. 이 환상은 하나님이 반드시 죄를 심판하실 것이라는 점을 강조한다. 그래서 성전 재건을 위해 죄를 청산해야 할 뿐만 아니라 공

---

12) Redditt, "Themes in Haggai-Zechariah-Malachi", 189.
13) 치즈홀름, 「예언서개론」, 708.
14) 보통 하나의 두루마리는 길이 9미터, 너비 4.5미터가 된다.

동체가 거룩해야 될 필요성을 부각시킨다.

에바 바구니, 즉 악을 담은 바구니(5:5-11). 에바 바구니 안에는 한 여자가 앉아 있다. 에바 바구니는 땅에 있는 사람들의 죄악을 가리킨다. 이 땅이 유대 땅인지 아니면 온 세상의 땅인지는 확실치 않다. 하지만 문맥상 유대 땅을 가리킬 개연성이 크다. 어쨌든 이 악의 바구니는 시날 땅(바벨론), 곧 심판의 장소에서 심판을 받게 될 것이다. 에바 바구니를 나르는 여인들은 학의 모습을 취하는데, 학은 레위기에서 정결치 못한 조류에 속하는 새다(레 11:19; 신 14:18).

에바 바구니 환상은 척량줄을 잡은 사람 환상(2:1-13)과 평행을 이룬다. 척량줄을 잡은 사람 환상이 바벨론에서 도피할 것을 촉구했다면, 에바 바구니 환상은 죄가 다시 바벨론으로 돌아가는 장면을 다룬다. 이런 평행은 포로 후기 공동체가 또다시 죄를 짓는다면 바벨론으로 대표되는 열국에 다시 포로로 잡혀갈 수 있다는 가능성을 내비친다. 실제로 이 가능성은 포로 후기 공동체가 지도자들의 잘못으로 인해 다시 열국으로 흩어질 것이라는 스가랴의 충격적인 예언으로 현실화된다(참고. 10:9; 13:7; 8:7-8).

네 병거(6:1-8). 네 병거는 구리 산 사이에서 나온다. 네 개의 뿔과 네 명의 장인 환상에서 볼 수 있듯이, 4는 사방을 가리키는 숫자로, 이 환상은 하나님이 사방의 열국을 반드시 심판하실 것이라는 뜻을 담고 있다. 이 심판에서 열국의 범위는 바벨론을 포함하여 하나님의 통치를 대적하는 모든 나라로 확대된다.

결론(6:9-15). 이 단락은 여덟 가지 환상의 핵심인 성전 재건이 종말에 어떻게 완성될 것인지에 대한 청사진을 제공한다. 소예언서의 종말 프로그램은 열국에 대한 심판 다음에 시온이 회복될 것을 예언하는 것이었다. 이 순서에 따라, 스가랴는 6:1-8에서 열국의 심판을 이야기하고 이 단락에서 시온의 회복을 위해 성전 재건을 언급한다.

포로 후기 공동체에 의해 시작된 성건 재건은 미래의 메시아(6:12)를 통해 종말의 성전으로 완성될 것이다. 메시아는 일차적으로 스룹바벨을 가리키는 것처럼 보이지만,[15] 스룹바벨은 역사적으로 나라를 회복하고 왕위에 오른 적이 없기 때문에(6:13) 메시아의 예표일 뿐이다. 궁극적으로 새 성전을 완성하는 자는 종말의 메시아다(6:12). 요한복음은 예수 그리스도의 몸이 종말의 새 성전이라고 가르친다. 그리고 신약 성경은 예수 그리스도와 연합한 성도들도 예수 그리스도에 의해 성전으로 지어져 간다고 말한다(엡 2:20-22). 그러므로 신약 성경은 메시아가 궁극적으로 세우는 새 성전은 예수 그리스도의 몸과 그 몸에 연합한 성도들임을 보여 준다.

6:9-16 단락은 디아스포라로 사는 유대인들 중 일부가 예루살렘을 방문해서 성전을 위해 헌금하는 사건에서 비롯된다(6:10). 이 사건을 계기로 하나님은 스가랴에게 그들의 은, 금을 취해 대제사장의 면류관을 만들라고 지시하신다(6:11). 면류관은 왕적 이미지를 나타내기 때문에, 대제사장에게 면류관을 만들어 주라는 말은 이 대제사장이 제사장인 동시에 왕적 인물임을 암시한다. 그러므로 종말의 메시아는 왕이면서 동시에 대제사장의 역할을 할 것이다.

---

15) 그래서 Conrad는 슥 6:12-13의 "싹"을 스룹바벨로 본다. 하지만 대제사장 여호수아에 대해서는 명시하면서 스룹바벨의 이름을 언급하지 않은 것은 다분히 의도가 있다. 물론 이 문제에 대해서 Conrad는 스룹바벨이라는 이름이 이방 나라의 이름으로 "바벨"을 포함하기 때문에 의도적으로 피했다고 주장한다. 하지만 다른 한편으로 스룹바벨이 예표하는 제3의 인물을 가리키기 위해 의도적으로 피했다고 보는 것이 더 신빙성 있다고 여겨진다. 참고. Conrad, *Zechariah*, 127.

금식에 대한 문의(7:1-8:23)

이 단락은 주전 518년에 일어난 사건을 중심으로 전개된다(7:1).[16] 포로 후기에 유다 백성들은 성전 파괴 과정을 기억하기 위해 해마다 멸망한 날을 기념하며 금식했다. 그러나 상황이 바뀌어 성전 재건이 어느 정도 진척되자, 이들은 예루살렘의 제사장들과 예언자들을 찾아와 금식을 계속 해야 할지 물었다(7:3). 이 물음에 스가랴는 금식과 같은 형식적인 종교 행위보다 마음에서 우러나오는 순종이 더 중요하다고 대답했다(7:5). 특별히 7:9-10은 공의와 인애를 행하라는 내용으로 압축된다. 이런 점에서 스가랴서는 공의와 인애를 행하라는 미가서의 교훈과 일맥상통한다. 하지만 스가랴는 더욱 구체적으로 이방인들도 유대인들과 함께 동일한 자격으로 하나님을 경배하게 될 것을 예언한다(8:20-23).

금식에 관한 물음은 지금 재건되는 성전이 옛 예언자들이 예언했던 종말의 영광스런 성전의 모습과 다소 거리가 있었기 때문이기도 했다. 그래서 유대인들은 종말에 이루어질 성전을 기다리며 계속 금식해야 할지 물었던 것이다.[17] 이에 스가랴는 지금 재건되는 성전은 비록 초라하지만 나중에 종말의 영광스러운 성전으로 변형될 것이라고 대답했다(8:9).[18] 이 단락은 동심원 구조를 이룬다.

---

16) 참고로 성전 재건은 주전 516년에 이루어졌다. George L. Klein, *Zechariah*, NAC 21B (Nashville, Tenn.: Broadman and Holman, 2008), 211.
17) Klein, *Zechariah*, NAC 21B, 215.
18) Gowan, *Eschatology in the Old Testament*, 27.

A. 벧엘 사람들이 예루살렘에 와서 물음(7:1-3)

  B. 무의미한 금식(7:4-6)

    C. 이전 세대가 예언자의 말대로 공의와 인애를 행하지 않았음(7:7-12)

      D. 이전 세대의 바벨론 포로생활(7:13-14)

        E. 시온이 거룩한 산으로 불릴 것임(8:1-3)

          F. 남은 자의 축복(8:4-6)

            G. 제2의 출애굽을 통한 미래의 언약 체결(8:7-8)

        E'. 성전 재건을 위해 힘쓰라(8:9)

          F'. 남은 자의 축복(8:10-13)

      D'. 남은 자에게 포로의 재앙이 더 이상 내리지 않을 것임(8:14-15)

    C'. 공의와 인애를 행하라(8:16-17)

  B'. 금식이 즐거움으로 변할 것임(8:18-19)

A'. 열국이 예루살렘에 와서 여호와께 간구함(8:20-23)

    성전 재건을 감당하는 언약 공동체의 필수 덕목은 형식적인 제사가 아니라 인애와 공의를 행하는 모습이다. 앞에서 스가랴는 성전 재건을 위해 공동체의 거룩을 강조했는데, 이 단락은 그 거룩이 구체적으로 인애와 공의를 행하는 모습임을 설명해 준다.

    스가랴는 지금 재건되는 성전이 종말의 영광스런 성전과 연속성이 있으며, 나중에 열국의 중심지가 될 것이라고 선언한다(8:9, 20-23). 이 선언은 이어지는 9-11장, 12-14장, 그리고 말라기 1-4장에서 더욱 확대된다.[19]

8:7-8은 미래의 궁극적인 구원은 하나님이 열국에서 자신의 백성을 다시 인도해 내시는 제2의 출애굽 형태로 이루어질 것이라고 말한다. 이것은 당시 포로 후기 유다 공동체가 바벨론 포로에서 돌아왔지만 여전히 또 다른 열국의 침략과 포로와 같은 환난을 당하게 될 것이라는 암시다. 10장은 그 원인을 목자들, 즉 유다 지도자들의 탓으로 돌린다. 열국의 침략과 환난이라는 주제는 12:1-9에서 다시 나타난다.

8:7-8은 열국의 침략으로 유다가 다시 환난을 당하고 흩어지겠지만 하나님이 다시 열국에서 백성들을 모으시고 새 언약을 체결해 주실 것이라고 말한다. 미가 5:2-4에서, 종말의 메시아는 열국의 포로에서 다시 백성을 이끌어내는 자로 묘사된다. 마찬가지로 스가랴서는 종말에 메시아를 통해 온전히 포로에서 회복될 것을 바라본다(9:9-12). 그렇다면 메시아의 구원 전에 포로 후기 공동체가 또다시 당할 열국의 침략과 환난은 어떤 모습으로 나타나는가? 이 물음에 답하기 위해 9-14장이 자연스럽게 전개된다.

이스라엘의 대적과 시온의 왕에 관한 두 가지 신탁(9-11장; 12-14장)
9-14장은 9장의 열국 심판 신탁이 14장에 다시 등장함으로써 인클루지오를 형성한다. 더욱이 9:8의 "거기 왕래하지 못하게 할 것이라"라는 표현은 14:21에 비슷하게 다시 나타난다.

9-14장은 9-11장과 12-14장으로 나뉜다. 9-11장은 먼저 메시아의 출현으로 열국이 심판을 받고, 열국의 포로가 된 유다를 구원하실 것을 말한다(9장). 이어서 10-11장은 메시아가 출현하기 전에 지도자들의 타

---

19) Conrad, *Zechariah*, 44.

락으로 유다가 열국에 다시 흩어질 수밖에 없는 상황을 설명한다(10-11장). 반면에 12-14장은 메시아가 구체적으로 어떻게 열국을 심판할 것인지를 말하고, 그 과정에서 메시아의 고난을 통해 종말에 죄가 청산되고 새 언약이 체결되는 것을 보여 준다(12-13장). 이어서 시온이 회복되어 하나님 나라가 세워질 것을 예언한다(14장).[20] 9-14장은 앞에서 제시한 바와 같이 동심원 구조로 되어 있다.[21]

    A. 메시아가 열국을 심판할 것임: 남은 자가 나올 것임(9장)
      B. 열국에 다시 포로로 흩어진 유다가 돌아올 것임(10장)
        C. 구원 전에 있을 메시아의 고난과 열국의 침략 암시(11장)
        C'. 메시아가 침략하는 열국을 심판하고 백성을 구원할 것임(12장)
      B'. 환난으로 흩어진 자들이 돌아와 죄를 받을 것임(13장)
    A'. 종말의 완성된 구원: 시온에 남은 자가 있고 열국이 예루살렘을 순례할 것임(14장)

앞서 언급한 대로, 전반부(1-8장)는 후반부(9-14장)와 평행을 이룬다.[22] 그래서 덤브렐은 후반부가 전반부의 역사적 이야기에 대한 종말론적, 신학적 주석이라고 주장한다.[23] 하지만 9-14장은 1-8장의 내용을 단순히 반복하는 것이 아니라 미래에 유다가 열국에 다시 포로로 끌려

---

20) Paul R. House, "Endings as New Beginnings: Returning to the Lord, the Day of the Lord, and Renewal in the Book of the Twelve", in *Thematic Threads in the Book of the Twelve*, 335.
21) 9-14장은 내용을 기준으로 패널 구조를 이룰 수도 있다. Klein, *Zechariah*, 255.
22) Dumbrell, *The Search for Order*, 129.
23) 같은 책, 129.

가는 상황을 상정하고 메시아의 구원에 초점을 맞춤으로써, 1-8장의 내용을 더욱 발전시킨다.

9-14장의 또 다른 특징은 지도자들에 대한 부정적 시각이다.[24] 구체적으로 다윗의 집(12:10-11), 레위인들(12:13), 예언자들(13:2-6)에 대한 부정적 평가를 발견할 수 있다.[25] 이런 평가들을 통해 9-14장은 지도자들을 향한 비판과 함께 메시아로 상징되는 하나님의 지도력을 부각시킨다. "여호와께서 천하의 왕이 되시리니 그날에는 여호와께서 홀로 한 분이실 것이요"(14:9).

9-11장

9장. 9장은 1-8절과 9-17절로 나뉜다. 1-8절이 메시아가 열국을 심판하는 내용이라면, 9-17절은 메시아가 백성들을 남은 자로 만들어 그들을 통치한다는 내용이다. 1-8절은 서두와 말미에 "눈"이라는 키워드가 등장하여 인클루지오를 형성한다. 특별히 블레셋이 심판을 받겠지만 종말에 블레셋에서 남은 자가 나올 것을 말한다(9:7). 이처럼 열국에서 남은 자가 나온다는 사상은 14장에서 다시 예고되고, 말라기서에서 더욱 두드러지게 발전한다(말 1:11).

9장의 핵심은 시온에 왕으로 임하시는 메시아에 대한 묘사다. 그는 겸손하여 나귀를 타고 올 것이다(9:9). 메시아가 올 때, 백성들이 구원받을 뿐만 아니라 땅(자연 질서)도 변화된다(9:15-17). 왕이신 메시아의

---

24) Redditt은 지도자들에 대한 질타를 통해 슥 9-14장이 말라기서가 말하는 유다 지도자들의 실패를 전제로 하고 있다고 주장한다. Redditt, "Themes in Haggai-Zechariah-Malachi", *Interpretation* 61 (2007): 184.
25) Redditt, "Themes in Haggai-Zechariah-Malachi", 190.

출현은 열국의 심판과 함께 새 성전, 새 언약, 그리고 새로운 창조 질서를 가져다줄 것이다.

9장의 구조는 다음과 같다.

   A. 열국 심판 신탁(1-7절)

      B. 여호와께서 다시는 성전에 대적이 침범하지 못하도록 하실 것임(8절)

         C. 미래에 있을 메시아의 출현과 축복(9-10절)

         C'. 백성들을 언약 관계로 초대: 돌아오라(11-12절)

   A'. 언약 백성들이 열국을 심판할 것임: 헬라(13-15절)

      B'. 여호와께서 자신의 백성을 대적에게서 구원하실 것임(16-17절)

6:12은 미래에 메시아가 출현할 것을 예고했는데, 9장은 미래의 메시아가 열국을 심판하고 어떻게 백성을 구원할지를 설명한다. 9:1-8에서 메시아가 열국을 심판하는 모습은 8:7의 문맥에서 볼 때 열국으로 다시 흩어진 유다를 구원하기 위한 심판이다. 7:14은 유다가 포로로 잡혀감으로써 땅이 황무해지고 아무도 왕래하지 못하게 되었음을 말했는데, 9:8은 그와 같은 과거의 기억을 회상하고 이후에 제시되는 메시아의 구원은 과거의 역사를 역전시키는 놀라운 사건이 될 것임을 보여 준다.[26]

9:9에 언급된 메시아의 특징은 공의를 행하고 겸손하다는 점에서, 스바냐 2:3을 연상시킨다. 그러므로 9:9을 스바냐서와 연결하여 해석

---

26) Schultz, "The Ties that Bind", 35.

하면, 메시아가 종말에 남은 자의 대표라는 인상을 준다. 메시아의 사명은 열국을 심판한 후에 포로로 잡혀간 자들을 예루살렘에 돌아오게 하는 것이다(9:12). 9:10은 말과 전쟁의 활을 끊고 "이방 사람에게 화평을 전할 것"이라는 놀라운 진술을 한다(참고. 미 5:10-15). 따라서 메시아의 출현은 열국에도 소망이 된다. 이런 점에서 9장은 8:22-23에서 제시된, 열국이 여호와께 간구하러 오는 모습이 어떻게 성취되는지에 대한 구체적인 그림을 제공한다.

9:11에 언급된 언약의 피는 새 언약을 가리킨다.[27] 신약 성경에서 이 영원한 새 언약은 예수 그리스도를 통해 성취되었다. 이 점을 히브리서는 다음과 같이 말한다. "양들의 큰 목자이신 우리 주 예수를 영원한 언약의 피로 죽은 자 가운데서 이끌어 내신 평강의 하나님이"(히 13:20; 참고. 10:29).

9:12의 "갇혀 있으나 소망을 품은 자들"은 누구를 가리키는가? 콘라드는 북이스라엘에서 포로로 끌려간 사람들을 지칭한다고 해석한다.[28] 하지만 문맥상 이들은 다시 열국의 포로로 끌려갔지만 메시아를 통해 시온으로 돌아오게 될 하나님의 백성들을 가리킨다. 9:13-15은 종말에 메시아의 통치를 받는 시온의 백성들이 헬라를 침략하고 정복할 것이라고 말한다. 여기서 헬라는 열국의 대표로 보는 것이 문맥적으로 옳다.[29] 헬라를 정복한다는 것은 종말에 메시아의 통치를 받는 남은 자가 더 이상 대적의 침략에 패하지 않고 오히려 정복자처럼 승리할 것이라는 이미지다.

---

27) Thomas McComiskey, "Zechariah", 1170.
28) Conrad, *Zechariah*, 155.
29) 치즈홀름, 「예언서개론」, 719.

이 점은 미가 5장에서 이미 밝힌 바이기도 하다(미 5:2-4). 미가는 메시아가 통치할 때, 앗수르로 대변되는 열국의 침략이 있을 것을 예고하고 남은 자가 그들을 물리치고 승리할 것을 예언한다(미 5:5-6). 그러므로 9:14도 종말에 메시아를 통해 돌아온 자들이 열국과 싸우고 오히려 그들을 정복할 것이라고 말하는 것이다.

10-11장. 스가랴는 종말에 메시아가 백성들과 새 언약을 체결할 것을 바라보고, 종말에 일어날 다양한 사건을 묵시적 용어로 묘사한다. 10-11장은 묵시적 색채로 스가랴가 미래에 있을 타락한 유다 지도자들을 질타하는 내용을 그리고 있다. 어떤 이들은 유대 지도자들의 타락에 대한 언급이 스가랴 시대와 맞지 않기 때문에 시대착오라고 말하고 스가랴의 저작설을 부인한다. 하지만 이런 주장은 묵시문학과 성경 예언의 성격을 올바로 이해하지 못한 결과다. 10장은 하나님의 구원을 동심원 구조라는 수사적 장치를 통해 강조한다.

A. 헛된 것을 믿도록 인도한 목자들에 대한 책망(1-3a절)
  B. 여호와께서 유다 족속으로 하여금 대적을 이기게 하실 것임(3b-5절)
    C. 여호와께서 유다 족속을 돌아오게 하실 것임(6절)
    C'. 여호와께서 에브라임 족속을 돌아오게 하실 것임(7-9절)
  B'. 여호와께서 에브라임을 통해 애굽과 앗수르를 낮아지게 하실 것임(10-11절)
A'. 에브라임이 진정한 목자인 여호와를 의지하게 될 것임(12절)

10장의 핵심은 유다와 이스라엘이 포로로 끌려갔던 열국에서 다시 돌아올 것이라는 예언이다(6-9절). 10장은 과거에 유다가 바벨론의 포로에서 돌아왔다는 사실을 회상하는 것이 아니다. 실제로 바벨론 포로에서 돌아온 유다 공동체는 여전히 열국의 지배를 받는 포로생활의 연장선상에 있었다. 따라서 이들은 유다에 대한 하나님의 심판에서 아직 벗어난 것이 아니었다. 설상가상으로 스가랴는 포로 후기 공동체가 나중에 다시 열국에 흩어지는 심각한 환난을 당할 것을 암시했다(8:7-8).

이런 문맥에서 10장은 더욱 명시적인 언어로 유다가 다시 열국에 흩어지게 될 것을 예언한다. "내가 그들을 여러 백성들 가운데 흩으려니와 그들이 먼 곳에서 나를 기억하고"(10:9). 하지만 여호와의 주권으로 백성은 열국의 포로에서 다시 돌아오게 될 것이다. 특별히 10:4은 메시아를 "모퉁잇돌"로 명명하여 메시아를 기반으로 해서 놀라운 일들이 벌어질 것을 예시한다.[30] 그래서 메시아로 인해 열국이 심판받고 열국에 포로로 잡혀간 유다와 에브라임이 다시 돌아오게 될 것을 보여준다. 돌아오게 하는 목적은 그들을 남은 자로 삼아 철저하게 여호와를 의지하고 여호와의 이름으로 행하도록 하기 위함이다(10:12).

10:11에서 스가랴가 앗수르를 언급한 것은 이전에 앗수르에 의해 북이스라엘이 포로로 잡혀간 사실을 가리키기 위함이 아니다. 앗수르에 대한 언급은 하나님이 미래에 포로로 끌려간 유다와 에브라임을 구원하여 돌아오게 하실 때, 앗수르로 대변되는 종말의 대적들이 더 이상 위협이 되지 못할 것을 강조하기 위한 메타포다.[31]

10장에서 목자에 대한 책망은 포로 후기 공동체가 다시 열국의 포로로 잡혀가는 이유가 목자들 때문임을 드러낸다. 여기서 목자는 정치

---

30) Klein, *Zechariah*, 293.
31) 이 점은 이미 미 5장에서 종말의 대적으로 앗수르가 언급되는 상황에서 충분히 유추될 수 있다.

적 지도자뿐만 아니라 종교적 지도자들을 포함한다. 이들은 백성들을 우상숭배와 배교로 인도했다(10:2-3a). 사악한 목자에 대한 언급은 거꾸로 진정한 목자가 바로 여호와라는 교훈을 준다.

이어지는 11장의 구조는 다음과 같다.

   A. 목자들에 대한 심판(1-3절)
      B. 여호와의 말씀: 이 땅 거민을 불쌍히 여기지 않을 것임(4-6절)
         C. 스가랴가 은총의 막대기를 꺾음: 언약 파기(7-11절)
            D. 목자로서 스가랴의 품삯: 은 삼십(12-13절)
         C'. 스가랴가 연락이라는 막대기를 꺾음: 유다와 에브라임의 연합을 끊음(14절)
      B'. 여호와의 말씀: 우매한 목자의 기구들을 취하라(15절)
   A'. 미래에 일어날 악한 목자에 대한 심판(16-17절)

바벨론 포로에서 돌아온 유다 공동체에게 하나님이 대적을 일으켜 다시 그들을 열국의 포로로 잡혀가게 하실 것이라는 스가랴의 예언은 한마디로 충격이었다.[32] 11:10은 하나님이 유다를 다시 열국의 포로로 잡혀가도록 하기 위해 언약을 파기하실 것이라고 말한다. 여기서 언약은 무엇인가? 앞서 말했듯이, 하나님이 특별히 주도적으로 포로 후기 공동체와 언약을 맺으신 적은 없다. 또한 종말에 맺어질 새 언약은 영원한 언약으로, 결코 파기되는 언약이 아니다(렘 31:31-34; 호 2:18-23). 11:10에서 파기될 언약은 열국과의 언약이다.[33] 그래서 11:10은 "모든

---

33) Klein, *Zechariah*, 334-335.
32) Thomas McComiskey, "Zechariah", 1191.

백성들과 세운 언약"이라고 명시한다. 하나님은 열국이 포로 후기 유다 공동체를 더 이상 침략하지 못하도록 열국과 언약을 맺으셨다.[34] 하지만 유다 지도자의 타락 때문에, 하나님은 열국과의 언약을 파기하고 열국이 유다 백성들을 침략하여 그들을 포로로 잡아가게 하실 것이다.

11:16은 미래에 악한 목자가 일어날 것을 말하는데, 이 악한 목자는 누구인가? 맥코미스키는 이 예언이 주후 70년 로마 황제 티투스(Titus)에 의해 일차적으로 성취되었다고 주장한다.[35] 어떤 이들은 예수 그리스도께서 오시기 전에 일어나는 적그리스도라고 말하기도 한다. 하지만 스가랴서 문맥에서 보면, 포로 후기 공동체에서 활약한 유다의 악한 지도자들을 가리킨다는 해석이 더 설득력 있다.

11장은 다시 그런 악한 목자들을 언급한다. 이 목자들은 아마도 스가랴의 사역 말미에 활동했던 타락한 지도자들을 가리키는 듯하다.[36] 이 추측이 맞다면, 목자들은 성전과 관련된 포로 후기의 종교적 지도자들을 가리킬 가능성이 크다.[37] 어쨌든 지도자들의 잘못은 다시 하나님의 심판으로 이어질 것이다. 그렇지만 9:8-12에서 언급했듯이, 궁극적으로 종말에 메시아가 열국을 심판하고 다시 하나님의 백성을 구원할 것이다(참고 10:9). 그래서 11장은 종말의 메시아 사역에 대한 여러 암시를 준다.

구체적으로 11장은 종말에 일어날 미래의 메시아 사역을 스가랴의 체험에 대입시켜 예표한다. "여호와께서 내게 이르시되 그들이 나를

---

34) Thomas McComiskey, "Zechariah", 1197.
35) Thomas McComiskey, "Zechariah", 1205.
36) 치즈홀름, 「예언서개론」, 724.
37) Thomas McComiskey, "Zechariah", 1200.

헤아린 바 그 삯을 토기장이에게 던지라 하시기로 내가 곧 그 은 삼십 개를 여호와의 전에서 토기장이에게 던지고"(11:13). 목자로서 스가랴가 받은 품삯인 은 30개는 노예를 위한 값이었다(출 21:32). 이것은 지도자인 스가랴가 노예 취급을 받고 부당한 대우를 받았다는 증거다.[38] 스가랴가 이렇게 부당한 대우를 받는 것은 미래의 메시아도 부당한 대우를 받으며 고난을 받을 것이라는 예표였다. 이는 종말에 메시아는 열국을 심판하고 백성을 구원할 것이지만, 그 전에 고난을 받을 것이고 이 고난에 악한 지도자들이 한 몫을 할 것임을 시사한다.

12-14장

이 단락은 예루살렘을 침략한 열국에 대한 심판과 그 결과에 초점을 맞춘다. 12-14장의 구조는 다음과 같다.

    A. 예루살렘을 침략하는 열국을 멸함: 여호와께서 예루살렘을 보호하실 것임(12:1-9)

        B. 예루살렘 거민들의 회개: 그들이 찌른 자를 보고 애통할 것임(12:10-14)

            C. 하나님의 심판과 죄의 청산(13:1-6)

            C'. 하나님의 심판으로 인한 언약 체결(13:7-9)

    A'. 예루살렘을 침략하는 열국에 대한 재앙: 여호와께서 예루살렘에 왕으로 임하실 것임(14:1-19)

        B'. 예루살렘의 성결(14:20-21)

---

38) Conrad, Zechariah, 176.

12장이 말하는 열국의 침략과 14장이 말하는 열국의 침략은 표현은 같지만 자세히 들여다보면 그 내용이 다르다. 12장의 열국 침략은 메시아가 환난 가운데 있는 백성을 남은 자로 만드는 과정에서 고난의 상황이 먼저 있을 것을 보여 주는 메타포다. 반면 14장의 열국 침략은 메시아의 구원으로 돌아온 남은 자들이 메시아의 통치를 받으며 예루살렘에 거할 때 어떤 열국이 침략해 와도 능히 이긴다는 것을 보여 주기 위한 메타포다. 그래서 14:2은 "남은 백성은 성읍에서 끊어지지 아니하리라"라고 말한다.

12-14장은 다시 12-13장과 14장으로 나뉜다. 12-13장은 메시아가 열국을 심판하고 새 언약을 체결할 것을 말하는 반면, 14장은 메시아의 구원으로 시온이 회복되고 새로운 창조 질서가 나타날 것을 말한다.

12-13장. 12장은 열국이 예루살렘을 침략하는 장면으로 시작한다. 클라인은 열국이 예루살렘을 침략하는 이유가 분명하지 않다고 말한다.[39] 하지만 9-11장의 문맥을 보면 최종 구원은 유다가 다시 열국에 포로로 끌려갔다가 돌아오는 모습이기 때문에, 그런 연장선상에서 열국이 예루살렘을 침략하는 것으로 이해할 수 있다. 그런데 12장에서 약간의 변화가 일어났다. 9-11장의 유다가 다시 열국에 포로로 잡혀가는 모습이 12장에서는 열국이 예루살렘을 침략해서 유다가 포로와 같은 환난에 처하는 모습으로 둔갑했기 때문이다. 그래서 포로 후기 공동체가 열국에 문자적으로 포로로 잡혀가는 것이 아님을 보여 준다. 이런 변화는 스가랴서의 묵시문학적 특성 때문에 가능하다.

종말에 메시아는 침략하는 열국을 심판하고, 열국의 침략으로 포로

---

39) Klein, *Zechariah*, 354.

와 같은 환난에 놓인 백성을 구원할 것이다(슥 12:9-14; 참고. 9:9). 이 과정에서 나타난 남은 자들은 자신들이 "찌른 바 그를 바라보고 그를 위하여 애통"할 것이다(슥 12:10). 여기서 그는 메시아를 가리킨다(요 19:37). 이 애통에 이방 민족들도 동참할 것이다(슥 12:12). 그러므로 종말에 남은 자는 자신 때문에 메시아가 고난받았다는 것을 깨닫고 진정으로 회개하는 자로 나타난다.

이 그림들을 종합해 보면, 종말에 메시아는 구원 전에 백성들 때문에 고난을 받을 것이고, 그 결과 백성들은 열국의 침략을 받아 포로로 끌려간 것과 같은 환난에 처할 것이다. 이 때 메시아가 열국을 심판하여 환난에서 백성들을 구원할 것이고, 백성들은 자신들 때문에 메시아가 고난을 당했다는 사실을 알고 회개할 것이다. 환난을 통과하면서 자신들이 태생적으로 죄인임을 깨닫고 회개하여 하나님이 베푸신 사랑을 받아들이는 것이다. 스가랴서는 이런 자만이 7-8장에서 요구한 인애와 공의를 행하여 여호와의 거룩에 동참할 수 있다고 내다본다 (14:20).

확실히 메시아의 구원에 앞서 열국이 침략하는 것은 문자적으로 모든 나라가 예루살렘을 침략한다는 의미가 아니다. 실제로 모든 나라가 지리학적으로 협소한 예루살렘을 공격한다는 것은 불가능하다. 12장의 열국 침략이 일종의 메타포라는 주장은 12장과 평행을 이루는 14장의 열국 침략도 메타포라는 사실에서 더욱 무게를 얻는다.[40] 12장에서 침략하는 열국은 유다를 포로와 같은 상황에 처하게 만드는 세력이다. 구체적으로 이 세력은 메시아를 고난에 빠뜨렸던 타락한 유다 지도자

---

40) 어떤 예언을 메타포로 이해하는 것은 문맥의 정당한 지지를 얻어야 한다. 왜냐하면 예언 가운데는 미래의 일을 문자적으로 예언하는 경우도 있기 때문이다.

들처럼 메시아의 통치를 대적하는 악한 세력이다. 물론 이런 세력들은 역사적으로 이방 나라의 모습으로 예표될 수 있다(예를 들어, 예수님 당시의 로마). 하지만 12장에서 침략하는 열국은 궁극적으로 영적인 악의 세력들을 지칭한다고 보는 것이 더 신빙성 있다.

신약 성경에서 메시아로 오신 예수 그리스도는 문자적으로 열국의 침략과 환난에서 백성을 구원하지 않으셨다. 대신 인간을 죄의 포로로 만든 사탄의 세력에서 백성들을 구원하셨다(엡 2:1-5). 나중에 예수 그리스도는 십자가의 죽음과 부활을 통해 모든 통치와 권세를 무릎 꿇게 하고 만왕의 왕이 되심으로써(빌 2:10-11), 열국에 대한 심판을 영적으로 성취하셨다.

예수님 당시 유대인들은 메시아를 정치적 구원자로 이해하고 메시아가 와서 열국의 포로와 같은 상황에 처한 자신들을 구원해 주기를 기대했다. 하지만 이런 기대는 스가랴 11-12장에 묘사된 메시아가 정치적 구원자와 달리 스스로 고난을 받고 백성을 영적 세력에서 구원하는 자라는 사실을 깨닫지 못한 데서 기인된 것이다. 스가랴서는 메시아의 모습을 군마를 타고 싸우는 왕이 아니라 겸손하여 나귀를 타고 오는 평화의 왕으로 묘사하고, 메시아가 물리적 승리가 아니라 영적 승리를 통해 자신의 구원을 이룰 것이라고 암시했다(9:9-10).

13:1은 메시아의 고난을 애통하는 자에게 정결케 하는 은총이 임할 것이라고 말한다. 곧 죄의 청산이다. 앞서 말한 대로, 죄의 청산은 소예언서의 핵심 주제다(미 7:18-20). 스가랴서는 이 죄의 청산이 메시아가 옴으로써 궁극적으로 성취될 것이라고 말한다. 12:10에서 개역개정판이 "간구하는 심령"으로 번역한 "심령"은 히브리어로 영(רוח, '루아흐')이다. 영에 대한 언급은 사람들이 자신의 죄를 회개하는 것이 종말의

영 때문임을 보여 주고, 메시아의 출현이 요엘서의 종말의 영을 성취하는 사건임을 일깨워 준다.[41]

13:1-6이 죄의 청산을 강조한다면, 13:7-9은 죄의 청산을 통해 새 언약이 체결될 것이라는 사실을 기술한다. 13:7의 "칼아 깨어서 내 목자, 내 짝 된 자를 치라 목자를 치면 양이 흩어지려니와"라는 말씀에서 "내 목자"는 고난당하는 메시아를 지칭한다.[42] 이 목자는 12:10에서 사람들이 "찌른" 자로, 이사야 53장의 고난받는 여호와의 종과 일치한다.[43] 어떤 사람들은 13:7의 목자를 11장의 연속선상에서 사악한 목자로 해석한다.[44] 하지만 이런 해석은 문맥에 어울리지 않는다. 신약 성경은 13:7을 예수 그리스도의 고난에 적용한다(막 14:27).

메시아는 침략하는 열국을 심판하고 남은 자를 구원하여 그들과 새 언약을 체결할 것이다. 13:9은 "나는 말하기를 이는 내 백성이라 할 것이요 그들은 말하기를 여호와는 내 하나님이시라 하리라"라고 말하는데, 이것은 전형적인 언약 공식으로(참고 출 6:7) 새 언약을 맺는 모습을 가리킨다. 메시아가 죄를 회개하는 남은 자와 새 언약을 체결하는 이유는 그런 사람만이 하나님의 사랑을 진정으로 받아들여 하나님과 이웃에게 진정성 있는 인애와 공의를 행할 수 있기 때문이다(참고 슥 7:8-10).

---

41) 참고. Klein, *Zechariah*, 363.
42) Hanson은 13:7의 "내 목자"를 한때 포로 후기 이후 공동체를 다스린 다윗의 후손을 가리킨다고 주장한다. Paul D. Hanson, *The Dawn of Apocalyptic* (Philadelphia: Fortress, 1975), 350.
43) McComiskey, "Zechariah", 1223.
44) Paul L. Redditt, "Israel's Shepherds: Hope and Pessimism in Zechariah 9-14", *CBQ* 51 (1989): 632-639.

이상의 관찰은 극심한 환난을 통과한 후에 남은 자가 나오고 새 언약이 체결될 것이라는 소예언서의 남은 자 사상과 궤를 같이한다. 13:9의 새 언약이 체결될 것이라는 암시는 말라기서에서 반복된다(말 3:2b-3). 구체적으로 말라기서는 메시아를 언약의 사자라 부르고 그를 통해 새 언약이 체결될 것을 말한다.

14장. 14장은 다시 세부적으로 동심원 구조를 이룬다.

    A. 열국과의 싸움(1-3절)

      B. 예루살렘의 변형(4-8절)

        C. 여호와께서 천하의 왕이 되실 것임(9절)

      B'. 예루살렘의 변형: 다시는 저주가 없을 것임(10-11절)

    A'. 열국이 받을 재앙(12-19절)

부록: 예루살렘의 성결(20-21절)

14장 서두에 묘사된 열국의 침략은 문자적인 의미가 아니라 메타포다. 메시아가 출현하여 새 언약이 체결된 상황에서 과거처럼 유다를 괴롭혔던 열국이 침입해 올지라도 남은 자가 그들을 물리치고 계속 존속할 것이라는 점을 강조하기 위한 은유인 것이다. 종말에 하나님 나라가 이루어지면, 산들이 평지가 되는 놀라운 변화가 일어날 것이다(14:4-5). 이는 하나님의 임재로 인해 새로운 창조 질서가 동반된다는 뜻이다. 새로운 창조 질서의 출현으로 종말에 예루살렘은 생수가 나오는 곳으로 변화될 것이다(14:8). 생수가 나오는 예루살렘은 에스겔 47장의 생수가 나오는 성전의 모습과 유비를 이룬다. 이런 유비는 거꾸로 종말의 예루살렘이 성전으로 확대된다는 것을 의미한다.

성전이 예루살렘으로 확대된다는 신학은 2:1-13의 척량줄을 잡은 사람 환상에서 하나님이 성전이 아닌 예루살렘을 둘러싸실 것이라는 말에 어느 정도 예견된 부분이다. 더욱이 14:21은 "예루살렘과 유다의 모든 솥이 만군의 여호와의 성물이 될 것인즉"이라고 말한다(참고. 겔 48:35). 성전이 예루살렘으로 확대된다는 것은 신학적으로 두 가지 의미가 있다. 첫째, 성전에 거했던 사람들이 거룩한 제사장이었던 것처럼, 새 예루살렘에 거하는 종말의 백성들이 거룩한 자로 변화될 것이라는 의미다. 둘째, 성전이 예루살렘으로 확대된다는 것은 새로운 질서의 창조를 의미한다. 그러므로 이것은 종말이 새로운 창조를 동반한다는 사실을 재차 보여 주는 기능을 한다.

예루살렘에서 물이 나온다는 것은 종말의 예루살렘이 에덴 동산 모티프를 지니고 있음을 의미한다. 에덴 동산 모티프는 종말에 에덴 동산이 회복되어 사람들이 하나님의 임재 가운데 거할 수 있게 된다는 의미를 담고 있다. 과거 에덴 동산에서 하나님의 형상인 아담과 하와가 살았듯이, 종말에 하나님의 백성은 회복된 에덴 동산에서 하나님의 형상으로 살게 될 것이다. 하나님의 형상은 왕적 이미지를 갖고 있고(창 1:26), 구약 성경에서 왕의 주된 임무는 인애를 바탕으로 공의와 의를 행하는 것이기 때문에(참고. 삼하 8:15), 종말의 하나님의 백성은 온전히 인애와 공의를 행하게 될 것이다.

신학적 메시지

스가랴서는 소예언서의 주제들인 돌아옴(9:12), 메시아 사상(9장), 새로운 창조세계의 변형(14장), 죄 용서를 통한 인간의 새 창조(13장), 여호와의 날(14:1) 등을 통해 온 세계가 하나님 나라로 성취될 것을 보여 준다. 이런 점에서 스가랴서는 미가서와 함께 소예언서의 "신학적 메시지의 최고점"에 있다고 평할 수 있다.[45] 이제 구체적으로 스가랴서에서 두드러진 신학적 메시지들을 살펴보기로 하자.

새 예루살렘

스가랴서는 이사야서와 에스겔서처럼 종말의 예루살렘에 지대한 관심을 보인다. 14:20-21은 성전과 예루살렘을 하나의 융합물처럼 묘사한다. 이것은 종말의 성전이 예루살렘으로 확대될 것이라는 예시다. 새 예루살렘에서 샘이 나온다는 것은 새 예루살렘의 출현이 새로운 창조 질서를 동반한다는 것을 뜻한다(참고. 14:8). 요엘서는 마지막 부분에서 하나님의 영이 임하고 새로운 시온이 등장할 것을 예언했는데, 요엘서와 짝을 이룬 스가랴서도 새 언약을 통해 하나님의 영이 부어지고(12:10), 새 예루살렘이 도래할 것이라고 말한다(14장).

거룩한 새 예루살렘에 여전히 죄성이 있는 인간이 어떻게 거할 수 있는가? 결론적으로 말하면, 새 언약을 맺고, 죄가 청산되고, 하나님의 영이 부어지기 때문에 가능한 것이다. 새 언약이 도래하면서 죄를 용서받은 남은 자가 새 예루살렘에 거한다는 주제는 미가서에도 잘 나타난다(미 4:1-4; 5:2-5; 7:18-20). 소예언서의 앞(요엘서)과 뒤(스가랴서) 그리고 중간(미가서)이라는 중요 길목에서 새 언약의 결과로 새 예루살렘이 출현할 것이라는 예언이 공통적으로 나타나는 것은 정말 흥미롭다.

우리의 신앙과 신학함의 궁극적인 목적은 새로운 창조 질서와 새

---

45) Paul R. House, "Endings as New Beginnings", in *Thematic Threads in the Book of the Twelve*, 336.

예루살렘으로 대변되는 하나님 나라 안에서 하나님과 교제하는 데 있다. 비록 새 예루살렘이 지금 최종 완성된 것은 아니지만 스가랴서는 메시아의 출현으로 하나님 나라가 이미 도래했음을 증거한다. 그러므로 예수 그리스도를 메시아로 고백하는 우리는 이미 하나님 나라에 들어선 자들이기에 지금 하나님과의 교제 속에서 하나님 나라의 축복을 현재 누리고 있다는 사실에 감사해야 할 것이다. 또한 하나님 나라 백성의 특징이 거룩이라는 점에서, 공의와 인애로 우리의 거룩을 드러내도록 힘써야 할 것이다.

메시아 사상

스가랴서의 두드러진 특징은 메시아 사상이다. 메시아에 대한 암시는 전반부(1-8장)에서 6:12에 한 번 나타난다. 하지만 후반부(9-14장)로 넘어가면 메시아에 대한 언급과 암시가 빈번하게 나타난다. 특별히 9:9과 11:12의 메시아에 대한 언급은 각각 그 구절이 속한 장의 핵심부분을 이룬다. 12장과 13장도 메시아를 암시하는데(12:10과 13:7), 이 장들은 소예언서에서 처음으로 메시아의 고난을 예언한다.

메시아 사상은 소예언서 곳곳에서 발견된다. 하지만 스가랴서만큼 메시아 사상에 대해 많은 부분을 할애하며 그 의미와 사역을 상세하게 보여 주는 책은 없다. 구약 성경은 종종 책이나 단락의 끝에서 메시지의 절정을 보여 준다. 이런 점에서 한 권의 책으로 묶인 소예언서의 끝 부분에 위치한 스가랴서가 메시아를 집중적으로 언급하는 것은 메시아에 의한 새 언약이 소예언서가 제시하는 모든 구원과 새로운 변화의 절대적 토대임을 클라이맥스로 보여 주기 위함이다. 소예언서의 마지막 책인 말라기서도 언약의 사자인 메시아를 언급한다(말 3:1).

이처럼 소예언서 끝 부분에서 메시아와 새 언약에 대해 증폭된 관심을 보이는 것은 모든 희망이 인간에게 있지 않고 하나님의 강권적인 개입과 메시아의 구원, 그리고 메시아를 통한 새 언약에 있음을 부각시키기 위함이다. 이 점은 오늘날 우리에게 시사하는 바가 크다. 우리의 희망이 오직 그리스도의 죽으심과 그분을 통한 새 언약에 있음을 다시 한 번 환기시켜 주기 때문이다. 실로 예수 그리스도 외에는 참된 소망이 없다.

하나님의 말씀

1-8장은 서두에 하나님의 말씀을 언급하며 시작하고, 말미에도 하나님의 말씀을 언급하고 끝난다. 이것은 하나님의 백성이 거룩해지기 위해서는 말씀에 순종해야 한다는 교훈을 준다(5:1-5). 그러면 하나님 백성이 순종해야 할 말씀의 핵심은 무엇인가? 이 물음에 대해 7장은 금식과 같은 형식적인 행동보다 공의(mišpāṭ)와 인애(ḥesed)를 행할 것을 주문한다(7:9-10). 7:9에서 개역개정판은 "재판을 행하며"라고 번역했지만 원문에는 '공의(mišpāṭ)를 행하며'로 되어 있다. 이처럼 하나님의 말씀은 하나님과 사람과의 관계에서 인애와 공의를 구현하는 데 초점이 있다. 스가랴서는 이런 인애와 공의를 거룩으로 다시 표현했다.

미가서는 "인간이 어떻게 공의와 인애를 행할 수 있는가?"라는 물음에 종말에 하나님이 개입하여 죄를 청산하시고 하나님의 의를 덧입혀 주시기 때문에 가능하다고 대답한다(미 7:9, 18-20). 마찬가지로 스가랴서도 거룩을 위해 죄의 청산을 언급한다(13:1). 더 나아가 스가랴서는 종말에 남은 자들이 성령을 받아 메시아의 고난을 진정으로 아파하고 회개할 것을 암시한다(12:10). 이럴 때 비로소 인간이 하나님의 사랑을 진정으로 체험하고, 자신도 하나님의 인애를 닮아 진정한 인애를 가지고 공의를 행할 수 있다는 것이다. 이 대목에서 자신이 보잘것없는 존재임을 인식한 사람만이 하나님의 깊은 은혜를 체험하고, 하나님을 향해 인애를 가지고 자발적으로 공의의 삶을 살 수 있다는 진리를 다시 한 번 확인할 수 있다.

신약 성경과의 관계

스가랴서에 언급된 종말의 구원은 신약 성경에서 예수 그리스도를 통해 성취되었다. 예수님은 겸손하여 나귀를 타고 오셨고(슥 9:9; 마 21:5), 스가랴서의 예언대로 은 삼십에 팔리셨다(슥 11:13). 그리고 창으로 찔리신 예수님(슥 12:10; 요 19:37)의 고난을 통해 마침내 하나님의 나라가 도래했다(슥 14:3-9).

요한복음은 특별히 스가랴 14장의 예언이 예수님의 오심으로 성취되었다고 말한다. 14장은 종말에 예루살렘에서 물이 나오고 해마다 초막절을 지키기 위해 열국이 순례하러 예루살렘을 방문한다고 예언한다(14:16). 이 예언에 따라 포로 후기 유다 공동체는 초막절을 지키면서 스가랴의 예언이 성취되기를 기원했다. 그리고 예수님 당시에 유대인들은 초막절에, 예루살렘에서 나오는 종말의 물을 상징적으로 구현하기 위해 실로암 못에서 물을 가져다가 붓는 의식을 행했다. 이런 상황에서 예수님은 초막절 마지막 날에(요 7:2, 37) 자신이 바로 그 물을 주는 자라고 선언하셨다. 당시는 초막절을 지키는 기간이었기에, 예수님이 언급하신 물은 분명 스가랴 14장의 종말의 물을 의도적으로 가리킨 것이었다.[46]

종말의 물이 예수님에게서 나온다는 뜻이기에, 이것은 예수님 자신이 예루살렘으로 상징되는 종말의 성전임을 보여 주시는 말씀이다. 스가랴서의 예언이 예수님의 사역을 통해 성취되었음을 공표하는 셈이다. 더 나아가 예수님은 스가랴서의 종말의 물이 바로 성령임을 가르쳐 주셨다(요 7:39). 스가랴서의 문맥에서 요한복음 7:38-39을 해석하면, 성도의 거룩은 예수님으로부터 나오는 성령의 사역임을 알 수 있다. 더욱이 종말의 성전의 물인 성령을 소유한 사람이 변화되어 종말의 성전으로 지어져 가는 거룩한 존재임을 새삼 깨달을 수 있다(엡 2:20-22).

---

46) Bruce K. Waltke, "Kingdom Promises as Spiritual", in *Continuity and Discontinuity: Perspectives on the Relationship Between the Old and New Testaments*, ed. John S. Feinberg (Westchester, Ill.: Crossway Books, 1988), 282.

13장
말라기

시대적 배경

'말라기'라는 이름은 '여호와의 사자', '나의 사자'라는 뜻을 지니고 있다. 말라기서는 구약 성경의 마지막 책으로, 미래에 엘리야가 다시 올 것을 예언함으로써(4:5) 구약 성경과 신약 성경을 자연스럽게 연결한다. 그래서 신약 성경은 세례 요한을 다시 올 엘리야로 지칭한다(마 11:15). 페르시아 시대의 호칭인 "총독"(1:8)이 사용된 것으로 보아, 말라기서의 시대적 배경은 페르시아 시대임을 알 수 있다. 성전은 재건되었지만 몇십 년 못 가서 다시 사람들 사이에 종교적 회의가 일어났다. 구체적으로 그 시기가 언제인지는 말하지 않지만, 이방 여인과의 잡혼과(2:11) 가난한 자에 대한 압제(3:5; 느 5:1-5)를 명시한 것으로 볼 때, 말라기서의 시대적 상황은 에스라-느헤미야서와 거의 동시대로 추정된다. 만약 에스라와 느헤미야가 오기 전의 상황이라면, 저작 시기는 주전 475-450년경일 것이다.[1] 하지만 말라기서는 에스라-느헤미야 개혁 이후의 실패 상황을 묘사할 수도 있다.[2]

당시 백성들이 종교적 회의를 갖게 된 원인은 성전이 재건되었음에도 여전히 나라는 페르시아의 속국에서 벗어나지 못했고, 하나님이 열국을 심판하실 것이라는 예언들은 그 성취가 현실과 너무나 동떨어져 있었기 때문이었다. 신앙에 회의가 생기자 사람들은 종교적, 도덕적으로 타락해 갔다. 카이저는 당시의 종교적, 도덕적 악을 다음 다섯 가지

---

1) Dumbrell은 말라기서가 에스라-느헤미야 개혁의 기폭제 역할을 했을 것이라고 추정한다. Dumbrell, *The Search for Order*, 130.
2) Paul Redditt는 말라기서의 저작 시기를 주전 515-445년으로, 즉 에스라-느헤미야 이후로 보고 있다. Paul L. Redditt, *Haggai, Zechariah, Malachi*, NCB (Grand Rapids, Mich.: Eerdamans, 1995), 150.

로 지적한다. 잡혼(2:11-15), 십일조를 내지 않음(3:8-10), 안식일을 거룩히 지키지 않음(2:8-9; 4:4), 타락한 제사장(1:6-2:9), 사회적 압제(3:5)다. 이와 같은 사회상은 느헤미야 시대에도 재현된다.

구조와 특징

말라기서는 일곱 개의 단락으로 나뉜다. 각각의 단락은 논쟁적 이야기를 포함하고, 그 논쟁의 구조도 비슷하다. 각각 여호와나 예언자가 어떤 말을 하면 백성들이 응답하고, 결론을 내리는 구조다.[3] 말라기서 전체는 동심원 구조를 이룬다.

    서론: 하나님의 사랑(1:1-5)
    A. 1) 언약 위반: 제사장의 제물(1:6-2:9)
       2) 언약 위반: 공동체의 이혼 문제, 하나님을 향한 불성실(2:10-16)
      B. 공의의 하나님이 어디 있느뇨?: 언약의 사자가 임할 것임(2:17-3:6)
        C. 돌아오라: 온전한 십일조를 드리라(3:7-12)
      B'. 공의의 하나님을 섬기는 것이 무슨 유익이뇨?: 의인과의 언약 체결 (3:13-4:3)
    A'. 언약의 율법을 지키라(4:4-6)

이상의 구조를 볼 때, 언약과 공의 또는 율법이 키워드임을 알 수 있다. 말라기서는 미래에 언약의 사자가 올 것에 대비하여 돌아올 것을

---

3) 치즈홀름, 「예언서개론」, 730. 나는 여기서 그의 구조 분석을 약간 변형시켰다.

촉구하고, 그 증거로 십일조를 드릴 것을 강조한다(3:10). 십일조에 대한 강조는 단순히 십일조만 드리면 된다는 의미가 아니라 궁극적으로 삶 속에서 하나님의 율법을 지켜 하나님이 원하시는 공의를 실천해야 한다는 의미를 담고 있다.

말라기서는 스가랴서와 여러 가지 연결점을 지닌다. 그중 하나가 히브리어 '맛사'(מַשָּׂא)다. 1:1에서 이 단어는 하나님의 말씀을 의미하는데, 스가랴 9:1의 "여호와의 말씀"에도 동일한 단어가 사용된다. 이런 동일한 단어의 반복은 말라기서를 스가랴서의 후속으로 읽으라는 힌트다.[4]

스가랴 14:9은 종말에 하나님이 홀로 하나가 되실 것이라고 예언했는데, 이 예언은 말라기서에서 하나님이 백성들에게 한 아버지가 되기를 원하셨다는 진술과 자연스럽게 연결된다(1:6; 2:10, 15). 그래서 말라기서는 스가랴서에서 제시된 하나님이 한 분이라는 사실을 신학적으로 더 발전시킨다.

앞서 언급한 것처럼, 말라기서는 호세아서와 짝을 이룬다. 언약 관계에서 하나님의 사랑을 강조했던 호세아서처럼, 말라기서도 하나님이 에서를 미워하고 야곱을 사랑하셨다는 말로 시작한다(1:2-5). 또한 이스라엘의 언약 파기를 결혼 관계의 불성실로 비유했던 호세아서처럼, 말라기서는 유다 백성들의 언약 파기를 결혼 관계의 불성실로 설명

---

4) David L. Petersen은 מַשָּׂא를 통해 말라기가 스가랴와 같이 한 개인으로서 예언자의 성격을 더욱 강하게 지닐 수 있었다고 주장한다. 그는 그 전에 말라기는 단순히 일반명사로서 '나의 사자' 라는 뜻이었다고 주장했다. 이 의견을 모두 수용할 필요는 없지만, 말라기서와 스가랴서가 מַשָּׂא를 통해 연결된다는 점은 주목할 필요가 있다. David L. Petersen, "A Book of the Twelve?" in *Reading and Hearing the Book of the Twelve*, 8.

한다(2:10-16). 호세아서는 하나님과 이스라엘의 관계를 아버지와 아들의 관계로 표현하는데(호 11:1), 말라기서도 아버지와 아들의 관계를 가지고 당시의 상황을 말한다(말 1:6, "내가 아버지일진대 나를 공경함이 어디 있느냐?"). 호세아서의 마지막에 지혜 모티프가 강하게 배어 있는데(호 14:9), 말라기서의 마지막 장도 '여호와의 이름에 대한 경외'라는 지혜 모티프를 사용한다(말 4:2).

호세아서는 '하나님이 과연 정의로운 분인가'라는 신정론 문제를 다루는데, 말라기서도 신정론 문제를 다룬다. 구체적으로 말하면, 호세아서에서 부자들은 하나님이 자신들을 심판하실 것이라는 예언을 듣자 자신들은 결코 불의하지 않기 때문에 하나님이 정의롭지 못한 것이라고 불평했다(호 12:8). 마찬가지로 말라기서 당시 포로 후기 유다 공동체도 열국을 심판하실 것이라는 하나님의 약속이 이루어지지 않자, 하나님은 정의롭지 못하며 오히려 공의에 관심이 없다고 의문을 제기했다(참고. 말 2:17; 3:14). 이 외에도 호세아서와 말라기서는 각각의 마지막 소단락이 '돌아오라'는 말로 시작한다는 점에서 또 다른 유사점을 보인다(호 14:1; 말 3:7).[5]

말라기서는 하나님을 경외할 것을 촉구한다(3:6; 4:2). 여기서 경외는 하나님과 하나가 되고, 공동체와 가정이 하나가 되는 모습 속에서(2:10, 15), 하나님의 말씀에 따라 공의를 행하는 것이다(3:5). 그러므로 말라기서가 말하는 경외는 인애와 공의를 행하는 모습의 또 다른 표현이다.

말라기서는 열국의 심판이 지연되는 상황에서 궁극적으로 언약의

---

5) 참고. 김창대, "소예언서의 통일성 관점에서 호 14:4과 말 4:2의 치료(אפר)에 대한 고찰,"「성경과 신학」56 (2010): 283-312.

사자인 메시아가 와서 심판할 것을 예언한다(3:2-5). 그런데 뜻밖에도 이 심판의 대상은 열국이 아니라 하나님을 경외하지 않은 악인들이다(참고 3:18; 4:3). 그리고 이 악인은 우선적으로 하나님의 계명대로 살지 못한 당시 레위인들과 유다 공동체를 가리켰다.

말라기서는 레위인과 유다 공동체가 여호와의 식탁을 경멸하고 병든 것을 제물로 드렸다고 질책한다(1:13). 이에 반해 이방 민족인 열국은 깨끗한 제물을 드릴 것이라고 말함으로써(1:11), 열국이 오히려 의로울 것임을 암시한다. 이처럼 심판이 유다와 열국의 대비가 아니라 의인과 악인이라는 구도 속에서 이루어진다는 것은 당시 사람들에게 충격이 아닐 수 없었다. 이런 의인과 악인의 구도는 스가랴 12장에서 메시아가 열국을 심판하는 행위가 문자적인 나라가 아니라 영적인 악의 세력을 궁극적으로 심판하는 것이라는 주장에 더욱 무게를 실어 준다.

내용 분석

하나님의 사랑에 대한 의심(1:1-5)
이 단락은 하나님이 여전히 포로 후기 공동체를 사랑하실 것인가 하는 문제로 시작한다(1:2). 포로 후기 공동체가 하나님의 사랑에 의문을 제기한 이유는, 앞에서 설명했듯이, 열국을 심판하실 것이라는 하나님의 약속이 지연되기 때문이었다. 이 때 하나님은 에서의 자손인 에돔을 멸하고 이스라엘을 사랑했음을 언급하심으로써, 포로 후기 공동체를 여전히 사랑하고 계심을 다시 한 번 확인시켜 주신다. 그러면서 오히려 포로 후기 공동체가 하나님을 향한 사랑을 저버렸음을 반어적으로 보여 주신다.

제사장들의 언약 파기(1:6-2:9)

하나님은 제사장들이 제단에 더러운 떡을 드림으로써 하나님의 상을 경멸했다고 책망하신다(1:7). 1:10-11은 제사장들의 잘못된 제사를 하나님이 받지 않으실 것이고 오히려 종말에 열국이 깨끗한 제물을 드릴 것이라고 선언한다. 1:2은 에서와 야곱을 대조했는데, 1:10-11은 그 대조를 유다와 열국의 대조로 발전시키고 열국이 오히려 유다보다 더 의롭게 될 것이라고 말한다.[6] 말라기서에서 열국은 스가랴서처럼 단순히 남은 자(슥 2:11; 8:20-21; 9:7)가 아니라 예배 공동체 안으로 들어오는 자들로 묘사된다. 따라서 말라기서는 나중에 유다와 열국의 구도를 의인과 악인의 구도로 변형시키고, 하나님을 진정으로 경외하지 않은 유다 백성은 악인에 속해 심판을 받을 것이라는 신학을 제시한다(3:18).

모세의 제사법은 흠 있는 동물을 제물로 드릴 수 없도록 규정한다(레 22:17-25; 신 15:21). 따라서 하나님은 흠 있는 제물을 드리는 제사장들의 얼굴에 희생제물의 똥을 바를 것이라고 말씀하시고(2:3), 올바른 제사에 무관심한 제사장들 때문에 레위의 언약이 파기되었다고 선언하신다(2:8; 참고 민 25장). 단순히 흠 있는 제물을 드렸기 때문에 하나님이 레위 언약을 파기하신 것은 아니다. 말라기 서두에서 언급하듯이, 하나님과 인간의 언약 관계는 기본적으로 사랑의 관계였는데, 당시 제사장들이 하나님을 사랑하지 않고 형식적으로 제사를 드렸기 때문에 하나님이 그들과의 언약을 파기하실 수밖에 없었던 것이다.

다음 단락(2:10-16)은 언약 관계의 목적이 기본적으로 하나가 되는

---

6) Redditt, "Themes in Haggai-Zechariah-Malachi", 191.

데 있음을 말함으로써, 2:8의 제사장들과의 언약 파기가 그들이 하나님과 하나가 되지 못했기 때문임을 보여 준다. 하지만 미래에 언약의 사자가 오면 레위 언약이 회복될 것이고(3:3), 다른 언약들도 회복되어 완성될 것이다(참고. 4:4-5).

이스라엘의 언약 파기(2:10-16)

앞의 단락이 레위 언약을 파기한 제사장에 초점을 맞추었다면, 이 단락은 조상의 언약을 지키지 못해 언약을 파기한 일반 백성들에게 초점을 맞춘다. 이 단락은 동심원 구조를 이룬다.[7]

    A. 한 아버지와 한 하나님(2:10)
        B. 잡혼으로 인한 불성실(בָּגַד, '바가드')(2:11)
            C. 제물(מִנְחָה, '민하')을 드린 자도 저주를 받을 것임(2:12)
            C'. 하나님이 더 이상 제물(מִנְחָה)을 받지 않으실 것임(2:13)
        B'. 이혼을 통한 불성실(בָּגַד)(2:14)
    A'. 하나님은 그들을 하나로 지으셨다(2:15-16)

포로 후기 유다 공동체는 아내와 이혼하고 이방 신을 믿는 여인과 결혼함으로써 조상의 언약을 파기했다(2:11, 14). 이혼과 잡혼은 궁극적으로 다른 신을 받아들이는 셈이 되어 여호와 신앙을 저버리는 결과를 초래했다. 이 단락은 앞 단락(1:6-2:9)과 어휘와 주제 면에서 평행을 이룬다.[8]

---

7) Douglas Stuart, "Malachi", in *The Minor Prophets*, vol. 3, ed. Thomas Edward McComiskey (Grand Rapids, Mich.: Baker, 1998), 1328,

① 아버지(1:6/ 2:10)

② 제단(1:7, 10/ 2:13)

③ 열납(1:8, 10, 13/ 2:13)

④ 언약(2:4, 5, 8/ 2:10, 14)

⑤ 자손(2:3/ 2:15)

⑥ 지킴(2:7/ 2:15, 16)

이와 같은 평행은 독자들에게 2:10-16을 1:6-2:9과 연결시켜 읽도록 유도한다.

2:10-11

2:10은 한 아버지와 한 하나님에 대한 언급으로 시작한다. 여기서 한 아버지는 누구를 가리키는가? 아담 또는 아브라함을 떠올릴 수 있지만, 말라기서의 문맥에서 볼 때 하나님을 가리킨다는 게 더 신빙성 있다(1:6). 스튜어트의 지적대로, 당시 아버지는 자녀의 결혼을 주선하고 결정하는 책임자였기에, 자녀들은 결혼에 관해 아버지의 뜻을 따라야 했다.[8] 이런 점에서 하나님을 아버지로 호칭하는 것은 포로 후기 유다 공동체가 아버지인 하나님의 뜻에 따라 결혼을 결정해야 했는데 그들이 하나님의 뜻을 저버리고 이방 신의 딸들과 결혼했음을 책망하는 효과가 있다.

또한 2:10은 하나님은 한 분이기에 공동체를 하나가 되도록 지으셨다는 신학적 의미를 보여 준다. 따라서 이 구절은 공동체가 한 분이신

---

8) Stuart, "Malachi", 1327.
9) Stuart, "Malachi", 1329.

하나님만을 섬긴다면 공동체도 하나가 되고, 공동체의 주축을 이루는 가정도 하나가 될 것이라는 진리를 제시한다. 2:15은 "그에게는[하나님께는] 영이 충만하였으나 오직 하나를 만들지 아니하셨느냐"라고 말함으로써, 올바른 신앙은 하나님과 하나가 되고 공동체와 가정도 하나가 되는 데 있음을 더욱 명시적으로 드러낸다.[10]

말라기는, 언약의 목적이 궁극적으로 하나님, 공동체, 가정, 그리고 이웃과의 관계에서 하나가 되도록 하는 것이기 때문에, 하나가 되지 않는 것은 신앙을 저버리고 조상의 언약을 파기하는 셈이라고 선언한다.

이런 맥락에서 2:10b은 유다가 자기 형제에게 거짓을 행했다고 말한다. "거짓"이라는 말은 히브리어로 '바가드'(בָּגַד)로, '불성실'이라는 뜻이다. 이는 주로 언약 관계에서 등장하는 말로, 2:10-16에서 자주 반복되어 나오는 키워드이다(10, 11, 14, 15, 16절). 여기서 불성실은 유다가 이방 신의 딸과 잡혼하고 이혼하는 모습을 가리킨다. 말라기는 이 단어를 사용하여 공동체가 하나가 되지 못하고 가정도 하나가 되지 못하여 언약 관계를 훼손했음을 질타한다.

2:11은 먼저 잡혼 문제에 초점을 맞춘다. 확실히 이방 신을 믿는 여인과의 잡혼은 공동체가 여호와 신앙으로 하나가 되는 언약의 목적을 훼손하는 행위였다. 이런 점에서 잡혼은 조상의 언약인 모세 언약을 욕되게 하는 것이었다(2:10b).[11]

---

10) Richard A. Taylor and E. Ray Clendenen, *Haggai, Malachi*, NAC 21A (Nashville, Tenn.: Broadman & Holman, 2004), 325.
11) David W. Baker, *Joel, Obadiah, Malachi*, NIVAC (Grand Rapids, Mich.: Zondervan, 2006), 252.

2:12-13

여기서 의미론적 초점은 이교도식의 예배다. 하나님과의 언약을 망각하고 이방 신의 딸과 결혼했을 때, 결과적으로 예배가 타락하게 된다는 교훈이다. 이방인들의 예배는 신과의 인격적인 관계보다 신에게 제사를 드려 기계적으로 복을 얻는 데 목적이 있었다. 그래서 제사를 드릴 때, 신들로부터 복을 받기 위해 슬퍼하며 부르짖었다(호 7:14; 왕상 18:26-30; 사 15:2-3).[12] 이런 잘못된 예배 형태는 이방 신의 딸들과 결혼한 유다 백성들에게 영향을 미쳐, 유다 백성들도 제사를 드릴 때 형식적인 눈물과 탄식을 보임으로써 하나님으로부터 기계적으로 복을 얻으려고 했다.

그래서 2:13은 이들이 "눈물과 울음과 탄식으로 여호와의 제단을 가리게 하는도다"라고 말한다. 슬픈 모습을 보여 하나님께 뭔가를 구하려는 자세는 분명히 잘못이다. 물론 슬픈 모습을 취한다는 자체는 잘못이 아니다. 문제는 슬픔 가운데서 진정으로 회개하는 자세가 아니라 슬픔이라는 외식적 행동을 통해 하나님으로부터 기계적으로 복을 얻으려는 태도다. 이처럼 포로 후기 유다 공동체는 잡혼을 행함으로써 모세 언약을 훼손하고 예배의 본질도 왜곡시켰다.

2:14-16

이 단락의 초점은 이혼이다. 2:14은 하나님이 "너와 네가 어려서 맞이한 아내 사이에 증인이" 되신다고 말한다. 언약의 증인이 된다는 것은 단순히 어떤 관계를 수동적으로 증언하는 것이 아니라 관계를 더욱 견

---

12) Stuart, "Malachi", 1334-1335.

실히 유지하기 위해 영향력을 행사한다는 뜻이다.[13] 말라기서는 결혼을 언약의 관점에서 이해하고, 하나님이 그 결혼 언약의 증인이셨음을 말한다(2:14; 참고. 잠 2:17). 하나님이 백성들의 결혼 언약의 증인이 되시는 것은 결혼 당사자들이 결혼을 통해 하나가 되도록 하기 위함이다. 그러므로 백성들의 이혼은 하나가 되도록 하신 하나님의 의도를 저버리는 행위다.

2:15은 구약 성경에서 가장 난해한 구절 중 하나다.[14] 이 구절의 히브리어 원문을 직역하면 다음과 같다.

그는[여호와는] 하나를 만들었는데, 그때 그것(하나)에 영이 남아 있도록 하지 않으셨다[15](즉, 여호와는 영으로 사람을 하나가 되도록 만들었을 때 그 외에 다른 목적을 위한 영은 남아 있지 않았다). 그리고 왜 하나를 만들었는가? 그 이유는 하나님의 씨를 구하려 하기 때문이다. 그러므로 너희는 너희의 영을 지켜서 네가 젊었을 때 취한 아내에게 불성실하지 말라.

여기서 '하나'가 무엇을 가리키는지에 관해 많은 이견이 있다. 물론 아담과 하와가 한 몸이 되었다는 것을 지칭할 수 있다. 실로 2:10, 15에 제시된 창조 모티프는 아담과 하와를 연상시키는 것처럼 보인다.[16]

---

13) Stuart, "Malachi", 1337.
14) Stuart, "Malachi", 1340.
15) 많은 현대어 역본들이 탈굼, 시리악, 그리고 불가타역을 참고하여 이것을 의문문으로 바꾸고 있다. 하지만 마소라 본문에서는 의문문 형태가 아니다. "그를 위해 영이 남아 있다"라는 절 앞에는 접속사 '와우'(ו)가 있다. 이 ו는 역접(disjunctive)의 역할을 하는 등위 접속사로, 앞의 상황에 대한 부대 상황의 의미로 해석할 수 있다.

이렇게 되면 부부가 하나라는 사실을 강조하는 말이 된다. 또한 단순히 하나의 공동체를 언급할 수도 있다.[17] 어쨌든 2:15은 하나님이 사람(들)을 하나의 영이 되도록 지으셨다는 사실을 이혼 문제에 적용한다.

2:15 전반부는 하나가 된 부부는 원래 조금도 남음이 없는 하나의 영으로 창조된 하나였다고 말한다. 여기서 영(רוח, '루아흐')은 누구의 영인가? 인간의 영인가 아니면 하나님의 영인가?[18] 문맥상, 인간의 영을 가리킨다고 보는 게 맞다. 결국 2:15 전반부는 하나님이 창조하신 인간의 영의 목적이 하나가 되도록 하는 데 있음을 보여 준다(창 2:7; 민 16:22; 욥 27:3; 시 104:29-30). 이는 인간의 영이 하나님과 타인과의 관계에서 하나가 되기 위해 창조되었기 때문에 여분의 영이 있을 수 없다는 의미며, 이런 점에서 2:15 전반부는 이혼이 인간이 지닌 영의 목적을 위반한 것임을 교훈한다.

2:15 후반부에서 개역개정판은 "네 심령을 삼가 지켜 어려서 맞이한 아내에게 거짓을 행하지 말지니라"라고 번역한다. 하지만 히브리어 원문을 보면 "너희의 영을 지키라 그리고 너의 젊었을 때 얻은 아내에게 불성실하지 말라"라고 번역해야 한다. 여기서 "그리고"에 해당되는 접속사 '와우'(ו)는 설명적(epexegetical) '와우'로, 영을 지키는 것이 무엇인지를 새롭게 설명하기 위해 사용된 접속사다.[19] 이런 문법적 지식

---

16) Stuart, "Malachi", 1340-1341. 여기서 Stuart는 이 구절에 대한 학자들의 다양한 견해를 제시한다.
17) Baker, *Malachi*, 256-257.
18) Kaiser는 이 영을 하나님의 영으로 해석함으로써 하나님의 능력, 권위 등으로 이해했다. Walter C. Kaiser Jr., *What Does the Lord Require?: A Guide for Preaching and Teaching Biblical Ethics* (Grand Rapids, Mich.: Baker, 2009), 101.
19) Waltke and O'Connor, *Biblical Hebrew Syntax*, 652.

을 고려할 때, 2:15 후반부는 영을 지키는 행위가 구체적으로 아내와 헤어지지 않는 것임을 설명한다.

인간의 영은 하나님과 하나가 되고 공동체와 하나가 되며, 더 나아가 배우자와 하나가 되는 데 그 목적이 있기 때문에, 이혼을 통해 하나가 되지 못하는 것은 인간이 본래 지닌 영의 목적을 위반하는 셈이다.

스가랴서는 새 언약이 체결될 때 요엘 2:18의 종말의 영이 실현될 것임을 암시했다(슥 12:10). 이런 문맥에서 인간의 영의 목적이 무엇인지를 보여 주는 말라기서는 종말의 영이 어떤 사명을 지닐 것인지를 예견해 준다. 다시 말해, 말라기서는 종말의 영이 사람이 하나님과 하나가 되고, 공동체와 가정에서 하나가 되는 삶을 살도록 이끄는 기능을 할 것임을 시사해 준다.

말라기서와 짝을 이루는 호세아서는 하나님과 인간 사이를 방해하는 영을 '음란의 영'이라고 했다(호 4:12; 5:4).[20] 구체적으로 호세아서에서 음란의 영은 하나님과 하나가 되는 결혼 관계를 방해하고(호 1장), 사람들과의 관계에서도 공의와 인애를 실천하지 못하도록 만드는 영이었다(참고. 호 4:1-2). 이런 점에서 호세아서의 인간론도 말라기서의 인간론처럼 원래 인간의 영(רוח)의 목적이 하나님과 사람, 그리고 사람과 사람을 하나가 되도록 하는 데 있음을 보여 준다.

미가서는 인간의 연약함과 죄성 때문에 종말에 사람들이 하나님과 분리되고 사람들 사이에도 분쟁이 일어날 것을 예고했다(참고. 미 7:5-6). 같은 맥락에서 말라기서도 인간의 영이 하나됨을 이루지 못했음을 부각시키고, 종말에 요엘서의 성령이 부어질 때 인간이 하나님과 사람

---

20) 개역개정판은 이것을 "음란한 마음"으로 잘못 번역했다.

과의 관계에서 온전히 하나가 될 것을 암시한다. 그래서 말라기는 분리된 아버지와 아들의 관계가 종말에는 하나로 돌아오게 될 것을 예언한다(4:6). 따라서 우리가 성령을 받는 목적이 하나님과 사람과의 관계에서 하나됨을 회복하는 데 있음을 교훈한다.

2:16은 이혼을 재차 책망한다. 이 구절은 2:15과 함께 패널 구조를 이룬다.

A. 하나님은 사람들을 하나가 되는 영으로 지으셨다(15a절)
 [하나를 지은 목적은 하나님의 씨를 얻기 위함이다(15b절)]
 B. 너희의 영을 지키라(15c절)
  C. 배우자에게 불성실하지 말라(15d절)
A'. 하나님은 이혼(하나가 되지 않는 것)을 싫어하신다: 이혼은 폭력이다 (16a절)
 B'. 너희의 영을 지키라(16b절)
  C'. 배우자에게 불성실하지 말라(16c절)

2:16 전반부에서 하나님은 "이혼하는 것과 옷으로 학대를 가리는 자를 미워하노라"라고 말씀하신다.[21] 이 부분을 구문론적 특성을 고려하여 새롭게 번역하면 다음과 같다.

---

21) '가리다'라는 히브리어 동사 '카싸'(כסה)는 직접목적어로 전치사 '알'(על)을 앞에 대동하기도 하지만, 그렇지 않은 경우도 있기 때문에 문맥을 통해 해석하는 것이 옳다. 말 2장의 문맥으로 보았을 때, '학대'를 '가리다'의 목적어로 보는 것이 더 신빙성이 있다.

하나님은 이혼하는 것을 싫어하신다. 이혼은 학대를 옷으로 숨기는 것이기 때문이다.

구약 성경에서 결혼은 '배우자의 옷으로 가려진다'는 의미를 지닌다(참고. 룻 3:9).[22] 이런 관점에서 2:16은, 결혼이 옷으로 배우자를 가리는 행위라면, 이혼은 옷으로 학대를 가리는 모습이라는 아이러니를 보여 준다. 2:16의 '가리다'라는 동사는 2:13의 가증한 이교도 신앙으로 여호와의 제단을 '가린다'라는 동사와 동일한 단어다. 말라기서는 이처럼 동일한 단어를 반복적으로 사용하여, 이혼은 예배에서 이교도 신앙으로 단을 가리는 것과 같이 가증스러운 일이라는 사실을 강조한다. 물론 모든 이혼이 가증하다는 뜻은 아니다. 적어도 말라기서가 말하는 이혼에는 이방 여인과 결혼하기 위한 배교적인 색채가 전제되어 있다. 말라기서가 책망하는 이혼은 궁극적으로 하나님과의 하나됨을 방해하는 이혼을 가리킨다.

하나님의 공의 문제(2:17-3:6)

포로 후기 유다 공동체는 하나님이 과연 정의로운 분인가 하는 신정론 문제와 씨름했다. 하박국과 스가랴의 예언과 달리 열국에 대한 심판은 이루어지지 않았다. 오히려 이방 나라들은 하나님의 예언을 비웃듯 번성했다. 이런 현실 앞에서 포로 후기에 신앙에 회의를 품은 유다 공동체는 이교도 신앙을 좇고 이방 여인과 결혼하면서 잘못된 신앙의 길로 가기 시작했다. 이들의 영적 상태는 "정의의 하나님이 어디 계시냐?"

---

22) Kaiser, *What Does the Lord Require?*, 101.

라는 질문에 잘 나타나 있다(2:17). 이런 상황에서 하나님은 종말에 언약의 사자를 보내어 공의의 심판을 행할 것을 역설하신다(3:1-6).

하나님은 "언약의 사자"(3:1b)를 보내기 전에 먼저 "내 사자"(3:1a)를 보내실 것이다. "내 사자"는 "언약의 사자"의 길을 예비하는 자다. "언약의 사자"는 "주"와 평행을 이룸으로써 신적 존재임을 암시한다. 이는 스가랴서의 문맥에서 볼 때 '언약을 이루는 주체자'라고 할 수 있다. 그렇다면 신적인 존재인 언약의 주체자에게 왜 '사자'(messenger)라는 호칭을 붙였는가? 언약의 사자가 하나님이면서 동시에 하나님과 인간 사이를 연결하는 중보자이기 때문이다. 언약의 사자는 신약 성경의 예수 그리스도를 가리키고, 내 사자는 예수 그리스도를 예비하러 미리 보냄을 받은 엘리야를 지칭한다(4:5).

언약의 사자의 도래(3:2)는 "그가 임하시는 날"로 표현됨으로써 여호와의 날 관점에서 제시된다. 이 날을 "누가 능히 당하며"라는 물음은 요엘 2:11에 언급된 여호와의 날의 특징을 연상시킨다. 따라서 요엘서와 말라기서는 여호와의 날이라는 관점에서 소예언서 전체를 인클루지오 구조로 만든다.[23] 종말에 도래하는 언약의 사자는 백성들을 연단하여 깨끗케 할 것이고(3:3), 악인을 심판할 것이다(3:5).

회개에 관한 논쟁(3:7-12)
이 단락은 말라기서 결론부의 시작이다. 이 단락은 하나님이 언약을 위반한 포로 후기 공동체에게 돌아올 것을 촉구하시는 내용으로 시작한다.[24] 하나님은 그들에게 돌아오는 표징으로 십일조 규례를 지킬 것을

---

23) Rolf Rendtorff, 'How to Read the Book of the Twelve as a Theological Unity", in *Reading and Hearing the Book of the Twelve*, 85.

명령하시고, 십일조를 드린다면 그들에게 놀라운 축복을 내려 주실 것이라고 약속하신다. "너희 땅이 아름다워지므로 모든 이방인들이 너희를 복되다 하리라 만군의 여호와의 말이니라"(3:12).

십일조에 대한 언급은 단순히 외형적으로 그 계명을 준수하느냐의 여부에 초점이 있는 것이 아니다. 말라기서에서 십일조 준수는 하나님을 경외한다는 표시였다. 그러므로 십일조를 준수하라는 요구는 궁극적으로 하나님을 경외할 것을 촉구하기 위함이다.

구약 성경은 십일조의 목적을 여러 곳에서 증거한다(레 27:30-33; 민 18:21-28; 신 12:6-17; 14:22-28). 십일조를 드리는 것은 모든 축복이 하나님께 속했다는 것을 인정하는 행위였다. 더 나아가 십일조는 레위인들의 필요를 채워줌으로써 온전한 예배를 드릴 수 있도록 하는 장치였다(참고. 민 18:21-32).[25] 이런 점에서 십일조에 대한 강조는 온전한 예배와 밀접한 관련이 있다.[26] 그러므로 말라기서의 십일조에 대한 명령에는 온전한 예배를 드리기 위한 목적도 있다.

말라기서 당시 포로 후기 공동체는 경제적으로 넉넉하지 않았다. 경제적 여유가 없었던 이들은 몰래 병든 제물을 바치기도 했다(1:7,

---

24) 말 3:7-4:6은 따로 다음과 같은 구조를 지닌다.
   A. 돌아오라(שוב)는 촉구에 대한 포로 후기 공동체의 세 가지 항변(3:7-15)
      a. 7절: 우리가 어떻게 하여야 돌아가리이까?
      b. 8절: 우리가 어떻게 주의 것을 도둑질하였나이까?
      c. 13절: 우리가 무슨 말로 주를 대적하였나이까?
   B. 악인과 의인의 대조: 하나님을 경외하는 자는 돌아올(שוב) 것임(3:16-19)
   B'. 악인과 의인의 대조: 하나님을 경외하는 자는 치료받을 것임(4:1-3)
   A'. 모세의 율법을 지키라: 종말에 엘리야가 돌이키게(שוב) 할 것임(4:4-6)
25) Baker, *Malachi*, NIVAC, 285.
26) Stuart, "Malachi", 1370.

14). 더군다나 십일조를 강제할 수 있는 시스템도 없었다. 이런 상황에서 하나님은 말라기를 통해 십일조를 드리지 않는 것은 도둑질이라고 강력하게 비판하셨다. 도둑질한다는 것은 십계명을 위반하는 행위이기 때문에, 십일조를 내지 않는다는 것은 넓은 의미에서 하나님의 계명을 지키지 않는 행위였다. 따라서 십일조를 드리라는 말은 십계명으로 대변되는 율법을 지키라는 뜻이기도 했다.

더 나아가 십일조를 드리는 행위는, 말라기 2장의 문맥에 비춰볼 때, 하나님과 하나됨의 표시로도 이해할 수 있다. 십일조를 드린다는 것은 주어진 상황이 어려울지라도 자신이 하나님과 하나가 되어 하나님을 온전히 따르겠다는 마음가짐의 표현이다. 그러므로 말라기서가 돌아옴의 증거로 십일조를 준수하라고 촉구한 것은 내면에서 하나님과 하나가 되라는 적극적인 요구였다.

3:10-11은 십일조를 드릴 때 백성이 받는 축복을 말한다. 하지만 여기서 오해는 금물이다. 십일조만 내면 하나님이 그 사람에게 자동으로 축복을 주신다는 의미로 이해하는 것은 잘못이다. 그런 이해는 이교적 신앙의 행태와 별반 다르지 않다(참고 2:13). 물론 하나님의 축복에는 개개인에게 주는 축복도 있지만, 그 핵심은 공동체에 주어지는 축복이다. 또한 축복의 성격도 자연의 회복이라는 다분히 종말론적 성격을 띤다.[27] 이런 점에서 십일조를 통한 축복은 개인적 의미보다 공동체를 세우기 위한 집단적 의미가 더 크다. 결국 하나님이 개인에게 주시는 축복은 공동체에 복을 주고 공동체를 올바로 세우기 위한 통로다. 그래서 잠언은 의인의 모습을 공동체를 세우는 관점에서 제시한다.[28]

---

27) Stuart, "Malachi", 1369.

하나님의 공의의 문제와 의인과 악인의 대조(3:13-4:3)

이 단락은 악한 자가 오히려 번성하는 상황에서 하나님을 섬기는 일이 무슨 유익인가 하는 신정론의 문제를 다시 다룬다. 이 문제와 관련해서 하나님은 2:17-3:6에서보다 더 구체적으로 답변하신다. 앞서 2:17-3:6에서 하나님의 답변은 언약의 사자를 보내어 심판하신다는 것이었다. 하지만 이 단락에서 하나님의 답변은 더 적극적이어서, 하나님은 여호와를 경외하는 백성들과 언약을 맺고 그들이 악인을 밟도록 할 것이라고 말씀하신다(4:3).

3:16은 "여호와 앞에 있는 기념책"을 언급하는데, 그 의미에 대해 학자들 사이에 여러 이견이 있다. 노갈스키는 이 책이 여호와를 경외하는 자들을 위한 책이라고 주장한다. 즉, 미래에 여호와를 경외하는 자들이 선과 악을 분별할 수 있도록 쓰인 책이라는 것이다.[29] 그래서 이 책을 통해 미래의 경건한 자들은 악한 길로 가지 않게 될 것이라고 해석한다. 이런 해석은 4:4-5에서 모세와 엘리야를 언급하고 그들이 보여 준 율례와 법도를 따를 것을 명령하는 내용과 부합하는 듯하다. 하지만 다른 한편 이 기념책은 하나님이 자신을 경외하고 공경하는 자들을 기억하고 보상하시기 위해 쓰인 책이라고도 볼 수 있다.[30] 어쨌든 이 기념책이 여호와를 경외하는 자에게 축복의 책이 될 것은 분명하다.

3:17은 여호와를 경외하는 자는 미래의 언약 백성을 뜻하는 "특별

---

28) 잠언에서 공동체는 중요한 주제 중 하나다. Brown, *Character in Crisis*, 21; James L. Crenshaw, *Old Testament Wisdom: An Introduction* (Louisville: Westminster John Knox, 1998), 3.

29) James D. Nogalski, "Recurring Themes in the Book of the Twelve: Creating Points of Contact for a Theological Reading", *Interpretation* 61 (2007): 135.

30) Taylor and Clendenen, *Haggai, Malachi*, 444.

한 소유"가 될 것이라고 말한다(참고 출 19:5). 이렇게 해서 3:1의 언약의 사자가 왜 언약의 사자인지를 분명하게 드러낸다. 언약의 사자가 심판의 수행자일 뿐만 아니라 백성과 새 언약을 맺어 그들을 언약 백성으로 만드는 중보자가 될 것을 보여 주기 때문이다. 말라기서는 유다 백성일지라도 여호와를 경외하지 않는다면 새 언약의 수혜자가 될 수 없다는 점을 강조한다.

말라기서는 여호와의 날에 열국도 새 언약 백성에 포함될 것을 강력한 어조로 말한다(3:12, 16). 말라기서는 여호와의 날을 열국이 심판받는 날이 아니라 의인과 대립되는 악인이 심판받는 날로 제시한다(3:18-4:3).[31] 물론 소예언서의 다른 책들도 종말에 열국이 하나님께 돌아온다는 사실을 언급한다(미 4:1-4; 슥 2:11; 8:22; 9:10). 하지만 열국이 의인이 된다는 사실은 잘 말하지 않는다. 이런 점에서 말라기서가 말하는 열국의 구원은 매우 이례적이다.

4:2은 하나님이 공의로운 해(광명)를 비추어 하나님을 경외하는 자들을 치료하실 것이라고 말한다. 치료의 목적은 의의 모습으로 만들기 위함이다. 비슷하게 이사야 58:8도 공의와 치료의 상관관계를 보여 주고, 하나님이 백성들을 치료하여 의롭게 하실 것이라고 말한다.[32]

4:2이 언급한 "공의로운 해"는 히브리어 구조로 보면 '의의 해'라는 표현이 되어, 의를 가져다주는 해(광명)로 해석할 수 있다.[33] 그러므로 4:2은 의를 가져다주는 빛을 통해 백성이 의인으로 변화된다는 사상을

---

31) Nogalski, "Recurring Themes in the Book of the Twelve", *Interpretation* 61 (2007): 127.
32) Rex Mason은 말라기서의 신학이 종말에 하나님의 백성을 "의의 왕국"으로 세우는 데 있다고 주장한다. Rex Mason, "Malachi: Theology of", *NIDOTTE* 3: 929.
33) Baker, *Malachi*, 298.

보여 준다. 다시 말해 하나님의 강권적 은혜를 통해 남은 자가 의의 열매를 맺게 된다는 신학이다. 반면 악인은 초개같이 되어 그들의 뿌리와 가지가 남지 않을 것이다(4:1). 그러므로 악인은 의인과 달리 열매를 맺지 못할 것이다.

미가 7:9을 논할 때 언급한 것처럼, 미가는 남은 자가 하나님의 의로운 광명으로 인도함을 받아 하나님의 의를 덧입어서, 공의와 인애와 의의 열매를 맺을 것을 암시했다(미 6:8). 마찬가지로 말라기서도 식물 이미지를 사용하여 의인이 하나님으로부터 오는 의로운 빛을 통해 치료를 받아 공의와 인애의 열매를 맺게 될 것을 보여 준다(참고. 3:5).

의인이 치료를 통해 공의와 인애의 열매를 맺는 자로 변화된다는 사상은 말라기서와 짝을 이루는 호세아 14:4-8의 진술에서 더욱 지지를 얻는다. 호세아 14:4은 말라기 4:2과 똑같이 치료를 언급하고, 치료의 목적이 종말에 백성들에게 하나님이 원하시는 열매를 맺도록 하는 데 있음을 말한다(참고. 호 14:8). 호세아서에서 하나님이 사람에게 원하시는 열매는 공의와 인애와 의의 열매다(참고. 호 2:19-23; 10:12).

이상의 관찰을 종합할 때, 소예언서는 처음과 중간 그리고 마지막에 공의와 인애와 의의 열매를 제시함으로써 소예언서 종말론의 핵심이 성도들의 올바른 삶의 열매에 있음을 각인시킨다.

4:3은 종말에 치료를 받은 의인이 악인을 밟을 것이라고 예언한다. 비슷하게 미가서도 종말에 의인이 출현할 때, 대적들이 진흙처럼 밟히게 되고 뱀처럼 티끌을 핥게 될 것이라고 말한다(미 7:10, 17). 의인이 대적을 밟는 이미지는 의인이 왕의 지위를 갖는다는 의미다. 왕의 주된 역할은 공의와 인애를 행하는 것이기에, 대적을 밟는 이미지는 의인이 어떤 대적도 물리치는 강인한 존재가 될 것이라는 의미와 함께 공의와

인애와 의를 행할 것이라는 의미를 내포한다.

언약 준수(4:4-6)

이 마지막 단락은 모세의 율례와 법도를 기억하고 준수할 것을 촉구한다(4:4). 모세의 율례와 법도는 모세의 언약을 연상시키기 때문에, 이 촉구는 언약을 지키며 살 것을 권면하는 말씀이다. 그렇게 되면 반드시 언약의 사자가 와서 백성들과 새 언약을 맺을 것이다.

4:6의 전반부는 마지막 날에 언약의 사자에 앞서 엘리야가 와서 "아버지의 마음을 자녀에게로 돌이키게 하고 자녀들의 마음을 그들의 아버지에게로 돌이키게 하리라"라고 말한다. 여기서 아버지와 아들을 언급하는 것은 의외다. 어떤 이들은 이 말을 종말에 아버지와 아들들이 이기적인 삶을 살지 않고 서로를 돌볼 것이라는 뜻으로 해석한다.[34] 이 해석이 전적으로 틀린 것은 아니지만, 말라기서 전체의 문맥에서 볼 때, 가정이 하나가 되고 더 나아가 공동체가 하나가 된다는 의미로 해석하는 것이 더 정확하다.

창세기에서 가인은 아벨을 죽이고 유리하는 자가 되어 형제와 분리되고 부모와 분리되었다. 이처럼 구약 성경의 서두에서 가정이 분리되었는데, 말라기서는 종말에 그런 상황이 역전되어 가정이 하나가 될 것임을 보여 준다. 이런 점에서 구약 성경 전체가 인클루지오를 이룬다고 말할 수 있다. 말라기서 자체도 아버지라는 말이 서두와 말미에 나타남으로써(1:6) 인클루지오 구조를 이룬다.

---

34) Taylor and Clendenen, *Haggai, Malachi*, 462.

신학적 메시지

언약

말라기서의 핵심 주제는 언약이다. 말라기서는 세 가지 언약을 언급하는데, 바로 레위 언약(2:8), 조상의 언약(2:10), 결혼 언약(2:14)이다. 하나님이 백성과 언약을 맺으시는 것이 백성과 하나가 되고 공동체와 가정도 서로 하나가 되도록 하기 위한 것이라는 점에서(2:10-16), 하나됨은 언약의 기본 정신이다. 하지만 말라기서 당시 유다 백성들은 하나님과 하나가 되지 못했고, 자신들끼리도 하나가 되지 못했다. 그래서 언약을 위반하고 잡혼과 우상숭배, 이혼이라는 죄를 지었다.

물론 말라기서가 말하는 언약 준수는 단순히 외형적으로 하나가 된다는 의미가 아니다. 2:2에서 말하는 것처럼, 언약 준수는 마음과 밀접한 관련이 있다. "만군의 여호와가 이르노라 너희가 만일 듣지 아니하며 마음에 두지 아니하여 내 이름을 영화롭게 하지 아니하면 내가 너희에게 저주를 내려 너희의 복을 저주하리라 내가 이미 저주하였나니 이는 너희가 그것을 마음에 두지 아니하였음이라."

언약의 준수는 마음에서 출발하는 것이기 때문에, 말라기서는 마음에 많은 관심을 보인다. "그가 아버지의 마음을 자녀에게로 돌이키게 하고 자녀들의 마음을 그들의 아버지에게로 돌이키게 하리라"(4:6). 그러므로 언약 관계를 이루기 위해서는 무엇보다 마음에서 우러나오는 하나됨의 자세가 중요하다. 하지만 당시의 포로 후기 공동체는 하나님과 이웃에게 진정한 마음에서 우러나오는 하나됨을 실천하지 못했다.

이런 상황에서 말라기서는 하나님이 종말에 언약의 사자를 보내실 것이라고 예언한다. 언약의 사자가 오기 전에 하나님은 엘리야를 먼저 보내실 것이다(3:1; 4:5). 엘리야는 메시아인 언약의 사자의 길을 준비할 것이고(3:1), 언약의 사자는 이름 그대로 언약을 파기한 자들에게 심판을 행하고, 여호와를 경외하는 자와 새 언약을 맺을 것이다(3:16-17). 이 새 언약의 수혜자에는 열국도 포함된다(1:11; 3:16). 여기서 새 언약의 목적은 당연히 하나님과 백성이 하나가 되고 공동체와 가정이 하나가 되는 데 있다.

이런 새 언약의 특성은 오늘날 우리의 신앙에 새로운 통찰을 준다. 새 언약의 목적이 궁극적으로 마음으로 하나님과 하나가 되고 이웃과 하나가 되며 가정이 하나가 되도록 하는 것임을 새롭게 일깨워 주기 때문이다. 그러므로 오늘날 새 언약의 축복을 누리며 사는 우리는 하나님과 인간 사이에 하나가 되도록 힘써야 한다. 물론 이 하나됨은 성령을 통해서만 가능하다. 2장에서 언급했듯이, 인간의 영은 하나가 되기에 너무나 연약한 그릇이다.

십일조

말라기서는 십일조 규례를 준수할 것을 촉구한다. 물론 십일조 규례를 지키면 자동적으로 하나님의 복을 받게 된다는 의미는 아니다. 십일조 규례의 준수는 하나님께 돌아온다는 것을 보여 주는 표식이면서 하나님이 세우신 계명을 지켜 여호와를 경외하는 삶을 산다는 증거다.

그러면 십일조 제도는 오늘날 유효한가? 어떤 사람들은 구약 성경의 십일조 제도는 제사 제도가 있었던 상황에서 존재한 것이기에 제사 제도가 완성된 오늘날에는 더 이상 구속력이 없다고 주장한다(참고. 마 23:23). 하지만 구약 성경의 십일조 제도가 하나님의 구속사에서 하나님 나라를 세우기 위한 규례임을 잊어서는 안 된다(레 27:30-33; 신

14:24-26). 십일조 제도는 신약 성경에서 폐지된 것이 아니라 완성된 것이다(마 5:17).

따라서 우리는 십일조를 폐지하기보다 그것을 완성하기 위해 십일조 제도 배후에 있는 도덕적 원리들을 삶에 적용해야 한다.[35] 예수님은 부자 청년에게 십일조를 넘어 전 재산을 팔아 가난한 사람들을 구제하라고 명령하시기까지 했다(마 19:21; 막 10:21; 눅 18:22). 무엇보다도 십일조는 우리의 재산과 물질이 하나님으로부터 왔다는 것을 인정하는 마음의 표현이다. 이런 점에서 십일조는 오늘날에도 유효하다.

더군다나 오늘날은 하나님 나라의 확장을 위해 십일조 이상의 헌금이 요구된다. 이에 초대교회 교부들은 십일조 생활을 적극적으로 권장했다.[36] 이 때 교회가 그런 십일조를 가지고 어떻게 사용하는가는 또 다른 문제다. 만약 교회가 십일조의 정신에 어긋나게 부동산 투기와 같이 공의에 어긋난 부정적 목적을 위해 십일조 헌금을 사용한다면, 그것은 분명 잘못된 일이다.

남은 자

말라기서는 남은 자를 하나님의 '세굴라'(소유)로 표현했다(3:17). 원래 '세굴라'는 출애굽기 19:5에서 모세 언약을 통해 언약 백성이 된 이스라엘을 지칭하는 용어다. 따라서 말라기서에서 이 말은 종말의 남은 자가 모세 언약의 정신을 성취하는 새로운 백성이 될 것임을 보여 준다.

---

35) Goldingay, *Approaches to Old Testament Interpretation*, 65. Goldingay는 구약 성경의 할례도 그 정신과 원리를 추론해서 오늘날의 삶에 적용하려는 노력이 필요하다고 주장한다.

36) J. Christian Wilson, "Tithe", *ABD*: 6, 580.

모세 언약에서 그려진 백성의 이상적 모습은 왕 같은 제사장이었다(참고. 출 19:6; 벧전 2:9; 계 5:10). 그러므로 말라기서에서 '세굴라'로 묘사된 남은 자는 언약의 사자를 통해 왕 같은 제사장으로 거듭나게 될 것이라는 암시를 준다.

또한 남은 자는 여호와를 경외하는 자다(3:16; 4:2). 말라기서가 말하는 경외는 하박국서, 스바냐서, 학개서, 스가랴서에서 각각 언급한 성실, 겸손, 거룩의 또 다른 표현이다. 말라기서에서 여호와를 경외하는 자는 악인과 달리 공의와 인애와 의의 열매를 맺는 자로 묘사된다(참고. 3:5; 4:1). 구체적으로 말라기서는 여호와를 경외하는 남은 자는 하나님의 치료를 받고 의의 열매를 맺을 것을 내다본다.

결론적으로 남은 자는 왕 같은 제사장이 되어 하나님과 사람 앞에서 공의와 인애와 의의 열매를 맺는 자다. 그리고 새 언약의 목적이 궁극적으로 하나님과 이웃과 하나됨에 있기 때문에, 여호와를 경외하는 남은 자는 공의와 의와 인애의 열매를 맺어 하나님과 이웃과 하나됨을 이루는 자다.

말라기서는 종말에 남은 자들이 공의와 인애와 의의 열매를 맺게 될 때 자연 질서도 새롭게 변화되어 풍성한 소출이 나올 것이라고 말한다(3:11). 이 대목에서 창조 질서를 위한 인간의 책임이 얼마나 중요한지를 발견하게 된다. 오늘날 우리는 남은 자로서 공의와 인애와 의의 열매를 맺는 자임을 자각하면서, 우리의 열매로 자연도 영향을 받는다는 것을 알고 자연을 위한 청지기적 사명을 잊어서는 안 될 것이다.

하나님은 변함이 없는 분

말라기서의 구조에서 핵심은 2:17-4:3이다. 이 부분은 소예언서 전체의 요약이라고 해도 과언이 아니다.[37] 특별히 3:6은 하나님이 변함없는 분이라는 사실을 명시적으로 언급한다. 당시 유다 공동체는 하나님의 약속의 말씀이 자신들에게 여전히 유효한지에 대해 의구심을 가졌다. 여전히 언약은 갱신되지 않았고, 열국을 심판하실 것이라는 하나님의 약속은 현실과 동떨어져 있었다. 주전 8세기경부터 예언자들이 말했던, 열국에 대한 하나님의 심판과 유다를 향한 소망의 메시지가 과연 이루어질 것인가?

이런 물음 앞에서 말라기서는 하나님이 약속을 지키시는 신실한 분임을 재천명한다(3:6). 하나님은 자비와 사랑으로 반드시 자신의 약속을 이루실 것이다. 오히려 변하는 것은 사람이기에, 말라기서는 하나님을 계속적으로 경외할 것을 권고한다. 하나님이 변함없는 분이라는 사실은 성도들로 하여금 계속적으로 율법을 준수할 수 있게 하는 동력이 된다. 이런 맥락에서 말라기서는 모세에게 주어진 율법을 지키라고 권고하며 끝을 맺는다(4:4).[38]

요컨대, 말라기서는 신앙에 회의를 지닌 사람들에게 하나님은 믿을 만한 분이며 결코 변하지 않는 분이라는 사실을 두드러지게 강조한다. 하나님은 반드시 악인을 멸하고 의인에게 복을 주실 것이고, 의인은 종말에 악인을 밟고 승리할 것이다(4:3). 그러므로 말라기서는 우리에게 하나님의 신실한 성품을 본받아 변함없이 공의와 인애와 의의 열매를 맺을 것을 교훈한다.

---

37) John D. W. Watts는 말 2:17-3:18을 소예언서의 요약이라고 주장하고, 특별히 핵심은 3:6이라고 주장한다. Watts, "A Frame for the Book of the Twelve: Hosea 1-3 and Malachi", in *Reading and Hearing the Book of the Twelve*, 214.

38) Watts, "A Frame for the Book of the Twelve", 217.

오늘날 교회가 세상으로부터 곱지 않은 시선을 받고 있고, 교회에서 일어나는 스캔들로 교회 성장이 오히려 퇴보하는 상황에서 성도들이 올바른 신앙생활을 한다는 것이 쉽지 않은 것은 사실이다. 하지만 말라기서는, 하나님이 여전히 신실하신 분이기에, 상황에 연연하지 않고 계속적으로 하나님을 의지하고 하나님이 원하시는 공의와 의의 열매를 맺기에 힘쓴다면 반드시 의인이 승리할 것이라고 우리를 위로한다. 이 위로에 한국 교회가 힘을 잃지 않고 계속 정도를 걸어가기를 간절히 기도한다.

참고문헌

김창대. "소선지서의 통일성 관점에서 호 14:4와 말 4:2의 치료(רפא)에 대한 고찰."「성경과 신학」56 (2010): 283-312.
_____.「25일 완성 히브리어 정복」. 서울: 도서출판브니엘, 2010.
라이트, 크리스토퍼.「현대를 위한 구약윤리」, 김재영 옮김. 서울: IVP, 2006.
장성길.「피할 수 없는 하나님의 손길: 미가서 주해」. 서울: 도서출판솔로몬, 2009.
주크, 로이/ 유진 메렐 (편집).「구약성경신학」, 김의원/류근상 옮김. 고양: 크리스찬출판사, 2005.
치즈홀름, 로버트.「구약원어성경 주석에서 강해까지」, 류근상 옮김. 고양: 크리스찬출판사, 2003.
_____.「예언서개론」, 강성열 옮김. 고양: 크리스챤다이제스트, 2006.
클라인, 메리데스.「하나님 나라의 서막」, 김구원 옮김. 서울: 개혁주의신학사, 2007.
Abrahams, Samuel P. "Toward a Balanced Perspective of Creation." *Journal of the Interdenominational Theological Center* 23 (1995): 119-129.
Alexander, T. D. *From Paradise to the Promised Land*. Grand Rapids, Mich.: Baker, 2002.

Allen, Leslie C. *The Books of Joel, Obadiah, Jonah and Micah*. The New International Commentary on the Old Testament. Grand Rapids, Mich.: Eerdmans, 1976.

Alter, Robert. *The Art of Biblical Poetry*. USA: Basic Books, 1985.

Armerding, Carl E. "Habakkuk." In *The Expositor's Bible Commentary*, vol. 7. Grand Rapids, Mich.: Zondervan, 1985.

Auld, A. Graeme. *Amos*. Sheffield: JSOT Press, 1986.

Baker, David W. *Joel, Obadiah, Malachi*. NIVAC. Grand Rapids, Mich.: Zondervan, 2006.

Bandstra, Barry L. "Word Order and Emphasis in Biblical Hebrew Narrative: Syntactic Observations on Genesis 22 from a Discourse Perspective." In *Linguistics and Biblical Hebrew*, ed. Walter R. Bodine, 109-123. Winona Lake, Ind.: Eisenbrauns, 1998.

Barton, John. *Understanding Old Testament Ethics: Approches and Explorations*. Louisville, Ken.: WJK, 2003.

Berlin, Adele. *The Dynamic of Biblical Parallelism*. Bloomington: Indiana University Press, 1985.

Biddle, Mark E. "Obadiah-Jonah-Micah in Canonical Context: The Nature of Prophetic Literature and Hermeneutics." *Interpretation* 61 (2007): 154-166.

Bimson, John. "Old Testament History and Sociology." In *Interpreting the Old Testament: A Guide for Exegesis*, ed. Craig C. Broyles, 125-155. Grand Rapids, Mich.: Baker Academic, 2002.

Bodine, Walter R. (ed). *Discourse Analysis of Biblical Literature: What It Is and What It Offers*. Atlanta, Ga.: Scholars, 1995.

Bosma, Carl J. "Creation in Jeopardy: A Warning to Priests(Hosea 4:1-3)." *Calvin Theological Journal* 34 (1999): 64-116.

Brin, Gershon. "Micah 2, 12-13: A Textual and Ideological Study." *ZAW* 101 (1989): 118-124.

Bruckner, James. *Jonah, Nahum, Habakkuk, Zephaniah*. NIVAC. Grand

Rapids, Mich.: Zondervan, 2004.

Brueggemann, Walter. "Jeremiah: Creatio in Extremis." In *God Who Creates: Essays in Honor of W. Sibley Towner*, ed. William P. Brown and S. Dean McBride Jr., 152-170. Grand Rapids, Mich.: Eerdmans, 2000.

Christensen, Duane L. *Nahum: A New Translation with Introduction and Commentary.* Anchor Yale Bible 24F. New Haven: Yale University Press, 2009.

Coggins, Richard J. *Haggai, Zechariah Malachi.* OTG. Sheffield: JSOT Press, 1987.

Conrad, Edgar W. *Reading Isaiah.* Eugene, Oreg.: Wipf and Stock Publishers, 1991.

_____. *Zechariah.* Sheffield: Sheffield Academic Press, 1999.

Craig C. Broyles, Craig C. (ed). *Interpreting the Old Testament.* Grand Rapids, Mich.: Baker, 2002.

Brown, William P. *Character in Crisis: A Fresh Approach to the Wisdom Literature of the Old Testament.* Grand Rapids, Mich.: Eerdmans, 1996.

Bruce, F. F. *The Book of the Acts.* NICNT. Grand Rapids, Mich.: Eerdmans, 1988.

Byargreon, Rick. "The Relationship of Micah 4:1-3 and Isaiah 2:2-4: Implications for Understanding the Prophetic Message." *Southwestern Journal of Theology* 46 (2003): 6-26.

Caird, G. B. *The Language and the Imagery of the Bible.* Grand Rapids, Mich.: Eerdmans, 1980.

Clark, David K. and Robert V. Rakestraw (eds). *Readings in Christian Ethics 1: Theory and Method.* Grand Rapids, Mich.: 1994.

Clendenen, E. Ray. "The Structure of Malachi: A Textlinguistic Study." *Criswell Theological Review* 2 (1987) : 3-17.

Collins, T. *The Mantle of Elijah: The Redactional Criticism of the Prophetical Books.* The Biblical Seminar 20. Sheffield: JSOT Press, 1993.

Cotterell, Peter. "Semantics, Interpretation, and Theology." In *A Guide to Old*

Testament Theology and Exegesis, ed. Willem A. VanGemeren, 131-157. Grand Rapids, Mich.: Zondervan, 1999.

Cotterell, Peter and Max Turner. *Linguistics and Biblical Interpretation*. Downers Grove, Ill.: Intervarsity, 1989.

Cuffey, Kenneth H. "Remnant, Redactor, and Biblical Theologian: A Comparative Study of Coherence of Micah and the Twelve." In *Reading and Hearing the Book of the Twelve*, ed. James D. Nogalski and Marvin A. Sweeney, 185-208. Atlanta, Georgia: SBL, 2000.

Darr, Katheryn Pfisterer. "No Strength to Deliver: A Contextual Analysis of Hezekiah's Proverb in Isaiah 37.3b." In *New Visions of Isaiah*, ed. Roy F. Melugin and Marvin A. Sweeney, 219-256. Atlanta: SBL, 2006.

de Beaugrande, Robert and Wolfgang Dressler. *Introduction to Text Linguistics*. New York: Longman, 1980.

Dempsey, Carol J. "Micah 2-3: Literary Artistry, Ethical Message, and Some Consideration about the Image of Yahweh and Micah." *JSOT* 85 (1999): 117-128.

Deroche, Michael. "Contra Creation, Covenant and Conquest (Jer. Viii 13)." *VT* 30 (1980): 280-290.

Dion, Paul E. "Sennacherib's Expedition to Palestine." *Église et Théologie* 20 (1989): 5-25.

Dumbrell, William J. *The End of the Beginning: Revelation 21-22 and the Old Testament*. Eugene Orge.: Wipf and Stock Publishers, 2001.

————. *The Search for Order: Biblical Eschatology in Focus*. Grand Rapids, Mich.: Baker, 1994.

Finley, T. J. *Joel, Amos, Obadiah*. Chicago: Moody, 1990.

Fohrer, George. *Introduction to the Old Testament*. Translated by David E. Green. Nashville: Abingdon, 1968.

Follis, Elaine R. "The Holy City as Daughter." In *Directions in Biblical Hebrew Poetry*, ed. Elaine R. Follis, 173-184. JSOTSup. 40. Sheffield: JSOT Press, 1987.

Gaebelein, A. C. *The Acts of the Apostle*. New York: Our Hope, 1912.

Goldingay, John. *Approches to Old Testament Interpretation*. Leicester, England: Apollos, 1990.

Gottwald, Norman K. *Tribes of Jahweh*. Maryknoll: Orbis Bks, 1979.

Gowan, Donald E. *Eschatology in the Old Testament*. Edinburgh: T&T Clark, 2000.

Greer, Jonathan S. "A Marzeaḥ and A Mizraq: A Prophet's Mêlée with Religious Diversity in Amos 6.4-7." *JSOT* 32 (2007): 243-262.

Guillaume, A. "A Note on Hosea II. 23, 24(21, 22)." *Journal of Theological Studies* 15 (1964): 57-58.

Hanson, Paul D. *The Dawn of Apocalyptic*. Philadelphia: Fortress, 1975.

Hoffmeyer, Jeffrey H. "Covenant and Creation: Hosea 4:1-3." *Review and Expositor* 102 (2005): 143-151.

Holladay, William L. *A Concise Hebrew and Aramaic Lexicon of the Old Testament*. Grand Rapids, Mich.: Eerdmans, 1988.

House, Paul R. *Old Testament Theology*. Downers Grove, Ill.: IVP Academic, 1998.

_____. *Unity of the Twelve*. Sheffield: Sheffield Academic Press, 1990.

Hubbard, David A. *Hosea: An Introduction and Commentary*. Downers Grove, Ill.: InteVarsity, 1989.

Jacobs, Mignon R. *The Conceptual Coherence of the Book of Micah*. JSOTSup. 322. Sheffield: Sheffield Academic Press, 2001.

Jeremias, Jörg. "Die Anfänge des Dodekapropheton: Hosea und Amos." In *Hosea und Amos: Studien zu den Anängen des Dodekapropheton*. FAT 13. Tübingen: Mohr, 1996.

Jones, Barry A. "The Book of the Twelve as a Witness to Ancient Biblical Interpretation." In *Reading and Hearing the Book of the Twelve*, ed. James D. Nogalski and Marvin A. Sweeney, 65-74. Atlanta, Georgia: SBL, 2000.

Kaiser, Walter C. *A History of Israel: From the Bronze Age Through the Jewish*

Wars. Nashville, Tennessee: Broadman & Holman, 1998.

_____. "Narrative." In *Cracking Old Testament Codes: A Guide to Interpreting the Literary Genres of the Old Testament*. ed. D. Brent Sandy & Ronald L. Giese, Jr., 69-88. Nashville, Tenn.: Broadman & Holman, 1995.

_____. *Toward Old Testament Theology*. Grand Rapids, Mich.: Zondervan, 1978.

_____. *What Does the Lord Require?: A Guide for Preaching and Teaching Biblical Ethics*. Grand Rapids, Mich.: Baker, 2009.

Kessler, Martin. *Battle of Gods: Israel Versus Marduk of Babylon: A Literary/Theological Interpretation of Jeremiah 50-51*. Assen, The Netherlands: Royal Van Gorcum, 2003.

Kim, Changdae. "Jeremiah's New Covenant within the Framework of the Creation Motif." Ph.D. Diss., Trinity International University, 2006.

Kiuchi, Nobuyoshi. *Leviticus*. Apollos Old Testament Commentary. Downers Grove, Ill.: InterVarsity Press, 2007.

Knierim, Rolf. "Cosmos and History in Israel's History." *Horizons in Biblical Theology 3* (1981): 59-123.

_____. "The Task of Old Testament Theology." In *The Flowering of Old Testament Theology*, ed. Ben C. Ollenburger, Elmer A. Martens, and Gerhard F., 467-486. Hasel, Sources for Biblical and Theology 1. Winona Lake, Ind.: Eisenbrauns, 1992.

Lessing, Reed. "Just Where Was Jonah Going?: The Location of Tarshish in the Old Testament." *Concordia Journal* 28 (2002): 291-293.

Lewis, Jack P. "'A Prophet's Son'(Amos 7:14) Reconsidered." Restoration Quarterly 49 (2007): 229-240.

Light, Gary W. "The New Covenant in the Book of Hosea." *RevExp* 90 (1993): 219-238.

Linville, James R. "Amos Among the 'Dead Prophets Society': Re-Reading the Lion's Roar." *JSOT* 90 (2000): 55-77.

Longacre, Robert E. "Wegatal Forms in Biblical Hebrew Prose: A Discourse-modular Approach." In *Biblical Hebrew and Discourse Linguistics*, ed. Robert D. Bergen, 50-95. Winona Lake, Ind.: Eisenbrauns, 1994.

Longman, Tremper. "Literary Approaches and Interpretation." In *A Guide to Old Testament Theology and Exegesis*, ed. Willem A. VanGemeren, 100-121. Grand Rapids, Mich.: Zondervan, 1997.

Lowery, Kirk E. "The Theoretical Foundations of Hebrew Discourse Grammar." In *Discourse Analysis of Biblical Literature: What It Is and What It Offers*, ed. Walter R. Bodine, 103-130. Atlanta, Ga.: Scholars, 1995.

Mason, Rex. "Malachi: Theology of." In *New International Dictionary of Old Testament Theology & Exegesis*, vol. 4, ed. Willem A. VanGemeren, 927-929. Grand Rapids, Mich.: Zondervan, 1997.

Mallon, Elias D. "A Sylistic Analysis of Joel 1: 10-12." *Catholic Biblical Quarterly* 45 (1983): 537-548.

Mariottini, Claude F. "Yahweh, The Breaker of Israel." *Perspectives in Religious Studies* 28 (2001): 385-393.

Mays, James L. *Hosea*. OTL. London: SCM, 1969.

McComiskey, Thomas Edward. "Exegetical Notes: Micah 7." *TrinJ* 2 (1981): 62-68.

_____(ed). *The Minor Prophets: An Exegetical and Expository Commentary*, 3 vols. Grand Rapids, Mich.: Baker, 1993-1998.

_____. "Prophetic Irony in Hosea 1.4: A Study of the Collocation פקד על and Its Implications for the Fall of Jehu's Dynasty." JSOT 58 (1993): 93-101.

McConville, Gordon. *Exploring the Old Testament* 4: The Prophets. London: SPCK, 2002.

_____. *The Formation of the Book of the Twelve*. SBLDS 149. Atlanta, Georgia: Scholars, 1995.

Nogalski, James D. and Marvin A Sweeney (eds). *Reading and Hearing the*

Book of the Twelve. Atlanta, Georgia: SBL, 2002.

Nogalski, James D. "Intertextuality in the Twelve." In *Forming Prophetic Literature*, ed. James W. Watts and Paul R. House, 102-124. JSOTSup. 235. Sheffield: Sheffield Academic Press, 1996.

———. *Literary Precursors to the Book of the Twelve*. BZAW 217. Berlin: de Gruyter, 1993.

———. "Recurring Themes in the Book of the Twelve: Creating Points of Contact for a Theological Reading." *Interpretation* 61 (2007): 125-136.

———. *Redactional Processes in the Book of the Twelve*. BZAW 218. Berlin: de Gruyter, 1993.

Noth, Martin. *The Laws in the Penntateuch and Other Studies*. Translated by D. R. Ap-Thomas. Philadelphia: Fortress, 1966.

Novick, Tzvi. "Duping the Prophet: On אך (Amos 7.8b) and Amos's Visions." *JSOT* 33 (2008): 115-128.

Pannell, Randall J. "The Politics of the Messiah: A New Reading of Micah 4:14-5:5." *Perspectives in Religious Studies* 15 (1988): 131-143.

Patterson, Richard D. *Nahum, Hababkkuk, Zephaniah*. Wycliffe Exegetical Commentary. Chicago: Moody, 1991.

———. "Portraits from a Prophet's Portfolio: Hosea 4." *Bibliotheca Sacra* 165 (2008): 294-308.

Pierce, Ronald W. "A Thematic Development of the Haggai/Zechariah/Malachi Corpus." *JETS* 27 (1984): 401-411.

Premnath, D. N. "Amos and Hosea: Sociohistorical Background and Prophetic Critique." *Word & World* 28 (2008): 125-132.

Redditt, Paul L. and Aaron Schart (eds). *Thematic Threads in the Book of the Twelve*. New York: Walter de Gruyter, 2003.

Redditt, Paul L. *Haggai, Zechariah, Malachi*. NCB. Grand Rapids, Mich.: Eerdamans, 1995.

———. "The Formation of the Book of the Twelve: A Review of Research." In *Thematic Threads in the Book of the Twelve*, ed. Paul L.

Redditt and Aaron Schart, 1-26. New York: de Gruyter, 2003.
_____. "Themes in Haggai-Zechariah-Malachi." *Interpretation* 61 (2007): 184-197.

Rendtorff, Rolf. *The Old Testament: An Introduction*. Philadelphia: Fortress, 1986.

Sakenfeld, K. *The Meaning of Hesed in the Hebrew Bible*. HSM 17. Missoula, Mont.: Scholars, 1978.

Schart, Aaron. "Reconstructing the Redactional History of the Twelve Propehts: Problems and Models." In *Reading and Hearing the Book of the Twelve*, ed. James D. Nogalski and Marvin A. Sweeney, 34-48. Atlanta, Georgia: SBL, 2000.

_____. "The First Section of the Book of the Twelve Prophets: Hosea-Joel-Amos," *Interpretation* 61 (2007): 138-152

Schrieber, Paul L. "The Book of Obadiah." *Concordia Journal* 23 (1997): 39-42.

Schultz, Richard. "Integrating Old Testament Theology and Exegesis: Literary, Thematic, and Canonical Issues." In *A Guide to Old Testament Theology and Exegesis*, ed. Willem A. VanGemeren, 182-202. Grand Rapids, Mich.: Zondervan, 1997.

Sherwood, Yvonne. "Of Fruit and Corpses and Wordplay Visions: Picturing Amos 8:1-3." *JSOT* 92 (2001): 5-27.

Silva, Charles H. "The Literary Structure of Hosea 4-8." *Bibliotheca Sacra* 164 (2007): 291-306.

_____. "The Literary Structure of Hosea 9-14." *Bibliotheca Sacra* 164 (2007): 435-453.

Smith, Ralph L. *Micah-Malachi*. WBC 32. Waco, Tex.: Word Books, 1984.

Stuart, Douglas. *Hosea-Jonah*. WBC 31. Waco, Tex.: Word Books, 1987.

Stulmann, Louis. *Order Amid Chaos: Jeremiah as Symbolic Tapestry*. Sheffield: Sheffield Academic Press, 1998.

Sweeney, Marvin A. "Sequence and Interpretation in the Book of the

Twelve." In *Reading and Hearing the Book of the Twelve*, ed. James D. Nogalski and Marvin A. Sweeney, 49-64. Atlanta, Georgia: SBL, 2000.

_____. "The Place and Function of Joel in the Book of the Twelve." in *Thematic Threads in the Book of the Twelve*, ed. Paul L. Redditt and Aaron Schart, 133-154. New York: de Gruyter, 2003.

_____. *The Twelve Prophets*, 2 vols. Berit Olam. Collegeville Min.: Liturgical Press, 2000.

_____. *Zephaniah: A Commentary*. Hermeneia. Minneapolis: Fortress, 2003.

Terrien, Samuel. *The Elusive Presence: Toward a New Biblical Theology*. Eugene, Oregon: Wipf & Stock, 2000.

Timmer, Daniel C. "Jonah and Mission: Missiological Dichotomy, Biblical Theology, and the Via Tertia." *Westminster Theological Journal* 70 (2008): 159-175.

Treier, Daniel J. "The Fulfillment of Joel 2:28-32: A Multiple-Lens Approach." *JETS* 40 (1997): 13-26.

Unterman, Jeremiah. *From Repentance to Redemption: Jeremiah's Thought in Transition*, JSOTSup. 54. Sheffiled: Sheffield Academic Press, 1987.

van der Wal, Adri. "The Structure of Amos." *JSOT* 26 (1983): 107-113.

van der Woude, A. S. "Micah in Dispute with the Pseudo-Prophets." *VT* 19 (1969): 244-260.

VanGemeren, Willem A. *Interpreting the Prophetic Word*. Grand Rapids, Mich.: Zondervan, 1990.

_____ (ed). *New International Dictionary of Old Testament Theology & Exegesis*, 5 vols. Grand Rapids, Mich.: Zondervan, 1997.

Vanhoozer, Kevin J. *Is There a Meaning in This Text?* Grand Rapids, Mich.: Zondervan, 1998.

von Rad, Gerhard. *Old Testament Theology*, vol. 2. Translated by D. M. G. Stalker. San Francisco: Harper & Row, 1965.

Walker, Larry Lee. "Zephaniah." In *The Expositor's Bible Commentary*, vol. 7,

ed. Frank E. Gaebelein. Grand Rapids, Mich.: Zondervan, 1991.
Waltke, Bruce K. and M. O'Connor, *An Introduction to Biblical Hebrew Syntax.* Winona Lake, Ind.: Eisenbrauns, 1990.
Waltke, Bruce K. *A Commentary on Micah.* Grand Rapids, Mich.: Eerdmans, 2007.
_____. *An Old Testament Theology: An Exegetical, Canonical, and Thematic Approach.* Grand Rapids, Mich.: Zondervan, 2007.
_____. "Kingdom Promises as Spiritual." In *Continuity and Discontinuity: Perspectives on the Relationship Between the Old and New Testaments,* ed. John S. Feinberg, 263-288. Westchester, Ill.: Crossway Books, 1988.
Watts, James W and Paul R. House (eds). *Forming Prophetic Literature: Essays on Isaiah and the Twelve in Honor of John D. W. Watts.* Journal for the Study of the Old Testament Supplement Series 235. Sheffield: Sheffield Academic Press, 1996.
Wendland, Ernst R. *The Discourse Analysis of Hebrew Prophetic Literature: Determining the Larger Textual Units of Hosea and Joel.* Mellen Biblical Press Series 40. Lewiston, N.Y.: Edwin MEllen, 1995.
Wenham, Gordon. *Genesis 1-15.* WBC 1. Waco, Tex.: Word Books, 1987.
Weinfeld, Moshe. "Jeremiah and the Spiritual Metamorphosis of Israel." *ZAW* 88 (1976): 17-56.
Williamson, H. G. M. *Variations on a Theme: King, Messiah and Servant in the Book of Isaiah.* Carlisle, UK.: Paternoster Press, 1998.
Wilson, J. Christian. "Tithe." In *The Anchor Yale Bible Dictionary,* vol. 6, ed. David Noel Freedman, 578-580. New Haven: Yale University Press, 2008.
Wolff, Hans Walter. *Haggai: A Commentary.* Translated by Margaret Kohl. Minneapolis: Augsburg Publishing House, 1988.
Wolff, Hans Walter. *Hosea.* Translated by Gary Stansell. Philadelphia: Fortress, 1974.
_____. *Joel and Amos.* Philadelphia: Fortress, 1977.

_____. *Micah: A Commentary.* Translated by Gary Stansell. Minneapolis: Augusburg Fortress, 1990.

Wood, Joyce Rilett. "Speech and Action in Micah's Prophecy." *Catholic Biblical Quarterly* 62 (2000): 654-662.

Zapff, Burkard M. "The Perspective on the Nations in the Book of Micah as a 'Systematization' of the Nations' Role in Joel, Jonah and Nahum?: Reflections on a Context-Oriented Exegesis in the Book of the Twelve." In *Thematic Threads in the Book of the Twelve,* ed. Paul L. Redditt and Aaron Schart, 292-312. New York: de Gruyter, 2003.

Zvi, Ehud Ben. "Micah 1.2-16: Observations and Possible Implications." *JSOT* 77 (1998): 103-120.

Zuck, Roy B. and others (eds). *A Biblical Theology of the Old Testament.* Chicago: Moody, 1991.

한 권으로 꿰뚫는 소예언서

초판 발행 2013년 1월 21일
초판 6쇄 2025년 10월 30일

지은이 김창대
펴낸이 정모세

편집 이성민 이혜영 심혜인 설요한 박예찬
디자인 한현아 서린나 | 마케팅 오인표 | 영업·제작 정성운 이은주 조수영
경영지원 이혜선 이은희 | 물류 박세율 정용탁 김대훈

펴낸곳 한국기독학생회출판부 | 등록번호 제2001-000198호(1978.6.1)
주소 04031 서울시 마포구 동교로 156-10
대표 전화 (02) 337-2257 | 팩스 (02) 337-2258
영업 전화 (02) 338-2282 | 팩스 080-915-1515
홈페이지 http://www.ivp.co.kr | 이메일 ivp@ivp.co.kr
ISBN 978-89-328-1276-2

ⓒ 김창대 2013

책값은 뒤표지에 있습니다.
무단 전재와 복제를 금합니다.